U0566332

汉译世界学术名著丛书

哲 学 史 教 程

——特别关于哲学问题
和哲学概念的形成和发展

下 卷

〔德〕文德尔班 著

罗达仁 译

创于1897　商务印书馆
The Commercial Press

Wilhelm Windelband

LEHRBUCH DER GESCHICHTE DER PHILOSOPHIE

14. Ausg. ,revidiert von Heinz Heimsoeth,

Tübingen,1950.

（据 1950 年蒂宾根德文第十四版译出）

汉译世界学术名著丛书
出 版 说 明

我馆历来重视移译世界各国学术名著。从五十年代起,更致力于翻译出版马克思主义诞生以前的古典学术著作,同时适当介绍当代具有定评的各派代表作品。幸赖著译界鼎力襄助,三十年来印行不下三百余种。我们确信只有用人类创造的全部知识财富来丰富自己的头脑,才能够建成现代化的社会主义社会。这些书籍所蕴藏的思想财富和学术价值,为学人所熟知,毋需赘述。这些译本过去以单行本印行,难见系统,汇编为丛书,才能相得益彰,蔚为大观,既便于研读查考,又利于文化积累。为此,我们从 1981 年至 1986 年先后分四辑印行了名著二百种。今后在积累单本著作的基础上将陆续以名著版印行。由于采用原纸型,译文未能重新校订,体例也不完全统一,凡是原来译本可用的序跋,都一仍其旧,个别序跋予以订正或删除。读书界完全懂得要用正确的分析态度去研读这些著作,汲取其对我有用的精华,剔除其不合时宜的糟粕,这一点也无需我们多说。希望海内外读书界、著译界给我们批评、建议,帮助我们把这套丛书出好。

商务印书馆编辑部

1987 年 2 月

目　　录

第 四 篇

文艺复兴时期的哲学

J. E. 厄尔德曼《对近代哲学的科学论述的尝试》(*Versuch einer Wissen-schaftlichen Darstellung der Geschichte der neueren Philosophie*),六卷,三篇,1834—1853 年,里加和莱比锡德文版。

H. 乌尔里克《近代哲学原理的历史和批判》(*Geschichte Und Kritik der Principien der neueren Philosophie*),两卷,1845 年莱比锡德文版。

K. 费希尔《近代哲学史》(*Geschichte der neuern Philosophie*),第四(纪念)版,十卷集,1897—1904 年,海德尔堡德文版,其后有时补充附录重版。

Ed. 蔡勒《莱布尼茨以后的德国哲学史》(*Geschichte der deutschen Philosophie seit Leibnitz*),1875 年,柏林德文第二版。

W. 文德尔班《近代哲学史》(*Geschichte der neueren Philosophie*),两卷集,莱比锡,1919 年柏林德文第二版。

R. 福尔肯伯格《近代哲学史》(*Geschichte der neueren Philosophie*),1927 年莱比锡德文第八版。

H. 赫夫丁《近代哲学史》(*Geschichte der neueren Philosophie*),由本狄克森译成德文,两卷集,1895 年莱比锡,1921 年第二版。

W. 文德尔班《当代文化》(*Kultur der Gegenwart*),I. 5. 第 382—543 页。

R. 赫尼希斯瓦尔德《从文艺复兴到康德的哲学》(*Die Philosophie von der Renaissance bis Kant*),1923 年德文版。

E. v. 阿斯特《近代哲学史》(*Geschichte der neueren Philosophie*),哲学教科书,1925 年德文版。

E. 卡西雷尔《新时代哲学与科学的认识问题》(*Das Erkenntnisproblem in der Philosophie und Wissenschaft der neueren Zeit*),三卷,1911 年起,德文第二版。

E. v. 阿斯特《近代认识论史（自笛卡儿到黑格尔）》(*Geschichte der neueren Erkenntnistheorie von Descartes bis Hegel*)，1921 年德文版。

R. 李希特《哲学怀疑论》(*Der Skeptizismus in der Philosophie*)，两卷，1908 年莱比锡德文版。

J. 沙勒《培根以后的自然哲学史》(*Geschichte der Naturphilosophie seit Bacon*)，两卷，1841—1844 年莱比锡德文版。

J. 鲍曼《近代哲学时空数学理论》(*Die Lehren von Raum, Zeit und Mathematik in der neueren Philosophie*)，两卷，1868—1869 年，柏林德文版。

K. 拉斯维茨《从中世纪到牛顿的原子论史》(*Geschichte der Atomistik vom Mittelalter bis Newton*)，两卷，1889—1890 年，汉堡德文版。

E. 温特希尔《近代哲学因果问题史》(*Geschichte des kausalproblems in der neueren Philosophie*)，1921 年德文版。

H. 海姆泽特《西方形而上学六大主题》(*Die sechs grossen Themen der abendländischen Metaphysik*)，1922 年德文版。

F. 福尔伦德尔《英法伦理哲学、法哲学和政治哲学史》(*Geschichte der philosophischen Moral-, Rechts-und Staatslehre der Engländer und Franzosen*)，1855 年马尔堡德文版。

F. 约德尔《近代哲学伦理史》(*Geschichte der Ethik in der neueren Philosophie*)卷一，1920 年第三版；卷二，1912 年第二版。

Th. 利特《现代伦理学》(*Ethik der Neuzeit*)，载于《哲学手册》第三卷，1927 年德文版。

B. 平耶尔《宗教改革以后的基督宗教史》(*Ceschichte der christlichen Religionsphilosophie seit der Reformation*)，两卷集，1880—1883 年，不伦瑞克，德文版。

W. 狄尔泰《文艺复兴和宗教改革以后的世界观和对人的分析》(*Weltanschauung und Analyse des Menschen seit Renaissance und Reformation*)，全集，第二卷。

E. 特勒尔奇《思想史和宗教社会学论文集》(*Aufsätze zur Geistesgeschichte und Religionssoziologie*)，全集，第四卷。

H. 布雷蒙《法国宗教意识文学史》(*Histoire littéraire du Sentiment religieux en France*)，1923 年起，现已出六卷，巴黎法文版。

L. 奥尔希克《新语言科学文学史》(*Geschichte der neusprachlichen Wissenschaftlichen Literatur*)，1919 年起，现已出三卷。

雨伯威格《大纲》(*Grundriss*)，第三卷，第十二版，由 M. 弗里沙伊森-柯勒尔和 W. 穆格修订，1924 年德文版。

在中世纪哲学末期出现的矛盾具有较普遍的意义。这些矛盾在理论形式上表现出：世俗文明在宗教文明旁边自觉地壮大起来了。这股世俗文明的潜流，过去一千年来早已伴随着西方民族理智生活的宗教主流此起彼落，不断膨胀扩大，形成较强大的力量，到此时就顽强地破土而出了。这股潜流缓慢地经过那些过渡年代，夺取了胜利，构成了新时代初期的基本特征。

近代科学，就这样逐渐发展，不断前进，从中世纪观念中解放了出来；近代科学的此种复杂的形成过程与整个近代生活开始时丰富多彩的活动齐步前进。近代生活开始时，处处显示出此种特点的强大生命力的发展。中世纪精神所集中的坚强统一性在时间发展的过程中被打破了，原始生命力挣断了历史强加在各民族心灵上的共同的传统枷锁。就这样，新时代就以民族生活的觉醒宣告了自己的开始，精神领域的帝国时代也告终了；财富分散，生气蓬勃和丰富多彩代替了中世纪所形成的集中和统一。罗马和巴黎不再是西方文明的统治中心，拉丁语也不再是文明世界的唯一语言了。

在宗教领域里，此种过程首先表现在：罗马已失去对基督教宗教生活的完全控制。维滕贝格，日内瓦，伦敦以及其它城市变成了宗教的新的中心。内在的信仰在神秘主义中曾经激于义愤而起来反抗过教会生活的世俗化，到此时却奋起斗争，取得胜利的解脱，并立即投身于外部世界所不可缺少的组织之中。然而外部组织所带来的教派分裂已经触动了宗教感情的心灵深处，煽起了尔后若干世纪教派斗争的激情和狂热。但是，正因为如此，宗教信仰凌驾于科学之上的、完全的、权威性的统治地位被摧毁了。早在十字军东征时代由于各宗教之间的接触所引起的〔摩擦〕到此时成为基督教各教派之间的争斗了。

事非偶然，科学中心，除巴黎以外，数目也迅速地不断增加。牛津作为天主教弗兰西斯反对派的基地早已取得自己的重要地位；而此时，开始是维也纳、海德尔堡、布拉格，后来是意大利的许多学院，最后是新教德国的大量新型大学，发展成为独立的新生力量。与此同时，由于发明了印刷术，文学生活发展范围如此之广阔，发展方向如此之枝叶繁茂，终致文学生活摆脱了各学派之间的严格联系，挣脱了学术传统的枷锁，以个性表现的形式无限制地向前发展。因此，文艺复兴时期的哲学丧失了它的集体性质；哲学最优秀的成果成为个人的独立的功绩；哲学在当代的现实世界的广阔天地里探索着自己的源泉，哲学越来越多地在外表上披上各民族近代语言的外衣以显示自己。

这样一来，科学卷入强大的骚乱中。有两千年历史的精神生活形式似乎已经过时，成为无用之物了。人们的心灵充满对新生事物的狂热追求，虽然在开始时还是朦朦胧胧的。激情的幻想控制着整个思想运动。然而，与此相联，世俗生活形形色色的兴趣显露到哲学中来了——政治生活蓬勃发展，物质文明蒸蒸日上，欧洲文明传遍世界各地,以及不少新生艺术荣获世界声誉。此种内容的新奇、活泼、丰富多彩,随之带来的后果是:哲学并不特别眷恋于某种兴趣,反而吸取一切兴趣于自身;随着时间的推移,哲学甚至超越这些兴趣,重新达到自由认识,重新达到为知识而知识的理想[1]。

　　纯粹理论精神的复活是科学的"文艺复兴"的真正含义,**文艺复兴与希腊思想在精神上的血缘关系**〔Kongenialität,气质相似〕即基于此,这是文艺复兴发展的决定因素。在整个希腊化-罗马时期和中世纪时期曾经盛行一时的是,一切从属于实践、伦理和宗教生活的目的,此种现象在近代之初便越来越减少了,认识现实又重新表现为科学研究的绝对目的。正如在希腊哲学思想开始时一样,此时这种理论上的推动力把注意力基本上转向自然科学。此种近代精神,吸取了晚古和中世纪的成果,与古代精神相比,从一开始就表现出已获得更强大的自我意识,表现出深刻的内在化,表现出更深的进入自身的内质。但是事实虽然如此,近代精神最早的独立的理智活动在于回复到对自然界的不存偏见的认识,整个文艺复兴时期的哲学向着这一目标奋勇前进,并在此路线上取得巨大成果。

　　近代精神本能地深感此种亲缘关系,因此在它热情追逐新生事物的过程中首先抓住了最古老的东西。人们如饥似渴地消化汲

---

　　[1]　参阅 K. 布尔达赫《文艺复兴和宗教改革的词汇意义和来源》(Sinn und Ursprung der Worte Renaissance und Reformation,1910 年,《柏林科学院学报》,从第 594 页起)和《宗教改革、文艺复兴与人文主义》(Reformation,Renaissance,Humanismus,1918 年)。

取由人文主义运动所揭示的古代哲学知识。希腊哲学的种种体系复苏了,尖锐地与中世纪传统相对立。但从整个历史发展的观点看来,此种复古运动不过是为近代精神的真正活动作出本能性的准备①;近代精神在此神泉浴②里获得青春活力。通过在希腊的观念世界中的陶冶,近代精神取得在思想上控制自己丰富多彩的物质生活的能力;科学经此锻炼之后,从充满活力的、对内心世界的精微的探索转向对自然界的研究,在自然界里为自己开辟了一条新的更宽阔的道路。

　　因此,文艺复兴时期的哲学史主要是从希腊哲学的人文主义的复兴开始逐渐形成自然科学世界观的过程史。据此,文艺复兴时代哲学史恰如其分地分为两个时期:**人文主义**时期和**自然科学**时期。我们也许可以把 1600 年作为两者之间的界限。这两个时期的第一个时期用真正的希腊思想传统取代了中世纪的传统,这两个世纪③对于文化史和文学活动有极其浓厚的兴趣,但从哲学观点看,这两个世纪仅仅表现出早期思想的传递,为新的时期开辟道路。第二时期包括逐步取得独立的近代自然科学研究的初期,并包括随之而来的十七世纪的伟大的形而上学体系。

---

①　在这方面,在文艺复兴时期,科学发展过程与艺术发展过程并行不悖。从乔托(1276—1337 年)到列奥纳多·达·芬奇(1452—1519 年)、拉斐尔(1483—1520 年)、米开朗琪罗(1475—1564 年)、提申(1477—1576 年)、丢勒(1471—1528 年)和仑布兰特(1606—1669 年),这条路线从古典形式的复苏逐步过渡到独立的、直接的对自然界的领悟。而歌德也同样是一种明证,即对于我们现代人说来,走向自然界之路是通过希腊的。

②　神泉浴(Kastalisches Bad):据希腊神话,Kastalia 是帕耳那索斯(Parnassus)山上女神缪斯(Muses)之神泉,此处喻希腊文学、艺术、科学的陶冶。——译者

③　指十五、十六两个世纪。——译者

这两个时期形成彼此最紧密的联结的整体。因为人文主义哲学运动内在的推动力也就是对崭新的世界知识的迫切需求,此种需求最后在自然科学的建立和自然科学按原则而扩展的过程中获得了实现。但是此事发生的方式和赖以完成的思想形式,在所有重要观点上,都表现出依赖于由于吸收了希腊哲学而产生的刺激因素。**近代自然科学是人文主义的女儿。**

第一章　人文主义时期

Jac. 伯克哈特《意大利文艺复兴时期的文化》(*Die Kultur der Renaissance in Italien*)，1860 年德文版，1919 年德文第十二版。

Mor. 卡里尔《宗教改革时期的哲学世界观》(*Die Philosophische Weltan-schauung der Reformationszeit*)，1887 年莱比锡德文第二版。

A. 斯托克尔《中世纪哲学史》(*Geschichte der Philosophie des Mittelalters*)，卷三，1866 年美因茨德文版。

C. 菲奥雷提罗《十五世纪文艺复兴》(*Il risorgimento filosofico nel quattro-cento*)，1885 年，尼阿泊尔，意大利文版。

A. 里克尔《文艺复兴时期哲学》(*Die Philosophie der Renaissance*)，1925 年慕尼黑德文版。

W. 狄尔泰《十五、十六世纪对人的理解和分析》(*Auffassung und Analyse des Menschen im 15. und 16. Jahrh.*)和《十七世纪人文科学的自然体系》(*Das natürliche System der Geisteswissenschaften im 17. Jahrhundert*)，全集第二卷。

　　欧洲的人性在精神文明发展中的连续性没有一个地方像文艺复兴时期那样显著地表现出来。对新鲜事物的追求，对整体的彻底改组的需求，不仅在精神生活中而且在整个社会状态中也许也没有一个时代像当时那样使人感觉生气蓬勃，丰富多彩，热情洋溢。没有一个时代像当时那样经历过如此众多、如此大胆、如此雄心勃勃的改革和图新。然而，如果我们仔细观察而不让自己受骗，此欺骗或来自怪诞的自我意识，或来自当时文学中流行的幼稚的浮夸;那么表现得十分明显的是,整个多种形式的活动都在古代和中世纪传统的范围内进行着,并带着朦胧的渴望力图达到一种臆测的而不是具有清楚概念的目标。只有到了十七世纪,这种变化过程才酝酿成熟,此种激荡不定的思想的混杂状态(Gedankenmassen)才得以澄清。

此种运动的根本发酵剂是由中世纪所继承而又已经在瓦解过程中的哲学与在十五世纪已开始为人所知晓的希腊哲学家原著之间的矛盾。一股新的文化潮流,从拜占庭流经佛罗伦萨和罗马,曾一度改变西方思想以往的流向。在此情况下,人文主义的文艺复兴即所谓古希腊罗马时代的复活,表现为中世纪所呈现的、强大有力的〔对古代文化的〕同化过程的继续和完成;如果此过程从相反方向探索古代思想的发展,那么此时它就达到了它的终点,因为今天可能得到的所有古代希腊原始文献在那时已基本上为人知晓了。 302

希腊原著之被人知晓,**人文主义文化**之被传播,导致了反经院哲学的运动的兴起,最早在意大利,后来在德国、法国和英国。关于内容,此种反抗运动反对中世纪对希腊形而上学的解释;关于方法,反对从假定的概念出发作出的武断推论;关于形式,反对僧侣拉丁文的死板无味:由于对古代思想的美妙描述,由于热爱生活的民族的精神焕发、形象鲜明,由于有高度艺术修养的时代的优雅和机智,此种反抗运动迅速地夺取了胜利。

但是此种反抗运动内部发生了分化。有柏拉图主义者,他们绝大多数最好称为新柏拉图主义者;有亚里士多德主义者,他们又分为不同派别,他们依据古代的这个或那个不同的诠释者而彼此猛烈地攻击。还有,更古老的希腊宇宙论学说也复苏了,伊奥尼亚学派学说和**毕达哥拉斯学派**学说复苏了;**德谟克利特和伊壁鸠鲁**所持的自然观重新得势。**怀疑主义**以及**通俗哲学的折中主义**又再生了。

此种人文主义运动或者对宗教漠不关心,或者甚至同公开的"异教"结盟向基督教教义宣战,与此同时,在教会生活内部,种种传统教义之间进行着同样激烈的论战。**天主教**教会在**托马斯主义**堡垒后边,在**耶稣会会员**领导下,筑起防御工事,越来越顽强地抵御着敌人在思想上的进攻。在**新教教徒**中,**奥古斯丁**是思想上的领袖——这是在中世纪已经表现出来的对抗性的继续。但是当新教教会将教义披上哲学外衣的时候,〔从路德教派分离出来的〕**新教改革派**与奥古斯丁更靠拢了;在**路德**教会中,〔由于受到**人文主义的影响**〕占优势的是倾向于亚里士多德体系的原始形式和**斯多葛派**的通俗哲学。然而除了这些思潮外,德国的**神秘主义**统一了所有繁茂分枝的传统(参阅第二十六节,5),在人民对于宗教的迫切需求中,保存了下来,为未来的哲学做出了卓有成效的工作。它的生命力战胜了基督教教会,教会以其渊博的学识拼命想要扼杀它,但没有得逞。

在这些复杂的矛盾冲突中孕育着的新生事物正是在中世纪顶峰时由邓斯·司各脱发动的那次运动的结局,即哲学与神学的分离。只要哲学越来越脱离神学,发展成为独立的、世俗的科学,那么人们就越来越认为哲学的特殊任务是**认识自然界**。文艺复兴时期哲学的各条战线即在此结论中会合起来。哲学必须是自然科学——这是当时时代的口号。

　　然而实现上述意图必然地在开始时只能在传统的思想方法中活动,而传统的种种思想方法中的共同因素是它们的世界观中的 **人类中心主义**的性质,此性质是将哲学当作人生观和人生艺术〔必然的〕发展结果。为此,文艺复兴时期各条战线的自然哲学在组织自己的问题时均以**人类在宇宙中的地位**为其出发点。在这方面所发生的思想上的革命,在已变化的文化形势的影响下,为重新形成整个世界观起着决定性的作用。在这一点上,深深地煽起了形而上学的幻想;并从这观点出发,在**乔尔达诺·布鲁诺**和**雅各布·波墨**的学说中,这种形而上学幻想创造了它的为未来刻画的、典型的宇宙诗。

　　下述文献一般地论述**古代哲学的复兴**:

　　L. 赫伦《古典文学研究史》(*Geschichte der Studien der Klassischen Litteratur*,哥廷根,1797—1802 年,德文版)。

　　G. 沃伊特《古希腊罗马时代的复兴》(*Die Wiederbelebung des Klassischen Altertums*,柏林 1880—1881 年,德文第二版)。

　　柏拉图主义主要基地在**佛罗伦萨学园**,为柯西莫·冯·梅狄奇所建立,他的继承人又出色地坚持下去。参阅 A. 德拉·托尔《佛罗伦萨柏拉图学园史》(*Storia dell' academia Platonica di Firenze*),佛罗伦萨,1902 年意大利文版。促其成者是乔治·纪密斯特·普里索(1355—1450 年),他写过许多评注和简编,用希腊文写过一篇论文,论柏拉图学说和亚里士多德学说的分歧。参阅 Fr. 舒尔策《G. G. 普里索》(耶拿,1874 年)。他的有影响的学生是**贝萨利昂**(1403 年生于特拉布松,1472 年去世时是拉文纳罗马教会红衣主教)。贝萨利昂的主要论文《驳柏拉图诽谤者》(*Adversus Calumniatorem Platonis*)1469 年在罗马问世。全集载入米涅文库(巴黎,1866 年)。柏拉图流派中最重要的成员是**玛西留·费其诺**(他来自佛罗伦萨,1433—1499 年),他是柏拉图、普罗提诺著作的译者,是《柏拉图神学》(*Theologia Platonica*,

佛罗伦萨,1482 年)的作者。后来还有**弗兰西斯·帕特里齐**(1519—1587年),他在他的《**一般哲学新论**》(*Nova de Universis Philosophia*,弗拉拉,1591 年)一书中最完整地表述了此流派的自然哲学。

米兰多拉的约翰·比科(1463—1494 年)提供了与此类似的实例:新柏拉图主义融合新毕达哥拉斯主义,以及许多近代的思想因素(关于对他的评论,见 A. 利维,柏林 1908 年)。

提倡用原始资料研究**亚里士多德**的在意大利有**特拉布松的乔治**(1396—1484 年),他的著作有《柏拉图和亚里士多德的比较》(*Comparatio Platonis et Aristotelis*,威尼斯,1523 年);还有**西奥多勒斯·盖扎**(死于 1478 年);在荷兰和德国有**鲁道夫·阿格里科拉**(1442—1485 年);在法国有**雅克·莱弗**(费伯·斯塔布勒西斯,1455—1537 年)。

文艺复兴时期的亚里士多德主义者(除开教会—经院哲学流派以外)分为**阿维罗依主义者**和**亚历山大主义者**两个学派。帕多瓦大学是阿维罗依主义的主要基地,也是两派争论最激烈之区。

作为**阿维罗依主义**的代表人物要提一提的有**尼科勒托·弗尼阿斯**(死于1499 年),特别是波洛尼亚的**亚历山大·阿基利尼**(死于 1518 年,1545 年他的著作在威尼斯问世),还有,**奥哥士廷洛·尼福**(1473—1546 年),其主要著作有《论智能与鬼神》(*De Intellectu et Dæmonibus*),《小著作》(*Opuscula*,巴黎,1654 年),以及意大利那不勒斯人**齐玛拉**(死于 1532 年)。

属于**亚力山大里亚学派**的有威尼斯的**厄莫劳·巴巴洛**(1454—1493年),其著作有《亚里士多德后自然科学简编》(*Compendium Scientiæ Naturalis ex Aristotele*),威尼斯,1547 年。文艺复兴时期最主要的亚里士多德主义者是**皮埃特罗洛·彭波那齐**(1462 年生于曼图亚,1524 年死于波洛尼亚)。他的最重要的著作有:《论灵魂不朽》(*De Immortalitate Animae*,附载反对尼普斯的《防御所》一文)和《论命运和自由意志》;参阅 L. 费里《彭波那齐心理学》(*La psicologia di P. P.*),1877 年罗马意大利文版;还有他的门徒**加斯帕洛·康塔利尼**(死于 1542 年),**西蒙·波塔**(死于 1555 年),以及朱利叶斯·西泽·**斯卡利格**(1484—1558 年)。

在后期亚里士多德学派者中,**杰科波·扎巴雷拉**(1532—1589 年),**安德**

烈斯·西萨平纳斯(1519—1603 年),塞扎雷·克里蒙尼尼(1552—1631 年)以及其他一些人在很大程度上似乎缓和了上述矛盾。

关于其他希腊哲学家的复活,要特别叙述的是下面一些人物:**耶斯特·利普斯**(1547—1606 年),其著作有《斯多葛哲学手稿》(*Manuductio ad Stoicam Philosophiam*,安特卫普,1604 年)以及其它作品;**卡斯珀·肖帕**,其著作有《斯多葛道德哲学基础》(*Elmenta Stoicœ Philosophiae moralis*,美因茨,1606 年)。此外还有:

D. 森纳特(1572—1637 年),著作有《自然科学概要》(*Epitome scientiae naturalis*,维滕贝格,1618 年);**塞巴斯蒂安·巴索**,著作有《反亚里士多德的自然哲学》(*Philosophia Naturalis adversus Aristotelem*,日内瓦,1621 年),以及约翰尼斯·**玛格尼纳斯**,著作有《德谟克利特之复活》(*Democritus Reviviscens*,帕维亚,1646 年)。

克劳德·德·伯里加德在他的作品《比萨居民》(*Cerculi Pisani*,乌迪内,1643 年起)中表现出来他是伊奥尼亚自然哲学的复兴者。

皮埃尔·**伽桑狄**(1592—1655 年),著作有:《论伊壁鸠鲁的生平和学说》(*De Vita Moribus et Doctrina Epicuri*,莱顿,1647 年),《伊壁鸠鲁哲学体系》(*Syntagma philosophiae E.*,里昂,1649 年);参阅后面第 326 页至 327 页(德文版)。

伊曼纽尔·**梅因兰纳斯**(1601—1671 年),他的著作《哲学教程》(*Cursus Philosophicus*,图卢兹,1652 年)捍卫了**恩培多克勒**学说。

以**古代怀疑主义**观点写作的有:**米歇尔·德·蒙台涅**(1533 年至 1592 年),著作有《论文集》(*Essais*),1580 年波尔多版,1865 年巴黎新版,1870 年波尔多再版,参阅 E.霍夫曼《蒙台涅之疑》(*Montaignes zweifel*),《逻各斯》,第十四卷,1926 年;**弗朗索瓦·桑切斯**(1562—1632 年,一个在土鲁斯教学的葡萄牙人),著作有《讨论不为人知的最高深的第一宇宙学》(*Tractatus de multum nobili et prima universali scientia quod nihil scitur*),1518 年里昂版,参阅 L.格尔克拉斯《F. 桑切斯》,1860 年,维也纳版;**皮埃尔·夏隆**(1541—1603 年),著作有《论智慧》(*De la Sagesse*),1601 年波尔多版;后有弗朗索瓦·德·拉莫特·**莱瓦耶**(1586—1672 年),其著作有《五次对话》,

304

(*Cinq Dialogues*),1673 年蒙斯版;塞缪尔·**索比埃尔**(1615—1670 年),塞克斯都·恩披里诃的著作的译者;还有西蒙·**福奇**(1644—1696 年),《学园学派怀疑论史》(1690 年,巴黎版)的作者。

反对经院哲学最激烈的论战来自那些人本主义者,他们利用基于健康常识的罗马**折中主义**的**通俗哲学**尽可能地披上**风雅的外衣**来反对经院哲学;表面上他们主要坚持西塞罗的立场,而事实上他们坚持的是塞涅卡和盖伦的主张。在这里还得提一提阿格里科拉和他的著作《论辩证法的发明》(*De Inventione Dialectica*,1480 年)。在他之前有**劳伦修斯·瓦拉**(1408—1457 年),著作有《反对亚里士多德论辩的辩证法》(*Dialecticae disputationes contra Aristoteleos*),1499 年威尼斯版;还有**卢多维戈·维韦斯**(1492 年出生于巴伦西亚,1546 年死于布鲁日),著作有《论科学》(*De Disciplinis*),1531 年布鲁日版,1555 年在巴塞尔出《全集》;参阅 A. 兰格在史密特的《教育学百科全书》(*Encyclopädie der Pädagogik*)第九卷中的文章;还有**马里斯·尼佐里斯**(1498—1576 年),著作有《哲学上的真原理和真理论》(*De veris principiis et vera ratione philosophandi*),1553 年帕尔马版;最后有**皮埃尔·得·拉·拉美**,又名皮特勒斯·拉马斯(1515—1572 年),著作有《论辩律则》(*Institutiones Dialecticæ*),巴黎版 1543 年;参阅 ch. 沃丁顿的著作,1849 年和 1855 年巴黎版。

托马斯主义经院哲学的传统在伊比利亚半岛的大学里最顽强地坚守着自己的阵地。在其拥护者中最杰出的是弗朗兹·**苏阿雷兹**(来自格拉纳达,1548—1617 年);《形而上学争论》(*Disputationes Metaphysicæ*),1605 年出版;《全集》,二十六卷,1856—1866 年,巴黎版;参阅 K. 沃纳《苏阿雷兹与上世纪经院哲学家》(*S. und die Scholostik der letzten Jahrhundert*,1861 年,雷根斯堡德文版)和马休《弗朗兹·苏阿雷兹》(1921 年,巴黎版)。还须提一提的是科英布拉的耶稣会作家文集,即所谓的 *Collegium Conembricense*。

新教教会从一开始就与人文主义运动有着较密切的关系。特别是在德国,两者往往携手前进。参阅 K. 哈根《德国宗教改革时期文学与宗教的关系》(*Deutschlands literarische und religiöse Verhältnisse im Reformationszeitalter*),三卷集,1868 年法兰克福德文版;E. 特勒尔奇《近代基督新教与教会》(*Protestantisches Christentum und Kirche in der Neuzeit*),《当代文化》

杂志卷一,1906 年第 4 期。

在新教大学里介绍亚里士多德主义的主要是**菲利普·梅兰克森**。在布雷特施莱德和宾德塞尔所搜集的有关他的著作的版本中,卷十三和卷十六是他的哲学著作。其中首要的是论述逻辑(辩证法)和伦理学的教科书。参阅 A. 里克特《梅兰克森对哲学课的贡献》(*M's Verdienste um den philosophischen Unterricht*),1870 年莱比锡德文版;K. 哈特费尔德《德国导师梅兰克森》(*M. als Præceptor Germaniae*),1870 年柏林德文版;E. 特勒尔奇《格哈特和梅兰克森的理智和觉醒》(*Vernunft und Offenbarung bei Joh. Gerharp und Melanchthon*),1891 年;W. 狄尔泰《精神科学的自然体系》(*Das naturliche System der Geisteswissenschaft*),参阅前面第 295 页;H. 梅尔《哲学家梅兰克森》(*M. als Philosoph*),《哲学史文库》第十卷和第十一卷,又载《哲学的界限》,1909 年蒂宾根版;P. 约阿希姆森《公域》(*Loci communes*),1926 年《路德年鉴》;P. 彼得森《新教德国的亚里士多德哲学史》(*Geschichte der aristotelischen Philosophie im protestantischen Deutchland*),1921 年;E. 韦伯 1907 年出版的《德国新教的经院哲学》(*Die philos Scholastik des deutschen prot.*)和 1908 年出版的《新教的学院哲学对正统路德派教义学的影响》(*Der Einfluβ der prot. Schulphilosophie auf die orthodox-lutherische Dogmatik*)。

路德本人的立场同奥古斯丁主义的立场要接近得多,参阅 Ch. 魏塞《路德基督学说》(*Die Christologie Luthers*),1852 年莱比锡德文版。**加尔文**的情况更是如此,只有**兹温格利**较友好地倾向于同时代的哲学,特别是意大利的新柏拉图主义。然而,这三位伟大的〔宗教〕改革家只有在神学领域里有其科学意义,在这里只不过作为十六世纪一般理智运动的基本因素提一提而已。参阅 K. 霍尔《基督教发展史文集》(*Ges. Aufsätze zur Kirchengeschichte*),第一卷《路德》(1923 年第三版)。也可参阅伯默尔《当前对路德的研究》(或译《从现代研究的观点看路德》,*Luther im Lichte der neueren Forschung*,1918 年第五版)和 W. 昆勒尔《兹温格利的精神世界》(*Die Geisteswelt U. Zwinglis*,1920 年)。

新教派亚里士多德主义碰到的敌手是**尼古劳·陶雷鲁斯**(1547—1606年),他是巴塞尔和阿尔特多夫的教授;著作有《哲学的胜利》(*Philosophiæ Triumphus*,1573 年巴塞尔版),《阿尔卑斯毁败记》(*Alpes Cæsæ*,1597 年法兰克福版）。参阅 F. X. 施密特-施瓦茨贝尔《德国第一位哲学家陶雷鲁斯》（*N. T.*，*Der erste deutsche Philosoph*，1864 年，埃尔兰根德文版）以及前面所引 P. 彼得森的著作；它的敌手还有**苏塞纳斯主义**[①]，此为锡耶纳的**烈利奥·索齐尼**（1525—1562 年）和他的侄子**福斯托**（1539—1604 年）所创立，参阅 A. 福克《苏塞纳斯主义》（*Der Sozinianismus*，1847 年，基尔德文版）和赫佐格在他的《神学百科全书》一书中的文章（第二版卷十四，自第 377 页起）；它的敌手特别存在于**神秘主义**的群众运动中。在此运动中最杰出的代表是**安德烈亚斯·奥西安德**（1498—1552 年），**卡斯帕·施文克费尔德**（1490—1561 年），**塞巴斯蒂安·弗兰克**（1500—1545 年；由齐格勒和勒曼出版的《奇谈怪论》〔*Paradoxa*〕，1909 年耶拿版；参阅 K. 哈根，所引著作卷三第五章；A. 黑格勒尔《塞巴斯蒂安·弗兰克的思想和著作》〔*Geist und Schrift bei S. Fr.*〕，1892 年），特别是**瓦伦丁·韦格尔**（1553—1588 年；《论幸福生活小册》〔*Libellus de vita beata*〕，1606 年，《金柄》〔*Der guldne Griff*〕，1613 年，《论世界方位》〔*Vom Ort der Welt*〕，1613 年，《基督教教理问答》〔*Dialogus de Christianismo*〕，1614 年，Γνῶθι δαυιό[②]〔《认识你自己》〕，1615 年；参阅 J. O. 奥伯尔《瓦伦丁·韦格尔》，1864 年莱比锡版；还有 A. 伊斯雷尔，1880 年）。

继库萨的尼古拉之后，**自然哲学**倾向更强烈地表现在**查尔斯·布依勒**（又名博维卢斯，1470—1553 年）身上，其著作有《论理智》（*De Intellectu*），《论感觉》（*De Sensibus*），《论知识》（*De Sapientia*）（参阅 J. 迪伯尔《一种体系的尝试——阐述查尔斯·布依勒哲学》〔*Versuch einer system. Darstellung der Philos. des c. B.*〕，1862 年维尔茨堡德文版）；并表现在**吉罗拉莫·卡尔丹**（1501—1576 年）身上，其著作有《我的生平》（*De Vite Propria*），《论事物多样化》（*De Varietate Rerum*），《论微妙》（*De Substilitate*），《全集》（1663 年里昂版）。关于此事和后面所述参阅里克勒和西贝《十六、十七世纪著名物理学家的生平和学说》（*Leben und Lehrmeinungen berühmter Physiker im 16.*

[①]   此教派承认上帝存在和基督圣经，但否认基督的神性，否认三位一体，否认灵魂不朽，以理性解释人类原罪及救赎。——译者

[②]   希腊文原是苏格拉底的话，此处引用作为书名。——译者

und 17. Jahrhundert），七册，1819 年起，苏尔茨巴赫德文版。

意大利自然哲学家中最杰出的人物是**乔尔达诺·布鲁诺**，意大利坎佩尼亚的诺拉人，出生于 1548 年，在那不勒斯受教育。他参加了多米尼克教派，遭到该派极度的不信任，因而出走，从此过着漂泊的生活。他路过罗马、上意大利，到达日内瓦、里昂、图卢兹，到巴黎和牛津讲学，然后又到马尔堡、维滕贝尔格和赫尔姆施泰特讲学，又访问过布拉格、法兰克福、苏黎世，最后在威尼斯遭遇不幸，由于被人出卖，落入宗教裁判所之手。他被转押到罗马，在那里住了几年监狱，由于他坚决拒绝收回〔自己的主张〕，1600 年被烧死。他的一生漂泊不定，部分原因是他自己的性格造成的。他长着富于幻想的高傲的翅膀，狂热追求新的真理，特别是哥白尼思想体系，他为此而不得不受苦受难，然而他豪情纵放，壮志凌云，目空一切，热衷于煽动，肆无忌惮。他的拉丁文著作（三卷集，1880—1891 年，那不勒斯版）有些涉及"鲁路斯艺术"（特别是《论图像、符号和观念的组合》〔*De imaginum signorum et idearum compositione*〕），有些是教育诗或形而上学论文（《论单子、数目和形状》〔*De monade numero et figura*〕；《论至小的三个方面》〔*De triplici minimo*〕）；意大利文著作（由 A. 瓦格纳编辑，1829 年莱比锡版；新版由拉加尔德编辑，两卷集，1888—1890 年哥廷根版）有些是讽刺作品（《蜡台》〔*Il candelajo*〕；《灰堆上的华筵》〔*La cena della cineri*〕；《趾高气扬的野兽驱逐记》〔*Spaccio della bestia trionfante*〕，库勒伯克译成德文，1890 年莱比锡版；《飞马的诡计》〔*Cabala del cavallo Pegaseo*〕），另一些是他最完整的理论著述：《论原因、原则和太一》，（*Dialoghi della causa principio ed uno*）拉松译成德文，1872 年柏林版；《论英雄气概》（*Degli eroici furori*）；《论无限、宇宙和诸世界》（*Dell' infinito universo e dei mondi*）。（由金泰尔出版《论形而上学》，1907 年巴里版；《论道德》1910 年）。参阅巴塞洛米索《乔尔达诺·布鲁诺》（1846 年及次年，巴黎版）；D. 伯尔特《布鲁诺的生平和学说》（*G. B. sua vita e sue dottrine*，1889 年罗马版）；Chr. 西格瓦尔特在《小著作》中的文章，卷一（1889 年弗赖堡）；H. 布伦霍夫《布鲁诺的世界观和他的厄运》（*G. B. S Weltanschauung und Verhängnis*，1882 年莱比锡版）。对于他的意大利文著作和拉丁文著作的评论，参阅 F. 托科（1889 年佛罗伦萨版；1891 年那不勒斯版）。W. 狄尔泰《从古代泛神论的历史关联看泛神论的历史发展》（*Der entwicklungsgeschichtli-*

che Pantheismus nach seinem geschichtlichen Zusammenhang mit dem älteren pantheistischen System,《文库》卷十二;《文集》卷二)。V. 斯潘姆帕纳托《布鲁诺的生平》(1921 年,墨西拿版)和 L. 奥尔施克(《德文季刊》,1924 年第二期)。

　　代表另一种思潮的是**培尔那狄诺·特勒肖**(1508—1588 年;《依照物体自身的原则论物体的本性》〔*De rerum natura iuxta propria principia*〕,1565 年罗马版,1586 年那不勒斯版。对他的评论见 F. 菲奥伦廷诺,1872 年和 1874 年佛罗伦萨版;L. 费里,1873 年都灵版;G. 金泰尔,1911 年巴里版)和他的更重要的继承人**托马索·康帕内拉**。康帕内拉在 1568 年出生于卡拉布里亚的斯提罗,他早年就参加了多米尼克教派,遭遇过多次迫害,住过多年监牢,之后才被拯救出来送往法国。在法国他与笛卡儿学派的朋友交游。1639 年他在巴黎逝世。后来他的命名为《科学复兴》的全集才出版。在他身上,思想大胆、博学多能、追求革新、精神振奋和拘泥迂腐、虚幻妄想、执拗偏见、眼光短浅掺杂在一起。1854 年在都灵出版了新版,附有德安戈那所作的传记引言。在他卷帙浩繁的著作中可以提一下的有:《创建哲学的先驱》,1671 年;《现实哲学(四)》,附有附录《太阳城》(*Civitas Solis*),1623 年;《论西班牙君主制度》,1625 年;《理论哲学(五)》,1638 年;《哲学总论或事物按其固有原则的形而上学(三)》,1638 年。参阅巴尔达克尼《康帕内拉的生平和哲学》(*Vita e Filosofia di T.C.*),1840 年和 1843 年,那不勒斯意大利文版;D. 贝特《有关康帕内拉的新材料》(*Nuovi Documenti di T.C.*),1881 年罗马意大利文版;Chr. 西格瓦尔特《小著作》卷一,1889 年弗赖堡版;L. 布兰希特《康帕内拉》,1920 年巴黎版。

　　通神—魔术学①见于**约翰·罗依西林**(1455—1522 年;《论奇异的文字》,《论通神术》)、**内特斯海姆的阿格里帕**(1487—1535 年;《论神秘哲学》,《论科学之不可靠和虚妄》)和**弗朗西斯科·佐尔齐**(1460—1540 年;《论世界的和谐》,1549 年巴黎版)。

　　更重要、更独立的思想家是荷赫海姆的特奥弗拉斯特·波姆巴斯特·**帕**

---

　　①　或译神智—魔术学。——译者

拉切尔斯(1493 年出生于艾因西德尔恩,他过着冒险的生活,在巴塞尔当化学教授,1541 年在萨尔茨堡逝世)。在他的著作(由胡塞尔编辑,1616—1618年,斯特拉斯堡版;由 B. 阿什勒尔译成德文,耶拿出版,1926 年起)中最重要的有:《玄秘论著》,《外科烈性药物》和《物性论》。从 1922 年以来出版了由苏德荷夫和马特赫森编辑的评论性的《全集》。参阅 R. 奥依肯《近代哲学史文集》(*Beiträge zur Gesch. der neueren Philos.*)1886 年海德尔堡,1905 年德文第二版,第 22 页起;W. 马塞森《荷赫海姆的特奥弗拉斯特的宗教哲学》(*Die Religionsphilosophie des Th. V. H.*),1917 年波恩德文版。有关近代文献,参阅 H. 凯泽为他的《选集》写的后记(《穹苍》,1921 年莱比锡版,附有具有启发意义的索引)。——在他众多的门生中最重要的是**浸礼会信徒约翰·范·赫尔蒙特**(1577—1644 年;《医学的诞生》,1684 年出版他的著作的德文版;参阅 1907 年出版的 Fr. 斯特伦茨对他的论述)和他的儿子弗朗兹·默库里乌斯,还有**罗伯特·弗拉德**(1547—1637 年;《摩西哲学》,1638 年古达版)以及其他人。

　　雅各布·波墨的学说构成这些思潮最引人注目的沉淀物。1575 年他出生于戈尔利茨城附近。他在漫游之际吸取了各种各样的思想,一声不响地消化、改造这些思想。他在戈尔利茨当鞋匠定居下来。1610 年他以他的主要著作《曙光》(*Aurora*)而闻名于世。后来他被迫在一段时期内沉默,之后又出版了许多其它著作,其中主要的有:《关于灵魂的四十个问题》(*Vierzig Fragen von der Seele*),1620 年出版;《伟大的神秘》(*Mysterium Magnum*),1623年出版;《关于神恩的选择》(*Von der Gnadenwahl*),1623 年出版。他于 1624年逝世。《全集》由西伯勒尔编辑,1862 年在莱比锡出版,1922 年再版。参阅 H. A. 费克纳《波墨的生平和著作》(*J. B.，Sein Leben und sein Schriften*),1853 年格尔利茨德文版;A. 派普《德国哲学家波墨》(*J. B.，der deutsche Philosoph*),1860 年莱比锡德文版;M. 卡里尔《宗教改革家的哲学世界观》(*Die Philos. Weltanschauung d. Reform.*),卷一,第 310—419 页;P. 多伊森《波墨语录》(*J. B.，Rede*),1897 年基尔德文版;P. 汉卡默尔《雅各布·波墨》;H. 波恩卡姆《路德与波墨》,(*Luther u. B.*),1925 年。

第二十八节　传统理论之间的斗争

　　直接依附于希腊哲学,这是文艺复兴时期的主流;此种风气在中世纪时不是完全没有先例,如夏特勒学派及其友人孔歇的威廉(参阅第二十四节)之流就是对自然知识日益增长的兴趣和人文主义运动两相结合的原型。此时正如彼时,人文主义和自然哲学的结合总同柏拉图联系起来,而站在与亚里士多德对立的立场上;这点值得注意,它也是传统理论不断变化的命运的特点。

　　1. 事实上,古代文学的复兴首先表现为**柏拉图主义**的强化。自从但丁、彼脱拉克①和薄伽丘②的时代以来,人文主义运动就一直向前发展;罗马世俗文学与意大利民族意识的觉醒紧密联系在一起,而人文主义即起源于对罗马世俗文学的兴趣。但拜占庭的学者们迁徙到了意大利,这股人文主义运动的潮流受到了外力的冲击才变成了一股胜利的狂潮。在拜占庭学者中,亚里士多德主义者与柏拉图主义者,人数相当,同等重要。但是柏拉图主义者带来了比较不为人所知晓的,因而也更使人印象深刻的东西。此外,亚里士多德在西方被认为是与基督教义一致的哲学家,因此渴望新鲜事物的亚里士多德的反对力量就希图从柏拉图那里获取更多的与之不同的东西;更重要的,这位雅典人的著作的艺术魅力没有一个时代比这个时代更使人容易感受。因此,首先是意大利热忱

---

　　① 　Petrarca 或 Petrarch(1304—1374 年),意大利诗人。——译者
　　② 　Boccaccio(1313—1375 年),意大利作家。——译者

地沉醉于柏拉图,此种热忱堪与古代晚期对柏拉图的热忱相匹敌。在佛罗伦萨,柏拉图学园复活了,好像直接与古代晚期连接起来了。在梅狄奇家族①的保护下,在佛罗伦萨,实际上发展起来了一种丰富多彩的科学活动;在此活动中,像纪密斯特·普利索和贝萨利昂等领导人物所获得的威望不亚于当年新柏拉图主义的学阀们。

然而新柏拉图主义的亲缘关系更深一步向前发展了。接受柏拉图学说的拜占庭传统就是新柏拉图传统。当时在佛罗伦萨所教的柏拉图主义实际上是新柏拉图主义。玛尔西略·**费其诺**翻译普罗提诺的作品,也翻译柏拉图的作品,而他的"柏拉图主义神学"与普罗克洛的神学没有什么区别。因此,**帕特里齐**怪诞的自然哲学的理论基础不过是新柏拉图主义的流出理论体系而已;但是很有意义的是,在这里新柏拉图主义的二元论因素被剥掉了,一元论倾向更纯地、更充分地表露了出来。因此,文艺复兴的新柏拉图主义者突出了**宇宙之美**;神性,太一(Unomnia)对新柏拉图主义者来说,是一种崇高的宇宙统一体,繁多性谐和地孕育于其中;因此,新柏拉图主义者得以歌颂宇宙无边无际,引人神往;他陶醉于歌颂神性为普照(Omnilucentia)的光的形而上学②中。

2. 在这种理论里显而易见存在着的泛神论倾向足以使此种柏拉图主义成为教会怀疑的对象,也因而给其对手**逍遥派**提供攻击自己的可乘之机;此把柄不仅为经院哲学的亚里士多德主义者

---

① 梅狄奇(Mediceer)系 15—16 世纪意大利佛罗伦萨有钱有势的家族,一门中出教皇三人。——译者

② 参阅第二十节,7。——译者

所利用,并且也为其他的人们所利用。的确,在另一方面,柏拉图主义者指责人文主义的新亚里士多德主义的地方正是后者的自然主义倾向,并标榜自己的超感倾向与基督教义同出一源。就这样,希腊哲学的这两支伟大传统又互相争战起来,而每一方攻击对方的正是对方的非基督教性质①。在这种意义上普里索在他的标题为 νόμων συγγραφή《律令志》的著作中向亚里士多德主义者进行过论战,并因而遭到来自君士坦丁堡的金纳狄奥斯主教的严厉谴责。在这种意义上特拉比松的乔治攻击了学园学派,在这同样的意义上贝萨里昂(虽然温和一些)回敬了他。因此,这两学派之间的仇恨以及由此仇恨在古代所引起的文坛骚动又传到了文艺复兴时期;有些人,如帕多瓦的里昂尼古·托马斯(死于 1533 年),曾告诫过这些武士们要理解存在于这两位哲学巨人之间的更深一层的统一,但他们枉费心机,毫无成效。

　　3.　与此同时,在**亚里士多德主义者**内部也绝对没有统一的观点。这位斯塔吉拉人(亚里士多德)的希腊诠释者们及其追随者对阿维罗依主义者如同对托马斯主义者一样鄙视。据他们看来这两种人都同样是野蛮人,然而他们自己大部分人囿于成见,对这位大师的诠释,他们只赞成与斯特拉脱主义的观点相近者。在此类诠释者中杰出的代表是**阿弗洛底西亚的亚历山大**。即使在这里也同

①　在亚里士多德主义者内部的不同流派中也出现完全相同的情况,其中每一流派均希望被人当作正统,——甚至不惜以"双重真理"(Zweifachen Wahrheit)的代价获取此盛名。在这方面阿维罗依主义者特别在行;因此发生了这样一件事:他们当中有一个名叫尼福的人,他受教皇之托反驳彭波那齐的灵魂不朽理论。当然,后者也用同一张王牌来掩护自己。

样存在着一种传统观点反对另外的传统观点。这种斗争在帕多瓦表现得特别尖锐；在帕多瓦，**阿维罗依主义者**发现**彭波那修斯**教学活动效果显著，自己的堡垒受到了威胁。他们争论的中心问题是灵魂不朽。双方均不承认有完全的个人的灵魂不朽，但阿维罗依主义确信这种缺陷至少在理智的统一中能得到补偿，而**亚历山大里亚学派**却认为灵魂的理性部分从属于肉体状态并可能随之一起消灭。与此相联的是对于辩神论①、天意、命运、意志自由、奇迹和预兆等的争论，在这些争论中彭波那齐往往强烈地倾向于斯多葛学说。

随着时间的推移，此种依赖于诠释家、受阻于诠释家的现象也不复存在了；这就为纯正地、直接地理解亚里士多德开拓了道路。在这方面干得最出色的是朱利叶斯·西泽·**斯卡利格**和西萨平纳斯，后者宣誓绝对忠于亚里士多德。德国人文主义者从语文学观点出发对逍遥派体系也有同样正确的理解；但是他们仿照梅兰克森的先例，只在逍遥派体系符合于新教教义的地方，他们才收进自己的理论里。

4. 在所有这些情况中，对希腊哲学的吸取导致了对经院哲学实质性的对抗。另一条人文主义路线更接近于罗马文学，它倾向于以**形式**为主的对抗，它把索尔斯伯利的约翰当作此种对抗在中世纪的先驱。此等人文主义者的审美观反对中世纪文学不文雅的外表。他们沉浸于古代作家的文采风雅和色彩鲜明之

---

① Theodicee(或译"神义论"或"神正论")：神虽容许罪恶存在，但无损于神的正义与公正。——译者

中，因而不能正确地鉴赏寓于经院哲学术语粗糙外壳之内的、充满特性的内核。文艺复兴时代的思想家，本质上富有审美气质，对于概念科学的抽象性质不再感任何兴趣。因此，他们以严肃和嘲笑为武器展开了各条战线的斗争。**他们不要概念，要〔具体〕事物**；不要矫揉造作的言词而要有教养的优雅的语言；不要诡谲的论证和精微的区分而要投合活人的幻想和感情的风雅的描绘。

　　劳伦修斯·瓦拉第一个发出此种呼声。**阿格里科拉**在生动活泼的辩论中继续发出此种呼声。**伊拉兹马斯**也参加进来。这些人物的典范是西塞罗和井提良，还有塞涅卡和盖伦。当哲学方法在他们手里必须改变时，经院哲学的辩证法特别在西塞罗的影响下便被排除了，代之而起的是修辞学和语法学原则。真正的辩证法是演讲学①。因此"亚里士多德"逻辑成为受人最猛烈攻击的对象；三段论法势必被简化，并从原来的崇高地位赶了下来。三段论不可能产生任何新的东西，它只是没有成效的思想形式。后来布鲁诺、培根和笛卡儿与这些人文主义者一样特别强调了这一点。

　　但是三段论的权威同辩证的"唯实论"联系得愈更紧密，唯名论和名称论的因素就同人文主义的反抗愈更联结起来了。这一点表现在**维韦斯**和**尼佐里斯**身上。他们激烈反对普遍概念的权威。根据维韦斯的意见，中世纪科学堕落的真正原因即在于此。尼佐

---

　　①　皮特勒斯·拉马斯《论辩律则》开头部分。

里斯教导说①，共相是集合名词，其产生是用"理解"的方法，不是用抽象的方法；个别事物连同自身的性质就是现实。我们所要关心的事就是去理解它们。有比较能力的理智的次要活动就是尽可能朴实地、不加修饰地去阐述它们。因此曾经在以往的辩证法中制造出如此巨大困难的所有形而上学假设都必须从逻辑学中清除出去。经验主义只能运用**纯形式逻辑**。

然而人们在修辞学和语法学中探索着"自然的"辩证法。因为**拉马斯**认为，"自然的"辩证法应该教育我们在自觉的思维中只遵循这样一些规律：根据理性本性这些规律也控制我们的自觉的思维，并在正确地表现此种不自觉的思维过程中自发地呈现出来。然而在所有思维活动中，至关紧要的事是找出决定问题的观点并将此观点正确地应用在对象上。据此，拉马斯遵照维韦斯②的意见，将自己的新辩证法分成**发明**（Inventio）和**判断**（Judicium）两论。第一部分是一种普通逻辑学，还不能避免以"部目"（Loci）形式重新引荐像因果关系、本质、种等范畴；并由于毫无系统地列举这些范畴，这种"最新逻辑"便沉溺于通常的世界观的幼稚的形而上学中。**判断论**被拉马斯发展为三个阶段。第一阶段就是把对象纳入已发现的观点之中，从而对问题作出简单的判断；因此在这里三段论的作用比以往大大降低了。第二步，利用定义和划分，判断力须将隶属于同一体系整体的知识联结起来。然而，判断力只有在它把一切知识与上帝联系起来的时候，才完成了它的最高任务

---

① 马里斯·尼佐里乌斯《哲学上的真原理和真理论》，I. 4—7；III. 7。
② 卢多维尼·维韦斯《论科学》第一篇。

并发现自己也来源于上帝。这样一来,自然的辩证法发展到通神学①的高峰。

　　此种修辞学体系虽然根子浅,独创力弱,然而在渴望新生事物的那个时代却激起了巨大轰动。特别是在德国,拉马斯主义学派和反拉马斯学派进行着激烈的争论。在此思想体系的友人中,**约翰尼斯·斯特姆**②特别值得重视,他是一个人文主义的典型教育学家,他规定教育任务为培养学生认识事物并知道如何根据正确的观点来判断事物、有教养地谈论事物。

310

　　5. 此种思潮的特征是对形而上学所持的冷淡态度。此事实即可证明此思潮来源于罗马的通俗哲学。此思潮与西塞罗有特殊的渊源关系。西塞罗依靠他的柏拉图学派的怀疑论或盖然论,从而具有特殊的影响。人们对于抽象概念的讨论厌倦了,这使一大批人文主义者远离了古代的伟大的思想体系;只有通俗的斯多葛主义,由于它的道德学说和宗教学说独立于正统宗教,所以它在文艺复兴时代的作家中拥有大量的追随者。在另外一些范围里加上宗教上失去信仰或信仰无差别论的蔓延使**怀疑主义**表现为有教养的人们的正当情调。外界生活的魅力,灿烂文化的光辉,更火上加油,使人们对于哲学上的苦思冥想感到索然寡味。

　　蒙台涅充分发挥了此种世俗的怀疑主义。他以一个伟大作家

---

　　① Theosophie(或译"神智学"):认为靠精神上的自我发展、天人感通或直观等神秘方法可洞察神性,接触上帝。——译者

　　参阅 P. 罗布斯坦因《神学家拉马斯》(*P. R. als Theologe*),斯特拉斯堡,1878 年德文版。

　　② 参阅 E. 拉斯《历史地批判地论述约翰尼斯·斯特姆教育学》(*Die Pädagogik des J. St. kritisch und historisch beleuchtet*),柏林,1872 年德文版。

的优美而轻盈的笔调，海阔天空，高瞻远瞩，生动活泼地描绘了他那个时代的精神全貌，从而赋予法国文学至今仍保存其基本精神的情调。但是此种运动仍然没有脱离古代常轨。在蒙台涅的《论文集》中无论透露的是什么哲学思想都来源于皮浪主义。因此，中断已久的传统线索又连接起来了。理论见解和伦理观点的相对性，感官的错觉，主观与客观之间的鸿沟，主观客观的不断变化，一切理智活动均依赖于非常不可靠的论据——所有这些古代怀疑主义的论点，在这里我们都碰到了，只不过不是以系统阐述的形式，而是在具体问题的讨论中乘兴结合；也正因为如此，反而感人更深。在宗教改革时期**伊拉兹马斯**借以坚持激烈的宗派斗争[①]的正是这种同样的信心十足的精神自由的高度。

与此同时，**桑切斯**按照更加严格的规定复活了皮浪主义，但形式生动活泼，使人不免希望或有一天人类会获得可靠的知识。在个别章节中和全书结尾时他问："Nescis? At ego nescio. Quid?"〔"你不知道吗？而我可不知道。为什么？"〕。对此巨大的疑问词"Quid?"〔"为什么？"〕，他的确没有提出答案；指导通向真正知识的重责是他仍未偿还的旧账。然而他对于他所追求的知识的方向却毫不怀疑。蒙台涅也同样指出了：科学应把自己从书本知识的冗言赘句中解放出来并应直接针对事物本身提问。因此桑切斯需要一种新知识，并隐隐约约预感到这种新知识；可是他并不完全知

[①] 关于伊拉兹马斯，参阅库诺·弗兰克（《国际月刊》，1911年三月号）；P. 史密斯《伊拉兹马斯》（伦敦，1923年）；J. B. 皮鲁《伊拉兹马斯及其宗教思想》（1924年，巴黎法文版）；L. E. 宾鲁《改革家伊拉兹马斯》（1923年伦敦英文版）；休伊津加《伊拉兹马斯》（哈勒姆，1924年）；A. 雷诺德《伊拉兹马斯及其宗教思想》（1926年，巴黎法文版）。

道在什么地方用什么方法去寻找这种新知识。在许多段落里,他
似乎就要接触到对自然进行经验的研究了;但是恰恰在这里他又
不能跳出对外部知觉的怀疑观点;每当他认识到内在经验更高的
确实性时,此内在经验由于本身的不明确性又丧失了自身的价值。

　　夏隆的步伐显得更稳健,因为他抓住智慧的实践目的不放。
他和他的两个前辈一样,怀疑可靠理论知识的可能性;在这方面,
他们三人都树立了教会和信仰的权威:形而上学只可能由天启揭
示,人类的认识能力不足以认识它。但是,夏隆接着说,人类认识
能力对于道德生活所必需的**自我认识**是满有足够能力的。这位怀
疑论者没有真正认识事物的信心,首先他的这种谦卑就属于此种
自我认识;这位怀疑论者无论何处都不肯透露出自己的理论判断,
他的这种精神自由即根源于此种谦卑。然而另一方面毫无疑问的
是,对于正义诚实和履行职责的道德命令在这种自我认识中得到
了认识。

　　按照当时总的趋势来看,此种把注意力转向实践领域的倾向
并不持久。后期的怀疑论者突出了皮浪传统的理论方向;此种时
代的总的情调趋势产生的大部分效果最后对于教义信念的确实性
起着巨大作用。

　　6. 各种各样大量思潮浩浩荡荡流入这个时代,**教会教义**要控
制这些思潮已不能像从前对付阿拉伯-亚里士多德理论的侵犯那
样成功了:新的理论世界太繁杂,充满的矛盾太多了;再说,教会教
义本身吸收外来思想的能力已经消耗殆尽了。因此,罗马教会竭
尽可能运用的全副力量仅限于保卫自身的精神力量和外部力量,
仅限于加强自身的内部传统和安全。在此时耶稣教会用此变态形

式完成了十三世纪托钵僧教派所承担的同样的任务。由于耶稣教会之功,在特里恩特会议(1563年)上规定了反对一切改革的基督教教义的终结形式,并宣布在主要问题上**托马斯主义**为哲学理论的权威。从此以后,就不可能再存在原则上的改变问题,所存在的只是如何更恰当地阐述和适时地增补附注的问题。教会这种方式将自己排除于时代的新潮流之外,而依附于教会的哲学也因而陷入不可避免的停滞中,直至数世纪之久。在1600年左右在伊比利亚半岛的大学里经院哲学曾开放过短暂的晚开之花,但在此形势下也未结出真正的果实来。**苏阿雷兹**是一位杰出的作家,文风清丽,目光敏锐,一丝不苟,并具有明朗地阐述自己思想的巨大才能;在驾驭语言技巧上大大超过了大多数老一辈的经院哲学家;但是在他的学说的内容上也跳不出传统的圈子。不言而喻,在科英布拉耶稣会作家的伟大文集中这同一局限性也被人视作理所当然。

与此宗教传统相对立,另一种形式此时出现在**新教教会**中。在这里也一样,反对力量需要更古老的传统而否认中世纪的改革和发展。宗教改革运动渴望刷新原始基督教义以反对天主教教义。它把圣经中的正经的范围缩得更为狭小,否定了拉丁文《圣经》[①],只承认希腊原本作为标准,它又回到尼西亚信条上去了。十六世纪教义之争——从理论上来考虑——关键问题在于:基督教义何种传统应为必须遵守的法规(教义)。

312

---

①　Vulgäta(拉丁文《圣经》):在第四世纪末期,为 St. Jerome 所译、为天主教所承认的唯一拉丁文译本。——译者

　　然而神学上的矛盾随之带来了哲学上的矛盾,在中世纪曾经重复出现的许多问题又重现了。宗教需要在**奥古斯丁**学说中比在经院哲学的概念中找到更深刻、更充分的满足,找到更直接的表现。对罪孽意识的严肃态度,强烈地渴望灵魂拯救,对信仰的完全的真心诚意——所有这些原属于奥古斯丁的特质在**路德**和**加尔文**身上重现出来。但是只有在加尔文学说中才表现出了这位伟大的基督教著作家的持续影响;正因为如此,又一次引起了**托马斯主义**与**奥古斯丁主义**之间的对立,这一点在十七世纪的法国文学中表现出有决定性的影响(参阅第三十节到三十一节)。对于在耶稣会教义指导下的天主教徒来说,托马斯是控制一切的权威;对于宗教改革派的教会和天主教教义本身内部的自由倾向来说,奥古斯丁又是控制一切的权威。

　　德国新教教义又走上了另一条道路。在路德教义的发展过程中,**梅兰克森**的合作(因而也是**人文主义**的合作),促进了路德天才的发展。虽然人文主义者[①]的理论美学的本质和对宗教漠不关心的本质对于路德信仰深厚的气质的强大自然力极不吻合,但是当路德要赋予他的著作以科学的形式时,他不得不从哲学中借用概念以奠定自己的理论基础。然而,在这里,梅兰克森哲学的折中性质渗透进来了;当路德激烈地反对经院哲学的亚里士多德主义的时候,他的学识渊博的同人把**人文主义的亚里士多德主义**当作**新教哲学**介绍了进来。在此,也一样,更古老的传统与改革后的传统

---

　　① 　对于宗教改革和人文主义的关系参阅 Th. 齐格勒《伦理学史》(*Gesch. der Ethik*),II. 第 414 页起。

对立。的确,此种原始的亚里士多德主义不仅必须从西塞罗、塞涅卡和盖伦的通俗哲学中得到更正,而且更重要的要通过《圣经》得到更正;此种学说的综合不可能达到像中世纪逐渐成熟的托马斯主义所达到的有机统一。但是这一次逍遥派体系只被当作世俗科学对神学的补充。为了达到这种目的,梅兰克森深知在自己的教科书中要用多么大的熟练技巧对材料进行取舍、整理、阐述,才能使之成为在新教大学中延续两世纪之久的、在主要方面统一的理论基础。

7. 然而在基督新教中,积极活跃的还有其它一些传统势力。路德的解放业绩的根源和成就完全不是来源于**神秘主义**——的确 313 不是来源于艾克哈特长老的天才所表现的那种灵化的世界观的崇高形式,而是来源于极诚笃的虔诚运动,此运动在"教友派同盟"和"共生教社"①中作为"实践神秘主义"从莱茵河畔传播出来。对于此种神秘主义来说,信念,心灵纯洁,"效法基督",成为宗教的唯一内容。同意教义,表面的神圣善行,整个教会生活的世俗机构,似乎都是无关紧要的事,甚至反而是障碍,累赘:虔诚的感情超越所有这些表面活动,需求的只是自己个人的宗教生活的自由。这就是宗教改革的内在源泉。路德本人不仅研究奥古斯丁,而且编辑出版《德意志神学》:他的言词鼓动了宗教渴念的风暴;在反对罗马的斗争中,此风暴掺杂着民族独立的渴望。

然而此时当新教国教以一种理论的教义体系的固定形式重新巩固起来,并且在教派斗争中为了争取自己的生存战斗得越更激

---

①　"Brüdern Vom gemeinsamen Leben",此团体以普及基督教为宗旨。——译者

烈的时候,新教国家就越更坚持此种教义体系形式:在此时,神秘主义的超教派的冲力,与民族意识一样觉醒起来了。宗教改革思想在神学上的定形表现为自身的毁灭:正如当初路德向经院哲学的"诡辩法"宣战一样,现在神秘主义运动在人民群众中悄悄地、深入地、广泛地进行煽动,将其斗争矛头指向他自己的创造物。在**奥西安德**和**施文克费尔德**这类人身上,路德不得不扑灭属于他自身的某些性质和发展。但是在此运动中,很明显的是,中世纪神秘主义学说在形形色色的荒诞观念的掩盖下和在暧昧不明的形象中神话般地保存并流传了下来。出现在像**塞巴斯蒂安·弗兰克**这类人的学说中或在**瓦伦丁·韦格尔**秘密流传的宗教小册子中的神秘主义在艾克哈特的唯心主义中找到了根据,艾克哈特的唯心主义将一切外在的东西转化为内在的东西,将一切历史的东西转化为永恒的东西;它在自然界和历史的变化过程中只看见精神和神灵的象征。这一点,虽然往往以奇特的形式出现,却构成了十六世纪德国神秘主义者向科学"条文"作斗争的基础。

8. 在十五、十六世纪的理智运动中无论我们往何处看,我们都能看见传统处处反对传统,而且每一争论都是传统理论之间的斗争。此时,西方各民族精神已吸取了过去所提供的全部文化材料,它在同古代科学最高成就的直接接触中被推进了热情激荡的激流,并在此激流中力图达到自己完全的独立。它感觉自己久经锻炼足以完成自己的工作;它思想丰富,热情饱满,寻求着新的任务。在文学中人们可以感觉到青春活力在跳动,总感觉到某种从未听见过的东西、从未看见过的东西此刻正在来临。文艺复兴时代的人们向我们宣告的正是科学和人类状态的完全革新。传统理论之间的斗争导致对过去的厌恶；对旧知识的学术探讨，以抛弃旧书篓而告终。心灵，朝气蓬勃，洋溢着青春欢乐，投向现世生活，投向永远年轻的自然界。

此种对文艺复兴的情调的典范描述就是歌德《浮士德》中的第一个独白。　　314

第二十九节　宏观世界与微观世界

通过司各脱主义和名称主义，中世纪的信仰-形而上学已经崩溃，裂成两半：一切超感的东西送给了教义；经验世界作为哲学对象保留下来了。但是在思维还没来得及把有关这种世俗知识的方法和特殊问题弄清楚的时候，人文主义，尤其是随之而来的柏拉图**世界观**，撞进来了。不足为奇，人们首先要在柏拉图世界观中寻求问题的答案，人们在开始时只朦朦胧胧地看见这个答案。当这种理论证明超感世界在冥冥中充满预感而使感官世界的特殊事物以有目的地规定的线条清楚明白地显露出来的时候，这种理论一定会更受人欢迎，特别当它以新柏拉图主义的形式出现的时候。超感世界本身，以及其中与人类宗教生活有关的一切，都可能大胆放心地听任神学去摆布。只要哲学越更遵循新柏拉图主义的先例将自然当作精神的产物，哲学就越有可能心安理得地将自身奉献于自然科学，并因此确信：在神性的概念中保持了科学分为精神和世俗两个分支的最高的统一。过去神学教导说，上帝在《圣经》中显示自己，现在哲学的任务是以赞叹崇敬的心情在自然界中理解上帝的启示。由此可见，近代自然科学之肇始来自**通神论**而且彻头彻尾地来自**新柏拉图主义**。

1. 然而独特的事实是,在这次新柏拉图主义的复活中,新柏拉图主义原来具有的最后的二元论因素被排除了。随着此二元论因素的消逝,原来支持此二元论的特殊的宗教势力也消逝了,在自然界中认识神的创造力的理论因素却显露出来并变得纯洁了①。因此,文艺复兴时期的自然哲学的基本倾向是**活的整体统一于神**②这个想象的概念,这是对**宏观世界**的赞叹崇敬。普罗提诺关于**宇宙美**的基本思想没有一个时代像现在这个时代这样被人如此心甘情愿地吸取采用;此宇宙美现在又被认为是神的理念的体现。**帕特里齐**用几乎纯粹的新柏拉图主义形式表现了这种观点;而乔尔达诺·**布鲁诺**以及雅各布·**波墨**以更加独创的形式、强烈的诗人气息表现了这种观点。对于布鲁诺来说,赋予万物以形式、赋予万物以生命的原光的象征仍占优势(参阅第二十节,7);与此相反,对于波墨来说,占优势的是有机体的象征;宇宙是一株树,从树根到花果都渗透着生命之液(Lebenssaft),此树的造形和分枝均通过其自身的胚胎活动,从里到外,得以进行③。

在此不可避免地存在着走向完全的一元论和**泛神论**的倾向。一切事物必有其因,而此最后之因只能是一个——上帝④。按照

---

① 在某种意义上,我们又可以作这样的表述,即借此,新柏拉图主义的斯多葛因素以压倒一切的优势表现出来:人文主义的反对力量甚至直接庇护斯多葛主义以反对更带中世纪色彩的新柏拉图主义。

② "göttlich Einheit des Allebens",直译为"活的整体的神的统一"。——译者

③ 参阅布鲁诺《论原因、原则和太一》(Lag. I,第 231 页至第 232 页)和波墨《曙光》前言,两者之间有显著的一致;对此可参阅普罗提诺《九章集》,III. 8,11。

④ 《曙光》,第三章。

布鲁诺的意见,上帝同时是形式因、动力因和目的因;按照波墨的意见,上帝既是宇宙的"Urgrund"〔始基〕又是宇宙的"Ursache"〔原因〕(在布鲁诺那里,即 Principium〔本原〕和 Causa〔原因〕)。因此宇宙也不过是"上帝本人物化的本质"①。在这里,正如过去在新柏拉图主义中一样,上帝的超越性概念与此观点联系在一起。波墨认为,上帝不能想象为缺乏理性和"科学"的力量,而应想象为"认识一切、看见一切、听见一切、嗅到一切、尝到一切"的上帝。布鲁诺又添上另一种比拟:对他来说,上帝是一位艺术家,是一位不停工作并将其内性塑造为丰满的生活的艺术家。

因此,对于布鲁诺来说,谐和也是世界最内在的本性。对于凡是能以热情的直观领会到此种谐和者(如在《论英雄气概》的对话和诗作中的哲学家那样)说来,个别事物的缺点和缺陷都消逝在整体美之中了。〔在此〕,不需要什么特殊的辩神论。世界是完美的,因为它就是上帝的生活;甚至下至一切具体事物也如此。只有那种不能将自己拔高到整体观点的人才抱怨终天。在布鲁诺的作品中,爱好艺术的文艺复兴时期的世界欢乐歌唱着哲学的热情赞歌。在他的诗境里散发着**宇宙神教的乐观主义**的迷人气氛。

2. 布鲁诺此种玄学幻想的发展所依据的概念主要来源于库萨的尼古拉,其学说由查尔斯·布依勒保存了下来,尽管在他的阐述中多少失去了此学说的生动的鲜明性。正在此点上,此诺拉人②深知如何恢复其本来面目。他不仅将**对立统一**原则提高到艺

---

① 《曙光》,第二章。

② 布鲁诺出生于意大利坎佩尼亚之诺拉。——译者

术的矛盾谐和,提高到存于神的本质中的互相对立的部分力量的、谐和的总体活动;最主要的,他赋予**无限和有限**广阔得多的深远的意义。关于神性和神性与世界的关系方面,基本上保留了新柏拉图主义的观点。上帝本身,作为高于一切对立面的统一体,不能用任何有限属性或规定来理解,因此他的真正本质是不可知的(消极神学);但同时上帝被认为是无穷无尽的,被认为是**无限**的宇宙力量,被认为是**能动的自然**(*natura naturans*);能动的自然在恒变中,按照规律有目的地形成并"发展"自身成为**被动的自然**(*natura naturata*)。上帝的本质与世界的合一就是文艺复兴时期自然哲学的总的理论。此种合一也可在帕拉切尔斯、塞巴斯蒂安·弗兰克、波墨身

316 上找到;最后也可在全体"柏拉图主义者"身上找到。此种合一也可能采取一种极端自然主义的形式,并可能导致否定一切超越性——此事实由瓦尼尼①煽动性的、夸张的、论战性的理论所证实。

　　另一方面,对于被动的自然,对于宇宙(万物的整体),所要求的不是真正的"无限"而是时空内的"无限制性"。这个概念通过**哥白尼学说**②获得无比清晰的形式和更固定的意义。对于那位库萨人以及对于旧毕达哥拉斯学派(也许正通过他们)来说,地球为球形和地球围绕其轴而旋转的观念早已为人所熟悉。但是只有地球围绕太阳而旋转的假说得到了胜利的证明才为**人在宇宙中的地位**

---

　　① 　Lucilis Vanini(1585 年出生于那不勒斯,1619 年被焚于图卢兹)一位放荡的冒险家,写有《永恒天主之竞技场》(*Amphitheatrum Æternæ Providentiæ*)(里昂,1615 年)和《论大自然、女王、女神生死存亡之奥妙》(*De admirandis naturæ reginæ deæque mortalium arcanis*)(巴黎,1616 年)。

　　② 　尼古拉·哥白尼《论天体运行》(De Revolutionibus Orbium Cœlestium),1543 年,纽伦堡版。

的这个崭新观点提供理论基础,此观点是文艺复兴时期的科学的特色。曾经统治过中世纪的"以人为中心"的世界观就此解体了。人类以及地球必然不再被认为是宇宙的中心和世界事物的中心了。像帕特里齐和波墨之类的人们根据哥白尼学说(此学说为此受到所有宗派教条主义权威的严厉谴责)也把自己超越于此种"限制"之上;但是将哥白尼体系既在自然哲学中又在形而上学中贯彻到底的这种荣誉应属于**乔尔达诺·布鲁诺**。

他从这个体系发展了这种理论:宇宙形成无数世界的体系,其中每个世界均围绕其中心太阳而运转,它们都各自有着自己独特的活动,都以混沌状态逐步变为清楚确定的形式,而又都不可避免毁灭的命运。也许在形成这种不断产生、不断消亡的众世界的多数性概念中德谟克利特和伊壁鸠鲁的传统起过促进作用;但是布鲁诺的独有特点是,他不把种种太阳系的多样性当作机械的并列,而当作有机的活的整体,并认为神的整体生命的脉搏跳动维持了世界的产生和消亡的过程。

3. 此宇宙神教论(Universalismus)大胆勇猛地飞入时空的无限之中,完全为它自己提出幻想的要求;与此相对应,在逍遥派斯多葛主义的关于**宏观世界与微观世界两相类似**的学说中却存在着有效的平衡作用;这种学说在人的本性中发现宇宙力量的缩影,发现宇宙力量的"精髓"(Quintessenz)。我们看见这种学说以其极不相同的各种形式在文艺复兴时期复活起来了;它完全控制了这个时期的认识论。此外,新柏拉图主义的三分法差不多到处都起着权威性的作用,提供了**形而上学人类学**的模式。一个人只有按照**瓦伦丁·韦格尔**所述的如下方式才能认识自己:一个人,只有

他自己是整体,才能认识整体。这是艾克哈特神秘主义的彻底的
317 原则。但是这种唯心主义此时在这里采取了一种更加明晰的形
式。作为肉体,人属于物质世界;实际上,按照**帕拉切尔斯**以及随
他之后的**韦格尔**和**波墨**所教导的,人在其内部将所有物质事物的
本质凝聚成最细最紧的形式。正因为这样,人有能力理解物质世
界。然而作为理性生物,人来源于"星座",因此他有能力认识一切
形式的理性世界。最后,作为神的"火花",作为生命的通气孔
(Spiraculum vitœ),作为最高生命原则的部分体现,人也有能力意
识到神的本性,而他自己就是神性的影像。

按照这一原则,一切世界知识的根源都在于**人的自我认识**;此
同一原则的更抽象的应用可在**康帕内拉**的思想中找到,涉及的不
是新柏拉图主义的世界层次的划分(虽然此种划分也出现在康帕
内拉那里),而是所有现实的基本范畴。人〔在这里也是思想〕真正
认识的只有他自己,只有从他自己或通过他自己去认识其他事物。
一切知识是知觉(Sentire),但是我们感知到的不是事物本身,而是
事物将我们置身于其中的状态。然而在这过程中,我们主要体验
到:我们既然存在,我们就能做一点什么、认识一点什么、希望一点
什么;我们还体验到:我们自己受到其他事物相应的机能的限制。
从这里得出结论:力量、知识和意志是整个现实的"基太"
(Primalitäten);如果上帝无限量地拥有力量、知识和意志,那么上
帝就是全能、全知、全善了。

4. 关于所有对上帝、对世界的认识最后被囿于人的自我认识
之中的这种理论只不过是从更一般的形而上学原则推出的认识论
上的判断而已:根据这个形而上学原则,神性被认为充分地、完全

地被包含在每一个有限的体现神性的具体现象中。乔尔达诺·布鲁诺在这一点上也追随那个库萨人（指库萨的尼古拉。——译者），认为上帝最小，也是最大，正如个体生命本原与宇宙生命本原完全一样。据此，每个个体（不仅是人），成为宇宙实体的一面"镜子"。每个个体，就其本质而言毫无例外，都是神性本身，但每个个体自行其是，与众不同。这种思想，布鲁诺结合在他的**单子**概念中。所谓单子，他理解为原初生命的、不朽不灭的个体，其本性既是物质的，也是精神的，此个体作为不断被形成的物质构成世界力量的部分现象，世界生命即基于这些现象的相互作用。每个单子是神的存在的具体的现在存在形式（Daseinsform），是无限本质的有限存在形式。既然除上帝和单子以外什么也不存在，因此宇宙即使在极微小的隐蔽之处也具有生命，此无限的整体生命具体化到每一点，具体化到特殊的个性。从这里得出结论：每件事物，在其生命的过程中，一部分遵循其本身的特性，一部分又遵循更一般的规律，正如一颗行星或天体在其本身的轴上运动同时又围绕其太阳运动。康帕内拉将此学说与哥白尼体系联系起来，将此趋向整体的奋力、将此面向整个现实本原的运动当作宗教，并在此意义上讲述"自然"宗教，即将"天赋本能"当作宗教（现在人们会说成向心力），他以逻辑的一贯性将此"天赋本能"赋予万物；而人身上的"天赋本能"被认为是"理性"宗教的特殊形式，即人力图通过爱和知识与上帝合一的特殊形式①。

318

---

①　参阅 W. 狄尔泰《从古代泛神论的历史关联看泛神论发展史》（*Der entwicklungsgeschichtliche Pantheismus nach Seinem geschichtlichen Zusammenhange mit den älteren Pantheistischen Systemen*），《哲学史文库》卷十三，1900 年，参阅上书第 292 页和 298 页。

关于在每一特殊事物中表现出神的宇宙本原的无限可能性这个原则以同样形式出现在帕拉切尔斯那里。在这里,正如在库萨的尼古拉那里一样,据他教导说,一切本质出现在每一事物中,因此每一事物表现为一个微观世界,但也有其本身的特殊的生活和活动的原则。帕拉切尔斯称个体的这种特殊精神为 Archeus〔本原〕;此理论传给了雅各布·波墨,他称之为 Primus〔元精〕。

在布鲁诺那里,单子概念以极其有趣的方式与**原子**概念联系起来(对于他的物理学观点虽无进一步的影响)。此原子概念在早期是由伊壁鸠鲁的传统通过卢克莱茨传给他的。"最小的事物"在形而上学上叫单子,在数学上叫点,在物理学上就叫原子——物质世界不可分的球形元素。毕达哥拉斯和柏拉图的元素理论的传统以及有关的德谟克利特原子理论的传统在新柏拉图主义中复活了;这些传统在巴索、森纳特以及其他人身上也表现出各自独立的革新,并导致所谓的**"微粒学说"**(Korpuskulartheorie);据此学说,物质世界包含不可分的原子复合物,即粒子。为了原子本身的运动,并与这些原子的数学形式联系起来,此学说假定了一种原初的、不可改变的活动规律,而粒子的活动方式即源于此种活动规律[①]。

5. 在此,**数学**的影响以旧毕达哥拉斯的形式或以德谟克利特和柏拉图的变形表现出来。物理现实最后的组成要素取决于这些要素的立体几何形式,而经验的质的规定必然追源于此。元素组

---

① 参阅 K. 拉斯维茨《从中古到牛顿的原子论史》第一卷(*Geschichte des Atomismus Vom Mittelater bis Newton*,I),1890 年汉堡和莱比锡德文版,从第 359 页起。

合假定数和数序是多样性的原则①。这样一来，空间形式和数关系又表现为物理世界的基本的、原初的东西。因此，亚里士多德-斯多葛关于由质所规定的力、关于事物内部形式以及**潜在内质**(*qualitates occultæ*)的理论被排挤了。正如亚里士多德-斯多葛理论曾一度战胜了毕达哥拉斯、德谟克利特和柏拉图的原则一样，此刻又轮到它不得不让位于后者了：在此存在着为近代自然科学的诞生而准备的最重要的条件之一。

此事早在库萨的尼古拉那里已经出现苗头了；不过此时，这些苗头从根本上经历着苗壮的成长，其根源与它们之所以出现于库萨的尼古拉的思想中的根源相同：即出于旧文学，特别是毕达哥拉斯的著作。然而，也正是由于这个原因，这些苗头仍然披上**数神秘主义**和**数象征主义**的荒诞的形而上学外衣。自然这本书是用数字写成的；万物之和谐即是数体系的和谐。万事万物由上帝按照量与数来安排：一切生命都是数的关系的开展。但是，古代后期如此，此时也如此，开始时这种思想是作为对概念的任意曲解，作为神秘的思辨而展现的。从三位一体的结构出发（比如，布依勒便力图如此），世界由上帝产生这个观点又被认为是"一"转化为数体系的过程。这些幻想被卡尔丹和比科之流所继承。罗依西林还更进一步加上了犹太人卡巴拉的神话幻象。

6. 因此，原来注定最富有成果的发展原则进入新世界时又蒙上了旧的形而上学幻影，又需要新生力量剥掉此外衣，使之解放出来起到正当的作用。然而，与此同时，此原则又和其它的同样发源

319

---

① 关于此事，特别参阅布鲁诺《论至小的三个方面》(*De triplici minimo*)。

于新柏拉图主义传统的完全不同的企图纠缠起来。属于一般的心灵生活概念、属于幻想的自然精神化者还有这样一种本能:它以神秘的手段、咒语和魔术干预事物的进程并从而按照人的意志去引导此进程。在这里,还有一种更高的思想浮现在动乱时代的、梦幻的渴望之前——这个思想就是凭借认识在自然界中起作用的力量去控制自然。但是这种思想也是在古代迷信的掩蔽下被人接受的。与新柏拉图主义者的情况一样,如果自然界的生命被理解为精灵的统治,被理解为内在力量神秘地相互联系的体系,那么用知识和意志来制伏这些内在力量就是理所当然的了。因此,**魔术**成为文艺复兴时期可爱的思想对象,科学又力图将思想体系带入迷信。

占星术及日月星辰对人生的影响,释梦与占卜,巫术及其招魂遣魔术,天人感通者的预言——所有这些斯多葛和新柏拉图的预言先知的种种因素在当时正在枝叶盛茂,繁花盛开。比科和罗依西林把这些因素和数神秘主义联结起来;内特斯海姆的阿格里帕采取了一切怀疑论的手法攻击理论科学的可能性,以求在神秘主义的启发中和神秘的魔术中取得援助。卡尔丹以极其严肃认真的态度进而规定此等活动的规律,康帕内拉在他的世界观里给它们腾出一大片异常宽阔的空间。

特别是**医生们**,他们的职业本身需要干预自然变化过程,似乎被允许希求秘密技术的特殊便利,他们表现出有获得此等魅术之意图。**帕拉切尔斯**从这观点出发渴望改造医学。他的出发点仍然是万物同感,把宇宙当作精神的有机联系。他发现疾病的根源在于:外来力量损伤了个人的生命本原(Archeus);他探索解放和加强生命本原的手段。但是这后一过程必然发生于相应的物质组合,所以必然导致酿制一切万灵药,药酒以及其它秘方;这样就推动了**炼丹术**的发展。虽然炼丹术极其荒诞,但在其不可令人置信的大规模的研究活动中却产生了一些对化学知识有用的成果。

320

在这方面,关于整个生命力本质上的统一性的这种形而上学的基本假定导致这样的思想:必然还有一种加强每种本原的简单的、最有效的普遍药方,必然有一种万灵药防治一切疾病并维持所有生命力。与魅术的宏观世界的企图联系起来就产生这样的希望:掌握此种秘密会提供最高的魅力,提供为人渴望的财宝。所有这些必须用"点金石"才能取得;点金石要治疗所有疾病,将一切物质变成金子,召唤一切精灵听候点金石的所有者的支配。这样一来,认为要在炼丹术的冒险活动中才能得到满足的目的最后变成非常实际和客观的了。

7. 此种魅术的自然观进入德国神秘主义的不可捉摸的宗教体系中——这就构成**波墨**哲学的独有的特征。他也被这样的思想控制着:哲学应该是自然知识,然而德国宗教改革所依据的宗教需要的深刻的严肃性不允许他满足于当时流行的宗教形而上学与自然科学的分离,他又力图将两者合而为一。要想超越新教独断的固定形式、要想借助于基督教形而上学解决新科学所提出的问题的此种努力与官方的逍遥派哲学一起兴旺起来了。**陶雷鲁斯**的目的就是要创造出这样一种超教会宗派的基督教哲学;他带着欲达此目的的真正本能采用了奥古斯丁意志学说的许多因素,然而还是不足以将时代所感兴趣的真实内容转化为这种思想,终于造成经验科学与一切形而上学的彻底分离。神秘主义运动也处于类似状态中，随着新的正统观念越来越枯燥无味、越来越僵化，人民群众反对新的传统观念也越来越强烈，神秘主义运动也随之向前发展。但是神秘主义理论在接受帕拉切尔斯学说以前也仍然停滞在模糊的概念中。介绍帕拉切尔斯学说者开始是韦格尔，后来是波墨完全把它介绍了过来。

在波墨的学说中新柏拉图主义又呈现出完全的宗教的色彩。在这里，人也被认为是微观世界，一个人如只追随正确的启迪而不为深奥理论所迷惑，他就可能从其中认识肉体、"天体"和神的世界。然而，自我认识是将善恶矛盾当作人性基本特征的宗教知识。这同一矛盾充满整个世界：它统治着天国，正如它统治着人间一样；因为上帝是万物的唯一根源，此种矛盾也必然能在上帝那里找到。波墨将此矛盾的统一（*coincidentia oppositorum*）扩大到极大限度，几乎不自觉地和艾克哈特长老联系起来，并在神的原始因的自我启示的必然性中找到二元性的根据。正如光明只有在昏暗中显示，神之善良也只有在他激怒时显示出来。就像这样，波墨描述**上帝的永恒的自我创造**的过程，描述以自身为对象的"渴望"（*Drang*）或意志如何从上帝内部的黑暗的存在深处达到神圣智慧的自我启示，描述如此显示出来的东西如何呈现于世界之中。当神统①的发展直接转入宇宙起源论的发展中时，在后者的发展中无处不表现出欲将宗教基本矛盾带入帕拉切尔斯体系的自然哲学范畴中去的企图。因此设计了宇宙三界七态或七"难"（"*Qualen*"〔痛苦〕），从相吸和相斥的物质力量上升到光明和温暖的物质力

① 神统或译"神谱"（*Theogonie*）：如神话中所叙述的神的起源和发展。——译者

量,再进而上升到具有感觉功能和理性功能的物质力量。与此种
对于事物永恒性质的描述联系在一起的是人间世界的历史,人间
世界以撒旦犯罪下凡和每一精神本质感性化①开始,而以克服对
于创造物的得意的迷恋、以人对神的神秘虔诚,最后以精神本性的
复原而告终。所有这些,波墨用先知者的口吻讲演,满怀深刻的信
念,渗透玄虚,浅尝文艺,无与伦比。此乃艾克哈特神秘主义企图
统治近代科学势力之尝试,也是试图将自然科学拔高到唯心主义
形而上学的、还是试探性的、毫无把握的首次步骤。但是因为此观
点发自最深刻的宗教生活,所以在波墨那里,古代神秘主义的理智
主义特点就更加退居次要地位了。如果说,在艾克哈特那里,宇宙
变化过程,无论是宇宙的产生还是宇宙的消逝,均被认为是认识过
程;那么在波墨那里宇宙变化过程却被认为是意志在善恶之间的
斗争。

8. 总之,哲学与教条主义神学的分离,其结果总造成所探索
的自然知识呈现出古代形而上学形式。当追求自然知识的欲望既
不能支配自己获得的事实材料又不能提出有助于阐述此材料的新
的概念形式的时候,上述事态演变过程是不可避免的。要避免上
述演变过程,其先决条件必须是:认识形而上学理论的缺陷,撇开
形而上学理论而转向**经验主义**。促使此事有助于近代思想的诞生
和发展者是**唯名论**和**名称论**的思潮;有些地方还有反对〔当时〕教
育科学的修辞学、语法学,还有古代**怀疑主义**的复活。

卢多维戈·维韦斯的著作必须被认为是这些不同企图的共同

---

① 此词组英译本译为:"使精神本质为感官所感知的过程。"——译者

出发点。但是他的著作也证明了:从根本上说所有这些企图的意义还是消极性质的。取代形而上学晦涩的语言和武断的概念就需要采取唯名论的方式通过经验对事物本身进行直接的直观的领悟;但是关于此事应如何科学地进行,在这方面的意见是贫乏的、不确定的。他谈到实验,但却对其性质未有深刻的洞见。后来桑切斯的情况与此完全相同。如果三段论法的矫揉造作和精巧细致受到人们大叫大嚷的攻击,那么,这条思想路线最后只有被"自然逻辑"的拉马斯主义的思想所取代(参阅第二十八节,4)。

322

　　此外,此经验主义正因为它来源于名称论,在外部自然界面前只能跨出非常不稳定的一步。它不能不承认奥卡姆二元论的背景。感官知觉被认为不是事物的摹本,而是主体对应于事物而出现的内部状态。这些疑虑由于古代怀疑主义而更加剧了,因为古代怀疑主义更增添了感官欺骗论:相对论和知觉恒变论。因此人文主义的此种经验主义在此时更加依靠内部知觉;内部知觉普遍被认为比外部知觉可靠得多。维韦斯在坚持经验心理学的地方,是最成功的;诸如尼佐里斯、蒙台涅和桑切斯等人均与他的观点相同;夏隆赋予此观点以实践意义。由于他们坚决要求认识事物本身,最后在他们那里,外部知觉变得比较空洞了。

　　此种经验主义如何缺乏自信,在原则上如何缺少成果,表现得最突出的是此经验主义在意大利的两位主要代表人物——**特勒肖**和康帕内拉。特勒肖是亚里士多德主义的最有煽动性、影响最大的敌手之一;他即使在他那个时代(和布鲁诺、培根一起)便以这样的一个人闻名于世:最强烈地要求科学应该只建立在感官所感知的事实的基础上。他在那不勒斯创立了一个以他的家乡为名的科

森庭学院。事实上他对于培养经验的自然科学思想意识的确做出了很大贡献。但是如果我们注意到他是如何"*juxta propria principia*"〔按照本身固有原则〕来处理自然，我们就会碰到地道的自然哲学理论：完全仿照古代伊奥尼亚人的方式根据很少一点观察便仓促地得出最普遍的形而上学原则。干热和湿冷被陈述为两种相反的基本力量，用此两种力量的相互斗争既解释宏观世界也解释微观世界。在**康帕内拉**身上，此同样的内部矛盾差不多表现得更加显著。他传授着最明确的感觉主义。对于他说来，一切知识都是一种"感觉"（*sentire*）；甚至回忆、判断和推论对他说来也不过是那种感觉的变体而已。但在他那里，感觉主义陷入了心理学唯心主义之中了；他太偏执于唯名主义而不知道，一切知觉不过是知觉者本人对自己心境状态的感觉而已。因此，他从内在经验出发，遵循宏观世界与微观世界的类比，根据简单的洞察（参阅上面，3）设计出一种广泛的本体论。然后在此本体论中，他引进了完全属于经院哲学的存在与非存在（*ens und non-ens*）的矛盾；此矛盾，仿照新柏拉图主义先例，与完美和非完美之间的矛盾等同；他在两者之间铺开一幅层层相接、五光十色的世界体系的形而上学图案。

长期习以为常的形而上学思想习惯无处不如此顽固地紧紧缠住新科学的初放蓓蕾。

第二章　自然科学时期

PH. 达米龙《十七世纪哲学史文集》(*Essai sur L'Histoire de la Philosophie au 17ᵐᵉ Siècle*),1846 年巴黎法文版。

Ch. 雷米札《从培根到洛克的英国哲学史》(*Histoire de la Philosophie en Angleterre depuis Bacon jusqúà Locke*),两卷集,1875 年巴黎法文版。

W. 弗罗斯特《培根与自然哲学》(*Bacon und die Naturphilosophie*),1926 年慕尼黑德文版。

〔W. 狄尔泰《十七世纪精神科学的自然体系》(*Das natürliche System der Geistewissenschaften in 17 Jahrh.*)《哲学史文库》卷五、六、七〕。关于狄尔泰、卡西勒尔及其他人,参阅上书(上条)第 292 页。

　　自然科学之所以取得对近代哲学起着决定性的影响,是由于它首先自觉地运用了科学方法因而取得了自身的独立,其次是它从此立场出发能够在形式上和内容上决定思想的普遍运动。就这方面而言,从开普勒到伽利略直到牛顿,自然科学方法的发展本身虽然还不是近代哲学的演变过程,但却是与此演变过程有持续关联的一系列重大事件。

　　因此,一般说来要探索近代哲学实际的起源与其在具有新内容的新概念中去寻找,还不如在**方法意识**中去寻找,从此方法意识出发,随着时间的推移,便必然产生处理实践和理论两类问题的实质性的新观点。但是在开始时,近代思想无不起步于这样的地方——通过人文主义者反对经院哲学的斗争,通过过渡时期被激起的形而上学幻想,产生出关于它自身的任务的长期有效的概念,并从而产生在某种条件下的新科学的工作方法。

从一开始,近代哲学与古代哲学之间的本质区别即基于此。近代哲学在萌芽时即是思辨的,而古代哲学则是朴素的,这是不言而喻的道理,因为近代哲学必须从古代哲学所创造的传统中发展起来。因此较大量的近代哲学体系,其特点是通过考虑科学方法和认识论去寻求通往实质性问题的道路;特别是**十七世纪哲学可以被描绘的方法的竞赛**。

然而,人文主义时期的运动过去主要发生在意大利和德国;而这两个西方的文明民族的较冷静较沉着的气质到此时变得突出了。意大利被反宗教改革运动弄得沉默寡言,德国被毁灭性的宗派战争弄得支离破碎。相反,**英国和法国**在十七世纪却处在理智文明的青春旺盛时期,而在它们中间荷兰变成了艺术科学百花盛开的花园。

经验主义和**数学理论**两条路线汇集在自然科学方法的发展中:在哲学一般结论中两者显出彼此独立不相干。**经验哲学**的纲领由**培根**制定,但是其方法论的基本思想并未如他所预期的得到成功的实现。更为全面的是**笛卡儿**,他总结了他那个时代的自然科学运动,用伽利略研究的丰富内容充实经院哲学的概念体系,从而重新建立了理性主义。从这里,产生出深远的形而上学问题,在十七世纪后半叶这些问题引起异乎寻常的生动的哲学思想运动,——在此运动中新原理与中世纪哲学原理进行各方面的性质对应的结合。从**笛卡儿学派**产生**偶因论**,**格林克斯**和**马勒伯朗士**为其主要代表人物。但是此运动的完全解决只能在**斯宾诺莎和莱布尼茨**所创建的两大哲学体系中找到。

324

此强大的理论哲学发展也影响到对**实践**问题的处理;此影响本身主要表现在**法哲学**领域里。在此领域里,霍布斯①作为伦理的自然主义引荐人采取了一种坚定的立场,此种伦理自然主义甚至以改头换面的形式出现在他的对手如**赫伯特·冯·彻布里**和**坎伯兰**等人之中。在这些矛盾中准备了启蒙时期的哲学问题。

从约翰·开普勒(1571—1630 年)开始,一连串的自然科学家直接影响哲学问题。开普勒是符腾堡的魏尔城人,他一生与贫穷和忧虑作斗争,死于雷根斯堡。在他的著作(由弗里希编辑,1858—1871 年,法兰克福版,八卷集)中最重要的有《宇宙奥秘》(*Mysterium Cosmographicum*),《诸世界之谐和》(*Harmoniae Mundi* 译成德文 “*Die Zusammenklänge der Welten,*” 1918 年耶拿版),《新天文学或天体物理学评述火星运行部分》(*Astronomia Nova seu Physica Cœlestis Tradita Commentariis de Motibus Stellae Martis*)。参阅 Chr. 西格瓦尔特《小著作》,卷一,第 182 页起;R. 奥伊肯《哲学月刊》,1878 年,从第 30 页起。与开普勒有直接关联的是**伽利莱·伽利略**(1564 年出生于比萨,1642 年死于阿切特里)。他冷静而理智地支持新近获得的自然知识并亲自为之奠定理论基础,但他不能保卫他自己不受宗教法庭的攻击。他不惜以完全屈服的代价以求平安无事、以求取得他一生所追求的继续搞科研的权利。他的著作出版了十五卷(1842—1856 年,佛罗伦萨版),附有阿拉戈所作的传记补遗。此书的第 11—14 卷包含《物理—数学》(*Fisico-Mathematica*);其中有《试金者》(*Il Saggiatore*,1623 年)和《关于托勒密和哥白尼两大世界体系的对话》(*Dialog über das Ptolemäische und das Kopernikanische System*,1632 年,由 E. 斯特劳斯译成德文,1892 年版)。参阅 H. 马丁《伽利略——科学法则及物理学方法》(*Galileo,les droits de la Science et la méthode des sciences physiques*),1668 年,巴黎法文版;C. 普兰特《逻辑学家伽利略和开普勒》,

---

① 霍布斯是培根的学生,同样也是笛卡儿的学生,因此他标志着上述方法和形而上学的发展路线中的里程碑。——英译者

(*Galilei und Kepler als Logiker*)，1875 年，慕尼黑德文版；P. 纳托尔卜《哲学家伽利略》(*Gal. als Philosoph*，《哲学月刊》，1882 年第 193 页起)。

　　E. 戈德贝克《人及其世界观》(*Der Mensch und sein Weltbild*)1925 年；E. 沃尔维尔(卷 I，1910 年；卷 II，1920 年)；L. 奥尔希克《伽利莱・伽利略》(1927 年，哈利版)。

　　艾萨克・**牛顿**(1642—1727 年)之被重视主要是他的著作《自然哲学的数学原理》(*Philosophiae Naturalis Principia Mathematica*，1687 年出版；1713 年科茨出第二版；1872 年由沃尔弗斯译成德文)和《光学》(*Optik*，1704 年出版)。参阅 Fr. 洛森贝尔格《牛顿及其物理原理》(*I. N. und seine physikalischen Prinzipien*)，1895 年，莱比锡德文版；L. 布罗赫《牛顿哲学》，(*La Philos. de N.*，1908 年巴黎版)。在他同代人中有化学家罗伯特・**波义耳**(1626—1691 年)，其著作有《怀疑派化学家》(*Chemista scepticus*)，《形与质的根源》(*Origo formarum et quatitatum*)，《本性论》(*De ipsa natura*)；还有荷兰人 Chr. **海根斯**(1629—1695 年)，其著作有《论重力起因》，(*De cause gravitatis*)，《论光》(*De lumine*)。

　　参阅 W. 休厄尔《归纳学史》(*History of the Inductive Sciences*)，1837 年伦敦英文版，1839 年由利特洛译成德文，莱比锡出版；E. F. 阿佩尔特《人类历史新纪元》(*Die Epochen der Geschichte der Menschheit*)，1845 年耶拿德文版；E. 杜林《力学原理批判史》(*Kritische Geschichte der Principien der Mechanik*)，1872 年莱比锡德文版；A. 兰格《唯物主义史》(*Geschichte des Materialismus*)，1908 年莱比锡德文第八版；E. 马赫《力学在发展中》(*Die Mechanik in ihrer Entwicklung*)，1921 年德文第八版；K. 拉斯韦茨《原子论史》(*Geschichte der Atomistik*)，两卷集，1890 年，汉堡、莱比锡德文版；H. 赫茨《力学原理》(*Die Prinzipien der Mechanik*)，1894 年莱比锡德文版，1910 年第二版，绪论第 1—47 页。

　　弗兰西斯・**培根**，维鲁拉姆男爵，圣阿尔班斯伯爵，出生于 1561 年，在剑桥大学学习。在伊丽莎白和詹姆士一世在位时期，他鹏程万里，官运亨通；但后来他遭到政治上的挫折，被宣判犯有贪污罪，从掌玺大臣的宝座掉了下来。他死于 1626 年。他个人性格的弱点根源于在政治上追求名利，但与他知识丰富的一生相比，就不足为道了。他认为，人的能力，特别是控制自然的能力325

仅在于科学知识。他用当时流行的夸张的手法宣称:科学的任务是利用科学的一切力量制伏自然使之为人类服务、为发展理想的社会生活服务。他的著作最后的版本是由斯佩丁和希思编辑的(伦敦,1857年起)。除《论文集》(《忠实的宣道》)以外,主要著作有:《增进科学论》(1623年出版;原书名《培根关于神和人的科学的完善和发展的两本书》,1605年出版);《新工具》(1620年出版;原书名《思维和力量》,1612年出版)①。参阅 Ch. 德雷米札《培根的生平、时代、哲学及其影响》(*Bacon, Sa vie, son temps, sa philosophie et son influence jusqu'à nos jours*),1854年巴黎法文版;H. 霍伊斯勒《培根及其历史地位》(*Fr. Bacon und seine geschichtliche Stellung*),1889年布雷斯劳德文版;E. 沃尔夫《培根及其思想根源》(*B. und seine Quellen*),1910年出第一卷,1913年出第二卷;R. W. 丘奇(伦敦,1925年),以及由 E. V. 阿斯特所作库诺·费希尔专论《培根》的《补遗》(1923年)。

勒奈·**笛卡儿**(*Cartesius*)1596年出生于都兰省,在拉夫赖士的耶稣会学校受教育。他最早决定去当兵,参加了1618—1621年的各种战役;后来开始在巴黎、以后在荷兰许多地方过着隐居生活,潜心搞科学研究,异常勤奋,极其谨严。他的学说在荷兰一些大学里引起多次论战,这使他不愿久住此地。1649年他接受了瑞典女王克丽斯婷娜的邀请到了斯德哥尔摩,第二年他就死在那里。他的杰出的全集十二卷从1897年到1911年在巴黎科学院的指导下在巴黎出版了,其中有部分是过去从未刊行的有价值的稿件,第十二卷载有 Ch. 亚当所著《笛卡儿传记》,但尚缺《索引》和《补遗》。从前在阿姆斯特丹出版过拉丁文全集(1650年以及其它若干年),由 V. 库辛译成法文(十一卷,1824年起,巴黎),重要的著作由 K. 费希尔译成德文(1863年,曼海姆)。他的性格的基本特点是摒弃一切生活享受,热情地追求知识,追求自我教育,反对自我欺骗,羞于抛头露面、沽名钓誉,生活理智,沉静优雅,对人诚恳真挚。其主要著作有:《世界或论光》(*Le Monde ou Traité de la Lumière*),第一次出版在他死后的1664年,1677年原稿印刷;《论文集》(*Essais*),1637

---

① 众所周知,最近发现培根勋爵在他闲暇时候也写了莎士比亚的著作,此事引起巨大轰动。把两个文学巨匠融合在一起,倒很有诱惑力,但不管怎么说,至少是把人弄错了。因为最大可能的是,莎士比亚曾经偶尔撰写过培根的哲学。〔似乎德国人把这件奇闻比莎士比亚的同胞看得更为严肃。——英译者〕

年,其中有《方法论》(*Discours de la Méthode*)和《屈光学》(*Dioptrik*);《形而
上学的沉思》(*Meditationes de Prima Philosophia*),1641 年,附载不同学者
的反驳和笛卡儿的回复,由 A. 布亨劳译成德文,1915 年载于《哲学丛书》;
《哲学原理》(*Principia philosophiae*),1644 年;《论心灵的各种情感》(*Passions de l'âme*),1650 年。参阅布伊叶《笛卡儿学派哲学史》(*Histoire de la
Philosophie Cartésienne*),1854 年巴黎法文版;X. 施米德-施瓦尔森伯尔格
《笛卡儿及其对哲学的改造》(*R. D. und seine Reform der Philosophie*),1854
年内尔特林根德文版;《哲学杂志》中 G. 格洛高的文章,1878 年,从第 209 页
起;L. 里阿尔德《笛卡儿》,1903 年第二版;K. 容曼《笛卡儿》,1908 年;A. 卡斯
迪耳(1909 年);O. 哈梅林《笛卡儿哲学体系》(*Le systeme de D.*),1911 年巴
黎法文版;H. 海姆泽特《笛卡儿和莱布尼茨的认识方法》(*Die Methode der
Erkenntnis bei D. u. Leibniz*),1912 年德文版;E. 吉尔森《经院——笛卡儿学
派书目》(*Index scolastico-Cartesien*),1913 年巴黎法文版;J. 薛瓦利埃《笛卡
儿》,1921 年巴黎版;C. V. 布罗克多尔夫《笛卡儿》,1923 年;H. 古蒂埃尔《笛
卡儿的宗教思想》(*La Pensée religieuse de D.*),1924 年巴黎法文版;以及由
H. 法尔肯海姆所作库诺·费希尔的专论《笛卡儿》的《补遗》(1923 年);A. 霍
夫曼《笛卡儿》,1923 年第二版。

　　居于近代哲学两个领袖人物之间的是托马斯·**霍布斯**。他生于 1588
年,在牛津大学受教育。他早年被科学研究所吸引,到了法国,尔后又多次去
到那里。他与培根、伽桑狄、康帕内拉和梅桑学派人物之间有私人交情,1679
年去世。他的英文、拉丁文全集由莫尔斯沃思编辑,1839 年起伦敦出版。他
的第一部著作《自然法和政治法要义》(*Elements of Law, Natural and Political*),写于 1640 年,1650 年由他的朋友分成两部分出版,即《论人性》(*Human Nature*)和《论政体》(*De Corpore Politico*);第一次全书出版是在 1889
年,由特尼厄斯翻译,载于 1926 年出版的《古典政治学家文集》卷十三,附有特
尼厄斯所著《引言》。他在早先出版了《哲学原理:论公民》,1642 年和 1647 年;
后来出版了《利维坦,或教会和公民国家的内容、形式和权力》(*Leviathan, or the
Matter, Form, and Power of a Commonwealth, Ecclesiastical and Civil*),1651
年。《巨兽或长期国会》(*Behemoth or the Long Parliament*)①,1889 年由特尼
厄斯在伦敦出版。1927 年由 J. 利普斯译成德文作为《伟大英国革命政治党
派中托马斯·霍布斯的地位》一书的附录。1668 年出版《哲学原理》(*Ele-*

---

① 英史:长期国会自 1640 年 11 月 3 日至 1660 年 3 月。——译者

menta Philosophiae）：第一部《论物体》（1655 年第一次英文版），第二部《论人》（1658 年第一次英文版）。1915 年至次年由弗里歇森-克勒译成德文收入《哲学文库》。参阅 G. C. 罗伯逊《霍布斯》，1886 年伦敦版；1879 年起《哲学季刊》所载 F. 特尼厄斯的文章及其著作《霍布斯的生平和学说》，1925 年第三版；M. 弗里歇森-克勒在《纪念 A. 里尔文集》中的文章，1914 年；赫尼希斯瓦尔德《霍布斯与政治哲学》（*H. und Staatsphilosophie*），1924 年；E. 迈内克《国家至高无上论》（*Die Idee der Staatsraison*），1924 年。

在**笛卡儿学派**（参阅布伊叶，出处同上）中，必须强调的是王港的**詹森派**（参阅布雷蒙《法国宗教意识史》第四卷《王港学派》，1925 年巴黎法文版），此派中安东·**阿尔诺特**（1612—1694 年，参阅 K. 波普《数学科学史附录》第 14 册，1902 年）和皮埃尔·**尼科尔**（1625—1695 年）合著《逻辑或思维艺术》（*Logique ou l'art de penser*），1662 年；还有神秘主义者布莱斯·**帕斯卡尔**（1623—1662 年，《关于宗教的思考》*Penseés sur la Religion*，参阅 J. G. 德里多尔夫《专题论著》，1870 年和 1875 年莱比锡德文版；G. 德罗茨，1886 年巴黎；V. 吉罗，1900 年巴黎；博尔恩豪森，1907 年；施特罗斯克，1907—1908 年；P. M. 拉霍盖，1923 年巴黎）和皮埃尔·**普瓦雷**（1646—1719 年；《知识三重论：稳妥可靠，华而不实和虚假荒谬》）。

另一种特殊的结合，结合了怀疑派、唯理主义和宗教诸种因素，结合在才华横溢的、具有世界精神的教士皮埃尔·**伽桑狄**身上（一个普罗旺斯人，1592—1655 年，迪尼大教堂神甫，但与梅桑学派交往甚密），他是一位伊壁鸠鲁主义的复兴者（参阅前面德文版第 298 页）；《奇谈怪论地反对亚里士多德派的研究》（*Exercitationes Paradoxicae adversus Aristoteleos*），卷一 1624 年出版，卷二于作者死后 1659 年出版。伽桑狄对笛卡儿的敌对情绪因后者对第二次答辩的反驳而加深了。伽桑狄的弟子塞修尔·索比埃尔 1649 年出版了标题为《反对笛卡儿学派的专论》（*Disquisitiones anticartesianae*）一书。在伽桑狄的全集中还要强调的是《哲学体系》（*Syntagma Philosophicnm*）一书。参阅他的弟子贝尼埃·阿贝雷吉《伽桑狄哲学》（*de la Philos. de G.*）八卷集，1678 年里昂法文版；新近有马丁（1853 年，巴黎），亨利·贝尼埃（1898 年，巴黎），H. 施奈德（1904 年），P. 彭德齐希（1908 年至次年，波恩）。

偶因论在路易·德·拉·**福热**（《人类精神历程》*Traité de L'Espirit Humain*，1666 年），**克劳伯尔格**（1622—1665 年；《人的肉体灵魂结合论》*De*

Conjunctione Corporis et Animæ in Homine），**科尔德莫依**（《肉体与灵魂之间的区别》*Le Discernment du Corps et de l'Ame*，1666 年）等人身上得到逐渐的发展；但是不依靠这些思想家而得到完全发展的是阿尔诺德·**格林克斯**（1625—1669 年；卢汶和莱顿的大学教师），他的主要著作是《伦理学》，1663 年，J. P. N. 兰德新近编辑了他的著作（三卷集，海牙，1891—1893 年）。参阅 E. 弗莱德尔《偶因论的形而上学和伦理学的主要代表人物格林克斯》（*A. G. als Hauptvertreter der occ. Metaphysik und Ethik*），蒂宾根 1882 年德文版；V. v. d. 赫根《格林克斯——对其生平、哲学、著作的研究》（*G.，Etude sur sa Vie，sa Philosophie et ses Ouvrages*），1886 年列日法文版；J. P. N. 兰德《阿尔诺德·格林克斯及其哲学》（*Arn. Geulincx und Seine Philosophie*），1895 年海牙德文版。

笛卡儿的一位朋友红衣主教贝律尔创建了**讲坛会**（*Oratorium*），**吉比叶夫**（《论神和人的自由》*De Libertate Dei et Creaturae*，1630 年巴黎）也参加了这个团体；从这个团体出现了尼古拉·**马勒伯朗士**（1638—1715 年）。他的主要著作有：《真理的探求》（*De la Recherche de la Vérité*），1675 年问世，德译本在 1920 年慕尼黑出版；《关于形而上学和宗教的谈话》（*Entretiens sur la Métaphysique et sur la Religion*），1688 年出版。J. 西蒙编辑《全集》，1871 年巴黎版。对于他的评论见 F. 皮隆载于《哲学年鉴》卷三、卷四的文章，V. 德尔波《马勒伯朗士哲学》（1924 年巴黎）；H. 古伊埃尔《马勒伯朗士哲学》（1926 年巴黎）；G. 斯蒂埃勒（1925 年）；同一作者《马勒伯朗士文献目录》（1926 年，柏林）；P. 门尼肯（1927 年）。

巴鲁赫（别涅狄克特）·**斯宾诺莎** 1632 年出生于阿姆斯特丹的葡萄牙犹太教区，后来因为他的观点被开除离开了这犹太教会。他在荷兰好几个地方过着高尚、简朴、孤寂的生活；1677 年死于海牙。他以他的独立生活而自豪，他满足于简陋的生活需要，他靠磨镜片维持生活。他不为世人的敌视和反对而烦恼，不为那自称为朋友的少数人对他不忠而苦痛。他过着理智的、脑力劳动的生活，恬静淡漠，不染名利。他鄙弃人间瞬息欢乐，他求慰于知识的清澈明净，冷静地理解人类的活动，庄严地考虑神性的神秘。他在 1663 年发表了一部附有具备独立见解的形而上学附录以阐述笛卡儿哲学的著作[①]；1670 年匿名发表了《神学政治论》（*Tractatus Theologico-politicus*）。在他死后，1677 年出版的《遗著》（*Opera Posthuma*）中有他的主要著作《伦理学，用几何

---

①　即标题为《笛卡儿哲学原理》（*Renati des Cartes Principiorum Philosophiae*）的哲学著作。——译者

方法加以证明》(*Ethica More Geometrico Demonstrata*)、《政治论文》(*Tracta-tus Politicus*)，还有残篇《理智改进论》(*De Intellectus Emendatione*)等书。此外，还要考虑的是他的通信集以及在十九世纪中叶才发现的他青年时代的著作《略论神、人和人的幸福》(*Tractatus〔brevis〕de Deo et Homine ejusque Felicitate*)。关于后者参阅 Chr. 西格瓦尔特(蒂宾根，1870 年)。V. 福罗亭和兰德编辑的版本(两卷集，1882—1883 年，阿姆斯特丹；1895 年新版三卷集)，后经 C. 格布哈特受海德尔堡学院委托修订，出版了《文集》(四卷集，1925 年)。O. 本施、C. 格布哈特等人杰出的德译本收入《哲学文库》。此外，C.

327 格布哈特以名为《论永恒不变的事物》一书收入《伦理学》及其它著作的德译本。格布哈特新近改编了 J. 弗罗伊登塔尔的著名作品(1899 年和 1904 年)，取名为弗罗伊登塔尔和格布哈德合著《斯宾诺莎的生平和学说》(Freudenthal-Ge-bhart：*Spinoza，Leben und Lehre*)，1927 年德文版。C. 格布哈特及其他人的优秀德文译本收入《哲学文库》中。参阅 T. 卡梅雷《斯宾诺莎学说》(*Die Lehre Sp. s*)，1877 年，斯图加特德文版；F. 凯尔德《斯宾诺莎》，1886 年伦敦版；K. O. 曼斯玛《斯宾诺莎及其亲友》(*Spinoza en zyn Kring*)，1896 年海牙荷兰文版，1909 年柏林德文版；P. L. 库舒《别涅狄克特·斯宾诺莎》，1902 年巴黎法文版；E. 布鲁施威克《斯宾诺莎》，1906 年巴黎第二版；A. 温泽尔《斯宾诺莎世界观》(*Die Weltanschauung Spinozás*)卷一，1907 年；都林和波尔科斯基合著《年轻的斯宾诺莎》(*Der junge Despinoza*)，1910 年冬明斯特德文版；C. 斯杜谟夫《斯宾诺莎研究》(*Spinozastudien*)，1919 年柏林大学出版；C. N. 斯达克《别涅狄克特·斯宾诺莎》，1921 年哥本哈根；B. 克勒曼《斯宾诺莎伦理学》(*Die Ethik Sp. s*)，1922 年德文版；J. A. 冈恩《巴鲁赫·斯宾诺莎》，1924 年墨尔本版。《斯宾诺莎丛书》(1922—1923 年海德尔堡德文版)中，在《斯宾诺莎哲学简史》之后附有重要的原稿版本；卷二，C. 格布哈特著《尤里埃尔·达·哥斯塔的著作》；卷三，C. 格布哈特编《莱昂·埃布利奥》(对后者的论述见普夫拉姆《莱昂·埃布利奥的爱的观念》，1926 年)。

　　要提一提的是在德国与西方两个文明民族的思想运动发展有密切关系的哲学家：乔基姆·荣格(1587—1657 年；《汉堡逻辑》，1683 年；参阅 G. E. 古劳尔《荣格及其时代》，1859 年在斯图加特和蒂宾根出版)；耶拿数学家，莱布尼茨和普芬多夫的老师埃哈德·韦格尔；泽尔恩豪斯的瓦尔特(泽尔恩豪森，

1651—1708 年;《心灵之药或一般原则探索之法》,1687 年阿姆斯特丹版;关于对他的评述,见 J. 维尔威延的著作,1905 年波恩版);还有塞缪尔·**普芬多夫**(1632—1694 年;笔名塞维尔鲁斯·阿·蒙扎邦诺;《论日耳曼政府现状》,H. 布雷斯劳译成德文,1870 年柏林版;《论自然法和国家法》,1672 年伦敦版。参阅海恩里希·冯特赖奇克《历史政治文集》卷四)。

莱布尼茨(1646—1716 年;参阅后面德文版第 373 页)属于这个时期,这不仅是从时间上说,而且更多的是从他的形而上学的因素和根源来说,至于他的其它的多得惊人的兴趣则应进而列入启蒙时代;关于这点,参阅第五篇。因此,在这里我们主要地只考虑他有关方法论和形而上学的著作:《论个体原则》(*De Principio Individui*),1663 年;《论组合术》(*De Arte Combinatoria*),1666 年;《极大极小新法》(*Nova Methodus pro Maximis et Minimis*),1684 年;《论普遍科学或计算哲学》(*De Scientia Universali Seu Calculo Philosophico*),1684 年(参阅 A. 特伦登勒堡《哲学历史文集》,卷三,第 1 页起);《论形而上学的修正》(*De Primæ Philosophiae Emendatione*),1694 年;《自然新系统》(*Système Nouveau de la Nature*),1695 年,附有关的三篇《说明》(*Eclaircissements*);《单子论》(*Monadologie*),1714 年;《自然的原理和神恩的原理》(*Principes de la Nature et de la Grâce*),1714 年;还有他的大部分交游广泛的通信集。在他的哲学著作的版本中,J. E. 埃德曼杰出的版本现已被 C. J. 格哈特的版本(七卷集,柏林,1875—1891 年)压过了。——普鲁士科学院的全集中迄今(1923 年起)出版了两卷通信集。A. 布肯劳和 E. 卡西雷尔编订的哲学著作的德文版本收入《哲学文库》。一部关于莱布尼茨著作评论性的目录册见宇伯威格 III[12],第 304 页起。——关于莱布尼茨整个体系的评述见 L. 费尔巴哈《对莱布尼茨哲学的叙述、分析和批判》(*Darsellung, Entwicklung und Kritik der L. 'schen Philosophie*),1837 年安斯巴赫德文版。A. 努里索《莱布尼茨哲学》(*La Philoso de L.*),1860 年巴黎法文版。E. 迪尔曼《对莱布尼茨单子论新的阐述》(*Eine neue Darsellung der L.'schen Monadenlehre*),1891 年莱比锡德文版。E. 温德《对莱布尼茨 1695 年以前的单子论的分析》(*Die Entwicklung der L.'schen Monadenlehre bis 1695*),1886 年柏林德文版。W. 沃克迈斯特《莱布尼茨的实体概念》(*Der L.'schen Substanzbegriff*),1899 年哈雷德文版。B. 罗素《对莱布尼茨的批判阐述》(*A Critical Exposition of Leibniz*),1900 年剑桥英文版。L. 库图拉《莱布尼茨的逻辑学》(*La Logique*

de Leibniz），1901 年巴黎法文版。E. 卡西雷尔《莱布尼茨科学基础体系》
（*L.s System in seinen wissenschaf thichen Grundlagen*），1902 年马尔堡德文
版。H. 霍夫曼《莱布尼茨的宗教哲学》（*Die L. e Religonsphilosophie*），1903
年德文版。A. 戈尔兰德《莱布尼茨的上帝的概念》（*Der Gottesbegrif f bei
L.*），1907 年德文版。J. 巴鲁兹《莱布尼茨》，1909 年巴黎版。W. 卡比兹《青
年莱布尼茨的哲学》（*Die Philos, des jungen L.*），1909 年海德尔堡德文版。
W. 冯特《莱布尼茨》，1917 年。——B. 埃德曼（《柏林科学院学报》，1917—
1918 年）。H. 海姆泽特《笛卡儿和莱布尼茨的认识方法》（*Die Methode der
Erkenntnis bei Descartes u. L.*，1912—1913 年）和《莱布尼茨的世界观》（*L. s
Weltanschauung*，见 1917 年《康德研究》）。C. 皮亚特（巴黎，1915 年）。H. 施
马莱巴哈《莱布尼茨》，1921 年。D. 马恩克《莱布尼茨对于普遍性的数学和个
别性的形而上学的综合》（*L.s Synthese Von Universalmathematik und Indi-
vidualmetaphysik*）卷一，1925 年德文版。——又可参阅由 W. 卡比兹所作库
诺·费希尔的专论《莱布尼茨》的《补遗》（1920 年）。

关于**各理论之间**的体系**关系**和历史**关系**见：C. W. 西格瓦尔特《论斯宾诺
莎主义与笛卡儿哲学的内在联系》（*Über den Zusammenhang des Spinozismus
mit der cartes. Philos.*，1816 年蒂宾根德文版）和《莱布尼茨先定谐和论与过去
哲学论断的内在联系》（*Die Leibnizsche Lehre von der prästabilierten Har-
monie in ihren Zusammenhang mit früheren Philosophemen*，1822 年蒂宾
德文版）；C. 沙尔施密特《笛卡儿与斯宾诺莎》，1850 年波恩德文版；A. 富
歇·得卡雷尔《莱布尼茨，笛卡儿和斯宾诺莎》，1863 年，巴黎法文版；E. 普弗
莱德雷《莱布尼茨与格林克斯》，1884 年蒂宾根德文版；E. 策勒《柏林科学院
学报》，1887 年，第 673 页起；F. 特尼厄斯《莱布尼茨与霍布斯》，载于《哲学月
刊》1887 年第 357 页起；L. 施泰因《莱布尼茨与斯宾诺莎》，1890 年柏林德文
版。

法哲学的奠基人（参阅 C. V. 卡尔登波恩《胡果·格老秀斯的先驱者》，
1848 年；R. V. 莫尔《政治学史和文献》，1855—1858 年，埃尔兰根德文版）有：
尼科罗·**马基雅维里**（1469—1527 年；《君主论》，《罗马史论》[①]；参阅维拉里
《马基雅维里及其时代》，三卷集，1877 年；R. 费斯特《尼科罗·马基雅维里》，
1899 年斯图加特德文版）；**托马斯·莫尔**（1480—1535 年；《乌托邦》，1516

328

---

① 原文：*Discorsi sulla Prima decade di Tito Livio*，或直译为《论述李维前十
年》，系对罗马历史家李维的历史著作的译述。——译者

年）；由 G. 里特尔译成德文，附有 H. 翁肯所作《导言》（《政治古典作家》，卷一，1922 年）。参阅翁肯《莫尔的乌托邦》（《海德尔堡学院学报》，1922 年）以及 H. 迪茨尔《社会主义和共产主义历史论文集》（1920 年再版）；让·博丹（1530—1597 年；《共和国六书》，1577 年；还有一篇古劳尔的《宗教性质七人对话录》①的摘录，1841 年，柏林）；艾伯里卡斯·金蒂里斯（1551—1611 年；《论战争法》，1588 年）；约翰尼斯·阿尔萨斯（1557—1638 年；《政治学》，1610年格罗宁根版；参阅 O. 吉尔金《约翰尼斯·尼斯·阿尔萨斯以及对天赋人权国家学说的阐述》，1913 年第三版）；胡果·德·格老特（1583—1645 年；《论战争法与和平法》，1645 年；参阅卢登《胡果·格老特》，柏林，1806 年）；还有W. S. M. 奈特《胡果·格老秀斯的生平和著作》（格老秀斯会社出版物），1925年伦敦英文版。

在新教徒中研究法哲学的除梅兰克森外，可以提一下的有 J. 奥尔登多夫（《基础原理之始创》，1539 年），Nic. 亨明（《自然法》，1562 年），本·温克勒《法律原理》，1615 年）；在天主教徒中除苏阿雷兹外还有罗布·贝拉尔明（1542—1621 年；《论罗马教皇的世俗权利》）和玛丽安娜（1537—1624 年；《论王与王法》）。

十七世纪自然宗教和自然道德在英国的主要代表是赫伯特·冯·彻布里（1581—1648 年；《真理论》，1624 年；《论异教徒的宗教及其错误根源》，1663 年。关于对他的评述见：Ch. 德·雷米札，1873 年巴黎法文版；格特拉《赫伯特·彻布里爵士》，1897 年慕尼黑德文版）和理查德·坎伯兰（《论自然规律的哲学探讨》，伦敦，1672 年）。与此同时在英国的柏拉图主义者中，或说得更确切些，在英国的新柏拉图主义者中，有著名的拉尔夫·卡德沃思（1617—1688 年；《宇宙的理智体系》，1678 年伦敦英文版，1733 年耶拿拉丁文版）和亨利·莫尔（1614—1687 年；《形而上学手册》。他与笛卡儿的通信集载入笛卡儿的著作中——库辛编辑，卷十；学院出版，卷五）。F. J. 马克农编辑《哲学文集》（1925 年纽约英文版）。还必须提一下西奥菲勒斯·盖尔和

---

①　此书书名的原文为 Colloquium Heptaplomeres，博丹写于 1588 年，直到十九世纪才问世。此书记录七人关于真正宗教性质的对话：一位自然宗教者，一位异教徒辩护士，一位犹太人，一位土耳其人，一位天主教徒，一位路德教徒，还有一位兹温格利信徒。此书也可认为是对宗教进行比较论述的最早著作之一。——译者

他的儿子**托马斯·盖尔**。参阅 J. 塔洛克《十七世纪英国理性神学和基督教哲学》(*Rational Theology and Christian Philosophy in England in the 17. Century*),1872 年伦敦英文版;*G. V.* 赫特林《洛克与剑桥学派》(*Locke und die Schule von Cambridge*),1892 年布赖斯高地区弗赖堡德文版。

第三十节　方法问题

　　近代哲学开始时诸流派都共同激烈地反对"经院哲学",但同时又有一种共同的幼稚无知,不知道它们还是各自继承经院哲学的某种传统。此种反抗的基本特性随之带来了这样的结果:只要在不仅仅需要感情的地方或者不仅仅有与旧学说对立的、富于幻想的观点的地方,对**新方法**的思考总引起普遍的重视。"三段论"只能在证明或反驳中陈述已经知道的东西,或只能将此已知的东西应用于特殊事物;出于对"三段论"的这种无实效性的认识,便产生一种渴望:探索**科学研究的方法**(ars inveniendi〔探索技艺〕),探索**发现新事物**的可靠之路。

　　1. 如果利用辩术一事无成,那么,最捷近的道路,就是用相反的方法来处理这个问题,即从特殊开始,从事实开始。维韦斯和桑切斯过去曾推荐过这种方法,并由特勒肖和康帕内拉实践过。但是他们既不能充分信赖经验,尔后又不知道根据事实如何正确地开始工作。在两条路线中,**培根**相信他能指出科学的新途径,他以此精神建立了与亚里士多德工具论相对立的自己的**"新工具"**。

　　他承认众所周知的怀疑论论点,认为:日常知觉的确不能给正确的自然知识提供可靠的基础,为了成为可能为科学所利用的经验,日常知觉必须首先洁化,清除掉所有在认识事物过程中偶然产

329

生的、错误的附加物。那些对纯经验的篡改和歪曲,培根称之为**幻象**(*Idole*),他陈述有关这些谬误幻象的理论时,常与古代辩证法中有关的谬误结论的理论相类比[①]。首先是"种族幻象"(*idola tribus*),即与一般人性相联的错觉,据此我们在事物中总猜测有秩序有目的,使自己成为衡量外在世界的尺度,盲目地保留印象所引起的思想模式,以及诸如此类的东西;其次是"洞穴幻象"(*idola specus*),由于这些洞穴幻象,每个个人便被他的天性和生活环境禁锢于他的"洞穴"之中[②];再其次是"市场幻象"(*idola fori*),这类错误来自人们的互相交往,特别是通过语言交际,由于我们执著于用词代替概念;最后是"剧场幻象"(*idola theatri*),这些是我们轻信了历史上的理论而又不经判断、人云亦云的虚妄的幻象。在这一点上,培根抓住时机猛烈攻击经院哲学的玩词弄句(wortweisheit),攻击权威的统治,攻击以往哲学的神人同性说,而要求亲自检验事物本身,要求不带偏见地接受现实。然而他并没有越过此要求〔前进一步〕;因为他的关于纯经验(mera experientia)如何才能获取、如何才可与包围幻象的外壳分离的论述是极其贫乏的;当培根教导说,一个人不能将自己局限于偶然的知觉而必须有条有理地着手于观察并以自己设计和进行的**实验**作补充时,这也不过对此任务的一般表述,仍然缺乏在理论上对实验本质的理解。

　　关于**归纳法**,情况完全相似。培根宣称归纳法是处理事实唯

---

　　①　《新工具》I. 第 39 页起。
　　②　培根辞藻华丽、想象丰富的语言以此术语(参阅《论科学的增进》,V. 第 4 章)使人们想起柏拉图著名的洞穴喻语(《理想国》,514);更凑巧的是,在柏拉图的文章里,洞穴所涉及的正是关于感官知识的一般局限性。

一的最正确的方法。借助于归纳法人们就有可能得到一般认识
（公理），从而最后达到据此解释其他现象的目的。人们的头脑在
体质上的缺陷之一就是急于得出一般的概念，因此在此活动过程
中，应尽可能限制人们的头脑；要让它行进得非常缓慢，沿着阶梯
从比较一般逐渐升到最一般：它不应长翅膀，而应挂着铅锤。他的
这些规定虽然十分健康、十分有价值，但是使我们更加吃惊的是，
我们发现在培根那里，在比较详细地执行这些规定的地方用的完
全是经院哲学的观点和概念①。

330　　　一切对自然的认识都以了解事物的原因为目的。然而按照亚
里士多德旧的格式，原因有形式因、质料因、动力因和目的因；诸因
中唯一要考虑的是"形式因"，因为一切发生的事物都根源于"形
式"，根源于事物的"本性"。因此，当培根的归纳法探索现象的"形
式"（如探索热的形式）时，形式在此是完全按照司各脱主义的含义
作为现象的永恒本质而被理解的；而培根本人也完全意识得到，这
些"形式"只不过是柏拉图的"理念"②而已。在知觉中出现的事物
的形式是由更简单的"形式"及其"差异"所组成，重要的是查明后
者。为了达到此目的，我们把有关现象出现的情况尽可能多地收
集起来，列成"存在表"（tabula præsentiæ）；用同样方法，把不出现
此种现象的情况收集起来，列成"缺乏表"（tabula absentiæ）；第三
步，除此两表外，另列"等级表"（tabula graduum），在此表内此种
现象出现的变化强度与附随现象出现的变化强度两相比较。因

---

① 参阅《新工具》第二卷详尽的阐述。
② 参阅《增进科学论》III.4。

此,用逐步排除法(exclusio),问题就得到了解决。例如,热的形式应该存在于发现有热的每个地方,不存在于没有热的地方;热更多的地方,热的形式所呈现的程度更大;热更少的地方,热的形式所呈现的程度就更小①。因此,培根所陈述的归纳法绝不是简单的列举法,而是一种复杂的抽象过程,此过程基于经院哲学形式主义的形而上学假设②(参阅第二十七节,3):对新事物的预言仍然完全扎根于旧的思想习惯。

2. 因此完全可以理解,培根并不是一个要想在方法上和实质上促进对自然之研究那样的人;但这无损于他在哲学上的重要性③,此重要性在于他要求对一原则的普遍应用,对此原则说来,他还不能为其最直接的对象(物质世界)提出有用的或有成效的形式。他已经懂得,新科学应该脱离永无休止的概念争论转到事物本身上来,并且懂得新科学建立在直接的知觉上,新科学应该以此为出发点谨慎地、逐渐地过渡到更抽象的事物④;他同样清楚地懂得,关于归纳法,关键问题只不过是发现现实的简单因素,根据这

331

---

①　在此,以实例证明:热的形式是运动,而且是一种正处于膨胀中的运动,并因受阻碍而分布于体内更小部位。参阅〔上书〕II,20。

②　参阅西格瓦尔特《逻辑学》(*Logik*),II.§93.3。

③　参阅西格瓦尔特1863年《普鲁士年鉴》,第93页起。

④　培根学说的**教育学**结论主要是由阿莫斯·科门尼斯(1592—1671年)总结出来的;这些结论与人文主义相对立;一般说来,在这方面人文主义与自然科学运动是矛盾的。科门尼斯的《大教育学》陈述教育过程,从具体的知觉的事物分级上升,直到更抽象的事物;他的《万花筒》,其目的在于给学校提供有关事物教学的感性基础;最后他的《打开语言奥秘》,其目的在于对外语学习作这样的处理:教外语只把它当作获取事物知识的不可缺少的工具。参阅克瓦卡拉《德国教育纪事》,XXV(1903年)和XXXII(1904年),以及汇编中《伟大教育学家》(1914年)。**拉蒂西**(1571—1635年)的教育观点也是相同的。

些简单因素的"性质"以及它们之间的有规律的关联,我们所感知的整个领域就得到了解。他认为,归纳法会找到自然必须得到"解释"的"形式"。但是,在他的宇宙论中,他并未超越坚持传统的原子论,他甚至于固步自封地反对哥白尼学说的伟大成就;他要求他的**经验原则**应同样应用于**人的知识**。不仅仅在正常的和不正常的生活过程中的肉体生活而且还有观念活动和意志活动,特别还有社会政治制度——所有这些都应该运用自然科学的方法去检验它们的运动力量("形式")并毫无偏见地解释它们。在培根的著作百科全书式的《增进科学论》的评论中所宣称的**人类学的和社会的自然主义**包含着多门知识的纲领性的范例①,并处处都从这样的基本目的出发:认为人和人生的一切活动都是这样一些简单的现实因素的产物,这些简单的现实因素也同样是外部自然界的基础。

在此种人类学影响下,还显露了另一种因素。对于培根来说,了解人并不是目的本身,了解自然也同样不是目的本身。相反地,他的整个思想都服从于实践目的,他并以最崇高的风格来理解实践目的。所有人类知识最后的唯一任务就是利用人类对世界的认识来征服全世界。**知识就是力量**,而且是唯一的持久的力量。因此如果说魔术利用奇异的艺技力图主宰自然,那么此种盲目的企图在培根那里变得明朗起来,并得到这样的认识:人类之所以能支配事物,只是由于对事物的真正本质作过理智的调查研究。人只有服从〔自然〕才能统治〔自然〕②。因此,对他说来,**解释自然**只不

---

① 因此,如果我们可以把培根所预见的一切当作完整的东西的话,我们就可能在他那里发现今天完整的自然科学、技术和医学了。

② 《新工具》,Ⅰ.129。

过是**人类理智克服自然**的手段。他为"科学革新"而写的伟大著作
《伟大的复兴》（此乃 *Temporis partus maximus*〔时代的至大产
物〕）又附有标题《论人类的统治》（*De Regno Hominis*）。

在这方面，在伟大事件影响下培根发出了紧扣他那个时代的
千万人的心弦的声音。由于海外的一系列发现，通过无数错误、冒
险和罪行，人类终于第一次完全占有了自己的星球；由于航海罗
盘、火药、印刷术①这一类的发明创造，在很短时间内，在人类大大
小小的生活中给带来了巨大的变化。文明的新时代似乎开始了。
来自外国的刺激抓住了人们的幻想。闻所未闻的事件竟自得到了
成功，没有一件事情不再是不可能的了。望远镜揭示了天体的奥
秘，自然的威力开始听从科学家们的呼唤。在人类理智胜利地通
过自然界的征途中，科学要做人类理智的向导。通过科学的创造
发明，人类生活应该全面改观。从培根乌托邦残稿《新大西岛》
（*Nova Atlantis*），也从康帕内拉的《太阳城》（*Civitas Solis*），我们
看得出在这方面多大的希望解放了幻想的翅膀（参阅下面第三十
二节，3）。然而这位英国大法官却主张：自然知识的任务归根结蒂
是利用迄今大部分靠机缘而获得的发明使之成为自觉运用的技
艺。的确，在他的《乌托邦》里，利用对"所罗门宫"美妙的描绘使这
种思想栩栩如生。他警告自己不要认真地贯彻这种思想；但是他
赋予这种**科学方法**（*ars inveniendi*〔探索技艺〕）的含义使他成为
纯理论科学知识和"静观"知识的敌人。也是从这观点出发他反对

①　参阅 O. 佩歇尔《新发现年代的历史》（*Geschichte des Zeitalters der Entdeckun-gen*），莱比锡 1879 年第二版。

332

亚里士多德和寺院科学的无效无益。在他手中,哲学面临这样的危险:从宗教目的的统治降低到受工技利益的统治。

　　然而此结果又一次证明了:知识的硕果只有在不追求知识的成果的地方才能成熟。培根急于追求功利,没有达到自己的目的;而使自然科学成为我们物质文明基础的精神创造物却来自高尚的思想家,他们带着毫无偏见的思想,不热衷于改造世界,只渴望理解他们所欣羡的自然界的规律。

　　3. 培根对于创造发明的实践目的的倾注使他看不见数学的理论价值。但是此种价值最初为人所觉察是在荒诞的思想意识中,此荒诞的思想意识仿效毕达哥拉斯的方式以新柏拉图主义的热情洋溢歌颂宇宙的数和谐(参阅第二十九节,5)。伟大的自然研究者们的出发点即是此种同样的对自然的美、自然的秩序的羡慕和欣赏;但是他们学说中新颖的东西恰恰基于:他们不再以象征性的数抽象推论去探索宇宙秩序的数学意义,他们的目的在于**根据事实**去理解、去证明此种数学意义。近代的自然研究是作为**经验的毕达哥拉斯主义**而开始的。这个问题早已被列奥纳多·达·芬奇①看出了,——而第一次解决这个问题的光荣应属于开普勒。他作此探索的心理动机是在哲学上确信宇宙的数学秩序;他证实了他的信念:他用大规模的归纳法发现了行星运动的规律。

　　在此过程中,一方面表现出:自然科学中归纳法的真正任务在

---

　　① 　参阅关于把他当作哲学家的论述:K. 普朗特尔《慕尼黑学院学报》,1885 年,第1 页起;P. 杜黑姆(1906—1908 年);B. 克罗齐(米兰,l909 年);J. 伯拉当(巴黎,1909年);L. 奥尔希克,上书第 292 页,第 252 页起。

于找出这样一种**数学关系**,此种数学关系同样存在于被度量所决定的现象的整个系列中;另一方面表现出:与解决此项任务相关的科学研究的对象只可能是**运动**。开普勒在宇宙中所探索的神圣的算术和几何在〔事物的〕**发生和变化**(Geschehens)**的规律**中找到了。**伽利略**从这原则出发,在方法上以更明确的意识创建了**作为运动的数学理论的力学**。如将伽利略在《试金者》中所陈述的思想与培根对自然界的解释相比较是有极大的启发性的。两个人的目的都在分析存在于知觉中的现象元素并根据这些元素的组合去解释现象。但是在培根的归纳法寻求"形式"的地方,伽利略的**分析法**却探索着最简单的、由数学所规定的运动过程;对前者来说解释就是指出种种"性质"如何合作形成经验结构,而后者则用**综合法**指出,在假定简单的运动要素的前提下数学理论导致经验所呈现的同一结论①。从这观点出发,实验又获得另一种完全不同的意义:实验不仅是对自然界的一种敏锐的探询,而且是一种有目的的干预,通过此种干预把事件分解为简单的形式,可以度量的对象。因此,培根仅仅预感到的一切,在伽利略那里则利用数学原理,利用数学应用于运动,得到对于研究自然界有用的、明确的意义;并根据这些力学原理,**牛顿**终于利用万有引力假说提出解释开普勒定律的数学理论。

在此,德谟克利特-柏拉图关于真正自然界知识的对象只能是量的规定的原理的胜利,以崭新的形式固定下来了;但是这一次这

_____

① 霍布斯把伽利略的此种方法论观点完全变为自己的观点(参阅《论物体》第六章),实际上他以公开的理性主义反对培根的经验主义。

个原则明显地不是应用于存在上而是应用于自然界的流变或变化上。科学洞见达到运动的数学理论的深度。恰恰是伽利略物理学的这种观点被**霍布斯**①纳入他的理论哲学中。几何学是唯一的确切的学科;所有自然界知识即根源于此。我们只能认识我们能〔用概念〕构思的物体,因此从我们自己的演算中就可推导出所有进一步的结论。据此,只要事物是我们可能理解的,对所有这些事物的知识都基于将知觉到的东西还原为物体在空间的运动。科学不得不从现象推论到原因,再由原因推论到结果。但是现象就其本质来说就是运动;原因是运动的简单要素,而结果又是运动。因此出现了明显的唯物主义命题:哲学是物体运动的学说! 这是从英国弗兰西斯教派就已开始的哲学与神学的分离的极端结论。

在探索自然界的此种最初的方法论中,哲学的基本意义有两方面:经验主义通过数学得到了改正,人文主义传统的无定形的毕达哥拉斯主义又通过经验主义变成〔固定的〕数学理论。此等错综复杂关系集中表现在伽利略身上。

334　　4. 因此在数学理论中发现了乔尔达诺·布鲁诺为了批判地改造感性知觉在处理哥白尼学说时曾经渴求获得的**理性**因素②。理性科学就是数学。笛卡儿从此信念出发着手改造哲学。笛卡儿受过耶稣会经院哲学的教育,他获得自己的信念③:要使渴求真理的欲望得到满足既不能在形而上学理论中去寻找也不能在经验学

---

① 参阅《论物体》的开头。

② G. 布鲁诺《论无限性、宇宙和诸世界》(拉丁文版第 307 页至 308 页)。

③ 参阅《方法谈》中出色的阐述。

科的博学中去寻找,只能在数学中去寻找。他想仿照数学模式(众所周知,他本人就是一个有创造力的数学家),改造所有人类其余的知识:他希望他的哲学成为一种普遍的数学。〔笛卡儿〕在对伽利略原理进行必要的概括时,原来能使此原理有利于自然研究的特殊任务的一些因素消逝了,因此笛卡儿学说通常不被认为是在物理学上的进步;但是他对于哲学发展的影响却越来越大,他是十七世纪哲学发展史中的精神的统治力量。

除培根和伽利略所共有的方法论上的思想外,笛卡儿又添上了一条最重要的基本原则:他要求,归纳法或分析法应导致**具有最高的和绝对的确实性的唯一原则**;随后从此原则出发,利用综合法,整个经验领域就一定会得到解释。此要求是彻底地有创造性的见解,其根源在于迫切需要一种全部人类知识的有系统的关联整体。此要求归根结蒂产生于他对于历史积累知识的传统继承感到厌恶,产生于他渴望一种崭新的由一个模子铸成的哲学创造物。因此,笛卡儿盼望利用归纳列举法和批判地筛选所有观念就可进而达到唯一的确切的观点,并从此观点出发达到推演出一切更深一层的真理的目的。哲学的第一个任务是**分析的**,第二个任务是**综合的**。

这种思想的典型论述表现在《沉思录》中。这位哲学家利用他自己的戏剧性的自我对话,刻画了他对真理的追求。从"怀疑一切"(*de omnibus dubitandum*)原则开始,从各方面检验了全部观念领域,在这过程中我们碰上了怀疑派论点的全套结构。笛卡儿说,我们经历过的意见的变化和感官的欺骗的次数太多了,使我们无从信任它们。同一物体在不同环境中有不同印象,面对此等印象的多样性,不可能确定这些印象中的哪一个印象或者究竟还有没有一个印象包含着事物的真正本质;并且根据我们的现实经验,我们在梦中出现的生动性和确切性必然会激起我们绝不可能摈除的这样的狐疑:即使在我们确信我们清醒、正在感知事物的时候,我们是否也许还在做梦。同时,以想象力可能产生的所有的组合物为基础,存在着一些简单的观念要素,与这些观念要素联结起来我们便碰上一些真理,我们无可奈何地表示不得不承认这些真理;例如,简单的数学命题 $2+3=5$,诸如此类。但是如果我们天生本性就要犯错误,那么该怎么办呢?如果某一魔鬼创造了我们,他的乐趣就是给予我们一种理性——当它自认为在传授真理时却不可避免地在进行欺骗,那么又该怎么办呢?要抵御这样的幻觉,我们是无能为力的;这种思想必然使我们不信任理性的最明显的箴言,甚至不信任"通过自然之光得来的知识"。

此种彻底的怀疑推向极端便自挫锋芒,怀疑本身就呈现出一个完全无可非议的确实性的事实:要怀疑,要梦想,要受骗,我就必须存在。怀疑本身证明:我,作为能思维的**自觉的东西**(*res cogitans*)〔思维的东西〕而存在。"我思故我在"(*cogito sum*)这个命题是真实的,只要我在思考这个命题或者我在表述这个命题时,这个命题总是真实的。而且,存在的确实性绝不包含在我的行为中,而只包含在意识的确实性中。我去散步,我可能是在梦中想象如此①:"我是有意识的"不可能仅仅是我的想象,因为想象本身就是

---

①　笛卡儿对伽桑狄的反驳的答复(V.2);参阅《哲学原理》I.9。

一种意识①。**意识存在的确实性**是笛卡儿利用分析法所获得的统一的和基本的真理。

因此,要从怀疑摆脱出来就要依靠**奥古斯丁关于意识本质的现实性的论点**(参阅第二十二节,1)。但是在笛卡儿那里应用此论点②与奥古斯丁不同,也与在过渡时期受到奥古斯丁学说的影响的人们不同③。对于奥古斯丁来说,灵魂的自我确实性被尊为所有经验中最可靠的东西,被尊为内在知觉的基本事实;凭借此基本事实,内在知觉在认识论上就具有对外在知觉的优势。因此(不要再去回忆夏隆的道德说教式的阐述了),特别是康帕内拉曾经利用过这个奥古斯丁原则,他与这位伟大的基督教神学家没有什么不同,他用形而上学第一要素的含义来解释此种自我经验要素(参阅上面第二十九节,3)。后来**契尔恩豪斯**(更不用说洛克④了)被误

---

①　通常将 *cogitare*, *cogitatio* 译成"*Denken*"〔思维,思想〕,这种译法很容易引起误会,因为德文的"*Denken*"标志着一种在理论上的特殊意识。笛卡儿本人用列举法阐明"*cogitare*"的含义(《沉思录》,III;《哲学原理》I. 9):他理解它的含义是怀疑、肯定、否定、理解、愿意、憎恶、想象、感受,等等。对于所有这些功能的共同之点在德文里除了"*Bewußtsein*"〔意识〕一词以外,几乎没有一词可以表示。笛卡儿本人在《哲学原理》第一章第九节写道:*cogitationis nomine intellego illa omnia*,*quae nobis consciis in nobis fiunt*,*quartenus eorum in nobis conscientia est*〔据我理解,所谓思维乃是我们已知的一切事理充分酝酿、溶解、贯通于自我之中,直至构成我们所共知的一种意识〕。这也同样适用于斯宾诺莎对此词的运用。参阅他的著作《笛卡儿哲学原理》I. 命题四,又《伦理学》第二部分,公则(三),以及其它地方。

②　此外,笛卡儿在开始时似乎不知道此论点的历史根源。参阅《反驳》IV 和《答复》。

③　参阅 A. 福斯特《笛卡儿和奥古斯丁》(埃尔兰根学院,1924 年);莱昂·布朗舍《"我思故我在"的历史背景》(*les antecedents historiques "je pense*,*donc je suis"*,巴黎,1920 年)。

④　参阅下面第三十三节起。

336　认为信奉笛卡儿,他利用完全类似的方式,把自我认识认作**不证自明的经验**(*experientia evidentissima*)①,并以此种经验作为哲学**后天**的开端(参阅下面,7);这样一来,据此经验一切其他知识都可**先天地**构建起来;因为在自我认识中包含有三重真理:我们受一些事物好的影响,受另外一些事物坏的影响;我们理解一些事物,不理解另外一些事物;在形成观念的过程中对于外部世界我们处于被动的地位——与这三点联系着的是三种理性科学:伦理学、逻辑学和物理学。

　　5. 相反,在笛卡儿那里,"我思故我在"(*cogito sum*)这个命题与其说具有经验的含义,还不如说具有第一的、基本的、理性的**真理**的含义。此命题之明显性不是根据推论②,而是根据直接的**直观确实性**。在这里如像在伽利略那里一样,分析法探求**简单的、自明的要素**,并以此解释其余;然而当那位物理学家发现足以理解物质世界所发生的一切事物的运动的直观的基本形式的时候,而这位形而上学家却在追逐**意识的基本真理**。笛卡儿的**理性主义**即基于此。

　　此种理性主义表现在:自我意识的优越性存在于它的充分的**清晰性**和**明确性**中;并表现在:笛卡儿提出一条准则作为他的综合法的原则——所有与**自我意识一样清晰明确**的事物必定是真实的,也就是说,凡是呈现在人的心灵前面如像人的心灵的存在一样确实可靠、一样不可追溯缘由的东西都是真实的。"清晰"被笛卡

---

①　契尔恩豪斯《心灵之药》(*Med. Ment*),1695 年版本,第 290—294 页。
②　《对反驳的答复》,II。

儿①定义为直观地呈现在心灵之前的东西,"明确"被定义为本身彻底清晰并确切地被规定的东西。关于那些在此意义上的清晰而明确的概念(或者按照他仿照后期经院哲学所说的"观念"),它们的明显性并非从另外的概念推导而来,而只根据于它们自身,这些观念他称之为**天赋观念**②。实际上他有时又将此词语与下述心理发生学的思想联系起来:这些观念是上帝刻印在人类灵魂上的。但是在大多数情况下他要表述的是认识论上的含义,即**直接的理性的明显性**。

这两种含义独特地混聚在**笛卡儿关于上帝存在的论证**中,这些论证构成他的认识论不可分割的组成部分。就此而言,这种〔上帝〕"观念"是首要的;为了〔证明上帝的存在〕在他利用综合法的过程中就要求"自然之光"的清晰性和明确性(或"自然之光"的直观的明显性)要与自我意识的清晰性和明确性一样。他在这问题上所引荐的新的(所谓笛卡儿主义的)证明③在形式上(此乃不利的附加物)具有大量的经院哲学的假设。事实上他从这样的观点出发:个别自我意识知道自己是有限的,因而也是不完善的(根据古

337

---

① 《哲学原理》,I.45。

② 参阅 E. 格林姆《笛卡儿天赋观点学说》(*D.'s Lehre von den angeborenen Idee*),耶拿 1873 年德文版。也可参阅 P. 纳托尔卜《笛卡儿认识论》(*D.'s Erkenntnisstheorie*),马尔堡 1882 年德文版。"*innatus*"一词译作"*eingeboren*"比通常译作 "*angeboren*"更好,此事已在 R. 奥伊肯《当代基本概念的历史和批判》(*Geschichte und Kritik der Grundbegriffe der Gegenwart*)第 73 页中提到;此外,还有 G. 赫特林《笛卡儿与经院哲学的关系》(*Descartes' Beziehungen zur Scholastik*),慕尼黑学院,1897 年 1899 年德文版,以及《哲学论文史》(*Hist. Beiträge zur Philosophie*),1914 年德文版,第 181 页起。

③ 《沉思录》III。

代把价值规定与本体论分级视为相同）；但是〔自我意识〕的此种认识只能从一种绝对完善的存在（*ens perfectissimum*）的概念中推导出来。我们在心中找到的这后一种概念一定有一个原因，然而这个原因不可能在我们自身中找到，也不可能在其它有限事物中找到。因为因果关系的原则要求：在"原因"中的现实性至少要与"结果"中的现实性一样多。此种（经院哲学意义的）唯实论原则此时按照安瑟伦论点应用在〔心灵中的〕观念（*esse in intellectu* 或 *esse objective*）与实在（*esse in re* 或 *esse formaliter*）的关系上，其目的在于得出结论：如果没有这样一种存在本身在我们心中产生这种观念的话，我们就不会有一种最完美的存在的观念。

　　因此，此为一种独创性的推论，笛卡儿借此成功地树立了他证明**上帝存在**的人类学-形而上学的论证。然而此论证在他的认识论中首先具有这种意义：凭借此论证又一次摧毁了从前怀疑派认为那是骗人的恶魔所引起的假想的幻觉。——还具有这种意义：因为上帝的完善包含着他的真实性，而且他不可能这样地创造我们使我们必然要犯错误，所以**对自然之光的信念**即对于理性认识的直接明显性的信念，**又恢复起来了**，并从而确定地奠定了基础。然而在《沉思录》第三章中证明上帝存在时此词语具有更深一层的意义，因为自我意识不仅确信自己而且确信一种转移的精神的现实性，在上帝身上的此种精神的现实性被认为是一切理性认识的统一根源。就这样，笛卡儿通过迂回曲折的经院哲学道路建立起了近代唯理论：因为这种思维过程提供了凭证——以完全的确实性承认一切在理性面前清晰、明确、易于理解的命题都是真实的。属于这一类的,首先是数学真理,还有对于上帝存在的**本体论**的证明。因为关于三角形的几何命题是从三角形的定义推导而来,这是思维的必然性;以这同一的思维的必然性(在此笛卡儿采用了安瑟伦的论点[①]),只凭最实在的存在的定义就可以推论出存在的特性属于他〔上帝〕。思考上帝的可能性就足以证明上帝的存在[②]。

用此相同的方法,根据清晰性和明确性的标准推论出:对于有限事物也是一样,特别是对于物体,能够清晰地、明确地感觉到多少就可以认识多少。但是对笛卡儿说来,这又只指**数学**因素,并只限于**量的规定**,而所有感性的、质的因素,这位哲学家却认为是不清晰的、浑浊的。为此,对他说来,形而上学和认识论以**数学物理**而告终。对于"质"的感性认识他称作"想象"或"幻觉"(*imaginatio*)。另一方面,对于可以用数学来建构的东西的认识他取名为"理智"认识(*intellectio*)[③];虽然他深深认识到应重视经验在感性认识中提供的帮助,但是按照他的意见,真正的科学知识依赖于理智认识。

清晰观念与浑浊观念之间的区别(这可追溯到邓斯·司各脱,甚至更早一点)帮助笛卡儿解决了由于他的**神的真实性**(*veracitas dei*)原则而引起的谬误问题,因为按照那个原则似乎不可能看出完善的神性如何可能使得人性竟自去犯错误。在这里笛卡儿利用

338

---

① 《沉思录》第5章。

② H.古埃尔《笛卡儿宗教思想》(*la pens'ee religieuse de Descartes*),巴黎1924年法文版。

③ 《沉思录》第6章。

一种受到特殊限制的**自由学说**把自己〔从此问题中〕解脱出来①；此种自由学说可能与托马斯主义的决定论和司各脱主义的意志自由论一致。那就是,据认为只有清晰和明确的表象才对于心灵起着如此强制的、压倒一切的影响,使心灵不可避免地承认它们;而对于不清晰的和混浊的表象,心灵只保留着"淡漠的任意判断"(*liberum arbitrium indifferentiae*)的无限制的、无根据的活动;在其中,人具有最深远的力量,在此无限制的任性独断中,人性表现为上帝绝对自由的反映②。当由于判断材料不清晰、不明确而武断地(无理性根据)得到肯定或否定的结论时,错误便产生了③。从这里便产生这样的要求:在不存在足够清晰和明确的洞见的地方便拒绝下判断。这种要求如此清楚地使我们回想起古代的ἐποχή〔悬而不决〕,以致使我们不能忽视此种谬误论与怀疑学派和斯多葛派关于συγκατάθεδις〔同意〕的理论的关系(参阅前面第十四节,2 和第十七节,9)④。事实上,笛卡儿明显地认出了在判断中的意志因素(在此,同样与奥古斯丁和邓斯·司各脱的认识论一致)。在这一点上,斯宾诺莎追随他竟自到了这样的程度:认为肯

---

① 《沉思录》第 4 章。参阅 Br. 克里斯琴森《笛卡儿的判断》(*Das Urteil bei Descartes*),布赖斯高地区弗赖堡 1902 年德文版。

② 在此,笛卡儿像在他之前不久的**吉比叶夫**一样采纳了司各脱主义的学说。

③ 据此,错误表现为自由意志类似罪孽的行为,因而是有罪的;错误是自欺罪。此种思想特别为马勒伯朗士所贯彻(《关于形而上学和宗教的对话》第 3 章至第 4 章)。

④ 这种关系合乎逻辑地也扩展到笛卡儿的伦理学。从理性的清晰、明确的认识必然推论到正确的意志和行为;由于滥用自由,感情含混而浑浊的冲动在实践上必然产生罪孽,在理论上必然产生错误。此种伦理理想就是苏格拉底-斯多葛关于理性控制感性的伦理理想。

定和否定是每一个观念必需的特征；因而教导说：一个人不可能没有意志而同时能思维①。

6. 笛卡儿对哲学进行的数学改造有着自己独特的命运。此改造的形而上学成果展开了丰富而卓有成效的发展，然而此种改造的方法论趋势很快遭到与其本意完全相反的误解。这位哲学家本想将分析法运用于大量事例，甚至运用于特殊问题上②，并认为综合法是从一种直观真理发现另一种直观真理的过程。然而他的门徒们却把笛卡儿心目中创造性的自由的精神活动与他们在**欧几里得《几何学教科书》**中发现的关于阐述的严谨的证明方法混淆起来了。笛卡儿方法论的一元论倾向（即创建一种最高原则，根据这最高原则可以得出一切其他的确实性）助长了此种混淆不清，并从此新的研究方法发展成为**一种论证方法**(*ars demonstrandi*)：哲学崇高的目标表现为这样一种任务——从基本原则出发发展出它的全部知识，此全部知识体系是用非常严谨的逻辑一贯性推导出来的，有如欧几里得教科书从公理、定义出发推导出具有一切几何命题的几何学。

针对这种要求，笛卡儿明白地指出了此种转移的可疑性，他用了一种试验性的草案回答了此种要求③；但是正因为如此，似乎加强了这样的诱惑力，即在把**数学**当作**论证科学的理想**的情况下去发现哲学方法的**数学**意义。至少，正是在这一点上笛卡儿哲学给

①　《伦理学》II(Eth., II, prop., 49)。

②　在笛卡儿《方法谈》一书结束时的研究规则非常接近培根的研究规则。

③　《对反驳的答复》，II。

予下一时期的影响是最巨大的。在认识论研究的整个变化过程中,此种数学概念一直是各种学派根深蒂固的公理,直到十八世纪中叶以后。实际上此种数学概念,在笛卡儿直接影响下,在像帕斯卡尔等人那里,甚至成为怀疑主义和神秘主义的工具。帕斯卡尔推论道,因为人类没有另外的科学,无论形而上学或经验学科都不能达到数学的明晰性,所以人在追求理性知识时必须谦逊适度,必须更多地听从自己心灵追随预感信念的本能,更多地听从高尚情操的灵活机警。还有神秘主义者**普瓦雷**[①](受波墨的影响)和正统怀疑派**于埃**[②]远离了笛卡儿主义,因为笛卡儿主义不能实行自己的万能数学的纲领。

　　数学—自然科学的思想表现出与皮埃尔·**伽桑狄**抱怀疑态度的基调还有些不同,在法国自从受了蒙台涅巨大影响以来,此种基调占据统治地位。他(伽桑狄)公开反对亚里士多德主义,他是近代自然研究的坚决拥护者;他在理论方面以及道德方面都以极大的成功"拯救"了伊壁鸠鲁,他退回到伊壁鸠鲁:这意味着对原子论进行了最有影响的一次改革。但是,对他来说,这些信念能同他的宗教态度协调起来,只是由于:他以培根的方式把一切超感事物排斥于"自然之光"的认识范围之外,从而〔在超感领域里〕只承认天启和教义。所以他用感觉主义的武器与笛卡儿的形而上学作斗

340

---

　　① 参阅 M. 维塞尔《多愁善感的人》(*Der Sentimentale Mensch*),1924 年德文版。

　　② Pierre Daniel Huet(1630—1721 年):阿弗朗什是一位有学问的主教,写过《笛卡儿哲学批判》(*Censura Philosophiae Cartesianae*,1689 年)和《论人性的弱点》(*Traité de la faiblesse de l'esprit humain*,1723 年法文版),就上述之点而论,他的自传(1718 年)也有启发性。参阅 Ch. 巴托尔梅斯(Bartholmess)论于埃的文章(巴黎,1850 年)。

争,并公开反对将理性方法扩大、应用于认识神性、认识灵魂的本质的企图[①]。

笛卡儿方法转变成为**欧几里得式的证明程序**,其实际萌芽见于詹森教派的逻辑和格林克斯的逻辑著作中;然而在斯宾诺莎体系中此种方法模式出现在我们面前,完善无缺,如出一辙。他首先树立了定义和公理,然后用命题一步一步地发展体系内容,"用几何学证明方法"阐述笛卡儿哲学。这些命题每一个都根据定义、公理和前面的命题来论证;在某一些命题之后附有系定理以及提供更能充分阐释的例证。斯宾诺莎在《伦理学》中把自己的哲学硬嵌进上述的严格而笨拙的模型中;他从而相信他的哲学有如欧几里得几何体系一样准确无误地得到证明。这不仅先假定证明过程的毫无瑕疵的正确性,而且还要先假定定义和公理具有确凿的证据和无懈可击的有效性。只要看一眼《伦理学》开头(不仅第一卷的开头,还有后面数卷的开头)就足以使人确信斯宾诺莎的**朴实无华**,他就以这种朴实无华陈述了经院哲学思想的精练结构,并把那些结构当作自明的概念和原则,从而**含蓄地**预展自己的整个形而上学体系。

然而,此种**几何方法**——其心理发生学的根据即基于此——在斯宾诺莎那里同时有其实质的〔物质的以及形式的〕意义。据他看来,基本的宗教信念,即一切事物必然来自上帝的统一本质,需要一种哲学的认识方法;此种方法以同样方式从上帝概念推导出

---

① 　参阅 H. 贝尔《难道应该把伽桑狄算在怀疑论者之内吗?》(*An jure inter scepticos Gassendus numeratus fuerit*),1898 年巴黎法文版。

一切事物的概念①。在真正的哲学中,概念秩序应该与事物的实际秩序相同②。但是从这里很自然地得到这样的结论:事物从上帝产生的实际过程必然会被认为类似于从根据(理由)推论出结论的逻辑过程;这样一来,在斯宾诺莎那里,哲学问题的方法规定就已包含着解决问题的形而上学性质;参阅第三十一节,5。

7. 在紧接着的下一段时期里,虽然人们不大敢吸取斯宾诺莎哲学作为自己的哲学,但是斯宾诺莎的方法形式却起着深刻的重大的影响:在严格正规的哲学中越多地采用几何方法,**三段论法**就越多地随之侵入,因为一切知识都得从最高真理通过正规推论而341 得到。特别是,在德国受过数学训练的笛卡儿学派门徒们在这条路线上采用了几何方法;此事出现在**荣格**和**韦格尔**身上。学术界编写教科书的动机在这个方法中找到了最适合于自己的形式。十八世纪基督教徒**沃尔夫**(参阅第五篇)在他的拉丁文教科书中以最全面的方式发展了这条路线,而事实上要将牢固建立起来的、通过深思熟虑的教材系统化,不可能找到更好的形式了。这一点表现在:**普芬多夫**从社会需要这单一原则出发,利用几何方法推导出具有逻辑必然性的天赋人权。

在形成这种观点的过程中,**莱布尼茨**在 E. 韦格尔的特别影响下逐渐对此观点发生好感,而且开始成为此种观点的最坚定的支

---

① 主要参阅论文《理智改进论》,并参阅 G. 格布哈特论此文的著作(海德尔堡,1905 年德文版)。

② 作为发生学定义的真正知识必然重复其对象发生的同一过程,此种观点特别为**泽尔恩豪斯**所贯彻;他并不回避这样的怪论:笑的完整定义必然能够产生笑本身(《心灵之药》,第 67 页至次页)。

持者之一。他不只是开玩笑地给一篇政治论文加上这一不寻常的外衣①,而且严肃地认为如果有一种哲学能以一种像数学计算那样清楚确切的形式出现,那么就可能第一次结束哲学论争②。

莱布尼茨非常起劲地探索这种思想。可能霍布斯曾给予推动作用;霍布斯出于完全不同的目的(参阅第三十一节,2),曾宣称思维是事物的概念符号的一种演算。莱布尼茨非常熟悉了解卢鲁斯的艺术、非常了解布鲁诺为改进卢鲁斯艺术而付出的辛劳。在笛卡儿学派里,又曾经常讨论把数学方法转变为合乎规则的创造艺术的问题:除乔基姆·荣格以外,阿特杜夫的 Joh. **克里斯托弗·斯特姆**教授③在这方面也影响了莱布尼茨。最后,这种思想——仿照数学的符号语言用特定的符号表达形而上学的基本概念,并表达这些概念的逻辑运算——似乎提供了一种可能性,即用一般公式记录哲学研究(如记录数字研究一样),并用此种研究超越用一定的语言可能表达的能力;这是一种尝试,企图建立一种普遍的科学语言,一种"全人类语言"("*Lingua Adamica*"),这种尝试就在莱布尼茨时代,在他的许多追随者④中出现了。这样,莱布尼茨

①　在以笔名出版的《选立波兰王的政治证明典范》(*Specimen demonstrationum Politicarum pro rege Polonorum eligendo*,1669 年)中,他利用几何学方法以六十个命题和论证证明了诺依堡君主一定要被选为波兰王。

②　《论万能科学或运筹哲学》(*De Scientia Univerali seu calculo Philosophico*),1684 年。

③　《宇宙学提要或欧几里得形而上学提要》(*Compendium Uniciersalium seu Metaphysicae Enclideae*)一书的作者。——英译本注

④　贝克尔(J. J. Becker,1661 年);达尔加恩(G. Dalgarn,1661 年);阿塔纳修斯·柯切尔(Athanasius Kircher,1663 年)以及威尔金斯(J. Wilkins,1668 年)曾经设计过此类草案;与此有关的是最近时期探索建立一种"国际辅助语言"("internationalen Hilfssprache")。

又十分忙碌于思考一种普遍化的数学（*Charateristica Universalis*
〔万能算学〕）和一种哲学微积分学①的方法了。

　　这些不平凡的辛苦追求的收获基本上在于：必须努力确立最
高真理，根据这些真理的逻辑组合可以推导出一切知识。因此，同
伽利略、笛卡儿一样，莱布尼茨的目的在于探索出这样的东西，即
作为**直接的、直观的确定的**东西，它迫使心灵不得不承认它为**自明
的东西**，并通过它的种种组合奠定一切派生知识的基础。在这思
考过程中，莱布尼茨偶然发现②这点（亚里士多德在他以前早已发
现），这种直观知识有两种完全不同的种类：对理性为自明的普遍
真理与经验事实。一类永恒有效，另一类一次有效，即**永恒真理**
（*vérités eternelles*）和**事实真理**（*vérites de fait*）。两者相同点在
于：两者都是在直观上确定的，即本身确定而不是由另外的东西推
导出来的；因此它们被叫作**原初真理**（*Primae veritates*），或叫**原
初可能存在**（*Primæ possibilitates*），即它们是一切派生的东西的
可能性的根据。因为人们认识概念的"可能性"不外两者之一：或
者是通过"因果定义"从最初的可能性推导出这种概念来，此即**先
天性的**（*a priori*）；或者是通过此概念的现实存在的直接经验，即
后天性的（*a posteriori*）。

　　莱布尼茨以一种极有趣的方式赋予这两种"原初真理"（正如
大家所知，即理性的〔真理〕和经验的〔真理〕）以笛卡儿的直观自

————————

　　①　参阅 A.特伦德伦堡《哲学历史论文集》（*Historische Beiträge zu Philosoph-
ie*），卷二、卷三。

　　②　《论认识、真理和观念的沉思》（*Meditationes de Cognitione，Veritate ei Ideis*，
1684 年）。

明性的标志:**清晰性**和**明确性**。为了达到此目的,他改变了一下这两个术语的意义①。凡是确实有别于其它概念而又适于认识其本身对象的概念就是清晰的;凡是对其个别组成部分都清楚明白,甚至对于认识这些组成部分的组合也清楚明白的概念就是明确的。据此,**先验的**"几何学"或"形而上学"的永恒真理就是清晰而又明确的了。但在另一方面,**后天的**有关事实的真理固然是清晰的,但并不明确。因此,前者是完全透明的,与此连在一起的是其**反面的不可能性**的信念;而关于后者,其反面却是可以思考的。关于前者,直观确定性基于**矛盾律**;关于后者,实际现实所保证的可能性还需要按照**充足理由律**来加以解释。

在开始时,莱布尼茨提出这种区别只是指出人类理智的不完善。关于理性真理,我们看出它的反面的不可能性;对于经验真理,情况就不同了,我们必须满足于建立这些真理的现实性②;不过经验真理,我们虽然可以思考其反面,但存于事物的自然(*natura rerum*)中而又适应于天赐的理智,因而也是建立在"其反面不可能"这个基础上的。如果莱布尼茨将此种区别与有公度的量和无公度的量之间的区别相比较,那么他在开始时的意思是:不可量性只基于人类有限的认识能力。但是在他的发展的过程中,这种矛盾对他说来变成一种绝对的矛盾了③;这种矛盾获得了形而上学的意义。现在莱布尼茨**实际上**区分了两种必然性:一种是**无条**

---

① 《论认识、真理和观念的沉思》,厄尔德曼版本开头第 79 页。

② 亚里士多德关于 διότι〔理由〕与 ὅτι〔事实〕的区别。

③ 对此事的动机大约在于:最初的观点不可避免地导致采取一种一切现实的绝对必然性,即导致斯宾诺莎主义;莱布尼茨简直是小心翼翼地要想回避斯宾诺莎主义。

343 **件的必然性**，包含反面的逻辑的不可能性；另一种是**有条件的必然性**，只具有"事实"的品格。他把事物本原划分成其反面是不可思考的一类和其反面是可以思考的另一类；他又在形而上学上区分**必然的真理**和**偶然的真理**。然而，这一点与形而上学动机紧紧相连，此动机起源于司各脱主义关于有限事物的偶然性理论的影响并推翻了几何学方法的普遍有效性。

第三十一节　实体与因果关系

Edm. 凯尼格《因果问题的发展》(*Die Entwicklung des Kausalproblems*)，两卷集，1888—1890 年，莱比锡德文版。

E. 文舍尔《近代哲学因果问题史》(*Geschichte des Kausalproblems in der neueren Philosophie*)，1921 年德文版。

　　新方法实质性的后果〔与形式上的后果相对比〕在形而上学里有如在自然科学里一样造成事物性质的基本观念的转变，造成事物在自然变化过程中关联方式的基本观念的转变：实体概念和因果关系概念获得新的内容①。但是这种转变在形而上学里不如在自然科学里那样彻底。在范围更狭窄的自然科学领域里，一经伽利略原则为人所发现之后，就有可能在一定程度上从开始就产生一种完全崭新的理论；但在范围更宽阔的哲学理论里传统的力量

---

　　①　关于传统和科学领域里的斗争，参阅 B. 布鲁尼《十八世纪荷兰物理学家和法国实验方法》(*Les physiciens hollandais et la méthode expérimentale en France au 18ᵐᵉ siècle*)，1926 年巴黎法文版。

和权威过分强大,不可能完全被排挤掉。

　　这种差别已经表现在**与宗教概念有微妙的关系中**。自然科学很可以完全与宗教隔绝,并对它保持一种漠不关心的中立态度;而形而上学,由于它本身的神的概念以及有关精神世界的理论,总是不可避免地同宗教观念世界保持敌对的关系或者友好的关系。一个伽利略宣称,物理学的研究,不论其结果如何,总与《圣经》的教义没有丝毫关系[①],再一个牛顿,他的数学的自然哲学并没有阻挠他极其诚笃地埋头于《启示录》的神秘中;可是形而上学家们,不管他们对于宗教思想多么冷淡,不管他们多么严格地在纯理论的精神里从事于他们的科学研究,然而他们仍然不得不经常考虑:他们必须处理对于基督教教义具有重大的、本质的意义的对象。这一点迫使近代哲学处于多少有些尴尬的地位:中世纪哲学给教会教义带来对它自己具有根本意义的宗教利益;而近代哲学,一般而论,只从理论的观点来看待教会教义。因此,有些人如培根和霍布斯,感觉自己最安全,他们也把哲学完全局限于自然研究,拒绝着手讨论真正的形而上学,而只让教义去谈论神性和人类超感的命运。培根用夸大的词语来表达这个意思,但是在他夸大之词的后面,很难理解其真意[②];霍布斯倒愿意让人知道,他的自然主义观点与伊壁鸠鲁的观点一致,在超自然的观念中看出一种由于对自然缺乏认识而产生的超自然的迷信——此种迷信通过国家制度变

344

----

　　① 参阅给克里斯廷大公爵夫人的信(1615 年),《光学》II,第 26 页起。
　　② 《增进科学论》,IX。在这里超自然的和不可理解的东西被陈述为信仰特有的和有用的性质。

成具有约束力的宗教权威①。然而困难得多的是那些哲学家们的
处境,就在他们阐述自然时,顽固地坚持神性的形而上学概念;笛
卡儿为了要想避免触犯宗教,在整个写作活动中充满着焦急不安、
小心翼翼;莱布尼茨还主动得多,力图贯彻他的形而上学与宗教的
一致性;与此相反,斯宾诺莎的命运表明:如果哲学公开暴露它的
上帝概念同教义的概念的差异,那是多么危险。

1. 事情的主要困难在于这种情况:力学的新方法原则上排除
把每种物质现象归源于精神力量。自然界被夺去了精神,在自然
界中除了极小物体的运动外,科学什么也看不见。这些物体,一个
是另一个的原因。没有给超自然力量留有活动的余地。因此,从
前为新柏拉图主义的精灵鬼怪所统治的魔术、占星术、炼金术,转
瞬间变成被科学克服了的错误。列奥纳多曾经要求过,外部世界
的现象只能用**自然原因**来解释。十七世纪伟大的思想体系毫无例
外地承认这一点。有一位笛卡儿主义者巴尔撒泽・贝克写过一本
书②表明:按照近代科学原则,一切幽灵鬼怪、符咒和魔术,都必须
当作有害的错误——针对文艺复兴时期迷信弥漫,此种箴言正合
时宜。

但是,**目的论**也必须和精灵鬼怪一起让路。用自然现象的合
目的性来解释自然现象到了最后总或多或少归结为事物是由精神
创造或由精神安排的思想,这就与力学原则矛盾了。在这一点上,
最明显不过的是,德谟克利特的思想体系战胜了柏拉图和亚里士

---

① 《利维坦》,I.6;参阅此书激烈的言词,IV.32。
② Balthasar Bekker(1634—1698 年),*De Betoverte Wereld*(1690 年)。

多德的思想体系;这一点也最强有力地被新哲学所强调。**培根**把目的论的自然观点当作一种幻象〔偶像〕甚至当作危险的种族幻象之一,当作根本的错误,此种错误通过人的本性变成人的梦幻的根源①:虽然他不否认,形而上学作为历史上遗留的学科只处理目的因,然而他认为物理学只是机械因(*cauae efficientes*,〔动力因〕)的独特的科学,并认为"本性"或"形式"的知识(参阅上面第三十节,345 1)是一种中间领域,在这中间领域里形而上学和高级物理学汇合在一起②。至于霍布斯,他是培根和伽利略的学生,他将科学解释只局限于机械因是不言而喻的。但是笛卡儿很想避开一切目的因来解释自然——他宣称,要想认识上帝的意图是太冒失了③。最后,公开得多而且极其尖锐的是斯宾诺莎关于反对目的论的神人同形同性论的论战④。根据他的有关上帝的概念、有关上帝与世界的关系的概念,如果要谈到神的目的,特别是谈到与人有关的目的,那是荒谬的。凡是从神的本性出发以永恒必然性推导出的一切事物的地方就没有存在合目的性的活动的余地。英国的新柏拉图主义者,如像卡德沃思和亨利·莫尔,竭尽所有古代的辩证伎俩去攻击这种新形而上学的机械的—反目的论的基本论调,但徒劳无益。目的论信念不得不明确地放弃用科学的方法阐述特殊现象

① 根据英译本以下数句译为:他教导说,哲学只应处理形式因或动力因,他表示将哲学限于物理学,并否定形而上学,他明确地说,阐述自然界,如果涉及动力因(*causae efficientes*)便是物理学,如果涉及目的因(*causae finales*)便是形而上学。——译者

② 《增进科学论》,III.4。

③ 《沉思录》,IV。

④ 主要参考《伦理学》,I.附录。

的权利;只有在形而上学的整体概念中,莱布尼茨(参阅下面,8),还有一部分英国的自然研究者,最后在两个敌对的原则间找到一种令人满意的均衡。

由于精神的东西被排除在自然解释之外,随之而消亡的是旧世界观的第三因素即关于自然种种领域(或天体)的性质差异和价值差异的观点,正如以往仿照毕达哥拉斯主义的先例,此种观点最明显地体现在新柏拉图主义关于事物分等级的领域中。在这一方面,文艺复兴时期幻想的自然哲学做过强有力的准备工作。通过库萨的尼古拉,斯多葛主义关于一切实体在宇宙无处不在的理论得到复活;但是正如我们在布鲁诺身上所看到的,首先由于哥白尼思想体系的胜利,有关**宇宙一切部分同质**的观点经过努力得到完全承认。世俗世界不能再作为不完美的世界与星空的精神世界相对比;在两个世界里物质和运动是相同的。开普勒和伽利略的出发点正是从这种思想开始,而当牛顿认识到苹果的降落和星体的运转是同一种力量的时候,这种思想就变得完善了。对于近代科学,从前在天体与地球之间存在的本质差别和价值差别不复存在了。**整个宇宙是完全统一的**。然而这种观点表现出与亚里士多德-托马斯主义关于"质料"和"形式"的发展理论相对立,摈除了一大群高高低低的力量、一大群遭到激烈反对的 *qulitates occultae*〔潜在内质〕。这种观点认为机械的运动原则是解释一切现象的唯一基础,从而也摈除了**在有生物和无生物之间的原则上的区别**。在这里如果说新柏拉图主义曾利用全宇宙有活力的观点从相反的角度对于克服此种矛盾有所帮助,那么,相反地此时对于伽利略力学来说便产生了相反的任务,即**机械地解释人生的现象**。哈维(1626 年)①关于血液循环的机械论的发现有力地推动了这种趋势。笛卡儿在原则上表达了这一点；他说，动物的身体按照科学应被认为是最复杂的自动装置，它们的活动应被认为是机械的过程。霍布斯和斯宾诺莎更确切地贯彻了这种思想；在法国、荷兰的医学科学院里一种对反射运动热情的钻研开始了；灵魂是生命力的观点走向彻底瓦解。只有柏拉图主义者同帕尔切尔斯和波墨的生机论(活力论)的信徒们，如范·赫尔蒙特，才按照旧的方式坚持着这种观点。

2. 这种对自然的**机械主义的非精神化**完全与**二元论世界观**一致；出于认识论上的动机，二元论世界观曾为名称主义的唯名论铺平了道路——这个世界观主张**内部世界与外部世界之间的完全差异**。除了主张两种世界质的差异外，现在又主张两个世界的现实的分离和因果关系的分离。物体世界表现出不仅在质上完全不同于精神世界，而且在存在上、运动的过程上也与精神世界完全分离。在文艺复兴时期的哲学中被人文主义者复活的关于**感官性质的理智性**的学说特别有助于使上述矛盾尖锐化。这样的理论，即颜色、声音、嗅觉和压力、热量、触觉的性质不是事物本身的真正性质而只是事物在心灵里的符号，从怀疑派和伊壁鸠鲁学派文献里传下来，老重复使用古老的例证，一直传到近代哲学多数理论中。维韦斯、蒙台涅、桑切斯和康帕内拉在这一点上观点一致；伽利略②、霍布斯和笛卡儿③复活了德谟克利特学说，即在 *natura rerum*

---

① 关于这点，早在哈维之前迈克尔·塞维塔(1553 年由于加尔文而被焚于日内瓦)就有论述。

② 《试金者》，II.340。

③ 《沉思录》，6。

〔事物的自然〕中与知觉质的差异相对应的只有量的差异；并以这样的方式相对应：知觉的质的差异是量的差异的内部表象形式。笛卡儿认为感官性质是晦涩的、模糊的观念，而外部世界的量的规定的概念，由于它的数学性质，是唯一清晰而明确的即真实的观念。

因此，根据笛卡儿的意见，不仅感官感觉，而且感觉内容都不属于空间的东西，只属于心理世界，并在心理世界里代表几何结构，它们自己不过是几何结构的符号而已。的确，在我们检验个别347 物体时我们可能[1]仅仅凭借知觉就获得物体的真正数学性质；在这些知觉中，真正的数学性质总是融合着"想象"的质的因素。但就是这一点正是物理学研究的主要任务，即通过对知觉的清晰而明确的因素的思考，把物体的真正本质从我们心理表象的主观形式中分解出来。J. 洛克，后来采取了笛卡儿这种观点并使之大众化，他指定[2]（有如波义耳的先例）那些属于物体本身的性质为**第一性**的，相反称呼那些属于由于物体影响我们的感官（或者更确切地说，影响我们的感官知觉）[3]的东西为**第二性**的。笛卡儿只承认形状、大小、位置、运动为第一性，因此对他来说物质的物体与数学的物体是同一的（参阅下面，4）。亨利·莫尔[4]为了要坚持这两者

① 参阅《沉思录》，6。此文也许最明显地表露了与笛卡儿的物理研究有密切关系的观点。在这一点上，我们可以非常确切地区分笛卡儿在《沉思录》中所采取的哲学的普遍方法与他作为物理学家所遵循的实践规律之间的区别，他或在《指导思想的规则》一书中或在《方法谈》一书中表达了这些规律。在后一书中，他非常引人注目地接近培根。参阅上书第331页注释7。

② 《人类悟性论》，II.8.第23节至24节，并参阅下面第三十四节，1。

③ 此外，洛克又称物体作用于其它物体的"力"为第三性的性质。

④ 《笛卡儿文集》（库辛编辑，法文版）卷十，第181页起；学院出版卷五，第237页至次页，第268页至次页。

之间的区别,他要求,不可入性(*tangibilitas sive impenetrabilitas*)作为充满空间的原则应算作物体的本质;后来洛克[1]根据这个观点,将"强度"归入第一性之中。

在霍布斯[2]那里,根据名称主义概念,这些思想起了更大的变化。他认为就一般意义而言,空间(作为 *phantasma rei existentis*〔事物存在的幻象〕)和时间(作为 *phantasma motus*〔运动的幻象〕)是纯内部观念的产物;这些产物,按照心理学机械主义,产生于意识中对个别时空的知觉;数学理论之所以成为独一的理性科学,正因为我们能自己构建这些产物。但是他不但不从此前提出发推导出现象论的结论,反而争辩说,哲学只能处理物体,因而应该将一切精神的东西留给天启。其结果,对他说来,科学思想只不过是内在的〔存在于意识之中的〕符号的组合而已。这些符号有的在知觉中是不自觉的,有的在词句中是自觉的(奥卡姆也一样,参阅第二十七节,4)。只有凭借后者,一般概念和命题才变成可能的。因此我们的思维是词语符号的运算。它的真理性只在其本身,而对于它所论述的外部世界只不过是完全不同的异质的东西而已。

3. 所有这些意见都被压缩在笛卡儿思想体系中形成实体二元论的学说。分析法的目的在于发现简单的、不言而喻的、不容许进一步推论的现实因素。笛卡儿发现,一切可体验的东西不是一种空间存在就是一种意识存在。空间〔或充满空间的性质〕和意识

---

① 《人类悟性论》,II. 4。

② 《人性论》第2—5章,《利维坦》第4章起。

(*extensio* 和 *cognitatio* 的通常译语是"广延"和"思维")是现实最
后的、简单的、原始的属性。一切存在的东西,不是占有空间,就是
有意识的。这两个原始属性彼此的关系是互不相容的。占有空间
348 的东西不是有意识的;有意识的东西就不占有空间。精神的自我
确实性只是作为一个有意识的存在的个性的自我确实性。形体只
有当它本身具有空间存在和变化发展的量的规定(广延和运动的
量的规定)的时候才是现实的。一切事物不是形体就是精神;实体
或是占有空间或是有意识的:*res extensae*〔广延的东西〕和 *res
cogitantes*〔思维的东西〕。

　　这样,世界就分化成两个完全不同、完全分离的领域:形体的
领域和精神的领域。但是在这二元论的后面,在笛卡儿的思想里
存在着作为最完善实体(*ens perfectissimum*)的**神性**概念。形体
和精神是**有限的东西**;上帝是**无限的存在**①。《沉思录》一书完全
使人相信:笛卡儿吸取了完全按照**经院哲学唯实论**的上帝概念。
人类精神在自身的存在中认识到,自身的存在是有限的、不完善
的,并以同一直观确实性领会到完善的、无限的存在的现实性(参
阅前面第三十节,5)。除了本体论论据外,还加上库萨的尼古拉提
出的形式中所显示出来的上帝与世界的关系,即有限与无限的矛
盾的关系。但是,与中世纪唯实论的上述亲缘关系最清楚不过地
出现在笛卡儿之后的形而上学的发展中:因为此种假定的泛神论
结论在经院哲学时期被人煞费苦心地掩盖起来了,此时却以极其

---

　　① 同样,马勒伯朗士这样说(《真理的探求》III,9a,E):上帝可以唯一地正确地称
为"存在着的这个"(*Celui qui est*),他是不受限制的存在,任何不受限制的存在都是普
遍的(*l'être sans restriction,tout être infini est universel*)。

清楚、极其准确的语言说出来了。如果说在笛卡儿继承者的学说中我们发现有一种与在中世纪或多或少被压制下来的东西极其相似之处，那么这是完全可以理解的，用不着假定一种历史的直接依赖性，只消根据事实的连贯性和结论的逻辑必然性就行了。

4．"实体"这个形而上学的公用名称，运用在上帝身上具有无限的意义，运用在形体和精神上具有有限的意义，这样是不能长期掩盖住隐藏在此名称后面的种种问题的。实体概念早已处于不断变化中，此刻需要进一步的改造。它已差不多丧失了同"事物"观念（本质范畴）的联系；因为，形形色色的规定组合成为统一的〔具体的〕实体观念，这种组合对于本质范畴是基本的，但恰恰这种组合在笛卡儿有限实体中完全缺乏——这些有限实体被规定的特性只是**一个基本性质**——空间性或意识性。因此在实体中被发现的其它一切东西都被认为是它的基本性质的变相，它的**属性**的变相。形体的一切性质和状态都是形体的空间（或广延）的**样式**；精神的一切性质和状态都是意识的**样式**（*modi cogitandi*）。

寓于其中的意义是，一切特殊实体属于两类中任一类，一类是所有的形体，另一类是所有的精神；这些特殊实体在本质上、在结构属性上是相同的。但是从这里只差一步就达到这样一个观点：此种相同性被认为是形而上学的同一性。所有形体是占有空间的，所有精神是有意识的；个别形体彼此之间的区别只在于空间性的不同样式（形状，大小，位置，运动）；个别精神彼此之间的区别只在于意识（性）的不同样式（概念，判断，意识活动）。个别形体是空间性的样式，个别精神是意识（性）的样式。属性就以此种方式获得对于个别实体的优势，个别实体现在表现为属性的变相；*res extensæ*〔广延的东西〕变成 *modi extensionis*〔广延的样式〕；*res cogitantes*〔思维的东西〕变成 *modi cogitationis*〔思维的样式〕。

笛卡儿本人仅在自然哲学的领域里得出这个结论；一般而论，他在原则上贯彻他的形而上学理论只局限于自然哲学领域。然而在这里，"变相"的一般概念自行具有一种特定的、直观的意义，即局限性(determinatio)的意义。形体是**空间的部分**，是一般空间性或广延的局限①。因此，对笛卡儿说来，形体的概念相同于有限制的空间量的概念。形体，按其真正本质讲，是空间的一部分。物质世界的元素是"粒子"②，即**实际上**不可能再分的稳固的空间粒子；然而作为数学结构，又是无限可分的，那就是，不存在原子。对于笛卡儿说来，从这些假定推论出虚空的不可能性以及物质世界的无限性。

关于精神世界，**马勒伯朗士**提出类似的要求。认识论的动机(参阅下面，8)使他看来，只有从上帝身上才有可能认识事物；与此相联，他得到③ *raison universelle*〔普遍理性〕的概念；普遍理性由于在所有个别精神中都是相同的，所以它不可能属于有限精神的样式，相反地种种有限精神本身不过是它的变相而已；恰恰根据这点，普遍理性只能是上帝的属性。上帝是众多"精神的所在地"，正如空间是众多形体的所在地一样。就以此为基础树立起了(甚至

---

①　参阅《哲学原理》II. 第 9 页起，在这里，同时表现得完全清楚的是，这种个别形体对一般空间的关系在某种意义上相同于个别对种的关系。

②　关于粒子说，笛卡儿在培根、霍布斯、巴索(Basso)、森纳特(Sennert)以及其他人身上找到不少启示。这个理论基于数学因素与物理因素之间的辩证法；在这个理论形成发展中的多样性对于自然科学比对于哲学有更多的重要性。在拉斯韦茨的《原子学说史》(*Geschichte der Atomistik*)一书中可以找到出色的阐述。

③　《真理的探求》，III. 2, 6；《关于形而上学和宗教的谈话》，I. 10。

在更高的程度上)普遍与特殊的概念关系;另一方面按照笛卡儿关于空间和形体的类似观念,此种关系直观地被认为是**分享**(Partizipation)①。所有人类洞见分享无限理性;所有有限事物的观念不过是上帝观念的规定;所有对特殊对象的欲望只不过是分享对上帝的爱,对上帝的爱是特殊对象的本质基础和生活基础,对上帝的爱又必然寓于有限精神之中。的确,马勒伯朗士由于使有限精神作为普遍的上帝精神的变相而完全消逝在普遍的上帝精神之中,从而陷入极其危急的困境。因为,照此说来,他应该如何解释明显地表现在人们反对上帝的意向和意志中的独立自主呢?在此困境中,无法可想,只有利用"自由"一词,实际上马勒伯朗士在使用此词时不得不承认自由是一种难以探测的秘密②。

5. 在马勒伯朗士所探索的思想过程中,清楚地出现了一种必然的逻辑一贯性——据此逻辑一贯性笛卡儿所认定的两类有限实体的共同本质的属性最后只能被认为是**无限实体的属性或神的属性**。而**斯宾诺莎主义**的基本精神即基于此。斯宾诺莎主义从一开始就直接发展笛卡儿主义这条路线并达到最后的结论。斯宾诺莎主义既坚持空间和意识的质的二元论,也同样坚持空间和意识的因果的二元论。空间世界和精神世界的质完全不同,而且是绝对地彼此独立。但是无穷无尽的形体行列连同它们的分体、形式和运动只是广延的样式,正如无穷无尽的精神行列连同它们的观念和意志只不过是意识的样式一样。因此,这些有限"事物"不再配

---

① 回忆一下柏拉图的 Μέθεξις〔分享〕! 参阅前面第十一节,3。
② 参阅上面第三十节,5 注。

称"实体"了。只有属性为广延和意识本身的东西,即无限存在或**神性**,才能被称为实体。但是神的本质又不只限于这两种与人类经验相通的属性;*ens realissimum*〔最现实的存在〕本身包含**无限多的一切可能属性**的现实性。

这种观点的主要根据也存在于经院哲学的唯实论的关于最现实的存在的概念中。斯宾诺莎关于把**实体**或**神**当作包含自身存在的本质(*essentia*)的定义是证明上帝存在的本体论证明的唯一精练的表达式:"*aseität*"〔独立存在〕保存在"*causa sui*"〔自因〕这一术语中;说实体是"*quod in se est et per se concipitur*"〔自在自为之神〕只不过是这种思想的翻版而已。从这些定义出发,理所当然会得出关于实体的唯一性和无限性的证明[①]。

然而从斯宾诺莎关于实体本身的本质和实体与属性的关系的学说来看,非常清楚明白的是,我们所处理的完全是"唯实论的"思想过程。因为关于实体或者神,斯宾诺莎思想体系绝对没有超过包含在 *ens realissimum*〔最现实的存在〕、绝对存在的概念之中的形式规定之外。相反,一切内容的属性明显地被否定了:特别是,斯宾诺莎孜孜尽力于否认神的本质具有意识的变相,如认识和意志[②]。当然他同样不承认广延的变相是神的本质的属性,尽管他在辩论中没有机会特别表达这点。因此,上帝本人既不是精神〔思维〕也不是形体;关于上帝,可以说的只是:他存在。显然,在这里出现的只是改变了表现形式的**消极神学**的原则。对一切有限事物

351

---

① 《伦理学》,I. 命题 1—14。
② 《伦理学》,I. 命题 31。

和状态的认识导致两种最高的普遍概念：空间和意识（广延和思维）。在形而上学上赋予这两种概念的地位比赋予有限事物的地位更崇高；它们（这两种概念）是属性，而事物是它们的样式。但是现在如果从这两个最后的、有内容的规定中抽象出来，抽象到最一般的存在、ens generalissimum〔最普遍的存在〕，那么一切特定的内容就会从这个存在概念中消逝，只剩下空洞的实体形式了。斯宾诺莎还认为，神是一切，并因而——空无一物。他的关于上帝的学说完全走上了神秘主义的道路[1]。

然而如果上帝是有限事物的普遍本质，那么他只存在于事物中，并只与事物一起存在。这一点首先应用在属性上。上帝不是不同于属性，属性不是不同于上帝，正如空间的量度不是不同于空间一样。因此，斯宾诺莎也可以说，上帝是由无数属性组合成的：或者是神或者是所有属性（Deus sive omnia ejus attributa）[2]。后来在属性与样式之间又重复用了这同一关系。因为每一个属性以有限的形式表现出上帝的无限本质，因此每一属性又（以自己的方式）表现出自己是无限的；但是它只能存于自身的无数变相之中，只能同自身的无数变相一起存在。因此，上帝只作为事物的普遍

---

[1]　与此一致的还有他的具有三个阶段的**认识论**：将"**直观**"置于知觉和理智能力之上；将它作为对于来源于上帝的万物的永恒的逻辑结果的直接理解；将它作为 sub specie æterni〔在永恒的形式下〕的认识。此与库萨的尼古拉的 docta ignorantio〔有学问的无知〕不谋而合。

[2]　然而这一观点却不能解释为：属性似乎是自立的原初的实在体，而"上帝"只不过是它们的集合名词而已（如 K. 托马斯所假定的，见《形而上学家斯宾诺莎》Sp. als Metaphysiker，1840 年柯尼斯堡德文版）。这样一种粗糙的唯名论的压顶石会把整个体系碎裂成四分五裂。

本质而存于事物中,而事物作为上帝的现实性的样式存于上帝中。在这个意义上,斯宾诺莎从库萨的尼古拉和乔尔达诺·布鲁诺那里采用了 *natura naturans*〔能动的自然〕[1]和 *natura naturata*〔被动的自然〕[2]这两个词语。上帝是自然:作为普遍的宇宙本质,他是 *natura naturans*〔能动的自然〕;作为此本质经过改变而存在于其中的个别事物的总体,他是 *natura naturata*〔被动的自然〕。在这方面,如果 *natura naturans*〔能动的自然〕有时又被称为事物的动力因,那么这种有创造性的力量绝不可被认为与其本身活动有什么不同;因此不存于别处只存于自身的活动中。这就是斯宾诺莎完整的直言不讳的**泛神论**。

最后,这种关系又一次重现在斯宾诺莎所树立的无限样式与有限样式的区别中[3]。如果这些无数有限事物中的每一事物是上帝的样式,那么存在于它们之间,并在本质上限制它们全体[4]的无限关联也必然被认为是一种样式,而且甚至是一种**无限的样式**。斯宾诺莎确定它们有三种[5]。作为普遍的宇宙物的神性表现在作为有限样式的个别事物中:与有限样式的个别事物相对应的是作为无限样式的宇宙。在广延属性中有限样式是特殊的空间形式;

352

---

① 或译"原初的自然"。——译者

② 或译"被创造的自然"。——译者

③ 《伦理学》I.命题 23 和 30 等。

④ 因此,无限样式必须理解为 *causae efficientes*〔动力因〕,根据斯宾诺莎主义的意思,此词是指全体 *natura naturata*〔被动的自然〕而言:参阅 *El.* 施米特《斯宾诺莎的无限样式》(*Die unendlichen Modi bei Spinoza*),1910 年海德尔堡德文版。

⑤ 《遗著》II. 219。

无限样式是无限空间，或者是在运动和静止中的物质①本身。与观念和意志的种种特殊功能相比，*intellectus infinitus*②〔无限理智〕代表着意识属性。在这里，斯宾诺莎使我们直接想起迪南的大卫的唯实论的泛神论，直接想起阿拉伯-犹太哲学的异教的"泛心论"（参阅前面第二十七节，1 和 2）。就这一点而论，他们的形而上学是中世纪唯实论最后的语言了③。

6. 近代哲学，带着这些与实体之间的质的差别问题有关的动因，力图从二元论的假定中走出来，走上一元论的调和的道路上去；但与此同时，在这过程中混杂着比这还要强大的动因——这些动因产生于空间世界和意识世界的在实体上的分离和因果关系上的分离。实际上，在开始时，正是力学原则本身力图在两种有限实体的各自的领域里完全隔绝事态交流的通路。

这一点在物质世界用一种比较简单的方式得到成功。在这个领域里，通过伽利略**因果观念获得一种崭新的意义**。根据经院哲学概念（这种概念，甚至在笛卡儿《沉思录》里，在起决定性作用的章节里，还仍然用公理自明的效力表达了出来），原因是**实体**或事物，而结果则或是实体的活动或是通过这些活动而产生的另外的

---

① 此对等词对斯宾诺莎有效，对笛卡儿也有效。

② 此种 intellectus infinitus〔无限理智〕又以 *amor intellectualis quo deus se ipsum amat*〔神以理智的爱爱自身〕出现在斯宾诺莎体系中的伦理学部分。在这两种情况下，马勒伯朗士的"*raison universelle*"〔普遍理性〕所指的是同一回事。参阅《德国哲学文库》，1913 年 A. 戴诺夫文章。

③ 与斯宾诺莎和马勒伯朗士一样，格林克斯也认为有限形体和有限精神只是普遍的无限形体和神圣精神的"限制"或"（精确的）规定"，参阅《形而上学》第 56 页。在同书里第 237 页起他谈到：如果从我们思想上抹去"限制"，剩下的是——上帝。

实体和事物:这就是柏拉图-亚里士多德的 $\alpha i \tau i\alpha$〔原因,动力〕的概念;相反,伽利略回复到古希腊思想家们的概念上去(参阅第五节),他们把因果关系只应用在**状态**(此时称为实体的**运动**)上,而不应用在实体本身的存在上。原因是运动,结果是运动。**冲击**和**反冲击**的关系,从**一个粒子传到另一个粒子的运动**①的关系是**因果关系**的原始的**基本形式**;此种形式是直观的、自然的,能够解释所有其它形式。关于这种基本关系的性质问题由**数学相等原则**回答了;然后这个原则又转入**形而上学同一原则**中。在原因中的运动有多少,在结果中也有多少。笛卡儿将此规定为在自然界中的**运动守恒定律**。自然界运动总量永远不变:一个物体在运动中所丧失的给予了另一个物体。至于运动量,在自然界没有新的东西,特别是没有来自精神世界的冲力②。甚至在有机物领域里这个原则也贯彻了的,即使事实根据不充分也至少作为一个假定而贯彻了的。动物也是机器,它们的运动是由神经系统的机械作用而引起和决定的。笛卡儿更准确地(和他一样的还有霍布斯和斯宾诺莎)认为这种机械作用是一种最细微的气态的实体的运动,即所谓

---

①　因此对于笛卡儿说来,力学原则排除了在远处作用的可能性,正如力学原则排除了虚空一样。这个观点迫使他采用人为的关于旋涡理论的假定,他利用此理论目的在于给哥白尼世界观以物理学的根据。(方坦内尔的通俗表达:《关于多元世界的对话录》"*Entretiens sur la pluralité des Mondes*",1686 年法文版。)牛顿万有引力定律取代这个理论的根据从性质上说不再是哲学的,而纯粹是物理学的。也可参阅皮埃尔·杜赫姆《力学的演变》(*Die Wandlungen der Mechanik*),1912 年德文版。

②　因此,霍布斯从物理学中排除了亚里士多德主义和托马斯主义关于不受推动的推动者的概念,而笛卡儿在这问题上也是更多地从形而上学的观点出发来处理问题,让运动一开始就被上帝传给了物质。

spiritus animales〔血气〕①的运动;他在人脑成单而不成双的器官
(松果腺或松果体)里寻找从感觉神经系统传至运动神经系统的通道。

任务的另一部分(即理解精神生活而不涉及物质世界)证明起
来还要困难得多。一个形体对另一形体的作用虽然是非常容易感
觉到的,但它并不提供一种在科学上有用的观念以代表各不同精
神之间的非物质的关联。比如,斯宾诺莎很起劲地表达了这种形
而上学的一般假定,在《伦理学》第三卷开头他企图像处理线段、面
积、体积一样处理人类的行为和欲望;因为重要的是,既不去诽谤
它们,也不去嘲笑它们,而是去理解它们。但是对这问题的解决从
一开始就局限于在**个别精神内的各意识活动**之间的因果关系的研
究上:二元论需要一种摆脱一切生理要素的心理学。还更能表现
十七世纪自然科学精神的特点的是,此理论所需要的这种心理学
只在最有限的程度上获得成功。甚至在开始时,占统治地位的还
是企图把在外部经验的理论中取得辉煌胜利的力学方法原则也应
用在对内部世界的理解上。

正如从伽利略到牛顿对自然界的研究把精力集中于找出物质
运动的简单基本形式,一切外部经验的复杂结构均可能简化成为
这些基本形式,同样笛卡儿渴望树立心理运动的基本形式,根据这
些基本形式就可能解释内部经验的复杂性。在理论领域里,这种
观点通过确立直接的自明真理(天赋观念)似乎取得了成功;但在
实践领域里出于此种要求却产生了关于**感觉运动的静力学和动力**

354

---

① 此系继承于希腊人,特别是逍遥派和斯多葛派的生理心理学。参阅前面第十
五节,6。

学的新问题。根据这种观点,笛卡儿和斯宾诺莎提出了**情绪**和**激情**的自然史①,斯宾诺莎把笛卡儿的思想和霍布斯的思想结合起来。这样,**笛卡儿**从下述六种基本形式推导出种和亚种的一整套特殊感情:惊奇(*admiratio*),爱和恨,欲望(*désir*),快乐和忧愁(*laetitia-tristitia*);**斯宾诺莎**又从欲望,快乐和忧愁(*appetitus*,*laetitia*,*tristitia*)发挥他的情绪体系;他指出观念的形成过程,在此过程中这些情绪从它们的原初对象即个体的自我保存转移到其它的"观念"去。

在这一方面,两位英国思想家(培根和霍布斯)还附带采取了一种特有的态度。当**培根**和**霍布斯**努力将精神的东西越往物质领域里卷进去的时候,精神机械化的观念就越更自然了。那就是说,他们两人认为:经验的心理生活也属于物质世界,因而在笛卡儿体系里同物质世界毫不相干的意识领域也基本上属于物质世界;另一方面,与整个知觉世界相对立的是宗教的东西而不是心灵的或理智的东西。观念和意志,正如它们通过经验被人们所认识到的一样,归根结底,也是人体的活动;如果除此之外我们还谈到不朽的灵魂(*spiraculum*),还谈到精神世界、神的精神,这就该归于神学范围了。但是根据这种观点,自然科学理论的特点也只能同**人类学的唯物论**差不多了;因为它(自然科学理论)的目的在于将整个经验心理活动理解为与人体功能有关的机械变化过程,这个问题是由培根重新提出来研究的;霍布斯力争能解决这个问题,他因而成为所谓的**联想心理学**之祖先。他的推论往往提醒我们,使我们想到(特别关于观念机械主义)**康帕内拉**的推论;他利用**康帕内**

————————————————

①　笛卡儿《论心灵的各种感情》,斯宾诺莎《伦理学》III.,和《略论》II,第 5 页起。参阅下面,7。

拉的明显的**感觉主义**力图证明**感官知觉**只提供意识因素，并证明通过感官知觉的组合和转化出现了记忆和思维。与此类似的是，在实践领域里，自我保存欲和由印象而产生的苦乐感觉被标志为一切其它感情和意志活动所由产生的因素。霍布斯也设计了一个情绪和激情的"自然史"，这个观点对于斯宾诺莎的"自然史"不无影响，斯宾诺莎的情绪学说老是注视着另外一个属性〔即广延性〕。

　　对于**霍布斯**和**斯宾诺莎**说来，根据这些有计划有步骤的假定以不可抗拒的逻辑一贯性得出非决定论意义上的**否定意志自由**的结论。两人都力图（斯宾诺莎用了一种可能想象到的极端赤裸裸的形式）展示在形成动机过程中占支配地位的严格必然性。他们是**决定论**的典型。因此对于斯宾诺莎，不存在**心理学**意义上的自由。一方面，在形而上学上自由只能意味着不被他物决定只被自身决定的神的绝对存在；另方面，在伦理学上，自由意味着理性征服感情的崇高理想。

　　7. 在此非常清楚地表明了：在心理学种种事实面前，形而上学所需求的物质世界和精神世界的分离不应坚持了。但是笛卡儿本人经历过完全相同的经验。实际上精神本身的本性可以解释清晰的、明确的观念和由此等观念而产生的理性意志的形式，但是它不能解释晦涩的、混浊的观念，因而也不能解释与之相连的情绪和激情。相反，情绪和激情显示为对精神的干扰①（*perturbationes animi*），又

　　① 这不仅是与伦理有关的事而且是与理论有关的事，此事促使笛卡儿在心理学上用同一观点、同一路线来处理像情绪和激情之类的不同的心情。参阅用于下面的《论心灵的各种感情》I. 和《沉思录》V. , VI. 笛卡儿的"干扰"（*perturbationes*）概念使我们多次回想起通过他那个时代的人本主义文化传给他的斯多葛主义；但是正因为如此，这位近代哲学家在意志自由和神正论方面恰恰陷入与从前斯多葛同样的困境中；参阅前面第十六节。

因为此种滥用自由之机的干扰(参阅前面第三十节,5)不可能来源于上帝,所以干扰的源头最终必然要在**肉体的影响**中去寻找。因此对于笛卡儿说来,在情感的干扰中存在一种不可怀疑的事实,而他的体系中的形而上学基本原则是不可能解释此种事实的。在这里,这位哲学家发现自己不得不承认一种例外的关系,他按照圣维克多学派的人类学所预示的方式去处理这件事(参阅第二十四节,2)。他教导说,人的本性(*natura*)基于**两种不同质的实体**(精神和肉体)的**内在结合**;而此种不可思议的(即在形而上学上不可理解的)结合由上帝的意志作了如下安排:在此独特的情况下意识实体和空间实体彼此影响。对于笛卡儿说来,动物总是肉体;他们的"感觉"只是神经活动,由于此种神经活动,按照反射机械作用,引起了运动系统的活动。然而在人类身体内,同时出现精神实体,两者共存的结果,松果腺内的血气风暴也在精神实体内激起干扰,此干扰在精神实体内呈现为不清晰、不明确的观念:即感官知觉、情绪或激情①。

356   学生们比老师的体系欲望更强。他们在精神与肉体之间的*influxus physicus*〔肉体影响〕中找到笛卡儿哲学的弱点,并竭尽

---

① 据此笛卡儿树立他的与斯多葛派有关的伦理学。在这种干扰中,精神处于被动的状态。精神的任务是用清晰明确的知识把自己从其中解放出来。**斯宾诺莎**用一种极端崇高的、感人至深的方式贯彻了此种理智主义的道德学(《伦理学》,TV.,V.)。有限精神的主动态度和被动态度的矛盾实际上是根据他的形而上学观点人为地得来的(《伦理学》,III.定义 2);但是他以强有力的一贯性贯彻了这种思想:克服感情是来源于对感情的认识,来源于对万物的必然的神灵体系的认识;他教导说,人的本性必须在(基于纯粹求知欲的活动的)**主动情绪**的幸福中完善其本身(《伦理学》,V.第 15 页起),并从而树立起达到希腊人的 θεωρία〔观照〕的高度的人生理想。

全力把这位哲学家在人类学上的种种事实中被迫主张的"例外"排除掉。然而,由于形而上学**因素**又一次对机械因素取得了优势,这就不可避免地引起**因果**概念遭到一次新的、在某种意义上也是倒退的改变。空间世界和意识世界本身内部的内在因果发展过程是可以理解的;但是在这两个世界当中从一个世界出来又进入另一个世界中去的超越世界的因果过程就成了问题。一种运动转化为另一种运动,或者一种意识功能(比如一种思想)转化为另一种意识功能,在这些观念中我们不难理解;但是似乎不可理解的是感觉如何产生于运动,运动又如何产生于意志。物理和逻辑的因果关系似乎显示不出什么困难;困难大得多的是**心物之间的因果关系**。关于后者,我们开始意识到:因与果之间并不存在**相等**或**同一**的关系,而凭借这种同一关系,机械和逻辑的依赖性似乎是可以理解的。因此,在这里必然会有人提出质询:因果关系的两个因素(因与果)本身并不属同类,却凭借什么原则彼此联结起来了[①]。应到何处去寻找这原则,这问题对于笛卡儿的信徒们说来,并不是一个值得怀疑的问题:上帝把两种实体在人的本性中结合起来,他安排两种实体使一种实体的功能紧随着另一种实体的相应的功能。但是根据这一点,这些功能在彼此的因果关系中就其性质而言并不是确切的动力因(作用因),而只是**机缘**,有了这机缘,由**上帝的设计**所规定的结果就出现在另一个实体中,——不是 *causae efficientes*〔动力因〕而是 *causae occasionales*〔偶因〕。在刺激与感觉

---

① 人们在**所有**因果关系中遇到的主要困难实际上就在这里,此事后来通过休谟得到了澄清。参阅下面第三十四节,5。

之间、在目的与身体活动之间的因果关系,其真正的"原因"是上
帝。

　　在笛卡儿学派整个发展过程中上述思想不断蔓延。克劳伯尔
格利用这些思想为知觉论服务,科尔德莫依利用来为合目的的运
动服务;这些思想在**格林克斯**《伦理学》一书中得到充分的发挥。
但是即使在后一书中也没有完全排除这种怀疑:上帝在这方面的
因果关系是否被认为是各自的个别干扰,或者还是普遍的、永恒的
安排。在有些章节里,情况的确是属于前者[1],但是就此学说的总
的理论精神而言,却无疑是指后者。格林克斯在时钟譬喻中,非常
清楚地表明了这一点[2]:正如由同一个技师制造的两座相同的时
钟以持续不断的完全和谐的步调前进,"*absque ulla causalitate
qua alterum hoc in altero causat,sed propter meram dependenti-
am,qua utrumque ab eadem arte et simili industria constitu-
tumest*"〔二者并非以因果关系互相影响,而是凭借同一工艺技巧
精确的制作形成纯粹的相互依赖关系〕,同样,根据上帝确定的世
界秩序,精神和肉体互相对应的功能彼此相随[3]。

　　8.**偶因主义**的这种人类学论证从一开始就适应于普遍的形

---

　　① 例如在以摇篮里的婴儿作比喻时,《伦理学》第123页。此外,《伦理学》第一版
(1665年)事实上更多地介绍了 *deus ex machina*〔急中求神〕,而在第二版(1675年)外
加的注释里普遍地呈现出更深刻的观念。

　　② 《伦理学》第124页,注19。

　　③ 因此,莱布尼茨后来为了他的"先定的和谐"(《注释》,z,3)需要当时流行的此
种譬喻,他规定笛卡儿概念的特征是两座时钟彼此的直接依赖,而偶因主义的概念的
特征是在时钟制造者这方面对时钟不断地重新调整;这一点至多与格林克斯《伦理学》
第一版的一些章节符合。

而上学思维过程。在笛卡儿思想体系中早已存在下述结论的前提：在发生于有限实体的一切变化过程中，动力本原并不来自实体本身，而来自神。精神的思维和认识基于上帝赋予的先天观念；上帝把运动量传给物质世界，在分配给个别粒子时运动量各有不同；至于个别形体，可以说此运动只不过暂时被隐藏起来了。正如形体不能创造新运动一样，精神不能创造新观念，唯一因只是上帝。

笛卡儿主义者在遭到两种教会的正统观念的猛烈反对时、在被卷进当代的宗教论争时，他们更有必要强调**上帝的独一的因果关系**。不管朋友或敌人都很快地认识到笛卡儿主义和奥古斯丁的关系[①]；因此当生活在奥古斯丁-司各脱主义气氛中的詹森教派和"讲坛会"的神父们对新哲学表示友好的时候，正统的逍遥派，特别是耶稣教派，更加猛烈地向新哲学进攻。所以在关于笛卡儿主义的争论中，**奥古斯丁主义**与**托马斯主义**之间的矛盾显露出来了。其结果是笛卡儿主义者尽量地突出他们与奥古斯丁主义有关联的因素。所以，路易·德·拉·福热[②]力图证明笛卡儿主义与教父作家们的理论是完全相同的，并特别强调根据这两方面的思想家的意见，在形体里和在精神里所发生的一切〔现象〕的唯一根源是上帝。正是这个观点后来被马勒伯朗士[③]认定为基督教哲学的可靠标志，而异教哲学最危险的错误基于假定有限事物的形而上学

358

---

① 　亲缘关系和敌对关系还涉及另外一些观点。笛卡儿和"讲坛会"的神父们（吉比叶夫和马勒伯朗士）在奥古斯丁-司各脱主义关于神的无限自由的学说中团结一致地反对托马斯主义；他们又主张：善就是善，上帝就是这样希望的，并不是善本身是善（参阅第二十六节，2，3），诸如此类。

② 　《人类精神历程》序言。

③ 　《真理的探求》Ⅵ.2,3。

的独立自存和自发的活动能力。

同样,在**格林克斯**那里,一切有限事物被剥夺了实体性的**因果因素**。在此,他从这样的原则[①]出发:人们自己只能做他们知道如何做的事情。从这里得出人类学方面的结论:精神不可能是形体运动的原因——没有人知道他是怎样开始活动的,就以举手来说吧,〔他不知道他是怎样把手臂举起来的〕;但是从宇宙论方面得出结论:完全没有观念的形体是根本不能活动的;最后从认识论方面得出结论:知觉的原因不应在有限精神中去寻找——因为有限精神不知道它是怎样去〔感知事物〕——而又不能在形体中寻找;因此只能在上帝身上去寻找。上帝在我们心中创造一个观念世界,具有无限多的性质的观念世界比现实的物质世界本身丰富得多,美丽得多[②]。

最后马勒伯朗士[③]的认识论**要素**还有更深一层的含义。笛卡儿主义二元论认为精神完全不可能直接认识形体:这样的认识之所以被排斥,不仅是因为在两者(形体与精神)之间的 *influxus physicus*〔肉体影响〕不可能存在,而且还因为从这两种实体的性质全异的观点看,连这一方的一种观念对另一方来说是否是可以思考的,也是不可能看出来的。并且,在这一点上,只有通过神,两

---

① 《伦理学》第113页;《方法论》第26页。

② 在格林克斯体系中还能见到遗留下来的有限事物的自我活动的残痕,其本质是人的内在的心灵活动。参阅《伦理学》第121页起。因此"自我研究"或 *inspectio sui*〔自省〕并不只是这个体系在认识论上的出发点,而且也是它的伦理结论。人在外部世界无所作为。*ubi nihil vales,ibi nihil velis*〔你在那里一筹莫展,你在那里一无所图〕。最高的美德是虚怀若谷,是对上帝意志的顺从——谦卑,*despectio sui*〔自卑〕。

③ 《真理的探求》,III.2。

者之间的鸿沟才可能填平；马勒伯朗士求助于新柏拉图主义的上帝的理念世界。人不认识形体；但是他在上帝身上认识形体的理念。这个**上帝身上的可理解的物质世界**一方面是上帝所创造的现实的物质世界的原型，另方面又是上帝传授给我们的关于这个现实物质世界的理念的原型。我们的知识与实际形体相似，正如与第三量相等的两个量也彼此相等一样。在这种意义上，马勒伯朗士理解到，哲学教导我们：我们**在上帝身上观照万物**。

9. **斯宾诺莎**以完全不同的方式解答了偶因主义者所提出的问题。斯宾诺莎的属性概念规定（见前面，5）排除了用一种属性的样式去解释另一种属性的任何样式（见前面，5）；它认为属性与实体一样[①]，*in est et per se concipitur*〔在自身内并通过自身而被理解〕。据此，就不可能存在空间依赖于意识或意识依赖于空间的问题了，因此在表现人性的事实中出现的依赖问题需要另一种解释，这当然只能求助于上帝的概念了。但是，如果在斯宾诺莎那里也找到关于上帝是一切事物产生的唯一原因这个理论，那么他同偶因主义者相同之点只在动机上和词句上，而不在这个理论的精神实质上。因为根据格林克斯和马勒伯朗士的意见，上帝是创造者；而根据斯宾诺莎的意见，上帝是万物的普遍本质；根据前者，上帝用意志创造世界；根据后者，从上帝的本质**必然会得出**世界〔或者说，世界是上帝本质的**必然结果**〕。因此，虽然 *causa*〔原因〕这个词是相同的，但是实际上因果关系在这里的含义与在那里的含义完全不同。在斯宾诺莎那里，意思不是"上帝创造世界"，而是"上

359

---

① 《伦理学》，I. 命题 10。

帝是世界"。

斯宾诺莎总是用"*folgen*"(*sequi*, *consequi*〔紧随, 随之产生〕)一词来表述因果关系的实际依赖概念, 他还附加说明:"正如根据三角形的定义就会得出三角形三内角之和等于二直角的结论。"因此, 世界依赖于上帝被认为是一种**数字结论**[①]。这样一来, 因果关系概念完全剥夺了在偶因主义者那里起着非常重要作用的"创造"的经验标志, 并且用**理由和结论的逻辑—数学关系**取代了生动活泼的直观概念。斯宾诺莎主义一贯把因果关系与理由和结论的关系等同起来。因此, 神的因果关系不是一时的, 而是**永恒的**, 即无时间性的; 真正的知识是 *sub quadam œternitatis specie*〔在永恒的形式下〕考察事物, 从神性概念是普遍本质这个概念就很容易得出上述依赖关系的概念: 从此本质出发, 其结果**无穷无尽地**产生此本质的变相, 正如从空间的性质中得到几何学的一切命题一样。利用几何学方法可能认识的只能是"永恒的结论"; 对于理性主义说来, 只有思维本身独有的那种依赖形式即根据理由得出结论的逻辑推论过程, 其本身才是可以理解的, 并从而也是万物发生发展的模式[②]: 真实的依赖既不应该机械地理解, 也不应从目的论上去理解, 而只能从逻辑—数学上去理解。

但是, 正如在几何学中, 一切命题从空间性质推导出来, 每一

---

① 参阅叔本华《论充足理由律的四重根据》(*Über die vierfache Wurzel des Satzes vom zureichenden Grunde*)第 6 章。

② 因此斯宾诺莎的泛神论与司各脱·厄里根纳经院哲学的神秘主义的**唯实论**最近似(参阅第二十三节, 1); 只是在后者的体系中, 更加突出的是, 一般对于特殊的逻辑关系构成唯一的模式; 在他那里, 便因此而得出在斯宾诺莎那里不存在的流出论性质的结论。

具体关系又被另一些具体规定所决定；同样，在斯宾诺莎形而上学里，万物产生于上帝的必然过程基于每一个别有限事物被其它有限事物所决定。有限事物的总体和每一属性的样式形成一条受到严格规定的无始无终的链条。神的必然性统治一切：没有一种样式比其它任何样式距离神更近或更远。在此，库萨的尼古拉关于有限与无限是不可用同一标准来比较的思想显露出来了（参阅第二十七节，6）。从上帝到世界不存在流出阶段的系列：所有有限物被有限物所规定；但是在万物中上帝是万物本质的唯一根源。

　　如果情况果真如此，本质的统一性必然也出现在属性的关系中，不管属性上和因果关系上如何严格地被分开。就是这同一的神的本质一方面存于广延形式中，另方面存于意识形式中。这两种属性彼此之间必然地如此相关，以致一方的每一样式与另一方的一定样式互相对应。两种属性的此种**对应**或**平行**就解决了两个世界的关联之谜：观念只被观念所决定；运动只被运动所决定；但是就是这同一的神的本质的宇宙内容决定了一方的关联，同样也决定了另一方的关联；同一内容包含在意识属性中也包含在广延属性中。这种关系是由斯宾诺莎根据经院哲学关于 *esse in intellectu*〔理智存在〕和 *esse in re*〔事物存在〕的概念来表述的。同样的东西存在于意识属性中就是对象（*objective*），就是观念内容；这同样的东西存在于广延属性中，就是某种现实的东西，就是独立于任何观念的东西①。

---

　　①　但是这两种存在样式没有一种比另一种更根本〔或没有一种是另一种的原型。——英译本〕两者同等地表现上帝的本质。因此，对斯宾诺莎作唯心主义的解释或作唯物主义的解释都是不正确的，——虽然两者都可能从他的思想体系中发展出来。

因此,斯宾诺莎的观点是这样:每一有限事物是神的本质的样式,比如人,同量地存在于作为精神和作为肉体的两种属性中;而该物的每一具体功能也同量地属于作为观念和作为运动的两种属性。每一功能,作为观念决定于观念之间的关联,作为运动决定于运动之间的关联;但是在两者中由于属性之一致,内容是相同的。**人的精神是人的肉体的观念**,无论作为整体或作为细节,都是这样。[①]　人类精神(*mens*,〔思维〕),作为神的意识属性中的一种样式或样式复体,是人类肉体的观念;严格地说,在斯宾诺莎的思想体系里,我们不可说人类精神拥有这种观念,因为此种观念实质上的拥有者只是上帝[②]。

10. 这种经历了如此众多分歧的思想运动在**莱布尼茨**的形而上学体系中找到了结论——这个体系在动因的全面上、在协调和组合的能力上、在整部哲学史中无一可与伦比。此体系之所以具有此重要性还不只在于此体系的创始人具有渊博的学识、融会贯通纵观全局的心怀,而且特别是他精通古代哲学、中世纪哲学的种种思想,他理解之深、理解之精辟有如他理解近代自然科学所形成的种种概念[③]。只有这位微积分学的发明人[④],他理解柏拉图和亚里士多德与理解笛卡儿和斯宾诺莎一样深刻,他认识和赏识托马

₃₆₁

---

①　在这方面斯宾诺莎并未解决来自自我意识的困难以及来自关于有无数属性的假设的困难。参阅与契尔恩豪森的通信,《遗著》,II.,第 219 页至次页。

②　参阅 O. 本斯《斯宾诺莎精神概念的发展》(*die Entwicklung des Seelenbeg-riffs bei Spinoza*),《哲学史文库》,XX.,1907 年,第 332 页起。

③　参阅《自然新系统》,10。

④　参阅 D. 马恩克《高等分析发现史中的新观点》(*Neue Einblicke in Entdeck-ungsgeschichte der höhern Analysis*),《柏林科学院论文集》,1926 年柏林德文版。

斯和邓斯·司各脱与认识和赏识培根和霍布斯一样熟稔，——只有他才可能成为"先定谐和"论的创始人。

调和机械论世界观与目的论世界观并从而**联结**他那个时代的**科学利益与宗教利益**是莱布尼茨思想体系的主要动机。他盼望看见主要由他自己亲自用科学概念推动而形成的、对自然界的机械解释得到充分贯彻，同时他又企图探索这样的思想方法，借助于这些思想方法，宇宙的合目的性的生动品格仍然是可以为人所理解。因此，必须尝试（此种尝试早在笛卡儿学说中已经提示过）努力去了解整个宇宙事件的机械变化过程最后是否可以归因于动力因，此种动力因的合目的性的本质就应赋予宇宙事件的整个活动以内容充实的含义。伟大的英国科学家如波义耳和牛顿也曾将宇宙比作技师制造的机器、钟表等，将宇宙当作一部巨大的机器装备，此种机器装备正是通过自己合目的的活动表现出自己是来自最高精神（*hochste Intelligenz*，上帝）。这样，后来的所谓物理学-神学论证就成为证明上帝存在最受欢迎的证明方式了。

莱布尼茨整个哲学发展的要旨是要从更根本上解决这个问题，即用"隐德来希"（*Entelechien*）代替粒子而且重新给对几何学方法无足轻重的上帝恢复柏拉图的 $\alpha\iota\tau\iota\alpha$〔原因，动力〕的权利。他的哲学的最终目的是将宇宙变化过程的机械作用理解为宇宙活生生的内容借以自我实现的**手段**和**表现形式**。因此，他不再可能认为"因"是唯一的"存在"，不再可能认为上帝只是 *ens perfectissimum*〔最完美的存在〕，不再可能认为"实体"的特征只是不能改变的存在的属性，也不可能再认为"实体"的形态只是变相、规定或者这一种基本性质的特殊化，——而是，在他看来，宇宙变化过程又变成**主动的创造**(*Wirken*)；实体具有"力"①的含义，哲学的上帝概念本质上也具有创造力的特征。这就是莱布尼茨的基本思想：此创造力即在机械的运动规律中表现出来。

362　　莱布尼茨首先在自己的运动学说中获得此种**动力论**观点②，并在某种程度上，这种学说必然需要这种观点扩展到形而上学③。力学的惯性问题和由伽利略开始的关于分解运动为无穷小的冲力的过程成为海根斯和牛顿在自然科学中有权威性的研究的出发点，引导莱布尼茨得到微积分学的原理，得到他的"活动力"的概念，特别是得到这种洞见：我们要在形体中探索运动的根源，而形体的本性不基于广延，也不基于质量（不可入性），而基于做功的能量，基于力。但是如果**实体**是**力**，那么实体就是**超空间的、非物质的**。基于此，莱布尼茨发现自己不得不认为即使有形实体也是非物质的力。形体就其实质而言是力；它们的空间形式、它们充填空间的性质以及它们的运动都是此力的效果。形体的实体是**形而上学的**④。这一点与莱布尼茨的认识论联系起来就意味着：理性的、

---

①　实体应具有活动的能力，《自然的原理和神恩的原理》I. 。参阅《自然新系统》第 2 页至次页："原始力"。

②　参阅 H. 赖辛巴赫《牛顿、莱布尼茨和海根斯的运动论》(*Die Bewegungslehre bei Newton，Leibniz und Huyghens，Kantst.* XXIX，1924 年德文版)和 W. 金特《莱布尼茨时空哲学》(*L's Philosophie der zeit und des Kaumes*，kantst，XXXI，1926 年德文版)；同一作家《时空哲学》(*Philosophie des Raumes und der zeit*，波恩 1926 年德文版)。

③　《自然新系统》，3。

④　因此，属性 *extensio*〔广延〕和 *cogitatio*〔思维〕的同等并列又取消了；意识世界是真正的现实，广延世界是现象。莱布尼茨完全用柏拉图的方式将实体的理性世界与感官现象或物质世界对立起来(《人类理智新论》，IV.，3)。参阅后面第三十三节和三十四节。

清晰的、明确的认识将形体理解为力,而感性的、晦涩的、浑浊的认识将形体理解为空间结构。因此,对莱布尼茨来说,空间既不等于形体(如笛卡儿),也不是形体的先决条件(如牛顿),而是实体的力—产物,一种 *ein phaenomenon bene fundatum*〔牢固基础上的现象〕,一种共存的秩序——不是绝对的现实,而是一种 *ens mentale*〔精神存在〕①。同理,*mutatis mutandis*〔相应地变化〕也适用于时间。据此,进一步得出结论:处理形体的空间现象的有关力学规律不是理性真理,也不是"几何"真理,而是有关事实的真理,是偶然的。人们完全有可能用不同的方式来思考它们〔即相反的看法不是不可想象的。——英译本释〕。它们的根据不是逻辑必然性,而是合目的性(Zweckmäβigkeit)。它们是一些 *lois de convenance*〔适应原则〕。它们根植于 *choix de la sagesse*〔智慧的选择〕②。上帝之所以选定它们是因为在它们所决定的形式中世界目的充分地得以实现。如果说形体是机器,是按照这样的意义说的:机器是按照目的而制成的产物③。

11. 因此,在莱布尼茨那里如同在新柏拉图主义那里一样,生命成为解释自然的原则,不过在形式上更为成熟罢了。他的学说是生机论。但是生命是众多性,同时又是统一性。机械论使莱布尼茨得到关于无穷多的个别的力、形而上学的点④的概念,与此相同,又得到关于这些无穷多个别力、形而上学点的连续性的观念。

① 主要参阅《与德斯·巴塞士的通信》。
② 《自然的原理和神恩的原理》,11。
③ 同上书,3。
④ 《自然新系统》,11。

从根本上说他接近于德谟克利特的原子论和唯名论的形而上学；偶因论运动，尤其是斯宾诺莎思想体系使他信仰万有合一（Al-lEinheit）的思想；正如库萨的尼古拉和乔尔达诺·布鲁诺一样，他在**整体与局部同一**的原则中找到了答案。每一种力是宇宙力，不过以一种特殊形态表现出来；每一实体是宇宙实体，不过以一种特殊形式表现出来。因此，莱布尼茨赋予**实体**概念的含义恰恰是：实体是**众多性中的统一性**①。这个意思就是：每一状态中的每一实体"表象"着其他许多实体，而众多性中的统一就是此种"表象"的实质②。

363

　　在莱布尼茨那里，这些思想与自笛卡儿以来在形而上学思潮中流行的基本原理结合起来了，即：实体之间彼此分离以及实体的功能之间之所以吻合一致是基于共同的世界根源。此两种思想要素在《单子论》中最完善地显露出来了。莱布尼茨把他的力-实体称为**单子**，——此术语可能是经过文艺复兴时期的不同传统传给他的。每一个单子对于其余单子而言是一完全独立的存在物，它既不承受影响，也不给予影响。单子没有"窗户"，而此"无窗性"在

---

　　①　《单子论》，13—16。

　　②　在此莱布尼茨非常巧妙地（参阅所引著作）利用了"表象"这个模棱两可的词语（此模棱两可也表现在德语动词"Vorstellen"一词上）；据此，此词一方面"代表"着，另方面意味着意识的功能。每一实体"表象"着其余的实体，一方面意味着一切包含在一切中（莱布尼茨引用了古代 *σύμπνοια πάντα*〔全体的一致〕以及文艺复兴时代的 *omnia ubique*〔无所不在〕），另方面意味着每一实体"感知"着所有其余的实体。此种模棱两可的更深刻的意义和合理性在于：我们如不仿效在我们自身内部的意识功能中所经历的那种关联（用康德术语"Synthesis"〔综合〕），我们便不能形成关于众多性中的统一的清晰而明确的概念。

一定程度上表现了单子的"形而上学的不可渗透性"①。但是莱布尼茨首先赋予这种对外在影响完全封闭的性质以积极的特征,即宣称单子是**纯粹的内在原则**②。实体是**内在活动**的力:单子不是**物质的**,其本质是心灵的。它的状态是表象(*Vorstellungen*);活动原则是欲望(*appétition*),即从这一表象过渡到另一表象的"趋势"③。

然而另一方面每一个单子是一面"世界的镜子",它在自身中把整个宇宙当作一个表象;万物生动的统一即基于此。但是每一单子又是一个**个体**,不同于其他所有的单子。因为世界上没有两个相同的实体④。如果单子不是根据它们的表象内容来区别——因为对于所有单子来说表象内容是相同的⑤——那么它们的区别只能在它们表象此种内容的方式中去寻找。莱布尼茨宣称:单子之间的区别只在于它们借以表象宇宙的**清晰性和明确性的不同程度**。这样一来,笛卡儿的认识论标准变成了一种形而上学属性,因为莱布尼茨和邓斯·司各脱一样(参阅第二十六节,1)把明晰和浑浊之间的差异当作表象力或**强度**的差异。因此,单子如果表现得清晰而明确便被认为是主动的,如果表现得晦暗而浑浊便被认为

---

① 《单子论》,7。参阅《自然新系统》,14,17。

② 《单子论》,11。

③ 同上书,15—19。D. 玛恩克《新单子论》(*Neue Monadologie*),1917 年。

④ 莱布尼茨称此为**不可区别的同一性原则**(*Principium identitatis indiscernibilium*)《单子论》,9)。

⑤ 无疑,莱布尼茨忽视了这样一个事实:在这种实体相互表象的体系中得不到真实的内容。单子 a 表象着单子 b,c,d,……x。但是单子 b 是什么呢? 它又是单子 a,c,d,……x 的表象。对于 c 也如此,照此类推,以至无穷。——英译本

364　是被动的①：因此，单子的冲力的方向是从晦暗的表象走向清晰的
表象，而澄清它自身的内容就是它活动的目标。莱布尼茨把无穷
小的冲力的力学原则应用在上述表象的强度上：他称这些单子表
象活动的无穷小的组成部分为**细微知觉**（*petites perceptions*）②。
他需要利用此假说来解释：根据他的学说，单子拥有的表象比它本
身意识到的要多得多（参阅下面第三十三节，10）。按照今天的说
法，这些**细微知觉**就是**无意识的心理状态**。

　　这种〔清晰性和明确性〕的差异有无限多。根据连续性定
律——*natura non facit saltum*〔自然无跃进式突变〕——单子形
成不间断的等级系列，**巨大的发展体系**，从"单纯的"单子上升到灵
魂，精神③。最低级的单子只晦暗地、浑浊地即无意识地表象着，
因而是被动的；它们形成**物质**。最高级的单子以完全的清晰性和
明确性表象着宇宙（正因为如此，只有一个），因而是纯粹的活动，
被称为**中心单子**——上帝。每一个这样的单子在自身内部自由发
展，它们只凭借它们的内容的同一性每时每刻彼此完全协调一
致④，由此便产生了一种实体影响另一实体的假象。这种关系就
是**实体之间的先定谐和**——根据这种理论：格林克斯和斯宾诺莎
曾为解决两个属性之间的关系问题而提倡的**吻合一致**原则似乎扩
充到一切实体之间的相互关联之中去了。在这里和在那里一样，

---

　　①　《单子论》，49。

　　②　出处同上，21。

　　③　《自然的原理和神恩的原理》，4。在这方面，"灵魂"被认为是"有机体的中心单
子"，因为它最明晰地表象着构成此有机体的众单子，因而也就较不明晰地表象着宇宙
的其余部分。《单子论》，第 61 页起。

　　④　《自然新系统》，14。

在阐述此原则时此原则决定了一切实体活动的不间断的规定,决定了一切事物发生的严格的必然性,并排除了不受因果关系支配这个意义上的一切偶性和一切自由。莱布尼茨只是在理智控制感官和感情这个伦理意义上才挽救了有限实体的自由这个概念①。

先定谐和,实体在存在和活动中的这种相互关系②,需要**统一性**作为解释的基础,而此统一性只能在中心单子中才能找到。上帝创造了有限实体,上帝按特定的程度不同的表象强度把自己的内容赋予每个有限实体,并借此安排一切单子使它们全部彼此和谐一致。在实体展开活动的必然过程中,在完全机械地规定实体的表象系列的过程中,实体实现了创造性的宇宙精神的目的。此种机械论与目的论的关系最后发展为莱布尼茨的认识论原则。〔在莱布尼茨那里〕神与其它单子之间的关系正如在笛卡儿那里无限实体与有限实体之间的关系一样。但是对于理性主义关于事物的概念来说,只有无限的东西是思维的必然性,而与此相反,有限的东西在下述意义上只是某种"偶然性"的东西,即:它可以用不同的方式被人思考,它的反面不包含矛盾(参阅上面第三十节,7)。这样一来,永恒真理与事实真相之间的矛盾就表现为形而上学的意义:只有**上帝的存在**是**永恒真理**;上帝的存在根据的是矛盾律,具有逻辑的或**绝对的必然性**;而有限事物是**偶然的**东西;它们的存在,根据的只是充足理由律,根据它们被他物所规定;世界以及属

365

---

① *Eo magis est libertas quo magis agitur ex ratione*〔自由之大小与受理性制约程度之大小成正比〕等等。莱布尼茨《论自由》(绝版本,669)。

② 因此,在莱布尼茨那里,先定谐和完全是一种普遍的形而上学理论,将此应用于灵魂与肉体的关系上只是一种特殊情况。

于世界的一切只具有有条件的、**假设的必然性**。莱布尼茨同意邓斯·司各脱的意见①,他认为**世界的偶然性**的根源在于**上帝的意志**。世界本来很可能与现在这般样子不同,世界之所以像现在这般样子是由于上帝在许多**可能性**中作出了这样的选择②。

因此,一切新的和旧的形而上学线索都集中在莱布尼茨身上来了。他借助于机械论学派所形成的概念把文艺复兴时期的哲学预言改造成为有系统的思想结构,在此结构里希腊人的哲学概念在近代研究的知识中找到了自己的老家。

第三十二节　　天赋人权

〔O. 吉尔金《约翰内斯·阿尔萨斯》(*Johannes Althusius*),1880 年;第三版 1913年。——同一作家:《德国公社法》(*Das deutsche Genossenschaftsrecht*),四卷;《现代国家理论和社团理论》(*Die Staats-und Korporationslehre der Neúzeit*),1913 年。

W. 哈斯巴赫《奎斯勒和斯密所建立的政治经济学中的一般哲学基础》(*Die allgemeinen philosophischen Grundlagen der Von Fr. Quesnay und A. Smith begründeten politischen Ökonomie*),1890 年。

Fr. 迈内克《国家理性概念》(*Die Idee der Staatsraison*),1924 年。

W. 狄尔泰《文艺复兴和宗教改革以后的世界观和对人的分析》(*Weltanschauung und Analyse des Menschen seit Renaissance und Reformation*),《全集》,Ⅱ。

E. 特勒尔奇《基督教会社会学与思想史和宗教社会论文》(*Die Soziallehren*

---

①　必须认识到:莱布尼茨同这经院哲学中的最伟大人物的关系不只是在这观点上,还有许多其它的观点;然而遗憾的是这些观点迄今尚未得到应有的重视和对待。

②　此外,参阅下面第三十五节。

der christlichken Kirchen und Aufsätze zur Geistesgeschichte und Religionssoziologie,《全集》,I,IV)。

E. 沃尔夫《格老秀斯、普芬多夫和托马休斯》(*Grotius*, *Pufendorf*, *Thomasius*),蒂宾根 1927 年版。

E. 拉克《莱布尼茨的国家观念》(*Die Leibnizsche Staatsidee*),蒂宾根 1909 年版。﹞

　　文艺复兴时期的法哲学也一样,一方面依赖于人文主义的激励,另方面适应近代生活的需要。前者不仅表现在对古代文学的依赖,而且表现在古代国家观念的复兴以及对古代传统的眷恋;后者表现为对当时世俗国家独立自主的生活方式的种种利害关系的理论总结。

　　1. 所有这些动机首先表现在**马基雅维里**身上。他怀着对罗马风貌的无限倾慕,从内心发出了意大利人的**民族感情**。他就是从研究古代史出发获得了自己的、至少在消极方面的有关**近代国家**的理论。他要求国家完全脱离教会,从而把但丁的吉伯林党[①] 的国家学说推向极端。他反对教权的世俗统治,认为教权是意大利民族国家的永恒障碍。因此在他那里正如过去在奥卡姆和帕多瓦的马西利乌斯那里一样(参阅第二十五节,8),在实践领域里产生了近代思想初期所共有的宗教与世俗的分离。由此产生的后果是,和上述的唯名论一样,国家不能用目的论来理解,而应用自然主义来理解,国家被理解为需要和利害关系的产物。根据此事,可

　366

────────────

　　① 吉伯林党(Ghibellinen,或称保皇党):系中世纪意大利贵族政党,拥护德国皇帝政权,与教皇党(Guelf)对立。——译者

以解释为什么马基雅维里在阐述君权的获得和保持的学说时、在他仅从利害冲突的观点来探讨政治学理论时那样的冷酷无情。

再者,教会与国家的关系在十六、十七世纪引起了一种特殊的兴趣,因为在教派对立的斗争和转化中这种关系每一次都起到重要的作用,而且往往起到决定性的作用。在此,发生了一种有趣的观点的相互交换。新教的世界观按照自己最初的原则改变了中世纪宗教与世俗之间的价值差异,废除了世俗生活领域里"亵渎神明的"禁令;它在国家中也看见了神的秩序(参阅上面第二十五节,7);在**梅兰克森**的领导下,**宗教改革的法哲学**限制了国家的政权,所根据的与其说是看得见的教会的要求,不如说是看不见的教会的权利;的确不错,当权者的神圣使命给新教的国家教会提供了有价值的支持。**天主教教会**感觉自己对于近代国家应尽的义务就更少了。虽然它已因此放弃托马斯主义,但像贝拉尔明和玛丽安娜等人的学说却投合它的意愿;根据这些学说,国家被认为是人制造的粗劣的作品或者是一种契约。因为根据这种理论国家丧失了它的更高的权威,并在一定程度上丧失了它的形而上学的根据;它看起来是可能被废除的;人的意志创造了它也可以瓦解它;甚至它的最高首脑也被剥夺了他的绝对的神圣不可侵犯的〔威严〕。新教教徒认为国家是一种直接来自神的秩序,而对于天主教徒来说,国家不过是人的安排,需要教会的认可,否则就不应认为是合法的;只有把它置于教会使役之下,它才会获得此种认可。所以康帕内拉教导说,西班牙帝国(*monarchia*)所承担的任务是要把从其它大陆夺来的财宝交给教会支配以利于教会同异教徒进行斗争。

2. 然而时间一久,法哲学中存在的这些矛盾转化为**教派无差**

别论去了,教派无差别论在理论科学中也占有统治地位。自从国家被认为本质上是尘世事物的秩序以来,人与上帝的关系被排除在上帝活动范围之外了。哲学特别为公民争取为它自己所要求的权利,即对当时的宗教权威所持的个人的、自由的态度的权利,因此哲学成为**信仰自由**的坚决捍卫者。国家用不着担心个人的宗教信仰,公民的权利与他归依于何种教派无关:这种要求是十六、十七世纪宗派争斗、激荡不定的必然结果。在此观点中,不信神、无信仰的冷淡态度同要保卫自己不受敌对教派的政权的侵害的积极信念取得一致意见。

　　马基雅维里以这种观点进行写作反对罗马教会的专制独裁;但是首先完整地宣布信仰自由原则的是托马斯·**莫尔**。他的幸福的岛屿乌托邦的居民们信奉差别极大的种种宗派,各种宗派和平共处,不因宗教观点不同赋予任何政治意义。他们甚至在共同的礼拜仪式上团结起来,此礼拜仪式每派可以按照自己的看法去解释,也可以用各自的特殊的礼拜仪式去补充。所以,让·**博丹**在他的《宗教性质七人对话录》中培养出的受过高等教育的典型代表不仅有基督教教徒,而且还有犹太教徒、伊斯兰教徒、异教徒;他找到了大家都同样满意的崇拜上帝的形式。最后,胡果·**格老秀斯**以一种更抽象的方式把神权和人权严格分开,他以此阐述法律的哲学原则,他建立神权于天启,建立人权于理性,与此同时还严格地、彻底地分开了它们各自应用的活动范围。

　　但是信仰自由运动的典型的"末日裁判书"是斯宾诺莎的《神学政治论》,这部书追究了这个久经探讨的问题的真相,这部书利用了从受阿维罗依主义影响的旧犹太文献中摘录的许多思想和范例来证明:宗教,特别是宗教文献,既无任务又无意图要传授理论真理;宗教的实质不在承认个别的教义,而在意念以及由意念所决定的意志和行为。据此,无可争辩地得出结论:国家没有理由或权利去担心公民们是否同意一些特殊的教义,国家倒应该凭借它的实权去制止一切出自基督教有组织的宗教生活形式而引起的违背良心的企图①。〔斯宾诺莎神权的深刻的宗教性质使他反对教会的教条统治,反对信仰教会历史文献的表面文章。〕面对各教派权威性的要求,他卫护这样的原则:宗教书籍和所有其它文献现象一样,一定要用历史观点来解释它们的理论内容,即一定要从作者的智力状况来理解;此种**历史批判**剥去了从前的理论观点为后来人所设置的、束缚人手脚的、规范性的意义②。

　　3. 与这些政治权利和教会的政治权利结合在一起的是**社会**权利。对这些权利的描述没有比托马斯·**莫尔**更动人的了③。368《乌托邦》第一卷,在扣人心弦地描绘穷苦大众的灾难之后,得出结论:如果社会〔换个方式〕,不采取严厉的法律去惩戒触犯法律的人而是去扑灭罪恶的根源,那么社会会变得更好些。作者认为个人罪行的大部分是由于整体安排不当。这件事基于在处理钱财上带来的**财产的不均**,因为这种不平等产生了所有的感情失常,嫉妒和仇恨。莫尔以现实为对比所描绘的、在乌托邦岛上的完美的社会

---

　　① C.格布哈特在他的译著《神学政治论》(莱比锡,1908 年)的序言中曾指出:这部著作的动机在于荷兰的政治形势以及与之有密切关系者;在这里这位哲学家与雅·德·威接近。

　　② J.昆思《信仰自由与天启》(*Toleranz und Offenberung*),1923 年。

　　③ 参阅第 321 页文献和昆思《莫尔与卢梭》(*Th. M. u. Rousseau*)(Hist.,V.,J. 1926 年)。

状况的理想蓝图,其主要轮廓是模拟柏拉图的理想国。然而这种人本主义的复活带着近代社会主义的色彩,它与原型不同之处在于**废除了阶级差异**;〔据那位古代思想家看来,在他思考现实存在的个人的智力和道德地位的差异之后,他认为阶级差异似乎是必然的〕。它所效法的与其说是柏拉图的《理想国》,倒不如说是柏拉图的"规律"。莫尔从所有公民在**法律**面前人人平等的思想出发,为了尔后的发展,进行了典范的抽象工作;莫尔认为一切公民有权参加社团,而柏拉图的《理想国》则认为这些社团是对统治阶级的要求,把参加社团当作扬弃追求个人利益的本能的方法。在柏拉图那里,特权阶级应扬弃一切私有财产以便全心全意奉献于全民福利;而在莫尔那里,则要求把废除私有财产当作消除罪恶的最可靠的方法。废除私有财产是基于对公有财产人人有份的平等权利。但是与此同时,这位近代的乌托邦主义者还坚持那位古代哲学家的理想模型,坚持到了这样的程度,以至认为对物质利益的绝对平分是所有公民同等享受社会、科学、艺术的精神财富的不可缺少的基础。的确不错,这位英国大臣比起那位雅典革新家来,在这方面,思想民主得多,并给予个人更大的私人生活的自由:莫尔绝不会让全体公民限制在共同的信条和信念上。国家的公共设施就其有效的正常秩序而言基本上是针对外部生活事务的。他认为,要满足社会的物质需要,对于全社会成员,六小时的正常工作日就足够了,剩下的时间每一个人可以自由支配去做更高尚的工作。在莫尔那里,根据这些规定,产生了出自柏拉图的蓝图的、更高级形式的、近代社会主义的纲领。

但是文艺复兴的精神还为更加世俗得多的兴趣所鼓舞。文艺复兴精神为种种发现的魔力所激励,为种种发明的灿烂光辉弄得眼花缭乱;它给自己规定的任务是凭借自己新的知识改造与自然生活条件有关的人类社会的整个外部条件;在它前面它看见人类生活的**舒适的理想**;人类生活,由于充分地、系统地利用了通过科学才可能得到的知识和对自然的控制,将会不断发展。人类社会利用科学提高了物质文明,摆脱了现今使人类烦恼的一切忧虑和一切需要,以此提高了人类社会的素质,从而医治了社会上的一切

369 弊端。培根说,一些创造发明如指南针、印刷术、火药等已足够给人类新的动力、更广阔的范围、更强大的发展。创造发明一经成为人类有目的的运用的技术,在我们面前该会出现多么伟大的改革啊! 就这样,社会问题转变为**改善社会的物质条件**了。

在培根《新大西岛》①中,呈现在我们眼前的是一种幸福的岛居民族,他们谨慎地被保护起来,与世隔绝。他们通过巧妙的调整、合宜的法规吸收了所有其他民族在文化上所取得的进步知识,并通过系统的研究、发现、发明极大限度地提高控制自然界的能力以利于人类生活。他用美妙的想象描述②各式各样的可能的和不可能的创造发明。"所罗门王室"的整套描述都针对改进社会物质条件,而对政治问题的处理只是表面的,无关紧要的。

---

① 这个乌托邦的名称以及书中其它不少地方都是柏拉图的残篇《克利底亚篇》的回忆(第 113 页至次页)。

② 除显微镜和望远镜外,扩音器和电话也并不缺少;还有巨型的爆炸物,飞行的机器,各种各样气动和水动的发动机,甚至还有"某些种类"的〔不消耗能量的〕永动机! 但是作者高度评价这样的事实:通过更好的植物栽培和动物饲养,通过无可置疑的化学发现,通过沐浴治疗和蒸汽治疗,疾病得以根治,寿命得以延长;从医药利益出发,又推广了在动物身上做试验。

另一方面，在康帕内拉的《太阳城》一书中很容易看到莫尔《乌托邦》的影响。我们在这本书中看见**社会主义未来国家**的完整图案，甚至在全部细节上都规定得死板有序。这个国家不惜采取任何方面的暴力镇压个人生活自由。从用数学精心设计的首都的建设计划①直到日常工作、娱乐时间的分配②、职业的选定、男女婚配、用占星术预定男女结合的婚期——所有这一切都由国家从整体利益出发来安排；一个范围广泛的精心制作的官僚政治体系（其中掺杂有形而上学因素）③建立在公民们不同等级的知识上。一个人知识越多他在国家机关掌握的权就越大，以便用他的知识控制和改进自然的发展过程。这种改革观点在康帕内拉体系中基本上还是指向物质文明。的确，在他那里，平均四小时工作制就可保证社会的富裕生活，一切人对此均应有同等权利。

4. 尽管这一切都是荒诞离奇的④，但是在康帕内拉《太阳城》370里比起莫尔的《乌托邦》来有一种思想发挥得更为突出，即国家应该是一种人类理智的艺术品，用以根除社会弊端。他们两位作者都无意像柏拉图一样建立一个仅属幻想的创造物；他们相信：通过理性符合自然的社会关系的秩序进行反复思考，就有实现"优良的

---

① 这使人想起柏拉图的《克利底亚篇》。

② 在这里有如宗教的风纪警察占统治地位，康帕内拉仿效的是柏拉图的"规律"而不是他的《理想国》。

③ 最高统治者（所罗门或形而上学家）本人一定要具备一切知识，首先在他之下有三个王子，他们的活动范围与存在的三个"基太"（Primalitäten）相对应，即力量、智慧与爱情（参阅第二十九节，3），等等。

④ 荒诞的特别是占星术和魔术的强烈因素；离奇的是他对性关系的僧侣式的粗暴的处理。

政治制度"的可能性。无可置疑,他们在这方面遭到不少对抗。**卡尔丹**在原则上反对种种乌托邦,与此相反他认为科学的任务是:理解在历史上国家在特定的条件下,根据本身特性、根据各民族的生活关系和经验而发展的必然性。他把国家当作像有机体一样的自然产物。他把健康和疾病这类概念应用在国家的状态上。实干政治家**博丹**,在更广泛的范围内,完全摆脱数学家卡达鲁斯所热中的毕达哥拉斯主义的占星术,但却具有浓厚的建设性的幻想,力图理解体现在政治生活中的、历史现实的、多方面的特性。

　　然而时代潮流更趋向于:探索基于自然的对一切时代一切关系均同等有效并只有通过理性才能认识的权利;虽然有些人,如**艾伯里卡斯·金蒂里斯**者,以童稚的粗笨为类比,极想把〔保护私人利益的〕民法原则归之于物理定律。只有当人们不从一般"自然"出发而从**人性**出发,才能取得更牢固、更有成效的基础。这一点由胡果·**格老秀斯**做到了。他和托马斯·阿奎那一样,在**社会需要**中找到天赋人权的基本原理,并在逻辑演绎中找到发挥天赋人权的方法。理性认为:与人的社会性一致,并由此推论出来的东西才是不因历史变迁而改变的**自然法**(*jus naturale*)的根据[1]。这种绝对的权利之存在是由于它的基础在于理性;它独立于政权:更确切地说,它是政权最主要的依据。格老秀斯根据他最早研究的国际法深深认识到这种有关绝对权利的思想。但是在另方面,根据此实质性原则民法又成为国家法的决定性的先决条件。满足个人利益,保护生命财产似乎是法制的主要目的。从另一观点看,在形式

---

[1]　《论战争法与和平法》,I.1,10。

上和方法上,此种法律的哲学思想体系完全是推论出来的;它的目的只是推论出社会原则的逻辑结论。**霍布斯**以同样方式也认为**政治实体**(corpus politicum)是一部机器,可以利用纯理智活动从它的目的概念中推论出来,认为法哲学是一门完善的可以证明的科学。同时这门科学领域似乎在极大程度上适宜于应用几何方法。**普芬多夫**结合格老秀斯和霍布斯,推广这一整套结构,并综合地发挥这一整套思想体系;他根据的思想是:个人的自卫本能只有通过满足自己的社会需要才可能理智地、成功地得到实现。天赋人权以这种形式作为"几何"科学的典范继续存在直到十八世纪(托马休斯,沃尔夫,甚至到费希特和谢林),直到笛卡儿主义原则全面衰落以后。

371

5.〔现在我们看一看内容而不看形式〕,我们发现社会生活和社会关系最主要的基础存在于**个人利益**之中:国家力学在个人的本能冲动中发现自明的简单的因素①;依据伽利略原理可以用这些自明的简单的因素来解释被视作法学内容的复杂的生活结构。与此同时,政治学也可溯源于社会原子论的伊壁鸠鲁主义②(参阅第十四节,6),要理解国家起源所根据的综合原则是**契约**。从奥卡姆和马西利乌斯直到卢梭、康德和费希特,此种统治契约论和社会契约论在政治哲学中占绝对优势。霍布斯将此两种契约论融合在

---

①　在霍布斯和斯宾诺莎那里,"Conatus"〔本能,欲望〕在此意义下,既应用于物体领域也应用于精神(心理)领域。

②　实践领域里也如同在理论领域里一样,德谟克利特和伊壁鸠鲁的原则通过努力获得晚期的胜利。

一起并赋予重要的特色[①]。然而他的继承者,特别是普芬多夫,又把两者分开了。个人出于恐惧和和平的需要通过社会契约把自己同社会利益结合起来;附属于社会契约的是统治契约或服从契约,根据这种契约,个人将自己的权利和权力交给了政府。对这个理论的证明是各种极不相同的政治观点均能适应的、一般的模式。格老秀斯,同样还有斯宾诺莎,发现公民的利益最好由贵族共和国宪法来保证;而**霍布斯**从相同的前提却推论出他的**纯世俗的专制主义**,根据这种理论,政权应牢不可破地结合在一个人物身上,普遍意志应结合在统治者的个人意志中。

　　与契约论紧密相连出现了**主权**观点的发展。根据这种观点,一切政权来自人民的意志,从这里便产生了政治契约和服从契约:主权真正的支持者是人民。与此同时,政治契约以及据此而实行的权利和权力的转移有些作者认为是不可废除的,而有些又认为是可以废除的。所以博丹,不顾他自己的关于人民主权的学说,悍然主张君权无限,君权是绝对权威,统治者不可侵犯,凡是反对统治者均不合理;在**霍布斯**那里,人民主权似乎更彻底地沉没在君王的统治权中;在这里,君王意志完全在"朕即国家"(*l'état c'est moi*)这个意义上成为在实际政治生活中唯一的权力的源泉。站在与这些有利于君主专制主义的理论的对立面的〔明显地与其前提更加一致的〕是"反君主专制政体论";它的主要代表除布坎南(1506—1582 年)和兰盖(1518—1581 年)外还有下萨克森的**阿尔萨斯**,他们主张:只要当权者一经管理不善即不按照人民的利益和

372

---

　　①　参阅 G. 杰林尼克《普通政治学》,柏林,1914 年德文版,第 198 页起。

意志办事,统治契约就立即失效。如果立约的一方失约,契约的另一方就不再有约束力;在此情况下政权又回到它原来的支持者手里。如果人们经过深思熟虑有目的地建立了一个政府,那么当这个政府明显地不能实现这个目的的时候,人们就可以把它取消。这样一来,文艺复兴为**革命理论**开辟了前进的道路[①]。

然而所有这些理论通过**教会与政府**之间的特殊关系呈现出特异的色彩——此种色彩取决于:统治者在他和各教派的关系上的不受限制的权力让人感到是有害的还是有益的。霍布斯根据他的宗教的信教无差别论在现实政治中采取了激进的立场:宗教是私人的意见,只有国家承认的那种意见才具有政治价值。〔在政治生活中不容忍其他任何宗教或教派。〕霍布斯给历史上的 cujus regio illius religio〔各地区各有其宗教〕提供哲学理论根据。**斯宾诺莎**在这一点上与他一致。他赞成思想自由,反对违背良心做事;但是对他来说宗教只不过是有关知识和信念的事。为了宗教虔诚在教堂和礼拜仪式中能公开表露,当权者的法令只应该是有利于秩序和和平。**新教的法哲学**以更积极的意义赞成王国的教会和政府的统治权来自神恩;而在此学派中,比如阿尔萨斯,面对信奉不同教条的政权,人民的政治权利要受到保卫。**耶稣会**主张当权者可以被免职,刺杀国王可以恕罪;在这时,同一动机起到决定性的作用(参阅前面 1)。

6. 在**霍布斯**那里,契约的理论基础建立在更普遍的动机上。

---

① 诗人约翰·米尔顿(《保卫英国人民》,*Defensio pro Populo Anglicano*,1651年)和阿尔杰农·西德尼(《论政府》,*Discourses of Government*,1683 年)特别将这些原则应用于十七世纪的英国局势。

如果社会政治生活要从"人性"的观点才能被理解,这位英国哲学家就发现人性的最根本的、决定一切的特性存在于**自卫本能**或**利己主义**中,这是解释整个意志活动的、简单的、自明的原则。在这里,他的唯物主义形而上学和感觉主义心理学(参阅第二十一节,6)表现为:这种自卫本能就其根本实质而言只指个人肉体生存的保持和促进。意志的其他一切目的都只能作为达到此最高目的的手段。按照这个原则,判断是非便没有其他标准,只有对于作为自然物的人来说是促进或阻碍、有利或有害的标准了:区别善与恶、正确与谬误不可能根据个人的观点,只能根据**社会的**观点,在社会中构成准则的是公共利益而不是个人利益。这样,**利己主义成为整个实践哲学的原则**,因为如果个人的自卫本能必须受到国家法令的限制和纠正,那么这个国家本身就是利己主义所有设计的一切装置中最机巧、最完美的装置,以达到和保证满足自身的要求。每个人的利己主义与每一个他人的利己主义根本对立,此种**自然状态**是**一切人对一切人的战争**;为了避免这场战争,出于和平的需要,作为自卫的相互保证的契约,国家建立起来了。社会需要并不是根本的:它只是作为满足利己主义最有效最可靠的方法的必然结果。

　　斯宾诺莎采纳了这种理论,但是他把它吸收到他的形而上学中来并赋予更理想的意义。"*suum esse conservare*"〔保持自我生存〕对他来说也是一切意志的精髓和基本动力。但是因为每一个有限的样式同等地属于两个属性,因此它的自卫本能既指它的有意识的活动即它的**知识**,也同样指它在有形世界中的继续生存即它的**力量**。照此,所有个人意志活动的本能是用培根关于知识和力量的同一来解释了；对斯宾诺莎来说，与此相联的是这样的原则：每个人尽量利用他的力量以扩大他的权利。这位哲学家在这种概念关系中找到了解释在经验中的政治生活的基础。在这解释的过程中，斯宾诺莎主要是在霍布斯的思想路线上活动，同他不同之处只在于前面所说的关于他的最符合目的的宪法形式。然而在斯宾诺莎看来，此同一的概念交织呈现出关于他的神秘—宗教的伦理学的出发点。因为既然每一个有限的真正"*esse*"〔存在〕是神，那么势必只有在"对上帝的爱"中才能找到自卫本能的唯一的充分的满足。马勒伯朗士曾非常激动地谈到过这位"无神论的犹太人"，但是他"用稍微不同的词句"所教导的也正是这同一道理。——此种情况已经在前面叙述过了（第三十一节，4）。

7. 霍布斯的利己主义学说——照后来许多人的说法，叫"利己体系"——遭到他同胞的强烈反对[①]。把意志的一切活动毫无例外地归之于自卫本能，这就激起伦理学上的反抗和心理经验方面理论上的矛盾。这场反对霍布斯的斗争主要由**剑桥的新柏拉图学派**所掀起，他们主要的笔杆子是拉尔夫·**卡德沃思**和亨利·**莫尔**。在这次斗争中 Φύσις〔自然〕与 θεσις〔习俗〕的矛盾仿照古代原型发展起来了。对于霍布斯来说，法律和德行来自社会习俗，而对于他的敌手来说，法律和德行都是自然的原初的、直接的、确定的需要。两者都把实践哲学在神学—教义中的根据与 *lex naturalis*〔自然律〕对立起来：但是对霍布斯来说自然律是理智的利己主义

---

① 参阅 J.塔洛克《十七世纪英国的理性神学和基督教哲学》(*Rational Theology and Christian Philosophy in England in the 17th Cent.*)，1872 年伦敦英文版。——英译本

可以证明的结论，而对于那些"柏拉图主义者"来说，按照斯多葛-西塞罗主义原则，自然律是存在于人的精神中的先天的、直接的确实性。

坎伯兰站在同一立场上来反对霍布斯。他希望把人的社会性看作与人的利己主义一样根本。"善心的"利他主义倾向是"自我感知"的、直接的独立存在的原始对象，它的现实性是毋庸置疑的。"社会需要"并不是机灵的利己主义的精制品，而是（如像胡果·格老秀斯所理解的一样）人性的原始的、本质的特征。利己主义谋求私利，而利他主义的动机则追求普遍的福利，没有公共福利，个人福利是不可能的。个人福利与公共福利的这种关系，据霍布斯看来，表现为出自人的明智的洞见，而坎伯兰则认为是上帝的一种规定；因此上帝的命令被认为是服从在善心的倾向中表现出来的要求的权威性原则。

自然的理性道德就这样受到了维护，一方面抵御了正教，另方面抵御了感觉主义，与之联在一起的是自然的理性宗教，赫伯特·冯·彻布里建立了这种自然的理性宗教，反对上述两种立场。宗教既不应建立在历史的启示上，也不应建立在人类制度上；宗教属于人类精神的天赋财产。赫伯特按照古代斯多葛的方式辩论道，*consensus gentium*〔万民同意〕证明了：对神的信仰是人的观念世界必要的组成部分，是理性的需要；但是就是根据这个道理，与宗教教义相对立，只有符合于理性要求的东西才能作为宗教真正的内容而存在。

这样一来，在英国著作界中通过关于形而上学原则以及生活需要的热烈争论，实践哲学问题转移到心理学领域中去了。问题的实质是：在人的心灵里什么是权利、道德和宗教的根源呢？——
启蒙运动时期的哲学就以此开始了。

第　五　篇

启蒙运动时期的哲学

除第 298 页所引文献外,还可参阅:

莱克《欧洲理性主义精神的兴起和影响的历史》(*History of the Rise and Influence of the Spirit of Rationalism in Europe*),两卷集,1873 年伦敦英文第六版;1874 年 I. H. 里特译成德文。

莱斯利·斯蒂芬《十八世纪英国思想史》(*History of English Thought in the 18th Century*),1876 年伦敦英文版。

J. 麦金多什《论十七、十八世纪道德学的发展》(*On the Progress of Ethical philosophy During the 17th and 18th Centuries*),1872 年爱丁堡英文版。

Ph. 达米龙《于十八世纪哲学史有益的论文集》(*Mémoires pour servir à l'Histoire de la Philosophie au 18ᵐᵉ Siècle*),两卷集,1858 年至 1864 年巴黎法文版。

E. 策勒《莱布尼茨以后的德国哲学史》(*Geschichte der deutchen Philosophie seit Leibniz*),1873 年慕尼黑德文版。

V. 德尔博斯《法国哲学》(*La philosophie française*),1921 年巴黎法文版。

W. R. 索利《英国哲学史》(*A History of English Philosophy*),1920 年剑桥英文版。

R. 莱因尼格尔《洛克、贝克莱、休谟》(*Locke, Berkeley, Hume*),1922 年英文版。

E. V. 阿斯特《英国哲学史》(*Geschichte der englishen Philosophie*),1927 年比勒费尔德德文版。

E. 特勒尔奇论文《启蒙运动和英国道德学家》(*Aufklärung und Englische Moralisten*),载于赫佐格的《新教神学实用百科全书》一书,全集第四卷。

W. 狄尔泰《德国精神史研究》(*Studien zur Geschichte des deutschen Geistes*)，
　　全集第三卷，1927 年。

B. 格罗图森《法国资产阶级世界观和人生观的形成》(*Die Entstehung der
　　bürgerlich Welt-und Lebensanschauung in Frankreich*)，卷一，1927 年哈雷
　　德文版。

P. 沃勒《十八世纪的瑞士新教》(*Der Schweizerische Protestantismus im 18.
　　Jahrhundert*)，三卷集(蒂宾根德文版，1923 年起)。

此外，H. 赫特纳《十八世纪文学史》(*Literaturgeschichte des 18. Jahrh.*)，
　　1913 年起，第六和第七德文版。

　　随着理智生活演变的自然节奏带来的结果：近代哲学也和希
腊哲学一样，在开始的宇宙论-形而上学时期之后，紧跟着一个本
质上具有人类学性质的时代，因此，哲学重新复活的纯理论研究又
必然让位于作为"**世俗哲学**"(*Weltweisheit*)的实践哲学观点。事
实上，在**启蒙运动时期**(在时间上大约与**十八世纪**相吻合)，又重新
出现了**希腊智者派**运动的所有特征，不过思想更成熟丰满、种类更
丰富多彩、内容更深刻，因而矛盾也就更加尖锐。代替过去的雅典
而今展现出在所有欧洲文明民族中的波澜壮阔的运动。科学传统
过去是以百年计算，而今是以千年计算。但是整个倾向、思维对
象、观点以及哲学研究成果，在这时间相距辽远、文化背景又如此
悬殊的两个时代里，却表现出富有教育意义的相同性和亲缘关系。
在两个时代里，占统治地位的是：同样的对主体内在本性的反省，
同样的带着怀疑的厌恶心情扬弃形而上学无谓的苦思冥想，同样
的喜欢从经验的发展观点来考虑人类的精神生活，同样的对科学
知识的可能性和极限性的探索，同样的对社会生活问题的讨论的
热情关注。最后，对这两个时代说来不亚于上述特色的是：哲学渗

透在一般文化的各个广阔领域里,科学运动和文学运动互相交融。376

　　然而十八世纪启蒙运动的基础存在于**世俗人生观**的一般特征中,正如在文艺复兴时期艺术、宗教、政治和科学研究的新运动就曾经塑成过这些特征。既然在十七世纪这些特征已经形成形而上学公式,现在便突出了这样一个问题:人们应该如何用这新**世界观**的模式来考虑自己的本性和自己的地位。人们对此问题赋予了重大意义;对于过去本来隐寓着新世界观的种种形而上学概念的兴趣便越来越明显地退居次要地位了。人们满足于已有世界观的一般轮廓,以便更加深入地研究人生问题。启蒙时期激烈反对思辨的所有理论,其实质,即从**"健全的人类理智"(健康的常识)**的形而**上学**开始,呼声很高,终至于只承认以往各世纪的劳动成果中那些投合于它的才是自明的真理。

　　启蒙运动的哲学发端于**英国**。在那里,紧接着革命时期之后,秩序井然,文学生活的蒸蒸日上和繁荣昌盛也要求哲学对一般文化的关注。此种文学从英国传播到**法国**。然而在法国,此种文学带来的理想是如此地反对社会现实、反对政治现实,以致从一开始,不但宣传这些思想的讲演报告更加激动,更加猛烈,而且这些思想本身采取更加尖锐的观点,并将其否定的能量更加勇猛地攻击教会和政府中的现存制度。**德国**接受启蒙运动思想的影响,开始来自法国、后来又直接来自英国。[①] 在那以前,德国较多的在理论方面为接受此等思想准备了条件:在德国这些思想达到最深刻

---

　　① 　参阅 G. 扎尔特《论英国哲学对十八世纪德国哲学的影响》(《*Der Einfluss der englischen Philosophen auf die deutsche Philosophie des 18 Jahrhunderts*》),1881 年柏林德文版。

的程度；在德国**诗歌**中，这些思想升华到炉火纯青、洁化人类灵魂的境界。**古典人文主义的文艺复兴**以德国诗歌而得以完成。

约翰·**洛克**是英国启蒙运动的领袖，他找到一种通俗的公式，从经验—心理学阐述笛卡儿世界观的一般轮廓。当这种思想体系的形而上学倾向在**贝克莱**身上产生出唯心主义后裔的时候，人类学—发生学的思想方式迅速地、胜利地扩展到一切哲学问题。在这里，**感觉主义的观念联合心理学**与承自不同思想根源的种种**先天论**之间的矛盾对此发展过程继续起着决定性的影响。这种矛盾支配着**道德哲学**生动的运动发展，在**莎夫茨伯利**身上呈现出给人极深刻的感人形象。此种矛盾支配着与此有关的**自然神论**和**自然宗教**的发展，在认识论领域里最尖锐明显地表现出来。在认识论领域里，英国最坚定最深刻的思想家大卫·**休谟**将经验主义发展为**实证主义**，从而引起了**苏格兰**学派的对抗。

法国启蒙运动的先驱是比埃尔·**培尔**，他的《词典》一书将文明世界的观点完全引入宗教怀疑主义的方向；巴黎吸收英国文学主要就是沿着这条路线进来的。**伏尔泰**是个伟大的作家，他不但用雄辩动人的语言描述这一运动，而且以极其有力的笔调刻画了启蒙运动的积极因素。然而运动的发展却以更强大得多的威力向着消极方向破浪前进。在**百科全书学派**共同的思想中，一步一步地完成了从经验主义到感觉主义、从自然主义到唯物主义、从自然神论到无神论的转化，从满腔热情的道德观到利己主义的道德观的转化。**理智启蒙运动**的条条道路都通向**孔狄亚克**的实证主义；与此运动相对抗的是**卢梭**，在他身上出现了自然力的**感觉哲学**，以致形成**革命**的理智形态。

　　德国启蒙运动的开展是通过莱布尼茨哲学以及沃尔夫在大学讲坛上改造和发展莱布尼茨哲学所取得的伟大成就而获得的；但是在德国，由于缺乏统一的群众兴趣，**个人文化**倾向占了上风。为此个人文化的目的，"哲学世纪"的观念通过极其多样化的途径渗入心理学、认识论以及道德、政治和宗教的领域；但是直到**诗歌运动**及其旗手莱辛和赫尔德的伟大人格给枯燥无味的理智带来了生气蓬勃的生活和眼光更高的观点，才创造出新的原则；而过去妄自尊大的**通俗哲学**即以此枯燥无味的理智向四处扩散，特别是扩散到柏林学院。[①] 此种情况使十八世纪德国哲学不致像英国哲学那样沉沦于理论—怀疑主义的自我崩溃中，也不致像法国哲学那样在实践—政治学中土崩瓦解：通过同伟大的、思想丰富内容充实的文献的接触，在德国即将开创一个意义重大的哲学新时代。

　　约翰·**洛克** 1632 年出生于布里斯托尔附近的林格通，在牛津大学受教育。他的一生与政治家莎夫茨伯利勋爵多变的命运联系在一起。1688 年，他从荷兰逃亡后同威廉·冯·奥拉宁一起回到英国。他多次公开支持新政府，他在新政府中担任过几种高级职位。1704 年正当他在乡村悠闲度日时逝世了。朴实审慎、清澈明晰是他的理性品格的主要特点，然而与之相应的是思想上某些方面的贫乏和缺乏真正的哲学动力。尽管如此，他的平凡的气质却使他受到群众的欢迎，从而使他成为启蒙运动的哲学领袖。他的哲学著作取名《人类理智论》(*Essay Concerning Human Understanding*, 1690 年)。此外还必须提到的有：《论教育》(*Some Thoughts on Education*), 1693 年出版；《基督教的合理性》(*The Reasonableness of Christianity*), 1695 年出版。

---

　　① 　参阅：巴托洛梅《普鲁士学院哲学史》(*Histoire Philosophique de l'Académie de Prusse*), 1851 年巴黎法文版；A. 哈纳克《柏林普鲁士科学院史》(*Geschichte der K. Pr. Akademie der Wissenschaften zu Berlin*), 1900 年柏林德文版。

在他的遗著中有《论理智行为》(*The Conduct of the Understanding*)。参阅

378福克斯·伯恩《洛克生平》(*The Life of J. L.*),1876 年伦敦英文版。T. 福勒《约翰·洛克》(*J. L.*),1880 年伦敦英文版。C. 赫尔特林《洛克和剑桥学派》(*J. L. und die Schule von Cambridge*),布赖斯高地区弗赖堡,1892 年德文版。E. 费奇特尔《洛克——十七世纪英国精神战斗的形象》(*J. L. ein Bild aus den geistigen Kämpfen Englands im 17 Jahrh.*),1898 年,司徒嘉德德文版。J. 狄第尔《约翰·洛克》,1911 年巴黎德文版。J. 吉布森《洛克认识论》(*Locke's Theory of Knowledge*),1917 年剑桥英文版。特尔坎普《洛克与经院哲学之关系》(*Das Verhältnis J. L.'S Zur Scholastik*),1927 年德文版。

乔治·贝克莱 1685 年出生于爱尔兰基里林。他曾一度作为传教士到美国参加过传教和殖民活动;1734 年升任(爱尔兰)克罗的主教,死于 1753 年。他的著作《视觉论》(*Theory of Vision*),1709 年出版,为他在 1710 年出版的著作《人类知识原理》(*Treatise on the Principles of Human Knowledge*)准备了条件。继这部主要著作之后又出版了《海拉和菲伦诺的三篇对话》(*Three Dialogues between Hylas and Philonous*)和《阿尔西弗朗或渺小的哲学家》(*Alciphron or the Minute Philosopher*)。弗雷泽出版了他的著作,四卷集,1871 年伦敦版;弗雷泽对他的思想总体进行了卓越的阐述(1881 年爱丁堡版和伦敦版)。哲学丛书中有德文版本。参阅科利斯·西蒙《宇宙非物质论》(*Universal Immaterialism*),1862 年伦敦英文版;Fr. 克劳森(哈雷,1889 年);Th. 施蒂尔(莱比锡,1893 年);E. 卡西尔(1911 年);B. 厄尔德曼(柏林学院论文,1919 年);A. 朱桑(1921 年);A. 利瓦伊(1922 年);G. 斯坦姆利(1922 年);G. 约翰斯顿《贝克莱哲学的发展》(*The Development of B's Philosophy*),1924 年伦敦英文版;P. 罗塔(1925 年);R. 梅茨《弗罗曼古典作家》,1925 年德文版。

联想心理学的主要拥护者有:彼得·布朗,1735 年在做柯克区主教时去世,著作有《人类理智的方法、范围和极限》(*The Procedure, Extent and Limits of Human Understanding*),1719 年英文版;大卫·哈特利(1704—1757 年),著作有《论运动感觉及观念的发生》(*De Motus Sensus et Idearum Generatione*,1746 年)和《论人、人的结构、职责和期望》(*Observations on Man, his Frame, his Duty and his Expectations*,1749 年);爱德华·塞奇——亚伯拉罕·塔克的笔名(1705—1774 年),著作有《自然之光》(*Light of Nature*),七卷集 1768—1777 年伦敦英文版;约瑟夫·普里斯特利(1733—1804 年),著

作有《哈特利根据观念联合原则的人类心灵学》(*Hartley's Theory of the Human Mind on the Principle of the Association of Ideas*)，1775 年，还有《对物质和精神的探究》(*Disquisitions Relating to Matter and Spirit*)，1777 年；约翰·霍恩·图克(1732—1812 年)，著作有《会谈之乐》(*The Diversions of Parley*，或 Ἐπεα πτερόεντα〔带翼的语言〕，1798 年)，参阅斯蒂芬《J. H. 图克回忆录》(*Memoirs of J. H. T.*)，1813 年伦敦英文版；伊拉兹马斯·**达尔文**(1731—1802 年)，《动物生理学》(*Zoonomia*)或《生物学》(*The Laws of Organic Life*)，1768—1777 年；最后，托马斯·**布朗**(1778—1820 年)，《因果关系探究》(*Inquiry into the Relation of Cause and Effect*)，1804 年，去世后出版的著作有《人类心灵哲学演讲集》(*Lectures on the Philosophy of the Human Mind*)，1820 年，在爱丁堡发表；L. 费里《联想心理学理论》(*Sulla Doctrine Psichologica dell' Associazione*)，《历史批判论》(*Saggio Storico e Critico*)，1878 年罗马意大利文版；参阅 Br. 舍恩兰克《联想论的奠基人哈特利和普里斯特利》(*Hartley und Priestley als Begründer des Assoziationismus*)，1882 年哈雷德文版。

在与此运动敌对、信奉柏拉图旧派的人物中有理查德·**普赖斯**(1723—1791 年)，他之出名是由于他同普里斯特利的争论：普里斯特利《哲学必然性论》(*The Doctrine of Philosophical Necessity*)，1777 年；普赖斯《论唯物主义和哲学必然性的书简》(*Letters on Materialism and Philosophical Necessity*)，1778 年；普里斯特利《唯物论的自由争议》(*Free Discussions of the Doctrines of Materialism*)，1778 年。

作为联想心理学的美学的分支，我们还应提一提**埃德蒙·伯克**(1729—1797 年)有影响的研究：《崇高和美的概念根源的哲学探索》(*Philosophical Inquiry into the Origin of Our Ideas of Sublime and Beautiful*)，1756 年。

在**英国道德哲学家**中，**莎夫茨伯利**(安东尼·阿什利·库珀，1671—1713 年)取得极其重要的地位。他的著作集被命名为《人的特征，风俗，意见和时代》(*Characteristics of Men，Manners，Opinions and Times*)，1711 年出版，其中有：《论道德》(*Über die Tugend*)，由 P. 齐尔曼译成德文，1905 年在莱比锡出版；还有《道德家》(*Die Moralisten*)，由弗利希森和昆勒尔合译成德文并加序言，1909 年在莱比锡出版，又由 K. 沃尔夫译成德文，1910 年在耶拿出版。他是启蒙时期最重要最优秀的代表之一。人文主义文化是他的理性本性和精神本性的基础。他的思想判断的独立不羁以及在他作品中流露出的对观点的倾向性和对描述的鉴赏力均来源于此。他本身就是自己道德学说的人格价值的出色典范。参阅：G. V. 格楚克《莎夫茨伯利哲学》(*Die Philosophie Sh.s*)，1876 年莱比锡和海德尔堡德文版；Chr. Fr. 韦斯纳尔《莎夫茨伯利和德国精神生活》(*Sh. und das deutsche Geistesleben*)——在他之后，不同派别分道扬镳。唯理智主义倾向的代表者塞缪尔·**克拉克**(1675—1729 年)，《关于存在和上帝属性的证明》(*A Demonstration of the Being and Attributes of God*)，1715 年；《人类自由的哲学探究》(*Philosophical Inquiry concerning Human Liberty*)，1715 年；参阅他与莱布尼茨的通信；还有威廉·**沃拉斯顿**(1659—1724 年)，《自然宗教概论》(*The Religión of Nature Delineated*)，1722 年。情感伦理学的代表者弗朗西斯·**哈奇森**(1694—1747 年)，《美与德行的观念根源的探究》(*Inquiry into the Original of Our Ideas of Beauty and Virtue*)，1725 年；《道德哲学体系》(*A System of Moral Philosophy*)，1755 年；参阅 Th. 福勒《莎夫茨伯利和哈奇森》(*Shaftesbury and Hutcheson*)，1882 年伦敦英文版；亨利·**霍姆**(凯姆斯勋爵的笔名，1696—1786 年)，《道德原则和自然宗教原则论文集》(*Essays on the Principles of Morality and Natural Religion*)，1751 年；《批判基础》(*Elements of Criticism*)，1762 年；参阅 W. 文德尔班在埃尔希和格雨伯尔百科全书中的论文；亚当·**弗格森**(1724 —1816 年)，《道德哲学原理》(*Institutions of Moral Philosophy*)，1769 年；在某种意义上还有亚当·**斯密**(1723—1790 年)，《道德情感论》(*Theory of Moral Sentiments*)，1759 年；1926 年由 W. 埃克斯坦译成德文，见《哲学文库》，参阅哈斯巴哈《亚当·斯密研究》(*Untersuchungen über A. S.*)，1891。权威原则的拥护者有：约瑟夫·**巴特勒**(1692—1752 年)，《人类本性论》(*Sermons upon Human Nature*)1726 年；还有威廉·**佩利**(1743—1805 年)，《道德哲学和政治哲学原理》(*Principles of Moral and Political Philosophy*)，1785 年。观念联合心理学的伦理学的主要发展者是杰里米·**边沁**(1748—1832 年)，《道德法律原理入门》(*Introduction to the Principles of Morals and Legislation*)，1789 年；《论民法和刑法》(*Traité de L'égislation Civile et Pénale*)，1801 年由 E. 杜蒙汇编成集；《道义学》(*Deontology*)，1834 年由 J. 鲍林编辑；1843 年 11 卷集在爱丁堡出版；参阅莱斯利·斯蒂芬《英国功利主义者》(*The English Utilitarians*)第一卷，1900 年伦敦英文版。但是表现出占有独特地位的是伯恩哈特·德·**孟德维尔**(1670—1733 年)，《蜜蜂的寓言》(*The Fable of the Bees*)或《私恶转化为公益》(*Pri-*

vate Vices made Public Benefits），1706 年，后在 1728 年加上注释性对话；
《道德德行的根源探索》（*Inquiry into the Origin of Moral Virtue*），1732 年；
《漫话宗教、教会和政治》（*Free Thoughts on Religion，Church，Government*），
1720 年；关于评论他的文章，参阅 P.萨克曼的著作，1898 年在布赖斯高地区
弗赖堡出版。——参阅 E.特勒尔奇在《赫佐格百科全书》中的文章《英国道
德学家》，见上书，第 367 页。

自然神论文献，绝大部分与上述道德哲学文献相同。但除上述者外，自
然神论者还有下列著名作家：约翰·**托兰德**（1670—1722 年），《基督教并不
神秘》（*Christianity not Mysterious*，1696 年），《给塞列娜的信》（*Letters to
Serena*，1704 年），《阿代西德蒙》（*Adeisidaemon*，1709 年），《泛神论者的神
像》（*Pantheisticon*，1710 年，由芬什译成德文，1897 年莱比锡版）；安东尼·
科林斯（1676—1729 年），《论自由思想》（*A Discourse of Free Thinking*，1713
年）；马修斯·**廷德尔**（1656—1733 年），《基督教与宇宙齐生》（*Christianity as
Old as the Creation*，1730 年）；托马斯·**查布**（1679—1747 年），《论理性与宗
教》（*A Discourse concerning Reason with Regard to Religion*，1730 年）；托马
斯·**摩根**（死于 1743 年），《道德哲学家》（*The Moral Philosopher*，三篇，伦
敦，1737 年）；最后，**博林布鲁克勋爵**（1672—1751 年），作品由莫勒特编辑成
五卷集，1753 年出版；参阅 Fr. V.劳姆《柏林学院论文集》，（*Abhandl. der
Berliner Akad*，1840 年）。——参阅 V.莱奇勒尔《英国自然神论史》（*Ge-
schichte des englishen Deismus*，1841 年斯图加特和蒂宾根德文版）。

英国最伟大的哲学家是大卫·**休谟**，1711 年出生于爱丁堡，并在那里受
教育。在他做了一段时间的商人之后在巴黎住了几年，从事科研，撰写了他
的天才著作《人性论》（*Treatise on Human Nature*，1739 年至 1740 年出版；
由哥特根和利普士译成德文，1895 年在汉堡和莱比锡出版）。这部书的缺陷
促使他重新改写，标题为《人类理智探究》（*Inquiry concerning Human Un-
derstanding*，1748 年），作为他更为成功之作《道德、政治和文学概论》（*Es-
says，Moral，Political and Literary*）的第二卷而出版；其后出版了《道德原则
研究》（*An Inquiry concerning the Principles of Morals*，1751 年）和《自然宗
教史》（*The Natural History of Religion*，1755 年）。他在爱丁堡当法学院
图书馆馆长时得到机会写出了他的《英国史》（*History of England*）。他为人
冷静、深思熟虑，头脑清晰、锐敏，是第一流的分析家。他的思想不带个人成
见，丝毫不顾情面，一直推论得到最后的假说，在这基础上建立了英国的近代

哲学。这就是为什么尽管他的措辞非常审慎,但在开始时还是得不到他的同胞们的应有的承认的原因。他在巴黎得到很高荣誉,结识了卢梭等人。不久他当了一段时期的外交部次长。但终于又回到爱丁堡。1776 年便死在那里。他去世后出版了《自然宗教对话录》(*Dialogues concerning Natural Religion*)和一些短篇论文。格林和格罗斯将他的著作编辑成四卷集,1875 年在伦敦出版。他的朋友亚当·密斯出版了他的自传(1777 年)。参阅 J. H. 伯顿《休谟的生平和信件》(*Life and Correspondence of D. H.*),1846—1850 年,爱丁堡出版;E. 福伊奈因在《思想》杂志中的文章(柏林,1863 年);E. 弗来德尔《休谟哲学中的经验论和怀疑论》(*Empirismus und Skepsis in D. H.'s Philosophie*),1874 年,柏林德文版;T. 赫胥黎《大卫·休谟》,1879 年伦敦英文版;Fr. 约德耳《休谟的生平和哲学》(*Leben u. Philosophie D. H.'s*),1872 年哈雷德文版;A. 迈农《休谟研究》(*Hume-Studien*),1877 年和 1882 年,维也纳德文版;G. V. 基楚克《休谟伦理学》(*Die Ethik D. H.'s*),1878 年布雷斯劳德文版;W. 奈特《大卫·休谟》,1886 年伦敦英文版;P. 里克特,哈雷,1893 年;W. 布里德,哈雷,1896 年;托马森,1912 年;CH. W. 亨德尔,普林斯顿,1925 年。

苏格兰学派的奠基人是托马斯·里德(1710—1796 年),格拉斯哥大学教授,《根据常识原则探讨人类心灵》(*Inquiry into the Human Mind on the Principles of Common Sense*),1764 年;《人类理智能力论》(*Essays on the Intellectual Powers of Man*),1785 年;《人类能动力量论》(*Essays on the Active Powers of Man*),1788 年;W. 汉密尔顿编辑《全集》,1827 年爱丁堡版。除詹姆斯·奥斯瓦德(死于 1793 年;《为了宗教的利益诉诸常识》,1766 年)和詹姆斯·柏阿蒂(死于 1805 年;《论真理的性质和不变性》,1770 年)以外,苏格兰学派在学术和文献方面主要的代表是杜格尔德·斯图尔特(1753—1828 年,爱丁堡大学教授;《人类精神哲学要素》,共三集, 1792—1827 年;W. 汉密尔顿将他的著作编辑成十卷,1854 年在爱丁堡出版)。参阅穆哥斯《苏格兰哲学》(*The Scotlish Philosophy*),1875 年伦敦英文版。

也可参阅 E. 格里姆《从培根到休谟认识问题史》(*Zur Geschichte des Erkenntniss-Problems von Bacon zu Hume*),1890 年莱比锡德文版。——E. 卡西勒《新哲学和新科学中的认识问题》(*Das Erkenntnisproblem in der neueren Philosophie und Wissenschaft*, II.),1908 年第一版,1911 年第二版。

比埃尔·培尔,一位怀疑派博学鸿儒的典型,1647 年出生于卡尔拉特,过着很不平静的生活,曾两次改变宗派信仰,最后在色当和鹿特丹当教授,死于 1706 年。他生平最有影响的著作附载于他的《历史批判辞典》(*Dictionnaire Historique et Critique*,1695 年和 1697 年)一书中,参阅 L. 费尔巴哈《比埃尔·培尔哲学人性史最有趣的要素》(*P. Bayle nach seinen für die Gesclichte der Philosophie und Menschheit interessantesten Momenten*,1833 年安斯巴赫德文版)。E. 皮隆,《哲学年鉴》中的论文,1895 年至 1899 年;R. 奥伊肯《培尔和康德》(《哲学史导论》)中的论文,第 82 页到 111 页,1906 年版)。　　380

伏尔泰(原名弗朗斯瓦·阿鲁埃,1694—1778 年)文学生涯的主要经历是:逃亡伦敦,在塞约同夏特莱伯爵相处,在波茨坦参见腓特烈大帝,在日内瓦附近的领地费恩度过晚年。他的著作值得重视的主要有:《关于英国的通信》(*Lettres sur les Anglais*),1734 年法文版;《牛顿形而上学》(*Métaphysique de Newton*),1740 年法文版;《牛顿哲学原理在人类智力中的地位》(*Éléments de la Philosophie de Newton mis à la Portée de tout le Monde*),1741 年法文版;《米洛尔·博林布罗克的重要研究》(*Examen important de Mylord Bolingbroke*),1736 年法文版;《坦率或论乐观主义》(*Candide ou sur l'Optimisme*),1757 年法文版;《哲学词典》(*Dictionnaire Philosophique*),1767 年法文版;《无知者的哲学》(*Le Philosophe Ignorant*),1767 年法文版;《关于自然体系的答辩》(*Résponse au Système de la Nature*),1777 年法文版;以及诗歌《体系论》(*Les Systèmes*)等等。在哲学史上伏尔泰品质中最重要的因素是他对于正义和人道表现出的真实热忱,是他在政治生活中坚持理性的无畏精神;在另一方面,又是他利用他的激动人心、引人注目的艺术魔力影响时代意识的无可比拟的力量。参阅比尔索《伏尔泰哲学》(*La Philosophie de V.*,1848 年巴黎法文版);D. F. 史特劳斯《伏尔泰》(1870 年莱比锡版);J. 莫利《伏尔泰》(1872 年伦敦版);G. 德斯洛瓦赫斯德赫《伏尔泰和十八世纪社会》(*V. et la sociètè au 18. siècle*,1873 年巴黎法文版);P. 萨克曼(1910 年)。

在形而上学方面,自然科学家和数学家表现出更浓的怀疑派色彩,如**莫泊求**(1698—1759 年),他的活动与柏林学院分不开;《论道德哲学》(*Essai de Philosophie Morale*),1750 年出版;《宇宙论》(*Essai de Cosmologie*),1751 年出版;在他和沃尔夫主义者 S. 凯尼希之间的辩论文章搜集成集,1758 年在莱比锡出版;还有**达朗贝**,《文学、历史、哲学文集》,(*Melanges de Litterature d'Histoire et de Philosophie*),1752 年法文版,参阅 M. 米勒(巴黎,1926 年)。

其他一些人处理问题更带自然主义色彩,如像**布丰**(1708—1788 年;《一般自然史和特殊自然史》,1749 年起)和让·巴蒂斯蒂·**罗班涅**(1735—1820 年;《论自然》,1761 年;《存在形式之自然演变的哲学论述》,1767 年)。关于达朗贝和蒂尔戈的认识论,参阅 M. 欣兹《法国实证主义初期》第一卷(*Die Anfänge des franz. Positivismus*, I,1914 年出版)。

　　感觉主义(参阅 M. 费腊里《洛克与法国感觉主义》,1900 年)的出现与茹利安·奥弗雷·**拉美特利**的唯物主义联系在一起。拉美特利(1709—1751 年)的著作有:《心灵的自然史》(*Histoire Naturelle de L'Âme*),1745 年;《人是机器》(*L'Homme Machine*),1748 年;《享受艺术》(*L'Art de Jouir*,1751 年);《选集》(*Œuvres*,1751 年,柏林版)。对于他的论述,见 F. A. 兰格《唯物主义史》第一卷第 326 页起〔英译本第二卷第 49 页起〕;勒赫·格巴,巴黎,1873 年;J. 波里兹基,柏林,1900 年。只从心理学角度看,感觉主义的出现与查理士·**邦尼特**联系在一起;邦尼特(1720—1793 年)的著作有:《论心理学》(*Essai de Psychologie*),1755 年;《论心灵功能分析》(*Essai Analytique sur les Facultés de L'Âme*),1759 年;《有机体论述》(*Considerations sur les Corps Organisés*),1762 年;《对自然界的沉思》(*Contemplation de la Nature*),1764 年;《哲学的复兴》(*Palingénesies Philosophiques*),1769 年。参阅 J. 斯佩克《邦尼特对十八世纪德国心理学的影响》(*Bonnets Einwirkung auf die deutsche Psychologie des 18 Jahrh*,《哲学史文集》第十卷、第十一卷),1897 年至1898 年。感觉主义的出现又与埃蒂耶纳·博诺·德·**孔狄亚克**的实证主义深刻化联系在一起;孔狄亚克(1715—1780 年)的著作有:《人类知识起源论》(*Essai sur l'Origine de la Connaissance Humaine*),1746 年;《论缺点和优点毕露的诸体系》(*Traité des Systèmes*),1749 年;《感觉论》(*Traité des Sensations*),1754 年;《逻辑学》(*Logique*),1780 年;全集中的《演算语言》(*Langue des Calculs*),巴黎,1798 年。参阅雷特奥雷《孔狄亚克,经验主义和理性主义》(*Condillac ou L'Empirisme et le Rationalisme*),1864 年巴黎法文版。这些理论的最后代表人物,一方面是皮埃尔·让·乔治·**卡班里斯**(1757—1808 年),《物理学与人类道德学的关系》(*Les Rapports du Physique et du Moral de l'Homme*,1802 年)和《文集》(*Œuvres*, 1821—1825 年巴黎版);另一方面是安东尼·路易士·克劳德·**德士杜特·德·特雷西**(1754—1836 年),《观念学基础》(*Élements d'Idéologie*,1801—1815 年出四卷,1826 年一次出版四卷集)。——参阅 Fr. 皮卡瓦《观念学派》(*Les Idéologues*),1891 年

巴黎法文版。

　　法国启蒙运动的文献集中在《百科全书》(《百科全书,科学、艺术、工艺详解词典》,*Encyclopedie ou Dictionnaire Raisonné des Sciences, des Arts et des Métiers*,二十八卷集;1752—1772 年,增补和索引七卷至 1780 年)。除达朗贝写了绪论外,此书的编辑和此学派理论上的领袖是德尼·**狄德罗**(1713—1784 年),他的著作有:《哲学思想录》(*Pensées Philosophiques*,1746 年);《论解释自然》(*Pensées sur L'Interprétation de la Nature*,1754 年);死后出版而必须重视的有《怀疑论者漫步》(*Promenade d'un Sceptique*),《达朗贝和狄德罗的谈话》(*Entretien d'Alembert et de Diderot*)和《达朗贝的梦》(*Rêve d'Alembert*);值得提到的还有《论绘画》(*Essai de Peinture*);《全集》(*Œuvres Complètes*),二十卷,1875 年巴黎法文版。参阅 K. 罗森克兰茨《狄德罗及其生平和著作》(*D., Sein Leben und Seine Werke*,1866 年莱比锡德文版);J. 莫利《狄德罗和百科全书派》(*D. and the Encyclopædists*,1878 年伦敦英文版)。《百科全书》其他的撰稿人(撇开伏尔泰和卢梭不说,他们两人很早就没有参与这工作了)有**杜尔哥**(论文《存在》),多本顿,若古,杜克洛,格里姆,霍尔巴赫等。在这同一集团("哲学家")中后来出现了《自然体系》(*Système de la Nature*)一书,作者假名米拉博,1770 年出版;此书主要归功于迪特里希·冯·**霍尔巴赫**(1723—1789 年),他是一个法耳次人;著作有:《健全的思想,与超自然的思想相对立的自然的思想》(*Le bon sens ou ideés naturelles opposées aux idées surnaturelles*),1772 年;《普遍道德原理》(*Eléments de la morale universelle*)1776 年,等等。〔论《自然的体系》,参阅兰格《唯物主义史》英文版第二卷,第 92 页起。〕同他一起合作的有**格里姆**(1723 —1807 年)《文艺通信》(*Correspondance Litteraire*),1812 年;数学家拉格郎热,修道院院长加良尼,奈基翁以及其他的人。《自然法典纲要》(*Abrégé du Code de la Nature*)最后一章也许出自狄德罗之手。**爱尔维修**写过一篇脍炙人口 *381* 的论文《自然体系的真实意义》(*Vrai Sens du Système de la Nature*,1771 年)。这同一作者(克劳德·阿德里安·爱尔维修,1715—1771 年)在他广泛为人所诵读的著作《精神论》(*De L'esprit*,1758 年)一书中,最深刻地阐述了感觉主义的观念联合心理学的道德观;也可参阅他的遗著《论人及其智力和教育》(*De L'Homme de Ses Facultès et de son Éducation*),1772 年法文版。

　　引荐英国立宪主义理论进入法国者是**孟德斯鸠**(1689—1755 年),著作有《波斯人信札》(*Letters Persanes*),1721 年;《论法的精神》(*De L'Esprit des*

Lois），1748 年；参阅 V.克莱姆佩里《孟德斯鸠》，1914 年和 1915 年。社会问题一方面为所谓**重农主义者**所探讨，如**奎斯勒**（《经济概论》〔*Tableaux Economiques*〕，1758 年；见 W.哈斯巴赫所引上书第 365 页），**杜尔哥**（《关于财富的形成和分配的探索》*Reflexions sur la Formation et la Distribution des Richesses*〕，1774 年），反对者加良尼（《关于小麦贸易的谈话》〔*Dialogues sur le Commerce des Blés*〕），以及其他一些人。另方面〔社会问题〕也被一些**共产主义者**所论述，如**摩莱里**（《自然法典》〔*Code de la Nature*〕，1755 年），和孔狄亚克的兄弟**马布利**（《论法制和法律原则》〔*De la Legislation ou Principes des Lois*〕，1776 年）。

　　法国启蒙运动最显赫的人物是让·雅克·**卢梭**（1712 年出生于日内瓦，他一生过着离奇惊险的生活，晚年生活在遭受迫害的忧郁和错觉中，1778 年死于埃尔梅农维）。他的主要著作除开自传《忏悔录》外有：《论科学与艺术》（*Discours sur les Sciences et les Arts*），1750 年；《论人间不平等的起源和基础》（*Discours sur L'Origine et les Fondemens de l'Inégalité parmi les Hommes*），1773 年；《新爱尔瓦丝》（*La Nouvelle Héloise*），1761 年；《爱弥儿，或论教育》（*Émile ou sur l'Education*），1762 年；《社会契约论》（*Du Contract Social*），1762 年。参阅 F.布罗克何夫《卢梭生平和著作》（*R. Sein Leben und seine Werke*），1863 年和 1874 年莱比锡德文版；E.福依奈恩《论思维》（*Der Gedanke*），1866 年柏林德文版；L.莫洛《卢梭与哲学世纪》（*J. J. R. et le Siècle Philosophique*），1870 年巴黎法文版；J.莫尔莱《让·雅克·卢梭》（*J. J. R.*），1873 年伦敦英文版；L.杜克洛《让·雅克·卢梭》（*J. J. R.*），1909 年巴黎法文版；R.费斯特尔《卢梭与德国历史哲学》（*R. und die deutsche Geschichts-Philosophie*），1890 年斯图加特德文版；H.霍夫登《卢梭及其哲学》（*R. u. s. Philos.*），1897 年斯图加特德文版；Fr.海曼《卢梭的社会哲学》（*R. s Sozialphilosophie*），1890 年莱比锡德文版；G.杰林纳克《人权和民权的说明》（*Die Erklärung der Mensch-und Bürgerrechte*），1919 年第三版；P.亨塞尔（1912 年第二版）。

　　革命的哲学理论的开拓者主要有沙尔·弗朗索瓦·得·**圣·朗贝尔**（1716—1803 年；《各国道德起源或普遍教义手册》〔*Principes des Moeures chez toutes les Nations ou Catéchisme Universel*〕，1798 年）。康斯坦·弗朗·夏斯波夫·孔特·得·**沃尔内**（1757—1820 年；《遗迹》〔*Les Ruines*〕，1791 年；《自然规律或道德的自然法则，人类及世界组织的娱乐或法国公民的教理》〔*La Loi Naturelle ou Principes Physiques de la Morale*, *déduits de L'Organisation de L'Homme et de L'llnivers ou Catéchisme du Citoyen Français*〕,1793 年),玛丽·让·昂坦·尼·得·**孔多塞**(1743—1794 年;《人类精神发展史概述》〔*Esquisse d'un Tableau Historique du progrés de L'Espirit Humain*〕,1795 年),多米尼克·**加纳**(1749—1833 年;参阅《师范学校会议纪要》〔*Compte Rendu des Seances des Écoles Normales*〕,第二卷第 1 页至第 40 页)。参阅 E. 约雅《法国革命时期的哲学》,1893 年巴黎法文版;L. 费拉《革命哲学》(*La Philosophie de la Revolution*),1900 年巴黎法文版。——E. 霍夫曼-林克《在民族主义与民主主义之间——法国革命前的形态》(*Zwischen Nationalismus und Demokratie*, *Gestalten der französischen Vorrevolution*),1927 年慕尼黑德文版。

德国哲学许多领域的创建人哥特弗利德·威廉·**莱布尼茨** 1646 年出生于莱比锡,在莱比锡和耶拿受教育,在阿尔特道夫大学获得博士学位,其后,他通过结识博伊勒布,得以在马因兹选帝侯麾下做外交工作。在职期间,他执行的是他自己的政治计划和科学计划;作为大使馆成员他到过巴黎和伦敦(在海牙偶尔访问过斯宾诺莎);以后他为汉诺威和希伦斯威克王室效劳,当上图书馆长和编史官。在他担任上述职务期间,他在政治上和外交上为日耳曼民族精神和各教派之间的和平相处而积极奔走。后来在夏洛滕堡和柏林,他住在汉诺威公主普鲁士皇后索菲娅·夏洛特的宫廷里;在柏林在他的指导下建立起了柏林科学院。他为了查阅文献到维也纳住了较长一段时间。在维也纳他建立一个科学院,他的计划后来实现了。由于他的影响,彼得堡科学院也建立起来了。1716 年他死于汉诺威。莱布尼茨是自古以来最伟大的鸿儒之一。没有一种科学领域他没有探索过,而且总是创造性地工作。此种特点的普遍性无处不以调和的倾向体现出来,如他企图协调现存的各种对立。这一点是他在政治领域和宗教领域里所从事的工作。他的活动的多面性以及他生活的丰富多彩也表现在这样的事实上:他的大部分科学观点都潜存于他散见的论文和范围广泛得使人难以置信的通信中。〔他的哲学著作最完善的版本是最近由 C.J. 杰尔哈特编订的七卷集(1875—1890 年柏林版)。〕他的哲学著作和形而上学著作的文献已在前面(第 327 页)列举了。他对于启蒙时期哲学的影响除了他同培尔和克拉克的通信外,值得重视的主要有:《关于上帝仁慈、人类自由和罪恶根源的神正论》(*Essais de Théodicée sur la Bonte de Dieu*, *la Liberté de l'Homme et l'Origine du Mal*),1710 年阿姆斯特丹法文版;还有《人类理智新论》(*Nouveaux Essais sur l'Entendement Hu-main*),1765 年由拉斯柏第一次发行。参阅 G. E. 古劳尔《G. W. 莱布尼茨》,1842 年布雷斯劳德文版;E. 普莱德尔《作为爱国志士、政治家和教育家的莱布尼茨》(*L. als Patriot, Staatsman und Bildungsträger*),1870 年莱比锡德文版;在埃尔希·格雨伯尔百科全书中 W. 文德尔班所撰《莱布尼茨》条目;L.费尔巴哈《对莱布尼茨哲学的叙述、分析和批判》(*Darstellung, Entwicklung und Kritik der L.'schen Phil.*),1844 年安斯巴赫德文版;E. 诺里松《莱布尼茨哲学》(*La Philosophie de L.*),1860 年巴黎法文版;L. 格罗特《莱布尼茨及其时代》(*L. und seine Zeit*),1869 年汉诺威德文版;O. 加斯巴里《莱布尼茨哲学》(*L.'s Philosophie*),1870 年莱比锡德文版;J. T. 麦尔兹《莱布尼茨》,1884 年伦敦英文版;狄尔泰《莱布尼茨及其时代》(*Leibniz und Sein Zeit-alter*),全集第三卷,1927 年;还有特勒尔奇《莱布尼茨及虔诚主义的初创》(*Leibniz u. d. Anfänge des Pietismus*),全集第四卷,1927 年。

在德国最有影响的启蒙运动者之一是莱布尼茨的同时代的同胞**克里斯琴·托马休斯**(1655—1728 年),其著作有:《论理学入门》(*Einleitung zur Vernunftlehre*),1691 年;《论理学论述》(*Ausführung der Vernunftlehre*),两书均于 1691 年出版;《伦理学入门》(*Einl. zur Sittenlehre*),1692 年;《伦理学论述》(*Ausführung d. Sittenlehre*),1696 年;《公认的自然法和国际法的基础》(*Fundamenta Juris Naturæ et Gentium ex Sensu Communi Deducta*),1705 年。参阅 A. 路登《克里斯琴·托马休斯》(*Christian Thomasius*),1805年柏林德文版。

十八世纪德国科学生活中心形成于**克里斯琴·沃尔夫**的学说和学派。1679 年沃尔夫出生于布雷斯劳,在耶拿受教育,在莱比锡大学当义务教师,在哈雷大学任教直到 1723 年,由于他对保守的敌人感到愤慨而被驱逐出校;以后他在马尔堡当上大学教授。1740 年弗雷德里克大帝把他召回哈雷,并享以最高荣誉;他在那里十分活跃,直到 1754 年逝世。他在拉丁文和德文的教科书中全面地探讨了哲学各个领域。德文教科书他统称为《理性思维》"*Vernünftige Gedanke*"〔探讨心理学,形而上学,物理学,生理学,植物学,天文学,伦理学,政治学,等等〕;具体说有《论人类知性能力》,1712 年;《论上帝、宇宙、人类灵魂,以及一切事物》,1719 年;《论人们的为与不为》,1920 年;《论人类社会生活》,1721 年;《论自然的各种作用》,1923 年;《论自然万物的意向》,1724 年;《论人、动物、植物之分》,1725 年。还有拉丁文著作:《理性哲

学或逻辑学》,1718 年;《形而上学或本体论》,1728 年;《宇宙论》,1731 年;
《经验心理学》,1732 年;《理性论》,1734 年;《自然神学》,1736 年;《普遍实践
哲学》,1738 年;《自然法》,1740 年;《国际法》,1749 年;《道德哲学》,死后出
版,1756 年。——参阅:K. G. 鲁多维奇《沃尔夫哲学发展全面观》(*Ausführ-
licher Entwurf einer vollständigen Historie der Wolffschen Philosophie*),
1736 年莱比锡德文版;W. L. G. v. 埃伯尔斯坦因《自莱布尼茨后德国逻辑、形
而上学史探索》(*Versuch einer Geschichte der Logik und Metaphysik bei den
Deutschen von Leibniz an*),1799 年哈雷德文版;W. 阿斯伯尔格《沃尔夫与莱
布尼茨的关系》(*W.'s Verhältnis zu Leibniz*),1897 年魏玛德文版;P. 皮鲁尔
《沃尔夫语言风格研究》(*Studien zur sprachlichen Würdigung Chr. Wolffs*),
1903 年德文版。另外还有,J. 包曼《沃尔夫概念规定——康德研究指南》
(*Wolffsche Begriffsbestimmungen*,*ein Hilfsbüchlein beim Studium Kants*,
《哲学丛书》);H. 比希勒尔《沃尔夫本体论》(*Ch. W.'s Ontologie*),1910 年德
文版;G. 法比安《肉体灵魂问题史论述》(*Beitrag zur Geschichte des Leib-
Seele-Problems*),1925 年德文版;H. 吕特叶《沃尔夫哲学概念》(*W.'s Philos-
ophiebegriff*),1925 年德文版。

　　在沃尔夫主义者中可以提一下的也许是 G. B. **比尔芬格尔**(1693—1750
年),其著作有《关于神、人类灵魂、世界等等的哲学阐述》(*Dilucidationes
philosophicæ de Des*,*Anima Humana*,*Mundo etc.*),1725 年;M. **克努争**(死
于 1751 年),其著作有《论作用因》(*Systema Causarum Efficientum*),1746
年,参阅 B. 厄尔德曼《克努争及其时代》(*M. Kn. und seine Zeit*),1876 年莱比
锡德文版;J. **哥特舍德**(1700—1766 年),其著作有《全部哲理的第一基因》
(*Erste Grunde der gesamten Weltweissheit*),1734 年;A. **鲍姆加顿**(1714—
1762 年),其著作有《形而上学》(*Metaphysica*),1739 年,和《美学》
(*Æsthetica*),1750—1758 年。

　　几何方法代表人物有 M. G. **汉斯**(1683—1760 年;《探索之道》,1727
年);还有 G. **普劳克特**(1716—1790 年;参阅 A. F. 伯克《关于普劳克特逻辑
演算的论文集》,1766 年,法兰克福和莱比锡德文版);他的对手有皮埃尔·
克劳萨斯(1663—1748 年;《逻辑学》,1712 和 1724 年;《美学》,1712 年);还
有 A. **鲁迪格**(1671—1731 年;《论真与伪》,1709 年;《综合哲学》,1707 年);还
有 Chr. A. **克鲁休斯**(1712—1775 年;《必然的理性真理概述》,1745 年;《通向
人类认识的确实性和可靠性之路》,1747 年)。参阅 H. 海姆泽特《克鲁休斯的

形而上学和批判》,柯尼斯堡,1926 年德文版。采取折中主义的中间立场的有 J. Fr. **巴德**(1667—1729 年;《折中主义哲学原理》,1705 年),哲学史家 J. J. **布鲁克尔**和 D. **蒂德曼**,另外还有 Joh. **罗休士**(《真理的物质根源》,1775 年)和 A. E. **普拉特勒**(1744—1818 年;《哲学要义》,1776 和 1782 年)。关于普拉特勒与康德的关系,参阅 M. 海恩策(莱比锡,1880 年);P. 罗尔(戈塔,1890 年);B. 伯尔格曼(哈雷,1891 年);W. 雷希勒(莱比锡,1893 年);E. 伯尔格曼《普拉特勒和十八世纪美学》(*E. Pl. und die Kunstphilosophie des 18 Jahrhunderts*),附普拉特勒与奥古斯丁堡公爵论康德哲学的通信,1913 年。

更具有独立意义的是 J. H. **兰伯特**,1728 年生于米尔豪森,1777 年死于柏林;其著作有:《宇宙论通信》(*Kosmologische Briefe*),1761 年;《新工具论》(*Neues Organon*),1764 年;《建筑原理》(*Architeklonik*),1781 年。参阅 O. 贝恩希《兰伯特哲学及其与康德的关系》(*L's Philosophie und seine Stellung zu Kant*),1902 年蒂宾根和莱比锡德文版;《真理标准论》(*Criterium Veritatis*),1915 年;《论波普确证的方法、形而上学、神学和道德》(*Über die Methode, die Metaphysik, Theologie und Moral richiger zu beweisen von K. Bopp*),1918 年德文版。还有 Nic. **特顿斯**(1736—1805 年),其著作有《对人性及其发展的哲学探索》(*Philosophische Versuche über die Menschliche Natur und ihre Entwicklung*),1776—1777 年,1913—1914 年再版。参阅 Fr. 哈尔姆斯《论特顿斯心理学》(*Über de Psychologie des N. T.*),1887 年柏林德文版;G. 斯托林《特顿斯认识论》(*Die Erkenntnislehre von T.*),1901 年莱比锡德文版;M. 欣兹《特顿斯道德哲学》(*Die Moralphilosophie von T.*),1905 年莱比锡德文版;W. 于伯勒《J. N. 特顿斯》,1912 年。〔兰伯特和特顿斯两人的著作与**康德**有联系(见第六篇第一章)。〕康德前批判时期作品应归入同种类型,主要的有:《自然通史与天体理论》(*Allgemeine Naturgeschichte und Theorie des Himmels*),1755 年;《对形而上学认识论基本原理的新解释》(*Principiorum Primorum Cognitionis Metaphysicæ Nova Dilucidatio*),1755 年;《自然单子论》(*Monadologia Physica*),1756 年;《三段论四格的虚伪烦琐》(*Die falsche Spitzfindigkeit der vier syllogistischen Figuren*),1762 年;《论证上帝存在的唯一可能论据》(*Der einzig mögliche Beweisgrund zu einer Demonstration des Daseins Gottes*),1763 年;《将负量概念引入哲学之尝试》(*Versuch. den Begriff der negativen Grössen in die Weltweisheit einzuführen*),1763 年;《论自然神学、道德学原则的明晰性》(*Über die Deutlichkeit der*

Grundsätze der naturlichen Theologie und Moral)，1764 年；《对美感和崇高感的观察》(*Beobachtungen über das Gefühl des Schönen und Erhabenen*)，1764 年；《以形而上学家的梦解释视灵者的梦》(*Träume eines Geistersehers，erlaülert durch Träume der Metaphysik*)，1766 年；《论感觉界和理智界的形式和原则》(*De Mundi Sensibilis atque Intelligibilis Forma et Principüs*)，1770 年。〔参阅 R. 齐默尔曼《康德的先驱兰伯特》(*Lambert der Vorgänger Kant's*)，1879 年。关于兰伯特和特顿斯，参阅 A. 里尔《哲学批判》(*Der Philosophiche Kriticismus*)，1876 年莱比锡德文版。关于康德前批判时期著作，参阅 E. 凯尔德的《康德的批判哲学》(*The Critical Philosophy of Immanuel Kant*)，1889 年，格拉斯哥、伦敦和纽约，英文版；费希尔的《康德》；科恩的《康德前批判时期著作中的体系概念》(*Die Systematischen Begriffe in Kant's vorkritischen Schriften*)，以及在第六编第一章文献资料中所引录的著作。〕

在德国**自然神论**获得许多沃尔夫主义者的支持，他们的支持热烈而有教益，虽然在原则上并不新颖。此种特点的典型表现在洛伦茨·施米特对《圣经》的翻译上。萨洛蒙·**塞姆勒**(1725—1791 年)坚持了对圣经著作作历史性的批判的观点，参阅 L. 沙拉克《莱辛与塞姆勒》(*Lessing u Semler*)，1905 年。作出自然神论的最尖锐的批判的论断者是塞缪尔·**赖玛鲁斯**(1699—1768 年)，他的著作有《论自然宗教最主要的真理》(*Abhandlungen von den vornehmsten Wahrheiten der naturlichen Religion*)，1754 年；《动物本能探索》(*Betrachtung über die Triebe der Tiere*)，1760 年；特别是《上帝的理智崇奉者的辩护书》(*Schutzschrift über die vernünftigen Verehrer Gottes*)，1767 年，根据此书，莱辛编辑了《沃尔芬比特尔残篇》，在更晚近时期，D. F. 斯特劳斯编辑了摘录，1862 年莱比锡版。J. C. **埃德尔曼**(1698—1767 年)是一个斯宾诺莎主义的自由思想家。参阅 K. 蒙克伯尔《赖玛鲁斯与埃德尔曼》(*Reimarus und Edelmann*)，1867 年汉堡德文版。

与神秘主义有密切关联的所谓**虔信派**思潮始于**斯潘尼**(1635—1705 年)，由 A. H. **法兰克**(1663—1727 年)以富有组织能力的精力继续向前推进，对这一时期的哲学仅有间接的影响。与此关系更远的是更处于孤立地位的神秘教派的信徒们，如戈特弗里德·**阿诺德**(1666—1714 年；参阅 E. 塞伯尔，1923 年)和康拉德·**迪普尔**(1673—1734 年)。参阅 A. 里彻尔《虔信派史》(*Geschichte des Pietismus*)，三卷集，1880 年。

在十八世纪德国人中足以代表**经验心理学**的有许多人的名字、内容丰富范围广泛的文集、教科书和种种专门研究。其中有卡西米尔·冯·克罗伊茨（1724—1770 年），J. G. 克鲁格（《实验心理学探索》，1756 年），J. J. 亨切（《对心理持续变化的研究》，1756 年），J. Fr. 韦斯（《论心灵特性与人体心脏的性状》，1761 年），Fr. V. 伊尔文（《论人的经验和研究》，1777 年起）等等。**莫里茨**(1785—1793 年)主编的《经验心理学杂志》集中了对此深受人喜爱的科学的稿件。更进一步的文献存于 K. 福特拉格《心理学体系》(*System der Psychologie*)，卷一，第 42 页起。参阅 R. 索默尔《德国心理学和美学史精义》(*Grundzüge einer Geschichte der deutchen Psychologie und Ästhet.*)，1892 年维尔茨堡德文版；M. 德苏瓦尔《近代德国心理学史》(*Geschichte der neueren deutschen Psychologie*)，卷一，1902 年柏林第二版。

此外，经验心理学艺术论出现在鲍姆加顿的弟子 G. Fr. **迈尔**(1718—1777 年)的著作中，参阅 E. 伯尔格曼《德国美学创始人迈尔》(*G. F. M. als Mitbegründer der deutschen Ästhetik*)，1910 年；特别出现在 J. C. **苏尔泽**(1720—1779 年)的著作中：《快感论》(*Theorie der angenehmen Empfindungen*)，1762 年；《漫谈》(*Vermischte Schriften*)，1773 年；《美的艺术通论》(*Allgemeine Theorie der Schönen Künste*)，1771—1774 年，这是一本美学百科辞典；对此参阅 J. 利奥(1907 年柏林)。参阅洛茨《德国美学史》(*Geschichte der Ästhetik in Deutschland*)，1868 年慕尼黑德文版；H. V. 斯坦《近代美学的形成》(*Die Entstehung der neueren Ästhetik*)，1886 年斯图加特德文版；A. 贝姆勒尔的著作《康德判断力批判》(*Kants Kritik der Urteilskraft*)，第一卷；《十八世纪美学和逻辑学中的非理性主义问题》(*Das Irrationlitätsproblem in der Ästhetik und Logik des 18. Jahrhunderts*)，1923 年哈雷德文版。

在**通俗哲学家**中可以提一下的有：摩西·**门德尔松**(1729—1786 年)，《论感觉的通信》(*Briefe über die Empfindungen*)，1755 年；《论形而上学科学中的论据》(*Über die Evidenz in den Metaphysischen Wissenschaften*)，1764 年；《斐多》(*Phædon*)，1767 年；《黎明时分》(*Morgenstunden*)，1785 年；《文集》(*Werke*)，由布拉希编辑，1881 年莱比锡版。还有，出版家 Fr. **尼古拉**(1733—1811 年)，他连续出版了《美学书库》(*die Bibliothek der schönen Wissenschaften*)，《关于德国近代文学通信》(*die Briefe die neueste deutsche Literatur betreffend*)，《德国普通文库》(*die Allgemeine deutsche Bibliothek*)和《德国近代普通文库》(*die Neue allgemeine deutsche Bibliothek*)；还有 J. A.

埃伯哈德(1738—1809 年)，J. B. **贝斯多**(1723—1790 年)，托马斯·**阿伯特**
(1738—1766 年)，J. J. **恩格尔**(1741—1810 年，他是《世界哲学家》杂志的编
辑)；还有 J. G. H. **费德**(1740—1821 年)，C. **迈纳斯**(1747—1810 年)，C. **加夫**
(1742—1798 年)。

　　身居高位饶有风趣的是**弗里德里希大帝**，那位"皇宫哲学家"[①]。关于
他，参阅 E. 策勒《哲学家弗里德里希大帝》(*Fr. d. Gr. als Philosoph*)，1886
年柏林德文版；W. 狄尔泰《弗里德里希大帝与启蒙运动》(*Fr. d. Gr. und die
Aufklärung*)，《全集》第三卷，1927 年版。

　　莱辛著作中在哲学史上应考虑到的主要有：《汉堡剧评》(*Hamburger
Dramaturgie*)，《人类教育》(*Erziehung des Menschengeschlechts*)，《沃尔芬比
特尔残篇》(*Wolfenbüttler Fragmente*)以及有关神学的争论文章。参阅，R.
齐默尔曼《莱布尼茨与莱辛》(《研究与批判》卷一，第 126 页起)；E. 泽恩吉布
尔《耶可比与门德尔松关于莱辛的斯宾诺莎主义的争论》(*Der Jacobi-Men-
delssohnsche Streit über Lessings Spinozismus*)，1861 年慕尼黑德文版；C. 赫
伯勒《莱辛研究》(*Lessing-Studien*)，1862 年伯尔尼德文版；E. 史密特《莱辛》
(1909 年第三版)；W. 狄尔泰《普鲁士年鉴》，1869 年，重载于《经验与创作》(*Er-
lebnis und Dichtung*) 1920 年第七版；还有 H. 肖尔茨《关于泛神论争端主要著
作的历史批判初步》(*Historisch-Kritische Einleitung zu den Hauptschriften
zum Pantheismusstreit*)，1916 年康德学会再版。

　　这段时期**赫尔德**的著作有：《论语言起源》(*Über den Ursprung der
Sprache*)，1772 年；《又一人类历史哲学》(*Auch eine Philosophie der Ge-
schichte der Menschheit*)，1774 年；《论人类心灵的认知和感知》(*Vom Erken-
nen und Empfinden der menschlichen Seele*)，1778 年；《关于人类历史哲学的
思想》(*Ideen zur Philosophie der Geschichte der Menschheit*)，1784 年；《上
帝——关于斯宾诺莎哲学的谈话》(*Gott, Gespräche über Spinozas System*)，1787
年；《关于提倡人道主义的通信》(*Briefe zur Beförderung der Humanität*)，1793
年。〔关于他后期的哲学创作活动，参阅下面第六编第二章。〕参阅 R. 海姆《赫
尔德的生平和著作》(*H. nach seinem Leben und seinen Werken*)，1877—1885 年，
柏林德文版；E. 库涅曼《赫尔德在其世界观中的品格》(*H. s Persönlichkeit in
seiner Weltanschauung*)，1893 年柏林德文版，《赫尔德》，1912 年慕尼黑第二

[①]　"Philosoph von Sanssouci"，Sanssouci 是德国波茨坦的宫殿名。——译者

版；A. 图玛尔金《赫尔德与康德》(*H. und Kant*)，1896 年伯尔尼德文版；C. 西格尔《哲学家赫尔德》(*H. als Philosoph*)，1907 年斯图加特德文版；G. 雅各比《赫尔德和康德的美学》(*Herders und Kants Ästhetik*)，1908 年莱比锡德文版。也可参阅 J. 威特《我们的杰出诗人的哲学》(*Die Philosophie unserer Dichterheroen*)，1881 年波恩德文版。

第一章　理论问题

　　"人类正当的研究对象是人。"波普的这句话具有整个启蒙时期哲学的典型特征：这不仅从实践意义上说，此种哲学认为整个科学研究的最终目的总是人类的"幸福"；而且更重要的从理论观点看，就此哲学的整体而言，一切知识基于对心理活动的实际过程的观察。洛克曾经定下一条原则[①]：在进行任何形而上学思考和争论之前，有一个带普遍性的问题必须决定，人类的认识能力究竟有多大，并且人类认识之有可能只能凭借于准确地揭露知识的来源和揭露知识所产生的发展过程。自此以后，**认识论**便成为哲学领域最使人感兴趣的课题，同时**经验心理学**被认为是对认识论有权威的、决定性的裁判所。人类观念合法的活动范围应该以观念所由产生的方式来判断。这样一来，经验心理学连同自身常有的一切不言而喻的假设立刻成为整个哲学世界观的基础，成为当代喜爱的科学，同时又成为科学与一般文学之间的媒介。正如在文学界，特别是在英国人和德国人中，最流行的是描绘心灵，自我表现；同样哲学就只应该描绘人和人的意识活动的图像。"观察人"的会社建立起来了，在内容广泛的种种"杂志"里搜集了形形色色

---

　　① 《人类理智论》绪论。〔参阅 M. 德罗比希《康德的先驱洛克》(*Locke, der Vorläufer Kant's*)，《精密哲学杂志》，1861 年。〕

的业余作者对于种种离奇经历的报道。法兰西共和国政府在它官方教育系统①中用响亮的称号"人类智力分析"代替了"哲学"。

因此,在启蒙运动哲学的诸多理论问题中,有关人的观念的起源、发展、认识能力的问题占据首位,而人的观念从一开始便被放置于通俗形而上学即**朴素实在论**的假定之下。在那边,"在外面"是事物、形体的世界,或是人认识的其它事物的世界,——在这里,却是心灵,认识事物的心灵。观念在心灵中再现事物世界,这些观念是怎样进入心灵的?这种与古希腊一样提出认识问题的方式完全控制了十八世纪的理论哲学,并在理论哲学中既达到最完善的格式又导致决定性的瓦解。就在这方面,**笛卡儿主义的心物实体二元论**在整个启蒙时期占据统治地位,而**洛克**提出的通俗的经验表达方式使这位创始人成为新运动的领袖。在笛卡儿杰出的弟子们中有条有理的形而上学思考已获得更巨大的、更充满个性的发展,这些思考到此时已转化为经验心理学的语言并经整理以便为普通人所理解。

然而,与此有关的,在整个近代哲学中所固有的,并特别为英国(霍布斯)所培养的**名称论**胜利地破土而出。意识内容、意识形式与"外部世界"质的分离(而意识的内容和形式必须只能针对"外部世界")一步一步地发展得越来越远、越来越深,直到最后在**休谟**的实证主义中达到极端的结论。以后,与形而上学所经受的此种科学的瓦解相对应,又出现一种现象:摈弃一切纤巧细致的思辨,追求简朴,合乎人情,讲究实际,或者甚至更加坦率地公开声明坚

---

① 参阅极度有趣的《师范学校会议纪要》,第一年度。

持健康常识的真理。

但是无论什么样的形而上学兴趣,如果在启蒙运动文学中还能保存其生机,那是由于它紧紧依靠着宗教意识,紧紧依靠那些希图从宗教教派的争斗中获得普遍的理性信念的意图和努力。**自然神论**从英国**自由思想**运动开始遍及全欧,在**自然神论**身上集中表现了启蒙运动时期对于宇宙和人生的积极观点。如果说这些信念在开始时是从上世纪的自然科学的形而上学的关联中发展而来,其结果对**目的论**问题发生了特别强烈的兴趣,那么可以说随着时间的推移,这些信念越来越从形而上学领域转入道德领域,从理论领域转入实践领域。

第三十三节　　天赋观念

关于观念的来源问题,启蒙运动哲学在此领域里存在着**感觉主义**与**理性主义**之间明显的尖锐的矛盾。

1. 在理论的领域里如同在实践的领域里一样,感觉主义曾经受到霍布斯(和他一起还有伽桑狄)的维护,因为他主张,就人是科学认识的对象而论,人就完全是一种有感觉的、与肉体的感觉和本能紧紧连在一起的东西。根据他的意见,所有观念的根源在于感官的活动;组合的机械作用被用以解释从这些根源产生的其它所有心理结构。这些理论似乎置人的超感的崇高地位于可疑之地,这不仅从霍布斯正统的论敌的眼中看来是如此,而且这种同样因素也决定了新柏拉图主义者起而积极反对。卡德沃思在这方面最

386

为突出;在他反对无神论的斗争中[1],他把霍布斯当作他的主要敌手之一,他反对这样的理论:认为一切人的观念都起源于外部世界对人的心灵的作用。他特别求助于数学概念,认为物质现象绝不会完全与数学概念相对应,最多我们只能说,物质现象与数学概念相类似[2]。另方面,在处理上帝概念时,他主张 consensus gentium〔万民同意〕的论据,并在最广泛的范围内贯彻执行[3]以证明这种观念是天赋的。赫伯特·冯·彻布里以同样方式利用斯多葛和西塞罗关于 communes notitiæ〔共同意念〕的理论奠定自然宗教和道德的主要理论基础。

笛卡儿[4]和他的弟子们却以略有不同的含义来理解天赋观念论。在这里,尽管在《沉思录》(3)的一段有决定意义的段落中这个问题的答案是:关于上帝概念的先天性被认为是造物主印刻在他的创造物身上的符号,但关于作为观念起源的心理学问题却很少被考虑;然而总的说来,这位伟大的形而上学家更强调这一点:先天性的标准基于**直接的明显性**〔或确实性〕。因此,最后他把拉丁文 ideæ innatæ〔天赋观念〕的名称(几乎完全取缔了最初所具有的心理学含义)扩展到一切凭一般人的良知即能认识清楚的事物(*lumine naturali clare et distincte percipitur*)。"立即同意"也被赫伯特·冯·彻布里提出来作为天赋观念的典型特征[5]。

---

① 《理智体系》,特别在书末。V.5,第 28 页起。

② 《理智体系》,V.1,第 108 页起。

③ 整个第四章论述这个问题。

④ 参阅 E. 格里姆《笛卡儿先天观念论》(*Descartes' Lehre Von den angeborenen Ideen*),1873 年耶拿德文版。

⑤ 《真理论》,1656 年,第 76 页。

2. **洛克**对于坚持天赋观念的敌视态度虽有其认识论方面的目的,但实际上只为其**心理发生学**的观点所决定。首先他只问:灵魂是否在它诞生时就随身把完全的知识带进了这个世界?他发现这个问题应该得到的答案是否定的[1]。因此,在洛克的《人类理智论》第一卷中的命题"心灵里没有天赋原则",其发展与其说是反对笛卡儿,毋宁说是反对英国的新柏拉图主义。[2] 首先这个命题借助于托儿所和人种学的经验,反对 *consensus gentium*〔万民同意〕,它发现无论理论原则或实践原则都不是普遍被人认识或被人承认的。根据这一证明(它明显地转而反对赫伯特),它认为甚至上帝的观念也不能排斥在外,因为上帝的观念不仅因人而异,而且有些人完全缺乏这种观念。洛克也不承认 H. 莫尔[3]所作的遁词——天赋观念不是现实地而是**内含地**包含于灵魂之中:根据洛克的意见,这只能意味着灵魂具有形成和认可天赋观念的能力——这种特征对一切观念都适合。最后,被认为是天赋观念的特征的"立即同意"恰恰不适用于最一般的抽象的真理,而在这里正是需要"立即同意"的。并且凡是出现立即同意的地方,这种立即同意所根据的是早已被理解的词及词组的含义[4]。

这样,心灵又被剥去了自己原有的一切财富(参阅前面第十七

---

① 并且,笛卡儿完全同意他的意见,因为笛卡儿的意见也是一样:不应假定胎儿的心灵在母体中从事形而上学的研究。《文集》(C)VIII. 269;科学院版本,III. 423,27。

② 参阅(也可参阅下面的)G. 盖尔《洛克对笛卡儿的依赖性》(*Die Abhängigkeit Lockes von Descartes*),1887 年,施特劳斯贝格,德文版。

③ H. 莫尔《解毒剂——反对数学家》,I. 3,7;洛克,I. 2,22. 参阅盖尔上书第 49 页。

④ 洛克,I. 2,第 23 页起。

节,4):心灵诞生时像一张没有写过的纸——**没有任何文字记号的白纸**①。为了正面证明这点,洛克发誓要证明我们的一切观念②都来源于经验。在这里他区分简单观念和复杂观念,他假定后者来自前者;但他宣称简单观念有两种不同来源:**感觉和反省,外部知觉和内部知觉**。所谓感觉他理解为对物质世界的观念,由肉体的感官作媒介而产生;另方面,所谓反省,是指心灵本身由此而引起的活动的认识。因此,从心理发生学的观点看,这两种知觉的相互关系是:感觉是反省的诱因和先决条件——至于物质或内容方面,观念的全部内容来自感觉,而另方面反省却包含对此内容所进行的种种活动的意识。

3. 然而属于这类活动的还有那些通过意识因素的结合而产生复杂观念的活动,即一切思维过程。在这里,洛克让理智活动同其原始的感觉内容的关系处于通常的模糊不清中,这就引起后来很快对他的学说进行最多样式的修正。因为,一方面,那些活动表现为心灵的"能力"(*faculties*);在反省中,心灵意识到这些能力是它自身的活动方式(例如,想象力本身③被当作反省的最原始的事实,为了理解这一事实各人求诸各人的经验)。另一方面,即使在这些互相关联的活动中,诸如记忆、区分、比较,综合等等,心灵被彻底地认为是被动的,并且是与感觉内容相联系着的。因此,根据心灵在组合自己的观念的过程中所被赋予的**自我活动的不同程**

388

---

① 洛克,II.1,2。

② "观念"(*Idee*)一词在后期的经院哲学已失去柏拉图学派关于此词的意义,而具有更一般的含义,表示任何一种心理变态(*Vorstellung*)。

③ 《人类理智论》,II.,9,第1页起。

度,从洛克学说中便可能发展起来许多不同的观点。

　　由于来自中世纪的认识论方面和形而上学方面的问题,对这方面引起人们特殊兴趣的是**抽象观念**如何从感觉材料中发展而来。像英国大多数哲学家一样,洛克是**唯名论**的坚持者,唯名论在一般概念中只看见内部的、理智的结构。然而在解释这些一般概念时,洛克更重视"符号"的协助,特别是**语言**的协助。符号或词语,当其被武断地联系在观念的某些特殊部分上时,就有可能特别强调这些部分并使这些部分脱离自己原来的复合体,并从而使其更深入的机能成为可能,凭借这些机能,如此孤立的、固定的意识内容被置于相互的逻辑关系中①。因此对于洛克来说前如伊壁鸠鲁学派,后如名称学派,逻辑是与符号的科学即**符号学**一致②。尽管一切观念内容都被认为以感觉作基础,但用此方法就完全在奥卡姆的意义上为概念的论证科学和有认识能力的心灵争取到了一切抽象活动的余地。这些规定从哲学观点看,没有一样是新的东西;洛克阐述这些规定也没有丝毫创造性或者思想的独特性;但这种阐述是朴素的,简单的,具有令人愉快的明彻性,容易使人理解;它鄙弃整个经院哲学形式和迂腐的专门术语,在所有较艰深的问

---

　　①　在洛克那里,在利用语言符号所确定的观念内容之间的逻辑关系,其发展出现在"自然之光"的名称之下。笛卡儿所谓的"自然之光"既是直观的知识也是论证的知识,他曾将此自然的认识活动与天启对立。洛克以名称论者的态度来对待直观的东西。(参阅第三十七节,1)他把"自然之光"的意义局限于逻辑运算,局限于按照思维能力的性质在逻辑运算中所获得的原则的意识。在论证的知识领域中,洛克对理性主义(正如他从剑桥学院所了解到的)作出了过度的让步,比如他甚至认为证明上帝存在的宇宙论证明是可能的。

　　②　《人类理智论》,IV.21,4;参阅前面第十七节,4和第二十七节,4。

题上面灵巧地滑过,从而使其创始人在哲学史上成为最广泛地被人阅读、最有影响的作家之一。

4. 虽然洛克强烈地强调内部经验与外部世界并行不悖,独立存在(由于在形而上学方面早与笛卡儿联系在一起,下面第三十四节,1论述此事),但在起源和内容方面他认为反省依赖于感觉,他如此强烈地强调此依赖性,以至证明了这种依赖性成为他的学说的决定性因素。此种转化沿着不同的道路走向完全的感觉主义。

在洛克的英国继承人那里,在唯名论认识论和形而上学的发展过程中,此种转化导致极端的结论。**贝克莱**①不仅宣称抽象概念的**现实性**理论是形而上学中的极大错误,而且(与中世纪的极端唯名论一样)否定在心灵自身内部有抽象观念的存在。这些观念虚幻的表面来自把词语用作一般术语;但实际上,即使和此词连在一起,我们每次想到的只是当初产生那个术语的感性观念或一组感性观念。感性观念永远是理智活动的唯一内容,每一个只图思考抽象事物的企图就在这感性观念上面破灭了。因为即使是被回忆的观念和可被分离的不完全的观念,除原始的感官印象外也不会有其它的内容,因为一个观念绝对只能摹拟另一观念。因此,抽象观念是学者的虚构。在实际的思维活动中,只有感性的特殊观念才存在,其中有一些由于语言符号的相似性可以代表或代替另外一些与自己类似的观念。这样一种代表性也适合于数学概念②。

---

① 《人类知识原理》第5页起。
② 这一切使人们想起名称论关于"假设"(Supponieren)的学说,见前面第二十七节,4。

大卫·**休谟**最大限度地采用了这种理论,并在此基础上用改头换面的术语的对立即原始知觉与被摹拟的知觉之间的区别来代替洛克外部知觉与内部知觉之间的区别。意识内容不是原始知觉便是原始知觉的摹本——不是"**印象**"便是"观念"。因此,一切观念都是印象的摹本。不存在这样的观念:它之产生不是摹拟一种印象,或者说,它包含的内容不是来源于与之对应的印象。因此似乎可以说,哲学的任务是在某种印象中去寻找表面最抽象的概念的原型,并据此评定此抽象概念所具有的知识的价值。肯定地说,休谟所谓的印象绝不仅仅是外部经验的因素,也一定有内部经验的因素。因此,他仿效洛克的表达方式宣称为印象的就是来自感觉和反省的简单观念;一个伟大思想家的远大眼光阻止了他不致堕落成为一个眼光短浅的感觉主义者。

5. 借助于**生理心理学**发生了另一种改革,但也导致类似的目标。洛克曾经只想到感觉依存于肉体的感官活动,但认为在反省的基本机能中对感觉的改造活动是心灵的工作;尽管他回避了有关非物质的实体的问题,但他从头到尾以较狭窄的意义来处理理智活动,认为理智活动是某种非物质的、独立于肉体的东西。由于洛克学说的摇摆不定,模棱两可,很容易使人认为上述情况可以用不同方式处理,思想家们可能会考虑身体的有机组织不仅是简单观念,而且是简单观念组合的母体或承担者;但是从**笛卡儿学说**和**斯宾诺莎学说**得出的片面结论更容易引起上述这些看法。

那就是,笛卡儿曾经把动物的全部心理活动都当作神经系统的机械过程,而把人的心理生活归之于精神实体,归之于 *res cogitans*〔思维的东西〕。人们越认为由于洛克钻研的结果已经认识了

390 人的观念化的完全感性的确实性，就越更接近这样的问题：是否可以认为在动物方面被理解的神经活动的这一同样过程，在人身上还应追溯到一种精神的心理实体活动。——从另一方面看，斯宾诺莎的属性平行论也起着同类作用（参阅前面第三十一节，9）。按照后者的观点，肉体生活的每一过程**对应着**心理生活的每一过程，这种过程不能被视为另一种过程的原因，也不能说这一过程为本原，另一过程为派生物（至少这个哲学家本人的思想是如此）。这个观点在开始时曾被其敌手认为是唯物主义，好像斯宾诺莎的意思是，基本过程是肉体的活动过程，而心理过程只是这基本过程的伴随现象。但是在此理论的追随者中，特别是医生们和自然科学家们，如像有影响的人物莱顿的**博伊哈佛**，有一种思想方式强烈地倾向于唯物主义，并很快取代了老师的理论。这事之发生是由于他们借助于实验心理学的经验，根据笛卡儿的"刺激"说实验心理学大量地进行了反射运动的研究。

有趣的是，这些思想组合首先以文学形式出现的是在德国。在德国早在 1697 年，有一位名叫**潘克拉修斯·沃尔夫**的医生在他的《医学法思想》一书中教导说，思想是人体的机械活动，特别是人脑的机械活动；在 1713 年又出现了一本无名氏的著作《关于灵魂本质的通信》[①]；此书在虔诚的反驳的掩盖下，将培根、笛卡儿和霍布斯的理论推向人文主义的唯物论。在动物的心理生活与人的心理生活之间的区别被认为只有程度之分；观念和意志活动无例外

---

① 兰格曾报道过此事，见《唯物主义史》(*Gesch. des Materiatismus*)，I.（德文第二版），第 319 页起。

地被认为是受刺激的神经纤维的机能；而实践和教育被指定为达到和维持人的高级地位的工具。

在英国，事情进行得更谨慎些。人们首先以类似于洛克贯彻培根哲学纲领的方式研究心理活动的内部机械性，并按照纯粹的心理规律研究从初级状态上升到高级状态的发展；这是彼得·布朗在认识论领域里的工作，而另外一些人的工作是在意志活动的范围内。**大卫·哈特利**也以同样方式行事，他把"联想"（*Assoziation*）①一词普遍运用于各因素之间所产生的组合和关系（在此以前早已运用了）。他以一个自然科学家的谨慎和准确分析过这些关系，他希望将这些关系只理解为心理过程，并坚决主张这些关系与物质过程完全不能比较，甚至不能与物质运动的最精致的形式相比。但是他又是一位医生，据他看来心灵生活与身体状态之间的关系非常清楚，他作出这两者之间的**经常对应关系**，作出心理机能与神经激动（当时被称为"颤动"〔*Vibrationen*〕②）相互之间的对应关系，这是他的联想心理学的主要内容。他以此坚持两串平行现象之间的质的区别，而不解决与两者的基础实体有关的形而上学问题。但是关于**因果关系**他却不被人察觉地陷入了唯物主义；在其间他最后把神经的机械作用认作基本事实，而心理活动的机械作用只是此基本事实的伴随现象。与简单的神经激动相对应的是简单感觉或欲望，与复杂的神经激动相对应的是复杂的感觉或欲望。无疑，这种科学理论使他卷进与他的虔诚信仰相对立的严

391

---

① 　后来特别在苏格兰文献中，尤其在托马斯·布朗那里，*Assoziation*〔联想〕一词往往用 *Suggestion*〔设想〕一词代替。

② 　伊拉兹马斯·达尔文曾推荐"感觉中枢运动"一词来代替这个术语。

重矛盾中；他的《论人，人的结构、职责和期望》一书表明他是怎样认真地而实际上徒劳无益地在这两者之间徘徊挣扎。**普里斯特利**的情况也完全一样，他甚至对唯物主义作出更进一步的让步，取消了心理活动过程与肉体活动过程之间的异质性，希望完全用神经生理学来代替心理学。为此，他又完全抛弃了苏格兰人所捍卫的内部经验的观点，但同时又想把受到人们热烈拥护的目的论的自然神论的信念与他自己的思想体系结合起来。

　　法国人**拉美特利**以极其鲜明的形式制定了人类学的唯物论。由于他从医疗上观察他自己、观察别人，他确信心灵完全依赖于肉体，他遵照博伊哈佛的建议研究动物和人的生命的机械作用；据他看来，笛卡儿对于动物的概念也完全适用于人的概念。两者之间的差别只是程度的差别，人的心理活动也不能允许有其它的解释，只能解释为大脑的机械功能。照此说来，如果除物质以外，还赋予"心灵"以一种心灵独有的实体性，那便是形而上学的侵犯。关于物质的概念有如肉体的概念，本身是死的，需要心灵或精神作其运动原则；这种论断是一种武断的、不真实的抽象：经验表明，物质本身运动着、生活着。拉美特利说，证明此事的正是笛卡儿的机械学，因此，此机械学不可避免的结论是唯物主义。根据这样的事实——在精神生活中找不到一种内容不是出于某种感官的刺激，这就很明显地看出，整个精神生活只不过是肉体的功能之一。拉美特利为了树建他的从洛克发展而来的感觉主义，他这样写道[①]：如果我们按照阿罗华斯教父所提倡的那样来考虑人，一个人从出

---

① 在《心灵的自然史》的结尾处。也可参阅前面第十八节，4，注释。

生之日起便与他同类人隔绝,仅局限于少数感官的经验,那么,我们在他身上找到的观念内容也只不过是通过这些少数感官得到的东西而已。

6. 洛克学说在法国所经受到的其他方面的改造在原则上虽更不重要,但却广泛地在著作界流行。**伏尔泰**通过他的《英国通信》使洛克学说在他的同胞中广为流传,并给它打上彻底的感觉论的烙印。他甚至流露出他自己(虽然不免带有怀疑论者的慎重)并不反对指望上帝赋予肉体"自我"以思考的能力。这种与伽桑狄的科学概念很接近(见前面第三十节,6)的怀疑主义的感觉论成为法国启蒙运动的基调[1]。**孔狄亚克**开始时本来只阐述洛克学说,捍卫洛克学说不受其它体系的攻击,后来在他的有影响的著作《感觉论》一书中供认他自己追随这种怀疑主义的感觉论。不管心灵是什么,心灵有意识的活动内容只能从感官知觉而来。孔狄亚克发展联想心理学学说,他杜撰一座雕像,给雕像配备感觉能力,这座雕像承受不同感官一个一个的刺激,并借此逐渐地发展像人那样的理智活动。在这里的基本思想是:在同一意识中仅仅由于不同感觉的共存,便很自然地产生这些感觉之间的**关系和关联的感觉**。按照这原则,便刻画出形形色色的全部心理活动是如何从知觉中发展开来的;在理论方面,根据强度差异和感觉重复的差异接

---

① 同一思想方式也表现在美学批判初期,表现为下述原则:一切艺术的,质在于"摹拟自然美"。这种概念的典型是 E. **巴特尔**(1713—1780 年)和他的著作《美术归结为同一本原》(*Les Beaux Arts réduits à un même Principe*, 1746 年)。关于他的评述,参阅 H. 彼伯尔《施勒格耳的诗论》(*J. A. Schlegels Poetische Theorie*),1911 年帕拉斯特拉德文版。

续产生这样的序列:注意,有认可能力的记忆,区分,比较,判断,推论,想象,期待未来;最后,借助于符号,特别是借助于语言,产生了抽象概念和对一般原则的领悟。但是,除感觉外,知觉也具有苦乐的感觉因素;基于此并通过观念的活动,发展起来了欲望,爱和憎,希望,恐惧①,并通过所有这些实际的意识变化产生了道德意志。就这样,在感性的土壤上长出了知识和美德。

这种体系结构获得巨大成就。在形而上学领域里(参阅第三十四节,7)受到压抑的体系动力以更旺盛的精力转而倾注于"**人类心灵的分析**"。由于孔狄亚克本人在阐述他的体系发展过程中早已利用了许多敏锐的观察,所以他后来的一整群追随者找到良机,通过一些细致的改变和变位、改进名词术语,以及内容丰富的论述,便完成了这个体系结构。革命政府只承认这个对智慧的经验发展的研究为哲学;后来德士杜特·德·**特雷西**命名为"观念学"(*Ideologie*)②。因此,发生了这样的事:在十八世纪之末在法国大多数哲学家被称为观念学家。

7. 感觉(*sentir*)的这些变化在心灵里出现,根据心灵的此种特性大多数观念学家都保留着孔狄亚克的实证主义的克制态度;另外一些人则从伏尔泰的怀疑的唯物主义发展到拉美特利的肯定的唯物主义,——开始以哈特利的方式强调观念组合完全依赖于

---

①　在意识活动的实际系列的发展过程中,笛卡儿和莱布尼茨关于感情和激情的学说在孔狄亚克和他的弟子们那里表现出来,有一部分也在英国的观念联合心理学家那里表现出来。

②　不可排除这样的可能性:在特雷西那里,这种命名或许有意与费希特的"知识学"(参阅后面第六篇第二章)匹配。

神经活动,继而公开主张心理活动的物质性。这种发展情况极其清楚地出现于**狄德罗**。狄德罗立场出自莎夫茨伯利和洛克;但是感觉主义文献在这个百科全书的编选人身上才一步一步变得更加强大有力。他遵循①物活论的假说(参阅后面第三十四节,9),最后参加《自然体系》一书的编撰工作。这部著作用形而上学的体制把人类心理活动陈述为神经系统的看不见的轻微运动,并完全按照拉美特利那样处理那些运动的发生发展过程。在后来的观念学家中**卡班里斯**由于他的生理学观点的新颖在这方面表现突出。重视自然科学的发展只是为了探索人类精神状态(*le moral*)所必然依归的神经系统的状态,不再仅仅在机械运动方面,而且在**化学**变化方面。观念化(即观念的形成)是人脑的分泌,正如其它的分泌物产生于其它的器官一样。

与此相反,另一条观念学路线却坚持洛克的原则,即一切观念内容虽然来源于感官,但在组合这些内容的功能中,心灵本性的特有性质表现出来了。这条思想路线的领袖是**邦尼特**。他也仿效孔狄亚克的方式,采取了拉美特利涉及阿罗毕斯时所引荐的思维方式;但是他是一个久经锻炼的自然科学家,他不会不知道感觉绝不可能分解为运动因素,感觉与物理状态的关系是综合的而不是分析的。因此他在神经系统的机械作用中只看到**心灵自发反应的偶因**(*causa occasionalis*),而据他看来,心灵的实体性似乎证明为**意识的统一性**。他将此理论与各种幻想的假说联系起来②。在他那

---

① 起决定性作用的过渡性著作是《达朗贝的梦》。

② 在《哲学的复兴》一书中。

里,宗教观念之能表现出来是基于假定了非物质的心灵实体,而感觉主义只承认心灵实体的活动仅与肉体有关。为此,邦尼特为了解释心灵的不朽和连续不断的活动借助于一种关于似醚的物体的假说,这种似醚的物体本质上与灵魂相通,并〔在每个特殊情况中〕根据它所居之处,呈现出一种较粗糙的外部的物质组织①。

394　　　感觉主义与关于心灵独立自主的实体性和反应能力的主张两相结合,传给了邦尼特的同胞**卢梭**;卢梭借此反对百科全书派的心理学理论。他发现心灵的此种特性即机能的统一性表现在**情感**(*sentiment*)中;他把心灵本质的此种原始的自然状态与观念的冷淡的、漠不关心的机械作用对立起来,此机械作用会贬低心灵的作用,使之无条件地依赖于外部世界。在他那里,**个人的情感**反抗这样的理论,根据这种理论在人的意识中只有一大群外来之物偶尔凑在一起,在一座漠不关心的舞台上游戏,集合起来而又分散了。他想表明的思想是:情况并不只是精神生活在我们内心发生;更真实的情况是,我们自己就是积极决定一切的人物。这种信念迫使卢梭反抗理智主义的启蒙运动。在孔狄亚克和百科全书学派的感觉主义中,理智主义的启蒙运动欲将人的内部生活当作只是受外部刺激而引起的感觉因素的机械作用的产物,而卢梭则用单子论的原则来反对心理学的原子论。

　　　后来,**圣马丁**在他的论辩中也许不无卢梭的影响,他以同样方

---

①　邦尼特这种思想强烈地影响苏黎世人 J.C.**拉瓦特尔**(1741—1801 年)并影响他的相法实验;参阅 H.迈尔《哲学家和相法家拉瓦特尔》(载于《拉瓦特尔纪念特刊》,苏黎世,1903 年德文版;现又载于《在哲学的边缘上》文集,蒂宾根,1909 年)和 Chr.扬内特茨克《拉瓦特尔与宗教意识有关的狂飚突进运动》(1916 年)。

式高声反对盛极一时的孔狄亚克主义;他甚至从他的神秘的隐居处走出来在**师范学校**的会议①上抗议感觉主义的浅薄。他说,观念学家们侈谈人性,但他们不去观察人性而只竭尽所能去"拼凑"人性。

8. 感觉主义在各方面最公开的敌人是**苏格兰哲学家**。这种矛盾发展的共同基础是心理学至上论(*Psychologismus*)②。因为**里德**和他的弟子们在人的研究和人的心智能力的研究中探索哲学的任务。的确他们比他们的论敌更加用劲、更加片面,他们抱着有计划进行工作的观点,认为整个哲学必须是经验心理学,但是这种人类心灵活动和发展的观点直接与感觉主义者对立。对于心灵活动的原始内容,后者认为是简单的,而前者认为是复杂的;后者认为是个别观念,而前者认为是判断;后者认为是感官的,而前者认为是内在的;后者认为是特殊的,而前者认为是一般的。**里德**承认,贝克莱的唯心主义和休谟的怀疑主义,正如哈特利和普里斯特利的唯物主义一样,是来自洛克原则的正确结论;但是恰恰是这些结论的荒谬性驳斥了那个原则。

与此相反,里德现在可以把培根的归纳法应用于内在知觉的事实上,以便通过分析这些事实获得**原始真理**,这些原始真理从开始起即随人类心灵的本性而存在并作为决定性的**原则**体现于心灵活动发展的过程中。因此,撇开全部生理学所给予的辅助作用不说,心理学的基础科学必将作为一种内在观察的自然科学而完成。

395

---

① 《师范学校会议纪要》,III.第 61 页起。

② 此理论用心理学概念解释历史事实、逻辑思维和有关人类精神的各种观念。——译者

在解决这个任务时,里德本人,特别是在他之后的杜格尔德·**斯图尔特**,在领悟内在变化过程时显露出眼光广阔,周到缜密,在分析内在变化的基本内容时又显示出敏锐深刻,细致精微:在他们广阔的研究范围里充满着对于心灵生活发展过程有价值的观察。然而这些研究没有取得思想上的丰硕成果,缺乏积极的概括性的强大论证力,因为他们处处混淆了对于在心理功能中可能被发现为普遍有效的内容的证明与从发展的观点看关于普遍有效的内容也是原始的和有决定性作用的假定。因为这种哲学除了心理事实的原则外没有另外的原则,它不加批判地认为一切可用此法证明为心理活动的实际内容的东西是**自明的真理**。这些原则的总体被命名为**常识**〔健全的人类理智〕,而且据认为,就是这种常识形成一切哲学知识的最高准则。

9. 在德国启蒙运动哲学中所有这些倾向掺杂着笛卡儿和莱布尼茨唯理主义的影响。在后者体系的方法上的双重倾向①通过克里斯琴·**沃尔夫**呈现出一种固定的体系形式。据他看来,一切对象均可用永恒真理和偶然真理两个观点来考虑;对于每一现实领域都有一种通过概念的知识和另一种通过事实的知识,一种出自理智的**先天**科学和另一种来自知觉的**后天**科学。这两种科学终必如此结合:比如,经验心理学必然表现出,实际存在着下面一些活动,这些活动在理性心理学中是从灵魂的形而上学概念推导而来,是从灵魂概念产生的"能力"推导而来。另一方面,仿效莱布尼茨的先例,人们坚持这两种认识方式在价值上的区别,认为理智知

---

① 参阅前面第三十节,7。

识是清晰明确的洞见,而经验知识(或如当时人们所说,历史知识)被认为或多或少是事物的晦暗的浑浊的观念。

从心理学上说,按照笛卡儿学派模型,两种知识被分为**天赋观念**(*ideæ innatæ*)和**外来观念**(*ideæ adventiciae*)。然而沃尔夫本人按照他的形而上学思想路线很不重视〔心理的〕发生发展因素。可是在他的追随者和对手们那里情况刚刚相反,他们已经受到法国和英国的学说的影响。总的发展过程是这样:莱布尼茨和沃尔夫曾经让给经验主义的〔心理学的〕重要性现在通过洛克原则的深入便越来越扩大和发展了。心理学方法一步一步胜过形而上学——本体论的方法;并在心理学内部对感觉主义的让步是这样地逐日增长,以致最后不仅热心的科学家如鲁迪格和罗休士而且特别还有大部分通俗哲学家完全支持这样的理论,即人类一切观念都来自感官知觉。这种变化过程从发生、发展直到完成呈现出五光十色、层叠交映,但只具有文学历史价值①,因为其中并无新的论点显露出来。

海因里希·**兰伯特**基本上也属于这种情况。在这些十八世纪的方法学家中他作为一位能干的数学家和自然科学家取得受人尊敬的地位。因为在他的《新工具论》的奇异的论述中每当他谈到知识的形式和内容时,实际上他总完全停留于沃尔夫的思想方法的窠臼中,而没有前进②到康德后来赋予此种矛盾的重大意义(参阅后面 12)。不过,兰伯特的功绩却在:他力图从纯逻辑和认识论上

396

---

① 参阅文德尔班《近代哲学史》,I. 第 53—55 节。

② 正如从前根据 R.齐默尔曼《康德的先驱兰伯特》(维也纳,1879 年)所认定的。

去理解先天概念（与此相对照的是流行的心理学至上论）。他所理解的**先天**认识是一种不**建立**在经验基础上的知识（在这里他表现为一个数学家），在他心里想到的形而上学是由这样的先天因素即可推导出的整个概念体系的形而上学。从这里便产生"对形而上学改进"的任务，即把原初的真理从经验的总体存在中解脱出来。为此，兰伯特徒劳无效地追求着一种统一的原则[1]，而他的《建筑原理》最后满足于表面的〔不基于内部原则的〕搜罗聚集。

10. 在所有这些有关人类观念起源的观点在文学广场上欢跃嬉戏的时候，关于天赋观念的调和言词已经为人谈论很久，但在汉诺威图书馆[2]的一份手稿里，这调和言词正等待着这份手稿出版后所要产生的强大效力。**莱布尼茨**在他的《人类理智新论》中曾详尽地注释洛克的观念学，并在其中具体体现了他自己的哲学的极深刻的思想和单子论最精微的结论。

在洛克抨击天赋观念论的论点中有这样一种论点：他主张心灵不认识的东西不可能存在于心灵中。他又曾这样地表露他的这个原则[3]：心灵并不是总在思维。根据这个原则，笛卡儿把灵魂定义为 res cogitans〔思维的东西〕就成问题了：因为灵魂在任何时候都不能没有实体的基本特征。学派之间经常在这个意义上讨论这个问题。然而，莱布尼茨通过他的单子论走向了独特的中间立场。因为，按照他的意见，灵魂像每个单子是一种"表象"力，它每时每

---

[1]　此事最清楚不过地表现在他与康德的通信中（载于康德著作）：参阅前面所引证的本森的论文。

[2]　莱布尼茨曾作汉诺威图书馆馆长。——译者

[3]　《人类理智论》，II. 1，第10页起。

刻必然拥有种种知觉;但是,因为所有单子,即使是构成物质的单子,都是灵魂;这些知觉不可能全都是清晰而明确的。因此,对问题的解决又存在于**无意识的表象**的概念或**细微知觉**中(参阅前面第三十一节,11)。灵魂(如每一单子)总拥有观念或表象,但不是永远有意识的(或自觉的),不永远是清晰而明确的观念;灵魂的生活只基于无意识表象发展到有意识的表象,晦暗浑浊的表象发展到清晰明确的表象。

此时在这方面莱布尼茨把一种含义极端深刻的概念引进了心理学和认识论。他区分灵魂只**拥有**观念的状态与灵魂**意识到**[①]观念的状态。前者他称作知觉,后者他称作**统觉**[②]。因此,他之所谓统觉是指无意识的、晦暗的、浑浊的表象升华为清晰而明确的意识的过程,从而被灵魂认识为自己所有,并为**自我意识**所占有。此种心灵生活的变化发展过程基于**无意识的表象转化为有意识的表象**或观念,基于知觉澄清为自我意识的清晰性和明确性。根据单子论,莱布尼茨关于经验真理或偶然真理(参阅第三十节,7)的方法论观点呈现出特有的色彩。单子没有窗户,这就不可能从形而上学的角度把知觉理解为事物对灵魂的作用的效果[③];相反地,感官观念(或表象)必然被认为是灵魂的活动,灵魂依靠“先定谐和”在晦暗而浑浊的状态(如细微知觉)中变化发展,而在其中发生的转化只能被认为是使之清晰化、明确化的过程,被认为是澄清为自我

[①]　这个德文术语仿照康德《人类学》第 5 节。

[②]　《自然的原理和神恩的原理》,在这里与洛克**反映论**的关系显著地表现了出来;《人类理智新论》,II.9,4。

[③]　《人类理智新论》,IV.4,5。

意识的过程,被认为是**统觉**。

在莱布尼茨那里,**感性**和**理智**之间的区分与清晰性和明确性不同程度之间的区别等同,因此按照他的意见,感性和理智具有同样内容,〔不同点〕只在于后者被认为是清晰而明确的东西,而前者则被表象为晦暗而浑浊的东西。没有一样东西从灵魂之外进入灵魂之内;灵魂有意识地表象的东西早已无意识地包含于其中:另方面灵魂在自己有意识的观念中并不能创造出从一开始便不存在于灵魂内部的任何东西。因此,莱布尼茨必然断定:在某种意义上(即无意识地),一切观念都是天赋的,但在另一种意义上(即有意识地),在人类心灵里没有一种观念是天赋的。他把这种早已在单子论中预先规定的这种关系命名为**观念的潜在先天性**。

398　　　　在《人类理智新论》中从一开始便把这种思想当作主导观点来处理,这种思想特别依据普遍真理或永恒真理而得以贯彻。这的确是一个迫切而又关键的问题:这一派(新柏拉图主义者和有些笛卡儿主义者)主张永恒真理作为预先制就的(*fertige*)真理,"实际上"是先天的;另一派(霍布斯和洛克理论一部分)则根据感觉因素的合作来解释永恒真理。然而莱布尼茨阐述的是这种思想:这些原则作为**细微知觉**,即作为**有关思想的无意识的形式**,已包含于知觉中,在这些原则不自觉地被运用之后便被统觉(理解),即被升华为清晰的、明确的意识,并借助于经验而被认识了。灵魂后来将理智认识的清晰性和明确性当作普遍原则,永恒真理的活动形式早已蕴藏于感性表象中。因此当洛克把经院哲学的原则 *nil est in intellectu quod non fuerit in sensu*〔在感觉中不存在的东西在理智中也不存在〕当作自己的原则时,莱布尼茨却加上一条 *nisi in-*

tellectus ipse〔除了理智自己〕。

11. 当《人类理智新论》在 1765 年问世时，引起巨大轰动。莱辛便着手翻译它。灵魂的生活超越一切清晰而明确的有意识的东西并植根于朦朦胧胧的内心深处，这一论断是当时文学界价值最高的洞见，当时的文学界正从启蒙运动理智的枯竭中、无聊乏味的循规蹈矩中挣扎出来，天才地向前发展；这种洞见由于出自德国、出自被推崇为德国启蒙运动的父亲和英雄的思想家之手便更加有价值了。在这条思想路线上，莱布尼茨特别影响了**赫尔德**：我们不仅从他的美学观点①，更重要的是从他的获奖论文《论人类心灵的认知和感知》，认识到了这一点。

莱布尼茨-沃尔夫学派在方法论观点占优势的形势下把理性认识和经验认识之间的对立加深到极大限度并将理智和感性处理为不同的"能力"。柏林科学院想探究这两种不同能力之间的相互关系以及两者中每一种在人类认识中的作用：赫尔德扮演真正的莱布尼茨（按照后者本人在《人类理智新论》中所阐述的），反对流行的种种学派思想，在他的论文中他强调人的心灵生活有生命的统一性，并证明感性和理智并不是知识两种不同的来源而只是单子在自身中领悟宇宙时的同一生活活动的不同阶段。作为内在力量的一切观念在灵魂内部是天赋的观念，灵魂凭借这些观念在它的发展过程中从它对直接接触的环境的意识一步一步地升高到对宇宙谐和的认识。关于感性和理智的这种更深一层的统一，赫尔德称之为**情感**：在这里面，也在他关于"语言起源"的探索中，他找

<small>399</small>

---

　　①　主要参阅第四《批判的森林》。

到了包含诸感官为一整体的机能,根据这种机能"说"和"听"的心理机械作用便被提高为思维的表达。

12.　还更有意义的是莱布尼茨著作的另一种影响。不是别的思想家而是**康德**,着手把《人类理智新论》的理论建设成为一种认识论体系(参阅第三十四节,12)。这位柯尼斯堡的哲学家受到这部著作的激励,引起了他在思想发展上最重要的转变之一,在他的《教授就职论文》[①]中完成了这种转变。他从沃尔夫学派形而上学中成长起来并长期从事于对经验理论的检验,但他对此并不满意[②]。相反,他进而在新的基础上建立形而上学并遵循〔兰伯特的〕思想从**知识的形式和内容的区别**来着手进行工作。此时,关于"永恒真理",莱布尼茨证明:永恒真理作为不自觉的关系形式早已潜存于感官经验本身,通过理智的内省达到清晰而明确的意识。这种潜在的先天性原则是康德《就职论文》的核心:形而上学真理作为灵魂活动[③]的规律存于灵魂之中,在经验中遇有机会便开始积极活动,之后成为理智认识的对象和内容。

康德现在用新的有成效的方法将此观点应用于感性认识。出于方法上的理由,他把感性认识和理智认识对立起来,对立程度甚至比沃尔夫主义者还尖锐得多;但是就因为如此,据他看来,问题在于:在感官世界里是否还存在像莱布尼茨和康德本人所指出的

---

①　这篇论文所受到《人类理智新论》的影响已由 W. 文德尔班证明,《科学哲学季刊》,I. 1876 年,从第 334 页起。

②　此事最好用《一个视灵者的梦》这篇论文来证明,这篇论文表面上看来远离了形而上学。参阅后面第六篇第一章。

③　《论感觉界和理智界的形式和原则》,第六节 *dantur per ipsam naturam intel-lectus*〔理智来源于自身的本性〕。参阅同书第八节,还有第三节的推论。

在理智世界里原始的形式关系①。他因此发现了"感性的纯形式"——**空间和时间**。时空不是一般意义上的先天的,而是获得的,但也不是从感性材料中抽象而来的,而是 *ab ipsa mentis actione secundum perpetuas leges sensa sua coordinate*〔来自心灵的活动,心灵根据永恒规律协调自身的感觉〕;像理智形式一样,时空之被认识是通过心灵全神贯注于经验中的活动;这是数学的任务,数学必然的普遍效用仅基于此。

赋予此种潜在先天性以另一种表达式的是**特顿斯**。他在康德的《就职论文》的影响下撰写他的"论人性和人性发展"的文章。他也宣称,"思想法令"(Aktus des Denkens)是原初的第一"关系概念":我们进行思维时运用它们从而体验到它们;借此它们证明自己是**思想的自然规律**。因此,构成一切哲学知识基础的普遍原则是"主观的必然性",思维着的心灵本身的本质通过此等主观的必然性而觉醒起来。

第三十四节　对外部世界的认识

所有这些理论背景成为它们的认识论的目的。然而在与笛卡儿形而上学紧密相连的朴素实在论的前提下,这种认识论的目的从一开始便仅占有一个较狭窄的地位。"**我思故我在**"这个原则使心灵本性的自我认识表现为原初的确实性,表现为自明的东西,毋庸置疑的东西。但是如果意识世界与空间形体世界之间的性质差

---

① 参阅《论感觉界和理智界的形式和原则》一书的第八节和整个第四段。

400

别被考虑得越大,那么在认识空间形体世界的可能性方面所表现出的困难就越大。这一事实在笛卡儿之后的形而上学发展中便立刻表现出来了(参阅第三十一节),现在把这些同样的思想转化为经验主义心理学和感觉主义的语言的时候,这同一事实以极不相同的各种形式一再表现出来。

因此在近代哲学的认识论中从一开始便存在**内在经验的优越性**,而对于**外部世界的认识**便因而未可预断了。在这一点上,中世纪结束时出现的**名称主义**,其影响在近代思想的整个范围内表现出具有决定性的意义;外部世界与内部世界的异质性赋予心灵以一种自豪感,使心灵自觉与事物相比独具实质性的特性,但与此同时面对它如此陌生的这个世界,它却有某种不测与迟疑之感。因此,启蒙运动哲学对基本问题的此种立场表现出它自身是心灵本身内部深化的反映,是意识面对外部世界的独立自主的反映,古代哲学的发展即终结于此。这就是奥古斯丁精神超过近代哲学的根源。

1. 内在经验的优势在**洛克**那里也很强烈地表现了出来,虽然在心理学观点上他把感觉同反省原则性地放在同等位置并在他的发生学中将反省说成是依赖于感觉。但是在赋予这种关系以认识论价值时,他又立即按照笛卡儿原则反其道而行之。但是那位法国形而上学家所阐述的有限实体的二元论却被洛克悄悄地用经验起源的二元论代替了:感觉被规定提供物质的外部世界的知识,反省被规定提供心灵本身活动的知识。在此,我们很自然地发现反省远比感觉更能胜任自己的任务。我们对于自己心灵状态的认识是**直观的**也是最确切的,而且由于我们对于自身状态的认识,同时也就完全地、毫不怀疑地确定了自身的存在。洛克使用了与笛卡儿差不多同样的语言表达了自我认识的确实性的理论①。关于我们对于物质世界的认识，他的态度就要审慎得多了。对物质世界的认识只有通过感觉才可能；虽然这种认识理应取得**认识**这个名称，但它缺乏完全的确实性和确切性。首先，只有观念存在于心灵才是直观地确实的；一事物与观念相对应这个事实并不是直观地确实的；证明〔这个事实〕最多不过是说，那儿有一事物，但关于此事物却不能作出任何论断。

的确，这一点在洛克身上完全不协调。关于他的感觉观念论，他完全以笛卡儿制定的形式采用了感官性质的理智性的理论（参阅前面第三十一节，2)，他通过区别第一性的性质和第二性的性质恰当地表明了感官性质并从而把能表现一物体同另一物体的关系的能力补充为第三性的性质，宣称真正存在于物体本身的性质为原始的性质，并在笛卡儿所指定属于原始性质的性质之外，把不可入性也计算在这一类性质中。实质上这一点远远超过了霍布斯的学说，决定性地重陷德谟克利特和伊壁鸠鲁的思想方式中，这一点也在下一事实中表现出来：洛克采纳了"影像"论（参阅前面第十节，3)，把刺激归因于从物体流出的微粒对神经的接触②。因此总的说来，笛卡儿主义关于数学的自然知识的基础在这里重新肯定了，甚至扩大到更宽广的范围。

但是洛克关于实体概念分析的论断却有着完全不同的含义。同奥卡姆一样，他把理证认识从直观认识和通过感觉所获得的认

---

① 《人类理智论》，IV.9,3。

② 《人类理智论》，II.8，第 7 页起。也可参阅 B. 吕坦劳尔《论唯心主义和批判主义的来历》（弗赖堡，1882 年）；盖尔，出处同上，第 66 页起。

识区别开来;理证认识不涉及观念同外界的关系,而只涉及观念彼此之间的关系。从认识的价值说,理证认识低于直观认识,但却高于感官认识①。因此**理证思维**之被认为是纯**唯名的**,有如霍布斯对概念符号的运算。论证所具有的必然性只在观念世界里有效,此外它只涉及一般的或抽象的概念,而在**事物本性**(*natura rerun*)中并无适当的现实与之对应。观念一经出现,对于观念与观念之间的关系的判断就可能形成,完全不涉及事物本身;而理证认识要处理的正是这些判断。这样的"复杂"观念是**思想—事物**,在思想—事物通过定义被固定下来之后便可以同另外的思想—事物结合起来,各被决定于各自的内容,因而不可能获得与外在世界的任何关联。在这些结合方式中,**实体观念**(本质范畴)以其特殊方式引人注目。那就是一切其它的内容和关联都只有与某种实体联系起来才能被思考。这种关系便因此获得现实性(实在性),根据洛克的表达方式,实体观念具有摹本的性质,——然而其所以如此,只能在这种含义上:我们为了个别观念中既与的样式不得不假定一种现实的基质,而关于这实体本身我们却不能作出任何断言。实体是已知性质的承担者,它本身不为人所知,而我们又有必要假定这些已知性质的相属性〔即属于同一整体〕。

　　实际上,实体不可知这种观点并未阻止洛克在另一些段落②里完全以笛卡儿的方式着手于将所有实体划分为"能思考的和不能思考的"。另一方面,他将此观点应用于他的关于"我思故我在"

---

① 《人类理智论》,IV.2;参阅前面第三十三节,3。
② 《人类理智论》,II.23,29;IV.10,9。

402

(*cogito ergo sum*)的论述。他把这个原则从形而上学领域完全搬到实验心理学领域。在他看来,自我确实性是"内部感官"的确实性;直观在此只涉及我们的状态和活动,而不涉及我们的本质。在此,直观毋庸置疑立即向我们证明:我们存在,但不能证明我们是什么。关于灵魂实体的问题(据此也关于灵魂同肉体的关系问题),同关于任何实体究竟是"什么"的问题一样,同样是不可能得到答案的。

尽管如此,洛克还是认为要获得**上帝存在的证明的确实性**是可能的。为了达到这个目的,他采取了略加修改的笛卡儿第一个论证形式(参阅前面第三十节,5),并补充以普通的宇宙论证明。一个无限的、永恒的、完善的存在必然会被认为是有限实体的终极原因,人直观地认识到他自己就是一个有限实体。

在洛克的认识论里交织着的思想动机如此复杂,充满矛盾。他冲淡了笛卡儿主义的色彩,他的阐述显得非常流畅、明澈,越过从它的历史条件的黑暗深处激起的旋涡。但是正如在尔后的发展中显示出他的心理学的含糊不定的性质一样,这种认识论的形而上学呈现出转向极度多样化的变形。

2. 正是其中第一种变形与洛克的犹豫不决相对比表现出大胆的片面性的活力。**贝克莱**把内在经验的优越性提高到绝对的统治地位,结束了洛克在认识物体这一问题上摇摆不定的立场。他借助于极端的唯名论和回归于霍布斯学说做到这一点。**他粉碎了物质实体的概念**。知觉把观念复合体当作一个物体呈现在我们面前,我们根据第一性质同第二性质的区分,应将此观念复合体的一部分划分出去,另一部分作为唯一实在的东西保留下来;正如霍布斯曾教导过的(参阅第三十一节,2),这种区分事实上早已成为不正确的了。物体的"数学"性质,同感官性质一样,同样是存在于我们心中的观念;贝克莱在他的《视觉新论》中,利用类比论证,所要证明的正是这一点。此书力求证实来自以往经验的协作,从而证实来自在空间关系的视觉观点中所决定的判断的协作。他攻击笛卡儿的(也是德谟克利特的)区分的合理性。然而,据此,一切物体性质毫无例外都是我们心中的观念,而洛克曾把多余的不可知的"实体"作为物体性质的真正支撑者;其他人以同样方式把物质当作"显现出的"性质的基质。

　　然而贝克莱说:在所有这些情况中,都要求我们将抽象概念当作唯一现实的东西。但是抽象观念并不存在,——抽象观念甚至不存在于我们的心中,更不要说存在于事物的本性(*natura re-rum*)中。因此洛克是对的,他说没有人能认识这个"实体",甚至没有人能思考这个"实体";它只是学者们的虚构。对于朴素的意识说来,对于"常识"说来(贝克莱坚持以常识对抗哲学家们的矫揉造作),物体准准确确是被知觉的东西,不比这多也不比这少,只有哲学家们才在被知觉的东西的后面去追求某种不同的、神秘的、抽象的东西,这种东西连他们也说不出究竟是什么东西。对于一个不受外界影响的头脑说来,物体就是一个人所视、所触、所尝、所嗅、所听到的东西。物体的 *esse*〔存在〕就是 *percipi*〔被感知〕。

　　因此,**物体**只不过是**观念的复合体**。如果我们从一株樱桃树抽出所有通过感官能知觉到的性质,那么还剩下什么呢? 什么也没有。**唯心主义**在一物体中看见的只不过是一束观念,这种**唯心主义**就是一个普通人的观点,也应该是哲学家们的观点。

物体所具有的现实性除了**被知觉**这种现实性外没有其它什么现实性。如果假定在物体中或在物体后面除这种现实性外还有"出现"于物体性质中的一种实体，那是虚假的。物体不过是这些性质的总和。

如果一切物体只是被知觉，那么在"真实"物体与只是想象的东西之间的区别究竟在何处？在回答这一浅显的问题时，贝克莱利用了**唯灵主义**的**形而上学**。构成外界存在的观念是精灵的活动。在笛卡儿的两种世界中只有一种具有实体性的存在；只有**思维的东西**（*res cogitantes*）是真正的实体，**广延的东西**（*res extensæ*）是思维的东西的观念。对有限精神说来，观念是既与的，一切观念的根源只有在无限精神即**上帝**身上才可找到。因此形体的现实性在于：形体的观念是上帝传给有限精神的，上帝经常这样做，其接续的秩序我们称之为**自然规律**。因此，假如在一定环境下上帝为了达到某种特殊目的而脱离习惯性的接续，贝克莱主教也并不感觉有什么形而上学的困难；人们将这种情况称作奇迹。神的精神本质（同样还有有限的精神的本质）基于**意志**自由，而观念只是意志自由用以开展的活动形式。另一方面，根据贝克莱，一物体根据记忆或幻想的机械作用只呈现于个别心灵中，而不是上帝传给心灵的，这样的物体是不真实的。最后，因为真实的形体世界就这样由上帝的意志变成了一种观念体系，所以形体世界的组织及其变化时序所呈现出的合目的性也就产生不了更多的问题。

从洛克推论出的这个结论与马勒伯朗士从笛卡儿推论出的结论之间的类似是显而易见的。马勒伯朗士同贝克莱不谋而合，共同主张只有上帝是世界上的能动力量，没有任何个体能起作用（参

404

阅第三十一节,8)。极有趣的是,我们发现法国人的极端唯实论与英国人的极端唯名论导致了这同一观点。〔两种〕观点所根据的理由不可能比这更不同的了,然而结论是同一的。这一点被贝克莱的同代人,他的同胞阿瑟·科利尔(1680—1732 年)所证实,他写了一篇有趣的论文《万能钥匙》(*Clavis Universalis*)[①]。马勒伯朗士[②]作为一个笛卡儿主义者不曾反对过物质世界的现实性,但他主张我们可以理解人认识这个世界只有在这种假定下:上帝心中的物体观念是共同的原型,上帝按照此原型一方面创造实际的物体,另方面在有限的心灵中创造这些物体的观念。科利尔此时证明:在这种理论中物质世界的现实性所起的作用完全是多余的;因为在物体世界与人类观念之间并不呈现任何现实关系,所以如果我们只要在上帝的心中安置一个理想的物质世界,而且把它当作人类认识的真实对象,人类观念的认识价值仍然完全一样。

从“我思故我在”出发以这种方式沿着几条路线发展的“唯心主义”还产生了另一种互相矛盾的副产品,在十八世纪文学中偶尔有人提到,但无固定的名称或形式。每一个别精神都有对他自己、对自己状态唯一的、确定的、直观的知识。对于其他精神除非通过

---

① 此书的副标题是《对真理的新探索——外部世界不存在或不可能存在的证明》(*A New Inquiry after Truth*, *being a Demonstration of the Non-Existence or Impossibility of an External World*),伦敦,1713 年英文版。此书连同贝克莱的论文由埃施巴赫用德文出版,名为《否定自身的形体和整个物质世界的实在性的主要论文集》(*Sammlung der vornehmsten Schriftsteller*, *die die Wirklichkeit ihres eigenen Körpers und der ganzen körperwelt leugnen*),罗斯托克,1756 年出版。

② 他的学说在英国成名,特别是通过约翰·**诺里斯**(《论理想或有智慧的宇宙》,1704 年伦敦版)。

观念他就一无所知;这些观念首先针对物体,并利用类推法被用以解释精神。但是,如果整个物质世界只不过是精神中的观念,那么每一个人最终能确定的只是自己的存在。其他一切的现实性,包括所有其他精神,都是成问题的,不可能证明的。这种理论当时叫作**利己主义**(*Egoismus*),现在通常称为**唯我主义**(*Solipsismus*)。那是形而上学的游戏,纯系个人的爱好而已:因为唯我主义者一开始向别人证明自己的学说便反驳了自己。

因此,笛卡儿在《沉思录》中认为自我意识是在怀疑的茫茫大海中出现的一座拯救人的山崖,最后继《沉思录》之后得到结论(此结论后来康德①称之为哲学的耻辱),即人们需要证明外界的现实性,而任何适当的证明一个也找不到。法国的唯物主义者们宣称贝克莱学说是神经错乱,然而它却是不可反驳的。

3. 贝克莱对于洛克学说的改造进一步直接导致**休谟**的认识 405
论。休谟把理智功能划分为印象和以印象为摹本的观念,苏格兰人认为此种划分源于名称主义对抽象概念的否定,这具有深刻的含义;与此种划分一致的是直观的认识和理证的认识。每一种认识有其自身的确实性。直观认识只基于对真实印象的肯定。我有什么样的印象,我就可以以绝对的确实性说出来。在这一点上我不会错,只要我坚持不超出这个界限:我所具有的知觉具有这种或那种简单的或复杂的印象或观念,而不外加阐述此内容的任何概念。

首要的是,休谟将感觉内容的时空关系(对于原始印象的共存和接续的确定)也归属于这些具有直接的直观确实性的印象。知觉内容呈现于其间的空间秩序毫无疑问是随同该内容本身而同时

---

① 《纯粹理性批判》第二版前言,《全集》卷三注释23。

给予的，同样我们具有关于不同内容是同时地还是接续地被知觉到的确定印象。因此在时空中的**邻接**是同印象一起被直观地给定的。对于这些**事实**人类心灵具有一种完全确实、绝不可置疑的知识。只是，在阐述休谟学说时，切不可忘记印象的这种绝对确实的现实性只作为心理状态而出现的。在此含义和限制上，直观认识不仅包含内在经验事实，还包含外在经验事实。但是如果承认外在经验事实原来不过是内在经验事实的一种属，那么，认识只不过是一种意识形态而已。

　　然而，时空中的邻接（现代心理学称之为"*Berührung*〔**接触**〕"）只是知觉组合的一种最基本形式；除此之外，休谟还列举出其它两种法则，即相似（或对比）和因果性两种形式。就第一种关系形式来说，我们获得感觉的相似或不相似及其不同程度的清晰明确的印象，这种形式的基础是对我们自身（感觉）行为的类似的认识，因此属于内部感官的印象，过去洛克称之为**反省**。其结果，在这基础上建立起了具有完全确实性的理证的认识，它涉及我们在自己观念内容之上进行的量的大小比较的形式，只不过是对观念内容所发生的规律性的分析。这种理证科学是数学；它发展关于数和空间的等式和比例的定律；休谟倾向于赋予算术一种比几何还高的认识论价值[1]。

406　　4. 然而**数学又是唯一的理证科学**；其所以如此恰恰是因为与数学发生关系者只有观念内容之间的可能关系，它所论断的绝不涉及这些观念与现实世界的关系。据此，在休谟那里，占完全统治地位的是霍布斯的唯名论原则（参阅前面第三十节，3），不过休谟

―――――――――――――――

　　① 《人性论》，I. 2. 1；I. 3, 1。

将此理论局限于纯数学,就更加前后一贯了。因为休谟宣称,关于外部世界的一切论断都是不可能证明的。我们所有的认识都局限于对印象的查证,局限于这些表象彼此之间的关系。

因此,当观念之间的相似关系被解释为形而上学的同一性,据休谟看来这似乎就是思维超过了本身范围的权力的滥用;每次使用**实体**这个概念都是这种情况。实体这个概念从何而来?它并不是被人感知到的;它既未被发现为特殊感觉的内容,也未被发现为感觉之间的关系内容;实体是已知的观念内容的不可知的、不可描述的支持者。这个观念从何而来?在整个感觉范围内都找不到它的必不可少的原型。它的根源只能在反省中寻找。它是多次重复的观念结合在一起的摹本。由于某些印象重复地集合在一起,由于同样的观念形成过程的**习惯性**,凭依**观念结合律**,便产生了"印象共存"的这种概念的必然性,对于观念在形成过程中的结合的这种必然性的**感觉**就会被认为是这些感觉元素属于同一的实在性整体,即实体。

本质的思想形式就这样在心理学上得到了解释,与此同时在认识论上又被否定了。没有任何东西与之对应,只不过是对观念结合的感觉而已;因为除了通过直接的感官知觉外,我们对于存在绝不能知道任何东西,因此实体概念的现实性是不能证明的。很清楚,就有形事物而论,休谟完全吸取了贝克莱的理论。但是贝克莱在实体概念上只做了一半工作。他曾经发现:形体只是感觉的复合体;形体之存在等于形体之被感知;把形体的相属性实体化,视之为未知的实体,这毫无意义。但是他承认存在着心灵实体,精神,*res cogitantes*〔一些能思维的东西〕。他认为它们是所有这些心灵活动内在的支柱。休谟的论证同样应用于心灵活动。贝克莱对于樱桃树的论证对于"自我"也是适合的。内在知觉①只表现为活动,状态,性质。把这些东西剔除掉,笛卡儿的 *res cogitans*〔能思维的东西〕便什么也不留下了;只有观念在想象中恒常结合的"习惯"是精神概念的基础,自我只是"一束知觉"而已②。

407　　5. 这同样的思考相应地也同样适用于**因果性**;在因果性形式下,往往认为在观念内容之间存在必然的关联。但这种关联既不在直观上有确实性,也不能证明有确实性。这种因果关系并没有被感知;相反,感官经验的对象只是时间关系,据此时间关系,一个〔感觉〕有规律地接续着另一个〔感觉〕。如果把这种接续解释为结果,如果把此种 *post hoc*〔在此之后〕解释为 *proter hoc*〔因此之故〕③,此"因此之故"在有因果关系的观念内容中找不到任何根据。从"因"中不可能逻辑地推出其"果";在"果"的概念内部不包含它的"因"的概念。要分析地理解因果关系是不可能的④。根据

---

①　事实上洛克早已如此认为。参阅本节,1。

②　《人性论》,I.4。这些为宗教形而上学而产生的可疑结论也许促使了休谟在他把《人性论》改写编入《论文集》时砍掉了他研究中这种最深刻的东西。因此休谟学说在历史上的反应(康德)唯独只联系到因果性理论。

③　在这方面,在休谟的同国人中有一先驱者约瑟夫·**格兰维尔**(1636—1680年),在他的《对科学的怀疑》(1665 年)一书中他站在传统的怀疑派立场上反对机械的自然哲学。参阅费里斯·格林斯勒特《约瑟夫·格兰维尔》,1900 年纽约版。

④　这同一思想曾经是偶因论的形而上学的基础(参阅第三十一节,7):由于因果关系**在逻辑上不可理解**,这种思想基本上乞灵于上帝意志的居间调停。康德也认识到这一点,在他的《将负量概念引入哲学之尝试》中基本上同意休谟这个观点(参阅结尾时的一般论述)。最后,**托马斯·布朗**(《因果关系探究》)对偶因论也并不表示反感(参阅前书第 109 页起),他以极有趣的方式从心理学上推论同时又从认识论上否定对于时间中事实接续的"解释"或"理解"的需求(出处同上,第 109 页起)。知觉只粗略地呈现出因与果;因此对过程的"解释"基于将过程分解成特殊的、简单的、基本的因果关系。用此方法便产生了一种假象,似乎这些基本的因果关系还必须再度分解使人能够了解。

休谟的学说，此种思维形式（因果关系）只有利用观念联结才能解释。由于同样的观念接续不断重复，由于发现那些观念一个跟一个的惯性，便产生了内在的必然性，想象着、期待着第二个观念跟随第一个观念；而这种一个观念招引另一观念的必然性的感觉便被人解释为客观的实在的必然性，好像与第一观念对应的物体强迫与第二个观念对应的物体在**事物本性**中真正存在一样，或者好像将其存在规定于时间中，有如后来康德所表述的一样。这种印象〔因果观念的摹本〕是观念活动间的必然关系，从这里便以因果关系的观念产生了观念**内容**之间的必然关系的观念〔即甲引起乙；而实际的情况是，**观念**甲引起**观念**乙，即观念甲凭借结合律唤起观念乙〕。

　　休谟就以此方式瓦解了十七世纪形而上学运动围之而旋转的两大基本概念。实体和因果律是观念之间的关系，既不可通过经验也不可通过逻辑思维予以证实：实体和因果律基于从反省得来的印象〔虚构地〕代替了感觉印象。不过这样一来，通常的形而上学的基石完全垮台了，代之而起的是认识论。事物的形而上学让位给了**知识的形而上学**。

　　6. 休谟同时代人把他的研究成果突出地描述为**怀疑主义**，——特别是涉及他的有关宗教形而上学的结论（参阅第三十五节，6）：但是这种怀疑主义又与历史上这一名称所具有的那些理论有本质上的不同。在休谟那里，感性经验所规定的事实是直观的确实性，而数学关系是理证的确实性：然而对于所有通过概念〔"通过抽象推理"〕而不是通过〔关于事实和存在〕的观念的有关现实性的论断，休谟大声疾呼："把它扔进火里去吧！"事物是什么，我们不知道；事物如何活动，我们不知道。我们只能说：通过感觉我们感知到什么,时间和空间是什么样的秩序,以及在它们之间我们体验到什么样的类似关系。这种理论是绝对前后一贯的,是**诚实的经验主义**;它要求:如果知识唯一的来源是知觉,那么就不允许任何不同于知觉所实际包含的东西与此相混。这样,一切理论,一切对于原因的探索,一切有关"现象"之后的"真实存在"的理论都被摈斥了①。如果我们按照我们时代的术语将此立场描述为**实证主义**,那么我们可以说,是休谟找到了实证主义的认识论基础。

　　然而英国这位最深刻的思想家给予此种极端的认识论以具有特色的补充。作为实体和因果律的基础的观念联结虽然既没有直观的确实性也没有理证的确实性,但是这些观念联结却伴有**一种直觉的坚信力**,一种天然的**信念**(*belief*),这种信念不受任何理论思考的影响,在人的实践行为中胜利地表现出来,这种信念完全足以达到人生可以达到的目的,完全足以获得有关的必需的知识。日常生活**经验**即基于此。对此,休谟从来没有想到有所指责或怀疑:他只盼望,日常生活经验不可冒充自己不配充任的**实验科学**。他把哲学的深湛和严肃性同对实践生活需要的远见紧紧结合在一起。

　　7. 在英国的理智气氛比在**法国**更不利于接受这种实证主义。在法国从笛卡儿哲学中一再出现的怀疑派主要潮流中早已潜伏着

---

　　① 因此,贝克莱的理解只有从休谟的观点看,才是正确的:贝克莱的"唯心主义"是**半个实证主义**。他着重强调:在观点后面,不可能找到抽象的东西,本身存在的东西。如果这个原则扩展到心灵,我们就得到了休谟的理论:因为贝克莱将因果律归结为上帝意志所规定的现象秩序,但随着他的唯灵论形而上学的消亡,这种现象秩序便同时消亡了。

对"事物形而上学"的否定。而特别是**培尔**促成了此种气氛的扩散,而且培尔的批判在原则上主要旨在反对宗教真理的理性基础,与此同时应用到一切超感的知识,因而应用到一切形而上学。除此之外,同样通过培尔,同时也通过英国人的影响,在法国文学界出现一种善于应付时代潮流的更自由的趋向,这会解除学派体系的枷锁,急需直接的生活现实去代替抽象的概念。因此,**培根**的理论,因其将科学局限于物理经验和人类学经验,在法国比在他的故乡更起作用。在这里我们每走一步便要碰上这种"体系观",没有人再会希望知道这个"原始原因"的任何东西了。培根的这种哲学纲领及其所有百科全书式的和纲领性的延伸被**达朗贝**奠定为《百科全书》的哲学基础①。

在德国基于不同的欣赏力,沃尔夫学说遭到像克劳萨斯和莫泊求等人的"体系观"的反对。事实上,〔沃尔夫的〕教科书的哲学的迂腐气暴露出不少给人可乘之机。与此对比,德国**通俗哲学**就以不具体系而自豪。由于通过门德尔松的详细阐述,通俗哲学摈除了对于不可能经验的东西的苦思冥想,因而更便于人们从事对人有用的东西。最后,我们在康德《一个视灵者的梦》中发现与此气氛十分谐和的最好范例,他用尖刻的嘲讽鞭策了思想世界各式各样虚伪的"建筑师"们,他以出自感情最敏感最深处的痛苦的幽默,滔滔不绝地对形而上学的图谋冷讥热讽。在德国诗人中**威兰**是持这种观点的机智的反形而上学家。

8. 最后,在**孔狄亚克**后期的学说中,这种实证主义起了一种

----

① 见《引言》。

异常奇特的转变。在孔狄亚克身上集中了法国启蒙运动和德国启蒙运动各条思想路线;他用实证主义综合了感觉主义和理性主义,此种综合堪称近代唯名论最完善的表述。他的《逻辑学》和他的遗著《演算语言》发挥了这种理论。这种理论基本上奠基于"**符号**"(*signes*)论①。人类观念全部都是感觉或感觉的变形,对于它们说来,不需要灵魂的什么特殊力量②。一切知识基于对观念关系的意识,而其中最基本的是"相等"关系。思维的任务只不过是揭示出观念之间的相等关系③。完成这个任务借助于把观念复合体分解为组成元素然后又重新组合起来,即**现象分解**和**观念合成**。然而为此而必需的组成元素的分离又只有借助于符号或语言。每一种语言都是分析现象的方法,而每一种这样的方法就是一种"语言"。不同种类的符号提供不同的人类语言的"方言":就此孔狄亚克区分为五类——手指(手势),有声语言,数字,字母,微积分符号。逻辑学作为所有这些"语言"的普遍语法学也决定着数学,甚至较之更高,并且它又像特殊事例一样基本。

因此整个科学只包含**变形**。必须做的事是弄清一个人所追求的未知的东西实际上是已知的某种东西,即去发现未知数 x 等于一个观念组合的方程式:正是为了这个目的,知觉结构一定要事先分解。很明显这不过是伽利略分析综合法的新的概括表

---

① 在《演算语言》一书问世后,巴黎学院和柏林研究院提出符号论为悬赏征答题目。在两地均出现过大量的,然而多数均无什么价值的改撰作品。

② 孔狄亚克坚持此点以反对洛克(顺便提一下,在他的《感觉论》一书中早已提出),他的学派坚持此点以反对苏格兰学派。

③ 在这些规定中既有来自霍布斯的建议也有来自休谟的建议。

述方式,不过在此纯粹建筑在感性主义的基础上,否定了霍布斯十分强烈强调过的结构元素,并认定思维只处理既与的数量。这样做,它就否认了关于这些数据与形而上学实在性有关的一切思想,并在科学知识中只看出按照 *Le même est le même*〔相同即相同〕的原则在观念内容之间建立起来的结构。人类观念世界内部完全分离,真理只基于在思想内部用"符号"表述的方程式。

9. 这种**观念学**虽然宣称在形而上学方面不偏不倚,然而它的感觉主义基础包含着一种唯物主义形而上学。即使关于与感觉相对应的实在性什么都没有提到,然而在其背后却存在一种通俗观念,即感觉由形体产生。为了要将这种在心理学理论中发展起来的人类学唯物主义(参阅前面第三十三节,5)转化为形而上学的、独断的唯物主义,就必须忽略这些实证主义的感觉主义结论。因此拉美特利轻率地肆无忌惮地说出了其他许多人自己都不敢公开承认、更谈不上公开宣传和捍卫的东西。

但是在摆脱了这种思想意识的自然科学中,其它种种不同的思想路线都倾向于唯物主义。**拉美特利**非常正确地看出:对自然作机械的解释的原则最终只能容许自身运动的物质存在。**拉普拉斯**提出著名的答案,即他不需要"假设神性",在这以前很久法国自然哲学就已经达到这个观点。有万有引力的世界本身运动着,这也是牛顿的观点,但是他相信地球运动的〔第一〕推动力必须在上帝的行动中寻找。**康德**走得更远,在他的《自然通史与天体理论》中,他宣称:"给我物质吧,我给你们创造出一个世界来!"他自告奋

勇力图以行星系类比解释恒星的整个宇宙[①],并将个别天体起源
411　于燃烧液体的原始状态唯一地归因于物质两种基本力量(即吸引
和排斥)的敌对作用。但是康德确信,如将足以解释太阳系的理论
应用于草茎和毛虫便无作用了;在他看来,**有机体**在力学世界中似
乎是一件不可思议的事。

　　法国自然哲学也力图克服这个矛盾,力图排除有关有机体问
题。它教导说,在无数原子复合体中还有那些具有保持自己、繁殖
自己的能力者。**布丰**竭尽全力宣称和贯彻这种多次被人表述过的
思想,他给这种原子复合体取名为**有机分子**;通过对此概念的假
定,一切有机生命原则上都被视作这类分子的活动,在与外界接触
中按照力学定律而发展[②]。这件事斯宾诺莎已经这样做过了,布
丰经常提醒我们关于斯宾诺莎的自然论;布丰还把上帝和"自然"
当作同义词。因此,这种**自然主义**在力学中找到了一切形体事物
的共同原则。但是如果观念学教导说,观念及其变形应被视作有
机体的功能,如果这件事即思维的东西与广延的东西和运动的东
西是同一样东西不再认为不可能而且似乎愈来愈显得有极大的可
能性,如果在英国的哈特和普里斯特利用在法国的拉美特利证明

---

　　①　对于这种天才的天体—物理学假说的意见,兰伯特在他的《宇宙论通信》一书
中也差不多达到了,后来拉普拉斯以同样方式发表过这种意见,此或来自布丰的意见。
参阅 O. 利布曼《对现实性的分析》,德文第三版,第 381 页;格兰德《地理学家康德》(柏
林,1905 年);E. 艾地克斯《康德自然地理研究》(1911 年),同一作者《康德的地球历史
和地球结构的观点》(1911 年)。

　　②　布丰这个原则后来被拉马克进一步发展了(*Philosophie Zoologique*〔《动物哲
学》〕,1909 年巴黎法文版);拉马克图利用外界的机械影响、利用**适应环境**来解释有
机体从低级形式转变为高级形式。

过意识变化是神经系统的功能,那么几乎可以这样说,观念及其一切变形只是物质机械运动的特例,只是物质运动的特种形式。如果伏尔泰曾经表示过这样的意见:运动和感觉也许是同一未知实体的属性,那么只要提出心灵的东西依赖于物质的东西系对两者之间的性质相同所作出的新的解释,这种**物活论**就立即变成坚决的**唯物主义**了,那么从此变到彼也往往不过是巧妙措辞的细微差别而已。这种过渡表现在**罗班涅**的著作中。他实现了向自然哲学的形而上学飞跃。他在莱布尼茨单子论的发展体系中找到支持,他把事物分级视作存在形式的无限多样性,物质性和心理功能两种因素混合于所有可能的关系中,因此一件特殊事物的性质如在一个方面表现得越多,它的活动就在另一方面表现得越少。根据罗班涅,这个道理也适用于个别生物的生命活动;他们在精神上使用了的力量会在体力方面消失,反之亦然。但是,从整体来考虑,精神生活表现为某种特殊形式,事物的物质的基本活动可能采取了这种特殊形式,以便以后又重新转化为原始形式①。因此,如果说,莱布尼茨勾画出来的发展体系包含有这样的含义,即表现为形体物质的单子被理解为一种最低级的、无意识的灵魂,那么罗班涅则刚好相反,他认为观念和意识活动是神经活动的机械变形,此种变形以后又可能还原为神经活动。在精神方面发生的任何东西,无一不是早就存在于物质形式中,因此肉体在精神冲动中所经历的只是它自身运动的反作用。

412

---

① 用现代自然哲学的语言来表示,罗班涅学说为:精神活动是"能量"的改变形式之一。

在《自然的体系》中,唯物主义最后明显地表现为纯粹的独断形而上学。它自我介绍要以伊壁鸠鲁的动机希望把人类从对超感事物的恐惧中解放出来。应该证明的是,超感事物只是感性事物的看不见的活动形式。没有一人能想出一件超感的东西而此超感的东西又不是物质的东西的某种褪色的遗像(Nachbild)。凡是谈论观念和意志、灵魂和上帝的人总一再用抽象形式来思考神经活动、肉体和宇宙。此外,这部"唯物主义的经典"有教育意义然而拖泥带水,有系统然而索然寡味,却未提出新的理论或论点。尽管如此,一目了然的是,在整个观点中有分量,在勾画世界观的线条中风格不凡,文笔锋利诚挚。这不再是思想的玩牌游戏,而是对整个精神世界的信念的沉重打击。

10. 尽管遭到精神发生学的反对,"天赋观念"支持者所认定的认识问题与感觉主义的观点并不完全不一样。两者的二元论假定使后者很难理解形体在精神中所引起的观念与形体本身的一致性。然而差不多更困难的似乎是理解精神如何利用基于自身本性的思想形式的发展去认识独立于精神的世界。可是恰恰是这一假定如此深深地扎根于人类思想中,以至不但对于简单的意识,即使对于哲学思考,这种假定也被认为是不言而喻的。对近代哲学发生持续影响的名称论,其使命是动摇这种独断信念的基础,并推动人们思考关于思维的必然性与现实性之间的一致性问题。甚至笛卡儿也曾认为有必要利用 veracitas dei〔神的真实性〕去支持 lumen naturale〔自然之光〕的认识能力,从而指出了形而上学地解决这问题可能采取的唯一方法。

无疑,在缺乏这样一种哲学动力的地方——这种哲学动力将

其 θανμάξειν〔惊异〕集中在表面上自明的东西上面——上述困难就很小。**沃尔夫**的情况就是如此,尽管他尽全力于逻辑的明澈性,思想连贯,谨小慎微;**苏格兰人**也是如此,尽管他们的心理分析过于纤细。沃尔夫用**几何学方法**从最普遍的逻辑的形式规律出发,从矛盾律和充足理由律(甚至把第二个原则化为第一个原则)出发进而推论出一种广泛的本体论和其分部论及上帝、宇宙、灵魂的形而上学。他完全局限于这种逻辑公式主义的框框内不敢越雷池一步,因此他似乎从未想到过这样的问题:他的整个事业即从逻辑命题中编织出"一种一切可能的学说,只要它是可能的",其本身就其本质而言是否合理? 他利用经验科学证实每一理性科学——这种〔经验与理性〕之间的协调之所以可能的确只是因为他在先验地构筑他的形而上学原则时不被人觉察地逐步地借助于经验;当此时,上述问题对他来说更加被掩盖起来了。然而,这种受到这样多信徒们赞颂的体系有其伟大的教育价值:作为最高级的科学准则,树建和锤炼出思想严谨、概念清澈和证明缜密;而另一些精神力量又提供了足够的平衡力以抵消不可避免地潜入其中的迂腐气息。

　　苏格兰哲学满足于找出健全理智(常识)原则。每个感觉就是一个客体出现的符号——里德也是用名称论的观点这样思考的,思维就保证了主体的现实性;凡是成为现实的东西都有其原因,等等。这些原则是绝对地确实的;要想否定或甚至怀疑这些原则都是荒谬的。这尤其适用于下述原则:理智清晰地和明确地认识的东西就必然是真实的。在此形成了(仿照康德)被称为**独断主义**的哲学观点的普遍原则,无条件地相信思维与存在之间的一致性。上述特殊原则的范例表现出这种**常识**如何折中地、无原则地力图把不同的哲学体系网罗到自己的基本真理中来。在这方面,德国通俗哲学家的"健全理智"(健全的常识)与此完全一致。门德尔松同里德一样,认为在哲学中所有极端的对立都是错误的,真理恰在两者之中:每一极端的观点都有其真理的萌芽,此萌芽走向片面和不正常的发展都是人为的,被迫的。健全的思想(尼古拉特别强调这种属性)对一切不同的动机都公平对待,而且将平常人的意见当作它自己的哲学。

　　11. 在**莱布尼茨**的心灵里,这个问题通过先定谐和的假定来解决。单子认识世界,因为它就是世界。单子所显现的内容从一开始就是宇宙,单子的活动规律就是宇宙规律。由于单子"无窗",它完全没有本来意义的经验:然而认识世界的可能性就在单子的本质中这样预先安排着:它的状态必须被认为完全是对世界的认识。据此,在理智与感性之间没有区别,不论就它们所涉及的对象而言,或就意识与该对象的关系而言,唯一的区别是:感性认识不明确的现象形式,而理智认识事物的真正本质。因此,从科学的观点看,感官知识有些被视作不完全的最初阶段,有些被视作理智洞见的摹本:"有事实根据的"科学或被视作哲学科学的准备或被人视作哲学科学的更低级的附属物。

　　从这种关系产生了一种独特的结果。感性的表象形式也有它本身独特的某种完善性,这种完善性在认识对象的现象形式时并不意识到什么理由或根据,在这一点上有别于理性认识的清晰性和明确性,莱布尼茨[1]规定**美感**即存在于感性认识特有的这种完

----

① 特别要参考《自然的原理和神恩的原理》,17。

善性中。沃尔夫有一个弟子**亚历山大·鲍姆加顿**,在他那里艺术结构体系化的冲动发展到一种特殊的高度;逻辑学是作为理性认识完善性的科学;他希望设置**美学**作为相对应的感性认识的完善性的科学,**美学**与逻辑学并列;这门学科成为**美的科学**①。从此,美学②,并非出自对其对象的兴趣而是对其对象的坚决的蔑视,作为哲学知识的一支而成长起来了。逻辑把美学当作"异父同母姊妹",很不理解她的特性,待之冷若冰霜,迂腐挑剔。此外,此种理性主义追随莱布尼茨,把现实世界当作一切可能世界中最好的因而也是最美的世界,它不可能为艺术理论树立其它的原则,只能树立模仿自然的感觉主义的原则,并将此原则发展成为本质上索然寡味的诗学。尽管如此,鲍姆加顿的巨大功绩仍然是,在近代哲学中第一次从哲学一般概念出发将美的问题重新系统化,并借此建立了一门学科,此学科注定在哲学特别是德国哲学未来的发展中起着重要作用,此学科进一步的发展无疑必将受到一般文学与道德哲学问题之间的关系的影响(见后面第 36 节,8)。

12. 莱布尼茨-沃尔夫关于感性与理智的关系的观点,特别是为得到理智知识而引荐的**几何方法**,在十八世纪德国哲学界遭到不少敌手的反对,他们的反对不仅来自英、法的感觉主义和经验主义的煽动,而且也来自关于**数学与哲学之间**在方法论上和认识论

---

① 参阅赫尔曼·洛茨《德国美学史》,1868 年慕尼黑德文版;原稿真迹版,1913年。

② "美学"(Asthetik)这个术语后来被康德采用了,开始时他还受到一些抵制,他采用此名以作为美和艺术的哲学理论的命名;后来从他传到席勒,通过席勒的著作此术语便流行了。

上**的关系**的独立研究。

　　在后一条路线上,**鲁迪格**和受他启发的**克鲁休斯**极成功地战
415 胜了沃尔夫学说。沃尔夫把哲学定义为可能的东西的科学。鲁迪
格反对这种定义,他断言哲学的任务是认识**现实的**东西。因此数
学,还有仿效数学方法的哲学,处理的只是可能的东西,只求概念
之间没有矛盾;而真正的哲学需要的是概念与现实之间的真实关
系,这种关系只有凭借知觉才能获得。**克鲁休斯**将此观点当作自
己的观点;虽然他思考问题比他的前辈更少用感觉主义的方法,但
是他从那观点出发在批判几何方法只利用逻辑形式去认识现实的
企图时所用的完全是与他的前辈同样的方法。他否定上帝存在的
本体论证明,因为只根据概念不可能推论出存在;存在(正如康德
所表述的)不可能从观念中挖出来。在这同一条路线上还存在着
因果之间的现实关系与前提结论之间的逻辑关系的严格区分,克
鲁休斯在处理理由律时坚决要求这种区分。他利用了现实根据与
理想根据之间的区分来反对莱布尼茨-沃尔夫的决定论,特别以此
树立司各脱主义关于创造主不受限制的自由意志的观点(第二十
六节)来反对托马斯关于理性主义者所坚持的神的意志与神的理
智之间的关系的观点。所有这些论断远离了自然宗教,这种远离
使更严肃的新教正统派对克鲁休斯学说产生好感。

　　最有决定性意义、最有成效的是**康德**所从事的关于哲学与数
学之间在方法上的基本区别的研究。他的著作很早就提到克鲁休
斯。在他的获奖论文《论自然神学和道德学原则的明晰性》中,他
提供了十分重要的阐述。这两门科学在各方面都处于互相对立的
情况中。哲学是一门**概念**的分析科学,而数学是一门**数量**的综合

科学:前者**接受**概念,后者**构建**数量;前者**探索**定义,后者**以定义为出发点**;前者需要经验,后者不需要;前者依赖于**知性**①的活动,后者依赖于**感性**的活动。因此,哲学为了认识现实必须**探究性**地前进,绝不可希图模仿数学的结构方法。

康德从根本上认识了数学的认识基础的感性性质,以此打碎了几何方法体系。因为按照他的意见感性和知性在知识上不可再区分为更低的和更高的清晰性和明确性。数学证明:感性认识可以非常清晰、非常明确;而不少形而上学体系证明:理性认识可能非常晦涩、非常混乱。因此从前那种旧的区分应该改换了;康德试图用这样的区分来代替,即把感性定义为**接受性**能力而把知性定义为**自发性**能力。他在他的《就职论文》中作了这种区分,在此基础上他根据潜在的先天性的心理原则(第三十三节,12)设计了一套新的认识论体系②。

这个体系的主要轮廓是这样:感性形式是时空;知性形式是最一般的概念。对前一类的反省产生数学;后一类的发展产生形而上学;——两者都是具有无条件的确实性的先验科学。根据康德那时的观点,在两者之间存在着(牛顿的)经验科学;此经验科学依赖于理性的逻辑运用(*usus logicus rationis*)即形式逻辑对知觉的改造;而理性的实在性的应用(*usus realis rationis*)则构成纯概念

416

① 德语 Verstand 一词,一般译为"理智"。在康德哲学体系里,他把思维分为知性(*Verstand*)和理性(*Vernunft*),故 Verstand 一词为康德哲学一专门术语,译为"知性"以示同"理性"的区别。以下同。——译者

② 《就职论文》体系在康德哲学发展中只是一个阶段;他很快就放弃了〔这个主张〕尔后就应归入批判时期和此段时期。

关于物自体的形而上学。然而（接受性的）感性形式借助于推理的思维形式在人类心灵中只产生事物**现象**的必然的知识（*mundus sensibilis phænomenon*〔感性世界即现象〕）；相反，知性形式包含着对事物本质真实的相应的知识（*mundus intelligibilis noumenon*〔灵明世界即本体〕）。关于这些纯知性形式（后来称作范畴）康德此时尚未获得系统的概念。但是，这些知性形式可能产生形而上学，这一点在这发展阶段中他认为是由于这样的事实：知性以及事物本身植根于神的精神，因此凭借这些知性形式在一定程度上我们"在上帝身上"认识事物①。

第三十五节　自然宗教

　　一般而论，统治十八世纪的认识论的动机对形而上学是不利的：如果这些动机仍然很难在一些地方充分表现出它们的怀疑的和实证主义的倾向，那是出于宗教的利益，宗教期待着从哲学那里解答自己的问题。在德国、法国和英国所发生的宗教上的动荡不安和争斗以及对于与之有关的教义的争吵在十七世纪就已经引起了对于教派之间的教义差异的厌恶情绪。那个"可悲的争斗的世纪"（正如赫尔德这样称呼它）渴望和平。在英国（宗教信仰上的）**自由主义**的情调蔓延扩散了，在大陆**团结奋斗**之风百折不挠一再掀起。博苏埃特和斯宾诺莎在一边，莱布尼茨在另一边，长期向这

---

　　①　因此，在此引证马勒伯朗士（第四节）所阐述的理论恰恰是认识与实在之间的"先定谐和"体系，这理论体系后来康德坚决地否认（《给 M. 赫茨的信》，1772 年 2 月 21 日）。

个方向努力：——后者设计了一个**神学体系**，它应包括三大教派共有的基本教义。当与天主教的协议不再产生任何希望时，他想至少可以利用他同汉诺威王朝和柏林王朝的关系力图促进路德派和新教团体的团结，——但事实上连这一点也没有收到直接的成效。

另一方面，洛克在他的三封《论信教自由的信》中把**信教自由运动**的思想总结为"自由国家的自由教会"的理论，即总结成这样的要求：超越于教会监护的近代国家应当容忍和保护所有作为个人观点的宗教信仰和所有作为自由结社的宗教社团，只要它们不威胁扰乱政治秩序。

然而团结越遭到神学家们的阻挠，就越滋长**神秘教派**的成长，神秘教派的超教派倾心与团结奋斗协调一致，神秘教派在十八世纪以大量有趣的具体表现形象传播开来。在德国斯潘尼和法兰克所建立的**虔信派**与教会生活保持着最亲密的关系，因而在德国取得最大的成功。虔信派容许对教义信仰有一定程度的冷漠无情，但是它为了对此补偿，更强调个人虔诚的增长、强调生活作风的纯洁和宗教色彩。

1.　与所有这些运动有关的是启蒙运动哲学倾向于**凭借哲学建立一种普遍的"真正的"基督教**。在这种意义上的基督教与**理性宗教**或**自然宗教**同一，系从历史上的不同形式的正统的基督教融化而来。开始时，这样一种普遍的基督教仍容许带有天启宗教①的品格，而坚持这种天启与理性完全一致。采取这种立场的有洛

417

---

①　天启宗教（die geoffenbarte Religion）：指信仰有一个有意志的神的任何宗教，如犹太教、基督教等。——译者

克和莱布尼茨,还有莱布尼茨的弟子沃尔夫。他们完全按照阿尔伯特和托马斯的模式来理解自然宗教和天启宗教的关系(参阅前面第二十五节,2);天启在理性之上,但与理性协调一致;天启是自然知识必要的补充。理性从自身中不能获得的东西被天启揭露出来;但在被天启揭露后,理性因与天启协调就能理解它。

苏塞纳斯主义者从这观念出发已经更向前走了一步。他们也非常清晰地认识到天启的必要性,但他们在另方面又强调凡是不能证明与理性知识相通的东西都不能被启示。因此只有在宗教文件中合乎理性的东西才会被人认为是天启真理;那就是,理性决定着必将被认为是天启的东西。从此观点出发苏塞纳斯主义者把三位一体和基督化身排除于天启内容之外,并完全把天启从理论领域转移到一个完全不同的领域。他们从**合法性**的特征来理解宗教,这就形成他们特定的立场。上帝启示于人的不是形而上学,而是**法令**。上帝在摩西身上是这样做的,上帝也在基督身上赐予新法。但是如果在客观上宗教在立法,那么在主观上宗教就在履行法令——不承认理论,甚至也不承认纯粹的道德意识,而只听命于上帝所启示的法令,并遵守其一切规章制度。上帝只规定此法规为永恒福祉的条件——这是一种宗教的法律观点,由于它所依恃的是由神力所决定的有无限权威的原则,它似乎浓重地蕴涵着司各脱的种种因素。

2. 然而如果天启的标准最终存在于天启的合理性,那么这个观点的完全的逻辑结论是:必须把历史上的天启当作多余的东西而剔除掉,只剩下自然宗教保留下来。英国的**自然神论者**就是这样做的。**托兰德**是他们的领袖,因为他第一个剥夺了基督教即普遍的理性宗教所有神秘的东西,并将其知识内容归结为"自然之光"的真理,即归结为哲学的世界观。毋庸置疑,在他那里,这种世界观不过是由英国新柏拉图主义者接受从意大利文艺复兴传递过来的幻想的自然观。托兰德在他的《泛神论者的神像》一书中,为这种自然宗教设计了一种祭仪,祭仪唯一合法的女祭司应该是科学,祭仪的主要英雄应该是历史上人类灵魂的伟大教育家①。

　　然而在进一步发展过程中启蒙运动哲学力图赋予自然宗教的内容以两种不同的源泉:理论理性和实践理性。关于第一种,自然神论包含基于发展史的自然哲学的形而上学;关于第二种,自然神论包含道德哲学的世界观。就这样,启蒙运动的自然宗教既被卷入理论问题的运动中,又被卷入实践问题的运动中,两种因素有紧密关系,而又各有其特殊发展,因此它们又可能分道扬镳,彼此分离。这两种组成部分的相互关系对于自然宗教史的发展如同它们对于正统宗教一样具有同样决定性的影响。

　　这两种因素的完全结合可在此种思潮最重要的思想家**莎夫茨伯利**身上找到。他的学说的中心和他的本质的中心就是他自称的**热忱**:对一切真、善、美的事物的向往,灵魂超越自身升向更普遍的价值的飞跃,为全心全意献身于崇高事物而耗竭心力。宗教也只不过是:人格的升华的生活同伟大现实浑成一体的自我认识。而此种高尚的激情像所有其它激情一样,产生于对爱情的倾羡和激动。因此,从客观上以及主观上来讲,宗教的源泉是宇宙的和谐、

---

　　①　看来,**泛神论**如果还没有被创造出来,通过托兰德的著作无论如何也会流行起来的。也可参阅 G. 伯托尔德《托兰德与当代一元论》(*J. T. und der Monismus der Gegenwart*),1876 年海德尔堡德文版。

美丽和完善；由此不可抗拒的印象唤醒了热情。莎夫茨伯利带着极大热情描绘了事物秩序、事物相互作用的合目的性、事物结构的美、事物生活蓬勃发展中的和谐；他并指出：无一物本身是邪恶的，419 无一物是完全错误的。在某一个体系中显得是丑恶的东西但在另一个关联或更高一级的关联中却表明是良善的，是合目的的整体结构中不可缺少的成分。具体的一切不完善的东西在宇宙的完善中消逝了；一切不谐之声都消逝在宇宙的和谐中。

这种**宇宙神教的乐观主义**，其辩神论观点的概念结构本质上完全是新柏拉图主义的性质，因此它只认识一种上帝存在的证明，即**物理—神学的证明**①。自然无处不具有艺术家的特色，这位艺术家以极高的智慧和敏感在现象的妩媚中舒展自身内质的高尚纯洁。美是这种世界观的基本观点。对宇宙的惊羡本质上就是审美的；有教养的人的审美力对莎夫茨伯利来说就是宗教感情和道德感情两者的基础。因此他的神学又是艺术家观点的审美力的神学。同乔尔达诺·布鲁诺一样，他在每一个体结构的谐和美中追求着宇宙的合目的性。在这里目的论思想中的一切渺小的东西、功利主义的东西尽被褫夺了，诗人赞美宇宙的使人着魔的激情渗透在莎夫茨伯利的著作中，就在这方面，他的著作非常强烈地影响着②德国的诗人：赫尔德③、席勒④。

① 这个名称追溯至十七世纪，似乎来源于英国新柏拉图主义流派：塞缪尔·帕克《自然神学对上帝的探索》，1669 年；威廉·德勒姆《自然神学》，1713 年。
② 参阅后面第三十六节，6。
③ 赫尔德《论人类心灵的认知和感知》。
④ 席勒《哲学通信》(朱利叶斯)，参阅 O. 瓦尔采《席勒哲学著作科塔兴版本序论》。

3. 启蒙运动哲学家中的确很少有人站在这样的高度。伏尔泰和狄德罗[①]一任自己被推向这样一种热情的世界观。莫泊求和罗班涅也有点宇宙神教的倾向。德国赖玛鲁斯在思考动物的艺术本能时至少指出了对于自然的艺术精巧细作和自然在自身有机结构中所实现的内在目的的敏感性。但是十八世纪绝大多数哲学家是如此地受到人类学兴趣和哲学的实践目的的约束,以至他们宁可研究宇宙的整体组织和宇宙的部分活动为满足**人类需要**而产生的**效益**。如果有些更高气质的人主要考虑道德的改进和完善,他们也不会鄙弃效益观点和日常"幸福"。

就这样,审美目的论就被司各脱的功利主义观点接替了,而人们如莱布尼茨、波义耳、牛顿、克拉克等所用以证明机械主义从属于目的论的机械类比也只能对这观点有利。因为机器的合目的性恰恰在于机器产生利益,恰恰在于机器的成就(产品)不同于它们本身的活动。这种类比也颇受"启蒙运动者们"的欢迎,他们往往赞赏他们的哲学与科学协调一致,他们利用这种观点以反对〔正统〕宗教的奇迹观念。赖玛鲁斯也主张:只有粗制滥造者才需要改造他们的机器,而对于一个有完善的智慧的人来说弄到这样的境地是件有失体面的事。但是,如果有人要问宇宙—机器的目的是什么,启蒙运动的答案是**人类的幸福**,也许充其量会说,是普遍创造物的幸福。在德国启蒙运动时期他们用最无审美趣味的方式来阐述这种实利主义的小商观点。沃尔夫的经验目的论(《论自然万物的目的观》)用小资产阶级的观点逗起人们的欢笑,他把这种观

420

---

① 特别在《哲学思想录》一书中。

点硬加在有创造力的知识界身上。**通俗哲学家们**竞相用广阔的令人愉快的画面描绘：这个世界为 *homo sapiens*〔有智慧的人们〕布置得多么整洁和舒适；一个人如果他行为正当，生活在这个世界里多么美好。

　　就在当时，具有更崇高的思想的是**康德**，在他的《自然通史与天体理论》一书中，他采用了莱布尼茨-牛顿观点，不过摈弃了一切有关世界对人所用的空话，而把眼光集中于表现在天体无限复杂中的完美和表现在天体体系结构中的和谐。在他那里，在创造物的幸福旁边，总出现创造物在道德上的完善和高尚。然而他也认为，关于上帝存在的**物理-神学的证明**是对人印象最深刻的证明，虽然他相信这种证明同宇宙论证明和本体论证明一样缺少说服力。与此相反，通俗哲学特别喜爱的正是此种证明，此种证明构成自然宗教的普遍特性。

　　4. 这种思维过程的前提是这种信念：世界实际上是如此完美、如此合目的性，足以支持上述证明。虔诚的灵魂抱有这种信念；而十八世纪文献证明，这种信念在广阔的种种领域里都毫无疑问地被人假定为这种论证的有效前提；抱怀疑态度的人们要求这种信念也应得到证明，因而引起**辩神论**的问题。在大多数情况下，启蒙运动哲学采用莎夫茨伯利带入此领域里来的这些（古代的）论据，但也不鄙弃怀疑论正统派关于人类知识的局限和通向天命途中的阴暗的提示。

　　辩神论通过**莱布尼茨**获得新的转变。培尔深刻的批判使他感觉有必要通过证明宇宙的完满性在他的单子论体系中加上实验的证明。为此目的，他通过把他的形而上学的最高概念置于运动之中,力图证明邪恶出现于此世界的这一现实并不能被利用为一次范例以说明邪恶根源来源于全善全能的创造性活动。他主张,形而下的罪恶是伦理世界秩序中道德罪恶的必然结果;那是对罪行的天然处罚。然而道德罪恶的根源在于创造物的有限性和局限性;后者是**形而上的罪恶**。单子作为有限物具有晦暗的和混乱的感性表象,从这些表象必然产生晦暗的和混乱的感性冲动,这些感性冲动就是发生罪行的动机。因此辩神论的问题归结为这样的问题:为什么上帝创造或容许形而上的罪恶? 421

　　这个问题的答案非常简单。有限属于创造物概念,局限是万物的本性。一个世界只由彼此限制而又被其创造者本人所决定的有限物所组成,这是逻辑的必然性。但是有限物是不完善的。一个只应包含完善存在物的世界,本身就是一种矛盾(*contradictio in adiectio*)。因为从形而上的罪恶,开始产生道德罪恶,继而产生形而下的罪恶;从有限产生罪行,从罪行产生痛苦——这是一种"永恒的"即概念的(理性的)真理,所以一个没有罪恶的世界是不可想象的——这就是逻辑的必然性。因此不管上帝的善意如何希望避免罪恶,神的智慧,"*region des vérités éternelles*"〔永恒真理领域〕要制造出一个无罪恶的世界是不可能的。形而上的真理独立于神的意志:神的意志在其创造性活动中又受到形而上的真理的约束。

　　另一方面,善像智慧一样属于上帝概念;〔上帝的〕善就保证了罪恶尽可能地少。世界如此并非必然,那就是我们可以把这个世界想象为与此不同的世界。有无穷多个可能的世界,其中无一完全不存在罪恶,只不过有些比另一些患有更多的、更重的罪恶而

已。但是从上帝的智慧展现在上帝前面的所有可能的世界中上帝
创造了这个世界,这个世界只可能是促使上帝这样做的最好的选
择;他使那个包含罪恶最少、最小的世界成为现实。这个世界的偶
然性基于它之存在不是由于形而上学的必然性,而是从许多可能
性中选择出来的;又因为这种选择起因于上帝全善的意志,因此如
果说这个世界不是最好的便是不可思议的。辩神论不能否认这个
世界的罪恶,因为罪恶即存在于这个世界概念之中;但是辩神论能
证明这个世界所包含的罪恶是按照形而上学规律所容许的尽可能
的少。上帝的善倒很乐意创造一个完全没有罪恶的世界,但是他
的智慧只容许他在**许多可能世界中选择最好的一个**,那就是最少
罪恶的一个世界。

在这里就产生了**乐观主义**这个词语。自然神学世界观的这种
实验性的证明是否正确尚未确定。十八世纪考虑这个问题,好像
莱布尼茨的本意就是要证明这个世界就是可能想象到的最完美的
世界,在当时的文献里几乎不能显著地发现他之所以这样做是出
自对罪恶的形而上学必然性的假定,当时的文献彻底地渗透着"乐
观主义"思想。从历史上说,这种辩神论最显著的特点是托马斯形
422 而上学同司各脱形而上学的独特的融合。这个世界之所以如此是
因为上帝的意志要它如此;凭借上帝的全能他很可能作出另外的
选择;然而在上帝选择在他前面的种种可能性时,上帝的意志受到
作为"永恒真理"的神的理智约束。在整个现实之上笼罩着逻辑所
指令的天命。

5. 自然宗教的导师们从过去到当时发展的形式中确信他们
沿着自然神学的道路可以达到把神性当作有创造力的智慧的观

点。习惯上便给当时的发展阶段取名为**自然神论**。在此,作为人格的上帝的概念是从正统宗教遗留下来的最后的遗迹,给自然宗教提供了道德方面的根据,并又反过来在道德哲学中找到对自己的支持。但在只追求理论因素的地方,自然宗教便发现自己卷进了自然主义形而上学的发展过程中,并在其中最后发现自己的灭亡。托兰德曾认为自然崇拜是构成宗教感情的基本内容,他把这种自然崇拜转化为一种彻底的**泛神论**。由于在法国自然科学家(参阅第三十四节,9)发展起来的物活论,上帝的超越性以及上帝的人格便告终结了;而当宣告了对自然的机械解释取得完全胜利的时候,当有机世界也被认为在原则上成为自然界普遍机械作用的产物的时候,自然神学的证明便丧失了控制心灵的力量。除此之外,这证明的前提也被人怀疑。震撼全欧的里斯本地震(1755 年)使不少人在世界秩序的完善性和合目的性的观念上动摇不定:自然用以破坏人生和所有人生目的和价值的"冷漠无情"(Gleichgültigkeit)似乎更多地说明所有事物发生变化中的盲目必然性,更少说明世界变化过程的目的论倾向。这种观点的转化在伏尔泰那里表露出来,在《坦率或论乐观主义》一书中伏尔泰讥讽"最好的可能世界";自然宗教中的自然哲学因素便被粉碎了。

　　《论自然体系》一书得出最后的无神论和唯物主义结论。所有合目的性,所有自然秩序都只不过是人类心灵中的现象。自然本身只知道原子运动的必然性,其中并无依赖于目的或规范的**价值规定**。自然符合于规律这条原则既存在于据我们看来系无目的的或不合目的性的、无规则的或异常的事物中,也存在于我们判断为符合于我们的意图或习惯以及我们同意为合目的的事物中;在两者中同样的逻辑严密性起着作用。智者应该把**自然的冷漠无情**变成自己的;他应该看透所有目的概念的相对性,没有真正的规范或秩序。这个原则**狄德罗**应用于美学。因此**自然的重要性**是艺术应该表现的唯一的东西,是艺术应该把握和描述的唯一的东西。美是不具有客观效用的估价之一。唯物主义只知道**无理想的艺术**,只知道对任何现实的冷漠无情的模仿,——赤裸裸的自然主义。

6. 当自然神论的自然哲学基础就这样从内部崩溃的时候,它的认识论基础也开始动摇。因为所有对形而上学可能性的攻击也是针对自然宗教的可能性的,从内容方面说自然宗教只不过表现为宗教形而上学的残余。在这方面,**培根**思想体系是自然神论最危险的敌手。它只容许宗教作为天启而存在,否认借助于理性认识宗教教义的可能性,甚至否认能使宗教教义与理性协调一致的可能性。没有一人比**培尔**更起劲地支持这种观点。他系统地论证一切教义理论都是反理性的。他深刻而敏锐地揭露教义的矛盾。他力图证明:从天然理性来说教义理论是荒谬的。但是他也揭露自然神论的弱点。他否认证明上帝存在和灵魂不朽的哲学论据的可靠性;他特别利用辩神论问题以证明"自然之光"的不健全。甚至在同莱布尼茨争论时他也未认输。因此,对他说来,宗教只有作为与哲学知识相矛盾的传统天启才有可能。他异常激烈地捍卫着双重真理。因此,对他个人说来,他也许可以取得反理性的信仰的功绩——他的著作,特别是他的拥有广大读者的《词典》对正统宗教理论学说的危险性不亚于对自然神论的理论学说的危险性。

最后,**休谟**出于认识论的动机瓦解了其他英国经验论者和名称论者甚至像哈特利、普利斯特利等唯物主义者力图同自然宗教保持的团结。如果完全不存在事物的形而上学,那么哲学的宗教也就垮台了。的确,休谟(如对话中的克雷安德)从盖然论实际应用的意义上(第三十四节,6)承认世界作为整体造成合理性和理性秩序的无可争辩的印象,因此发现我们的经验所依赖的信念(be-lief)也可应用于(自然神学)关于整体的统一的创造和统一的路线的假定。但从科学观点看来(如斐洛),他也不能认为这种信念可以为理性所建立。特别是,遵照盖然论原则,他断言基于纯粹机械论的假定就完全可以解释在无数原子组合中最后出现一种持久的合目的和秩序井然的组合而固定下来。因此这个问题仍然难以解决。自然宗教对于一个注重实际的人不失为一种可以理解的思维方式,但不应认为是一种科学理论。

7. 由于这些原因或另外一些原因自然神论的形而上学因素越被人放弃,自然神论自称的“真正基督教”就越被局限于**道德信念**。这条道路早为同自然神论立场距离辽远的赫伯特·冯·彻布里所准备后又为斯宾诺莎完全肯定地表达了出来。按照这种观 424
点,宗教本质基于道德的意志和行为,宗教生活的真正内容是对义务的思考和由义务所决定的生活行为的严肃态度。这种观点为后期的自然神论者所采纳。但仅此只足以产生不确切的模糊的**世界观**的轮廓。剩下的关于全善的上帝的概念仍然是不确定的,上帝为幸福而创造了人,上帝通过人的道德生活为人所崇敬,上帝在永恒生活中施人以同等正义,因此这种道德将获得在我们这里不存在的应有的报偿。人人都可注意到存在于**道德化的自然神论**中的这种纯粹的高尚的思想或者注意到自然神论历史上具有的崇高价值,因为与宗教派性狂热的片面性和争斗相反,自然神论把宽容

（信教自由）和仁爱的理想结合在一起。尊重纯粹的人性，尊重道德品质，为人谦逊等等都带到文学和社会生活中，被尊为崇高的地位。但在另方面，也同样真实的是，从来也没有一种宗教，其生活形式比这自然神论更贫乏的了。它的宗教没有一点尘世气味，并由于实行启蒙运动不能容忍的神秘仪式，便丧失了对于宗教虔诚的深度的理解；也不再渴望灵魂的拯救，不再争取超度，不再有对拯救的炽热感情。因此，自然神论缺乏宗教的生命力，它不过是有教养的社会的人工产物；当德国启蒙运动者写书向儿童们宣传自然神教时，只证明了他们对于真正的宗教理解得多么少啊！

通俗哲学中有一大群这种观点的拥护者，其中存在着关于下述一些问题的各种程度不同的不确定性：宗教世界观遗留下的道德观点有多大能力建立一种理论基础，那些道德遗风又有多少被认为是伦理意识的组成部分。在**伏尔泰**后期思想中占统治地位的就是对这种观点的彻底澄清。在此，培尔的怀疑论对他的影响是如此之深，以至使他不再承认形而上学的任何权利：神性和灵魂不朽现在对于他说来只是**道德情感的假设**而已；对它们的信仰也只不过是道德行为的条件而已。他认为，如果这种信仰消灭了，那么诚实行为的动机从而社会秩序的基础也会随之消灭：*si Dieu n'existait pas，il faudrait l'inventer*〔如果上帝不存在，就应该创造上帝〕。

8. 尽管自然宗教的这些个别发展形式有多么不同，但是有一点是共同的：——它们共同地蔑视正统宗教，批判正统宗教。在这些正统宗教中只有它们彼此一致又与自然宗教一致的地方才被认为是真实的。在这些正统宗教中超越这种观点求助于某种特殊的天启的一切说教,自然神论都一概逐之门外,而正在这一点上,他们自称为**自由思想家**。因此,天启理论所提出的要求就遭遇到特别有力的反抗。科林斯反驳预言证明,伍尔斯顿反驳奇迹证明。两者都力图为宗教文件中有关的报道找到一种最可能的〔来自〕自然的解释。这种企图的目的并不在怀疑圣经上的纪事的可靠性,而是往往用一种非常奇特的方式,用纯粹的自然原因排除一切神秘的超自然的东西来解释那些事实;这种企图在德国主要被表述、被运用为**唯理主义的**解释。也正是在这里,**赖玛鲁斯**在他的《辩护书》中最尖锐地批判天启的可能性;他宣称天启是多余的,不可思议的,不真实的。其他的人把批判的锋芒指向教义学的个别理论。狄德罗反对基督教上帝概念的道德特性,而伏尔泰则运用智慧竭力嘲笑所有宗教和教派的教义和仪式。

　　然而在他那里,在根本上也存在着这种严肃思想:正统宗教的所有这些附加物尽都是使真正宗教晦暗化和腐败化的东西。他像其他自然神论者一样,觉得负有使命去为真正宗教而斗争。他们充满信念:自然宗教是一切人的遗产,是植于人本质中的信念,因此这种信念就是宗教生活的原始状态。从这种观点出发,所有正统宗教表现为在历史过程中产生的腐化了的形式,因此宗教史的进步只基于回归到原始的、纯粹的、未腐化的宗教。因此,根据**廷德尔**所说,与自然神论一致的真正基督教同〔上帝〕创造万物一样久远。耶稣并未带来新的天启,他只是面临古代宗教的腐化而恢复了对上帝的真正崇拜。但是基督教会又腐化了耶稣的工作,自由思想又盼望回到他那里去。所以**莱辛**区分基督教和基督的宗教。

　　如果现在有人问,什么原因使得真正宗教受到歪曲,那么就在处理这一问题上启蒙运动者们表现出对历史缺乏理解：他们认为虚假的东西据他们看来只有通过任意的虚构才有可能。他们如此确信，他们的自然神论是唯一的真正的思想体系，以至其它所有学说据他们看来都似乎只有通过说谎和欺骗才能解释，这些学说的宣告者们似乎站在他们自身的利益上行动。因此，自然神论者的一般理论是：正统宗教的历史基础是虚构和欺骗。甚至莎夫茨伯利也不知道〔除这方式外〕还有另外的方式来解释构成真正宗教的热忱是如何被歪曲为迷信的狂热的。在这一点上，启蒙运动者对神甫们的仇恨最强烈地被表现在赖玛鲁斯的《辩护书》一书中。

9.〔自然神论〕对正统宗教的历史本性不能公正地对待与它普遍缺乏历史意识、缺乏对于整个启蒙运动哲学独特的理解完全一致。这事的根源在于：近代思想是与自然科学同步进展，而所研究的东西的有效性或是无时间性的或是永恒的。只有少数情况才打破了此种界限。

426　　这件事首先通过大卫·**休谟**以极鲜明的意识表现了出来；休谟极少把历史意识[①]和哲学意识结合起来。当他发现宗教不能放在论证的理性知识的基础上时，他就证明有关人类心灵的宗教根源问题必须同思辨研究完全脱离。他只按照作为《自然宗教史》的心理原则来处理这个新问题。他证明：在原始的对自然的理解中，在恐惧和希望以及与之相连的震惊和幸福的感情中，在自然变化与人生浮沉的比拟中，存在着种种诱因促使形成高级存在物的观

---

　　①　参阅戈尔茨坦《休谟的经验历史观》(*Die empirische Geschichtsauffassung D. Humes*)，1903 年莱比锡德文版。

念,并崇拜这些高级存在物以平息其怒,获其欢心。因此,自然宗教的原始形式是多神教,多神教完全用人格化来思考和对待这些高级力量。但是神话构成的形形色色的种种形式按照观念联合律融合在一起,神话互相穿插;最后由于神权政治,这些宗教观念的整体凝聚起来变成一个统一的神的存在的信仰,整个宇宙合目的秩序即来源于这个神的存在,——这个信仰的确不能自恃为纯粹的形式,而是以各种不同方式与其原初的设想联结起来的。一部宗教史是从多神教逐步转化为一神教,其结论恰恰与目的论的世界观相吻合。休谟曾在他的《对话录》(《自然宗教对话录》)中阐述过,这种目的论世界观是智者的观点,事实上不可能用科学来证明,而只能同天然的信仰情感联结起来。

这种心理学-文化史观点又被语文-文学史观点加强了,后一观点在萨洛蒙·塞姆勒所创建的**历史的圣经批判**中得到表现。这种批判开始贯彻斯宾诺莎①所系统制定的思想:圣经各卷也正同其它著作一样必须处理其有关内容、来源和历史,必须从它们的时代和作者的特点来理解。塞姆勒把他的注意力特别集中在:早期基督教不同教派在新约各书中表现了出来。他在这方面所达到的假设可能被后来的科学超过了,然而在此的确指出了从自然神论运动所顽强地坚持的激进主义中走出了一条科学的道路;因此塞

---

①　参阅前面第三十二节,2。洛伦茨·施米特是韦特海默尔圣经译文的主要译者,他是一本书的无名编辑,在这书里,在标题为“著名哲学家沃尔夫批驳斯宾诺莎学说”的伪装下提供了斯宾诺莎《伦理学》优秀的译文,而最后只附录了沃尔夫德文著作的几个段落(1744年,在法兰克福和莱比锡付印),不说其它,就从这有趣的事实看说明了德国的宗教启蒙运动者们在多大程度上熟悉斯宾诺莎的著作。

姆勒大声疾呼反对启蒙运动的代言人。

427　　**莱辛**却从另一个角度处理这些问题。他确实不是一个屈从于教条的人。很少人能像他那样,看透而且拒绝了这种局限性,即只认为在历史上流传下来的遗产中才能认识到真理;但他又尽量避免扮演一个在千百年后才来判断是非的法官。然而使他有别于大多数启蒙运动者还不止于此,他本人是一个有深刻的宗教气质的人,他在宗教中看出了人与上帝、上帝与人的生动的关系。因此,**宗教没有天启是不可能的**;宗教史就是上帝天启的系列,就是**上帝对人类的教育**。为这些天启计划周密的系列,莱辛假设了这种关系:系列中每一天启较前一天启有更深刻的含义,并在下一天启中又被揭示得更清晰更明确。所以,甚至《圣经》的第二初级读本《新约全书》,现在较进步的学者为之"顿足、发火",却也给我们**永恒福音**的预感。在贯彻欧利根的这种思想时[①],莱辛只试探性地指出了存在于用神秘思辨的方式解释教义中的一些不明确的途径。

10. **赫尔德**终于最起劲地抵制流行的唯理主义的那种无理解性。他不免受到卢梭的影响;同卢梭一样(参阅后面第三十七节,4)他抨击启蒙运动浅薄庸俗的斗争实质上基于他的审美动机,反对无诗意的理智文明,而追求感情的纯朴和天才的权利。就这样他认识了启蒙运动的宗教的软弱无能,与此相反他维护宗教感情的纯朴热情,并同时维护基督教的历史权利。从这观点出发,他反对时代的偏见,对中世纪作出更公正的估价,而浪漫主义热情洋溢的观点早已为此公正的估价准备了条件。在另一方面,他颂扬《圣

---

① 《人类教育》,第七十二节起。

经》,誉为古代宗教真理的集中表现。不仅如此,他在比克堡孤独中创作的作品①里甚至不禁为感情强烈的正教主义和超自然主义所吸引,超自然主义本身竭力反对腓特烈时代的信教自由论,他认为这种信教自由论是十分低级的信教无差别论。

　　然而当赫尔德被来自魏玛宫廷的歌德更自由的气氛解脱出来时,他又克服了此种片面性:重又得此补救是来自他的审美意识。因为他学会了把他从对民歌本质的认识中所获得的洞察能力应用在理解宗教文献上。在他的《希伯来诗歌精髓》(1782 年)一书中,他认为《圣经》是诗人幻想的产物,甚至是**民间诗歌**。与审美观点同时,产生了一种宗教历史观,此宗教历史观极巧妙地融合在赫尔德的一般历史哲学思想中(参阅第三十七节,5)。

---

　　① 《又一人类教育历史哲学》(1773 年;反对艾斯林,参阅后面第三十七节,5);《新约全书诠释》(1774 年);《人类最古文献》(1774 年和 1776 年);《传道士省公报》(1776 年)等等。

第二章　实践问题

　　十八世纪的自然宗教不能长期地从自然科学的形而上学那里得到支持便在伦理学中寻求支援。这有可能是因为在这期间〔伦理学〕这门哲学研究的分支已经完全取得对正统宗教的独立。事实上,这种分离早在继十七世纪宗教的信教无差别论的形而上学之后便已开始了,这种分离以相当迅速和简单的方式完成了自己的过程。但是这新时期的特点也在下述事实中表现了出来:这些研究的重点很快转移到**心理学**领域中来;在此心理学领域里哲学迎合当代的文学倾向,目标集中在更深刻的人的自我研究,对人的感情的细致探索和心理动机的分析,多愁善感的个人感情的培养。沉湎于内心生活的个人,**自我享受的单子**,便是启蒙运动时期的特征性的现象。被十七世纪的外力所压制的文艺复兴时期的个人主义又突然以更加丰富的内心活力从拘泥虚礼、道貌岸然的形式生活中冒出头来了:枷锁必须粉碎,形式主义必须扬弃,人的纯洁的自然生活应该发扬。

　　然而个人对他自己变得更加重要,他考虑他自己真正幸福的内容越多,道德、社会、国家对他说来就越成问题。个人如何同他人的生活联结在一起,而集体生活又超越于个人生活? ——启蒙运动哲学就是这样提出实践的基本问题的。通过对这些问题的种种热烈讨论,下一观点成为默契的前提:(如经常为人所想象的)为自然所规定的个人系原始的既与的事实，系简单的自明的事实，一切超越个人的关系都必须以个人作为解释的出发点。就这点而言，十七世纪的自然主义形而上学形成十八世纪伦理学的背景——在这里更多地按照原子论类比来考虑，在那里更多地按照单子论类比来考虑。

上述前提不断地进一步地得到明确，在这过程中随之带来了这样的结果：在这一时期的讨论中**伦理学原则**获得了有价值的净化和澄清。因为伦理生活被认为是个人天然本性的附加物，应首先予以解释，因此一方面必须通过严格区分来确定有待解释的究竟是什么并如何认识它，并在另一方面，要研究伦理生活的价值和效用基于什么：道德越表现出有别于个人的天然本质，便越显示出关于诱导人遵循伦理命令的动机问题以及有关伦理命令的有效性的基础问题。这样一来，便出现了四个主要问题（开始时相互纠缠，后来又重新绞在一起）：道德的内容是什么？我们怎样认识道德的内容？伦理命令的合法性基于什么？什么使人采取道德行为？**道德原则**按照这四种观点分为**标准，认识源泉，制裁**和**动机**。[429]这种分析和解释表明了对这些问题的答案可能以极其多样化的形式彼此缠结在一起：上述问题的澄清和区分也正是起源于十八世纪道德哲学学说的丰富多彩、驳杂交映。**莎夫茨伯利**的精神的领导力量站立在这运动的中心，控制各条战线，指挥一切。而在另一方面，正是因为提问题的千差万别，在这一时期，这个运动并未达到终结（参阅第三十九节）。

这种伦理学基本的个人主义倾向，其典型特色就是经过反复思考的**德行与幸福的关系**；或多或少鲜明地提出来的最后结论是：

个人欲望的满足被提高到作为伦理功能的价值标准。以此原则为基础而树立起来的实践哲学体系就是**功利主义**,功利主义多样化的发展构成这些思想复杂循环的旋转中心。

但是从此便产生了有关政治社会现实的许多更加迫切的重要问题,即关于**社会关系的幸福价值**问题,关于公共机关及其历史发展问题。现存的和在历史上形成的东西又丧失了它的直接效用和天然价值:它应该在批判的意识面前表明自己是正确的,它应该通过它为个人所产生的效益来证明自身的存在权利。从这观点出发便发展了十八世纪的政治-社会哲学;在这观点上这种哲学对历史现实采取了批判的态度,最后这种哲学按照这一标准检验了人类文化在历史进展中的成果。**文化本身的价值**和**自然与历史的关系**就这样通过卢梭刻意描述变成了最令人难忘的问题;这个问题,与卢梭所鼓动的思潮相反,与大革命震撼人心的重大事件连在一起,决定了**历史哲学**的开始。

第三十六节　道德原则

Fr. 施莱尔马歇《历代伦理学批判原则》(*Grundlinien einer Kritik der bisherigen Sittenlehre*),1803 年,卷一,W. W. III.

H. 西奇威克《伦理学方法》(*The Methods of Ethics*),1884 年伦敦英文第三版,1909 年鲍尔译成德文。

无论从正面或反面两个方向推动讨论伦理学问题的最有成果的力量来自**霍布斯**。他所提出的"利己体系"的影响扩散到整个十八世纪。这个体系的全部结论都得以贯彻,并成为产生对立观点的永恒的强大推动力,这些对立观点又正因此而又依赖于它。在某种意义上坎伯兰也属同样情况,他实际上维护了道德律的价值,将之当作永恒真理以对抗心理学的相对论,并同时欲将**共同福利**当作道德律本质的和决定性的目的内容。

1.　**洛克**在这些问题上的立场还不如他在理论问题上那样清楚那样鲜明地表明出来。无疑,在他攻击"天赋观念"时,处理实践原则差不多占据了更多的篇幅;这也很自然,因为他在那里集中攻击的目标是剑桥学派的新柏拉图主义。但是散见于他的著作中有关伦理问题的明确迹象(实际上并没有什么超过迹象以外的东西)大大地超越了单纯的心理学至上论①的范围。洛克视伦理判断为理证知识,因为伦理判断以一种关系,即人的行为与规律是否一致的关系,为其对象②。据此,**强制性**似乎是伦理学的本质。然而像这类规范的存在不仅预先假定有一位规律制定者而且还预先假定他具有这种权威,即给予服从规律者以报酬,给予反抗者以惩罚。因为按照洛克的意见,只有通过对这些后果的预料或期待,规律才能够对意志起作用。

如果这位哲学家(洛克)可以确保用此原则就不会偏离一位普通人的"常识",那么他同样应保证他为规律制定者的权威提出的三件要求:民意,国家和上帝。但是在这些要求中,在最高者那里,他又找到了他的经验主义与他所保留下来的笛卡儿形而上学残迹的接触点;因为(按照洛克的宗教哲学,参阅前面第三十五节,1)通

---

①　德文原文 Psychologismus:见 S. 395 译者注。——译者
②　参阅《人类理智论》,II. 28,第 4 页起。

过天启和通过"自然之光"完全同等地认识到这〔同一的〕上帝意
志。上帝的规律就是自然的规律。但是它的内容是：上帝规定的
自然秩序把有害后果同某些行为联结在一起，又把有益后果同另
一些行为联结在一起；**因此**，前者被禁止，后者被命令。这样一来，
道德律获得了形而上学根源而又不丧失其功利主义的内容。

2. 虽然整个笛卡儿学派通常都把正确意志视为正确认识必
要的、不可避免的后果，但对**道德的形而上学基础**的需要又表现在
其它形式中，有些表现得还更强烈。在这方面，笛卡儿主义得到全
体新柏拉图主义者的支持，尽管他们在自然哲学方面是笛卡儿的
敌人——开始是亨利·莫尔①和卡德沃思②，后来特别是理查德·
普赖斯③。他们的思想出发点都是：道德之被制定是由来自上帝
的现实的最深本质，因此道德律是用永恒不变的文字写在每一个
理性人的心上。他们以巨大热忱，很少争执，在基督教-神学改造
431　中捍卫着斯多葛-柏拉图主义。

这种与唯理主义形而上学相连的**唯理智论**采取了远离司各脱
依靠神的意志的路线——这条路线笛卡儿曾经恢复过，洛克又更
进一步地复活过。不但如此，它进而只以形而上学关系，最后根据
逻辑准则规定道德律的内容。恰恰在这一点上，出现了唯理智论
与一切受心理学影响的理论的对立，这些理论总以这种或那种形

---

① 《形而上学手册》(1667 年)。

② 他的《论永恒不变的道德》(*Treatise concerning Eternal and Immutable Morality*)，1731 年由钱德勒第一次出版。

③ 《道德问题和争论》(*Questions and Difficulties in Morals*)，1758 年伦敦英文版。

式,永远回到作为伦理规定的内在核心的欢乐和痛苦的情绪上去。
在**克拉克**那里,这种思想是最清楚不过,他宣称要在行为与决定该
行为的关系之间的"适当"中去寻找客观道德原则,他为这种"适
当"的知识要求一种类似于数学真理的自明论据,并站在笛卡儿主
义立场上确信责任感不可避免地从这样的一种洞见发展而来,通
过这种责任感决定了意志走向正确的行为。据此,道德败坏完全
按照古代方式(参阅第七节,6)作为无知和错误意见的结果重新出
现。**沃拉斯顿**受到克拉克的鼓励,给予这同一思想这样的改造:因
为每一行为包含一种关于其基础关系的(理论)判断,因此决定这
个行为的正确或不正确基于这个判断的正确或不正确。

3. **皮埃尔·培尔**对于这些问题采取了一种特殊的立场:他支
持一种**没有形而上学背景的唯理主义**。在他那里,感兴趣的是把
道德牢固地放在坚实的基础上以反对完全依赖于独断主义的理
论,这种兴趣起着最强烈、最彻底的积极作用。当他宣布一般的形
而上学知识是不可能的时候,他反对自然宗教以及传统教义的理
性根据,他还把他在理论领域里取之于"理性"的东西慷慨地偿还
给实践领域里的"理性"。根据他的说法,人类理性不可能认识事
物本质,但人类理性充分备有自身的责任感:〔它对〕外部事件无能
为力,但它却是能完全控制自己的主人。它在科学中缺乏的东西
在良知里获得了:一种永恒不变的真理知识。

因此,培尔认为尽管不同的人、不同的民族、不同的时代在理
论认识中他们是多么的不同,但伦理理性无处不相同。他第一次
以鲜明的意识讲授**实践理性完全独立于理论理性**;但他也乐意将
此论点集中应用于神学领域。他以天主教方式认为天启和信仰本

质上是理论的明照;正因为如此,天启和信仰对他来说似乎与道德无关痛痒。他羡慕古代异教的崇高道德,而且相信一个由无神论者组成的有道德的、秩序井然的社会。因此,虽然他的理论的怀疑主义似乎可能有利于教会,而他的道德哲学就必然被教会当作自己最危险的敌人来攻击。

432　　　　如果在这类讨论中伦理原则也被培尔宣布为"永恒真理",那么他是在笛卡儿原始意义上这样说的;据此意义问题中心不是心理学上的先验性问题,而是不以逻辑为媒介、具有直接明显性的认识论观点。在此意义上,在莱布尼茨那里,伦理真理实质上的先验性显而易见也是有效的。**伏尔泰**就是站在这两者的观点上论及伦理原则的;他对形而上学越抱怀疑的态度,他就越接近培尔的观点(参阅第三十五节,5);他论及伦理原则时说,伦理原则对于人说是先验的,正如他的四肢一样;他应通过实践学会使用两者。

4. 当培尔赋予伦理信念的价值高于理论意见的一切变化和差异时,他很可能获得了普通舆论的支持。他得到了成功,这也许正是因为他把这些信念当作人人知道的东西,并不着手于将这些信念内容建成一种体系或者把它们当作统一体来表述。无论何人只要他作此〔建立体系的〕尝试,他便会很难避免要从形而上学或从心理学中去摄取一种原则。

像这样一种用一个原则来决定道德概念的规定是通过**莱布尼茨**的形而上学才变为可能的,虽然他只偶尔地、暗示地准备了条件;这种道德概念的规定又第一次由沃尔夫用系统的、略嫌粗糙的形式阐述了。单子论视宇宙为一生物体系,其无休止的活动基于开展和实现自身的原始内容。与此亚里士多德哲学概念相联系,斯宾诺莎关于"*suum esse conservare*"〔自我保存〕的基本观念（参阅第三十二节，6)转化为莱布尼茨及其德国弟子们称之为"**完善**"的合目的的天职①。据此本体论，"自然律"与道德律同一，自然律是万物奔向完善的奋力。因为每一像这样趋向完善的过程都与快乐紧密连在一起，生活经历中每一倒退都与痛苦紧密连在一起，所以从这里便产生了（古代的）伦理上的善与幸福的同一。

因此，自然律要求人应该去做有助于他的"完善"的一切事情，禁止人去做势必给他的"完善"带来损伤的一切事情。从这种思想出发，沃尔夫发展了有关责任的整个体系，在此他特别利用了互促原则：人需要他人来帮助完成自己的完善，人在帮助他人实现他人的天职中完成自身的完善。然而特别是，从这些前提出发得出结论：人必须知道什么东西真正给他带来完善，因为不是所有暂时令人感觉会促进生活的东西都证明是真正地永久地走向完善的一步。因此自始至终道德需要伦理知识，需要对人和事物的本性的正确认识。基于这个观点，**澄清理智**就表现为**最卓越的伦理任务**了。在**莱布尼茨**那里，这个观点直接从单子概念引申而来。单子越完善（莱布尼茨用典型的经院哲学方式规定"完善"为 *grandeur de la réalité positive*〔积极的实在性的崇高〕），它就越表现出它在清晰明确的表象中的积极性。单子运动发展的自然规律是澄清单子原初的晦暗的表象内容（参阅第三十一节，11)。沃尔夫烦琐的推论更多地导致在经验中证明知识的有用结论。因此他的推论完全停留在这位德国教师-哲学家为科学工作所规定的平凡目的的

433

①　莱布尼茨《单子论》第 41 页起以及后面第 48 页起。

模式中,即通过概念的清晰和证明的明确使哲学成为有用的、实际上起作用的东西。

　　5. 沃尔夫继承了他的导师、启蒙运动者的领袖**托马休斯**的这种倾向,托马休斯虽然缺少莱布尼茨的那种卓越超群的精神,但是他更了解他那个时代的需要:鼓动人心的才干,为公共利益斗争的勇气。在十七世纪被压抑下去的理智运动在其末期又抬起头来了。托马休斯要把哲学从大学课堂搬到实际生活中去,使之为公共福利服务。由于他很不了解自然科学,因此他的兴趣转向对公共机关的批评。在全体人民生活中以及在个人生活中只有理性应统治一切,因此他光荣地胜利地反对迷信和偏见、反对刑讯和巫婆审讯。因此,在托马休斯的意义上的启蒙运动远远没有莱布尼茨赋予启蒙运动的那种形而上学的尊严。启蒙运动最初靠它自身产生的效益为个人也为全体社会赢得了价值,这种效益也只有从启蒙运动那里才能指望得到。

　　据此,**完善**和**效用**就是在沃尔夫那里使**启蒙运动**成为一个道德原则的两个特征。前者随一般形而上学基础而来,后者存于此体系的特殊结构中。此标准的二元性贯穿在沃尔夫学派和整个通俗哲学中,——只是理论变得越肤浅,效用所占据的地方就越宽广。甚至**门德尔松**提出摈弃一切较深较细的苦思冥想的理由是,哲学要处理的只是对人们必需的东西。但是因为启蒙运动时期的幸福主义的观点从一开始并不高于普通人的教养和福利的观点,所以它陷入另一种局限性:庸俗的实利主义和小市民的世故圆滑。这也许对某一虽不甚高尚但却十分广阔的通俗文学阶层是适当的,能起到造福于社会的作用。但是当这样大的成就冲昏了启蒙运动者们的头脑的时候,当他们以这同样的标尺去衡量重大的社会历史事件时,当这种经验理智骄傲过度,除它"清晰地明确地"认识到的东西以外不承认任何东西的时候,在这些时候启蒙运动高尚的面貌便破相了,变成了善意的愚昧;作为此种典型,**弗里德里克·尼古拉**,以他全副精力致力于社会福利,却变成了一个可笑的人物①。

434

6. 大量的德国启蒙运动者并不怀疑他们因此种干枯无味的效用的抽象规则而离开了莱布尼茨生动活泼的精神有多远。实际上,沃尔夫已让先定谐和也在形而上学方面堕落了;就此证明了单子论极精微的含义仍不为他所理解。因此他及其继承者并未意识到:莱布尼茨的完善原则使得**发扬个人生活内容**和发掘此内容中隐约为人发觉的创造力成为伦理生活的任务,正如他的形而上学充分肯定每一个个体存在在所有其他存在物面前的特殊本性。事情的这一面首先在德国发生作用,其时在文学界,天才涌现时期开始了,特殊心灵的激情追寻着自己的理论。这个〔理论〕形式被找到了,在赫尔德的论文里,以及在席勒的《哲学书简》里,这种形式受到另一种理论的影响比受到莱布尼茨理论的影响要强烈得多——这另一种理论尽管在概念的阐述方面有差异,但在伦理观点上与这位德国形而上学家有着最密切的关系。

莎夫茨伯利赋予完善概念的形式,其体系性虽然更少却更直观、印象更深。根据古代人生观,道德与人真正天性的不断发展合

---

① 参阅费希特《弗里德里克·尼古拉的生平及其特异观点》(*Fr. Nicolai's Leben und sonderbare Meinungen*),1801 年,W. W. ,III,第 1 页起。

二为一,因而与人真正的幸福合二为一;这种人生观直接与他气质相投并成为他思想的生动的基础;因此,在莎夫茨伯利那里道德表现为真正的人道,表现为人生之花,表现为人的天赋的完全发展。在此一开始就决定了莎夫茨伯利对坎伯兰和霍布斯的态度。他不能像后者一样把利己主义当作自然人唯一的基本特点;相反,他同意前者把利他主义倾向当作原始的先天的禀赋。但是在这些倾向中,他在两个人身上都看不出道德的唯一根源;对他来说,道德是"全人"的完美无缺,所以他在两种动力体系之间的平衡发展与谐和地相互作用中去寻求道德原则。这种道德理论不需要为别人的福利而压抑个人的福利;这样一种压抑对这种道德原则来说只有在更低级的发展阶段才是必需的:有高度教养的人既为个人而生活也为整体而生活[①],正通过发展个人个性而成为宇宙整体中一个完善的成员。在这里充分表现了莎夫茨伯利的乐观主义,同时表现了他的思想和本质的孤高。他确信:在利己主义因素与在人类下层起着巨大作用的利他主义因素之间的冲突必然会在一个成熟的人的身上完全协调起来。

435　　然而因此在这位思想家那里,伦理的人生理想纯属**个人的**理想。对他来说,道德并不基于恪守一般格言,并不基于个人意志服从于规范或准则,而在于**全部个性的充分发扬**。那是维护自己权利的最高品格。在伦理领域里最高的体现是**艺术鉴赏力**,不容许个人禀赋中的任何才力、任何艺术天性凋谢枯萎,而是要在完美的

---

　　① 波普将此种关系与行星围绕太阳和围绕自身的轴的双重运动相比较(《论人》,III. 第 314 页起)。并且,正通过这同一诗人,莎夫茨伯利的人生观影响着伏尔泰,而狄德罗(通过他改编《论美德与价值》一书)直接与莎夫茨伯利建立联系。

生活活动中协调一切形形色色的关系,从而既实现个人的幸福又实现个人为整体福利而努力的最有效益的事业。就这样,希腊人关于 *kalokagathie*〔美善合一〕的理想在单子论的世界观中找到新的表现(参阅第七节,15)。

7. 当在莎夫茨伯利那里,道德原则就这样在内容上染上了审美色彩的时候,在他处理有关伦理任务的**认识源泉**时合乎逻辑地这种色彩还要强烈得多。形而上学家们以及感觉主义者们认为这种源泉存于理性知识中,或属于事物本性或属于经验中有用的东西:在这两种情况中都得出论证的、普遍有效的原则。相反,在艺术实践中道德必须从个人本性的深处摄取个人生活的理想,其道德以**情感**为基础。人凭借伦理判断以认可自然植于人心中以促进他自己和他人的幸福的本能冲动,在另一方面,人也凭借伦理判断以否认违反此目的的"不自然的"本能冲动——这些判断基于人使其自身功能成为研究对象的能力,即基于"反省"(洛克);但是这些判断不仅是有关自己状态的知识,而且是**反省情绪**,并以此形成"内部感官"的**道德感**。

就这样,伦理的心理根柢从理智认识的领域移植于心灵的情感领域,直接与美感相邻。在意志和行为的领域里,善表现为美:善基于自然天赋的完美发展,有如美基于多中的谐和统一;善正如美给人以满足、给人以幸福;善又与美一样,是人植于最深本质中的原初认可的对象。这种〔善与美〕的平行或类似,从莎夫茨伯利起,统治着十八世纪文学:"审美力"是伦理的能力,也是审美的能力。这一观点也许**哈奇森**表述得最为明确,不过又多少离开了一点莎夫茨伯利的个人主义。因为据他理解,"道德观念"(在纯心理学的"先验性"的意义上)是一种本质上人人共有的、伦理上表示认可的、原初的判断能力。他很乐意抛弃新柏拉图主义者们和笛卡儿主义者们的形而上学附加物，更加热情地(特别与"利己体系"对立)坚持：**人具有像对美一样的对善的天然情感**。并宣称对此种情感的分析就是道德〔哲学〕的任务。

436　　在**苏格兰学派**中(参阅第三十三节，8)此种原则被转移到理论领域致使真平行于善与美，成为原初认可的对象，从而假定在"**常识**"中有一种"**逻辑意识**"。然而**卢梭**以明显得多的方式宣布**情感为知识源泉**。卢梭把他的自然神论建筑在人的尚未腐化的、天然的情感上[①]，以反对纯理论的启蒙运动借以处理宗教生活的冷静的理智分析。这种情感哲学被荷兰哲学家**弗朗兹·赫姆斯特海斯**(来自格罗宁根，1720—1790年)以极其不确定的折中方式阐述过，又被天才的宗教狂、"北方的魔术师"**哈曼**[②]用古怪离奇的手法描绘过。在他们两人那里，从以开明态度描绘的平凡的日常生活中透露出一种深刻的精神现实——在赫姆斯特海斯[③]那里，用的是经过深思熟虑的、静观的、带着希腊色彩的、调和折中的方法，在哈曼那里，用的是热情奔放的、激动的、渴望追求宗教的、自相矛盾

---

① 参阅《爱弥儿》中萨瓦牧师的信条，IV.，第201页起。

② 约翰·乔治·哈曼(柯尼斯堡的，1730—1788年；《全集》由吉尔德迈斯特尔编辑，哥达版，1857—1873年)用思想深刻但又不合逻辑、不清晰的表现方式将这条思想路线同接近正教的虔信派结合起来。

③ 关于赫姆斯特海斯，参阅 E. 柯切尔《浪漫派哲学》(*Philosophie der Romantik*)，1906年，耶拿德文版，第7—34页；最近，F. 布利《赫姆斯特海斯和十八世纪德国反理性主义》(*H. und der deutsche Irrationlismus des 18. Jahrh.*)，1911年，莱比锡德文版。L. 布伦梅尔《弗朗兹·赫姆斯特海斯》(*Fr. H.*)，1925年，哈勒姆德文版。

的方法。

8. 由莎夫茨伯利和哈奇森所倡导的上述情感论,其影响至深者存在于**伦理研究和美学研究的融合**中。阐述幸福论的道德学所用的方式越为普通人所理解,它就越易于赋予作为天然快乐对象的道德命令以优美妖媚的外衣,就越易于把善当作美的亲人推荐给审美力。**苏格兰学派**的观点也离此不远。**弗格森**特别援引莱布尼茨关于"完善"的基本观点发挥了莎夫茨伯利的观念。然而对于**美学**说来,这种思想纠结的影响是:莎夫茨伯利从整个普罗提诺世界观出发用形而上学方法来处理有关美的问题,在开始时便完全被心理学方法掩盖了。要问的问题不是美是什么,而是美感如何产生。在解答这个问题当中,对美学的阐述或多或少与伦理关系联系起来了。在那些比苏格兰人更接近感觉主义心理学的美学作家那里,这个观点显示了出来。因此亨利·霍姆认为美的享受是从纯感官欲望的抑制走向道德和理智的愉快的过渡,他又认为艺术之被"创造"是人为了提升到更高的境界而必需的感官气质的净化。因此,他利用更高级的感官,听觉特别是视觉,去追寻美的世界,并将全人类共有的对秩序、规律性和多统一为一的审美能力当作基础。当他进一步区分直接为"感官对象"的"内在"美与"关系"美时,这些"关系"基本上期待于伦理的公共福利,美即被规定为此公共福利服务[①]。甚至埃德蒙·**伯克**在他按照**联想心理学的方法**想从感觉的基本状态获取审美行为的时候,也非常坚定地依靠当

437

[①]　更详细的阐述见文德尔班论文《论霍姆》,载于埃尔希和格雨伯尔主编《百科全书》卷二,32,第 213 页至 214 页。

代道德哲学提出的问题形式。他力图从利己本能与社会动力之间的矛盾来解决**美与崇高的关系**——这个任务，霍姆也曾努力过，不过很少成功①。凡是用令人舒适的战栗使我们充满恐惧的东西就被认为是崇高的——"一种令人愉快的恐怖"，而我们自己又站得如此之远，以至我们感觉我们远远不会受到直接痛苦的危险：相反，凡是以一种令人愉快的方式唤起性爱的感情或一般人类爱的感情的东西就是美的。

　　然而文学艺术批评的兴趣又超越了对审美观点、判断、享受等的研究而进入有关艺术创作的本质问题；在此，首要的是，A. **杰勒德**②曾力图规定**天才**的概念，因为他出色地强调了天才的直觉的纯真、典范的成果和真正艺术家的创造力以反对流行的鹦鹉学舌的理论。在此，主要的心理学理论开始能以哲学观点正确地处理当代的美的文学的巨大发展。

　　苏尔泽与霍姆相似，将美感置于感官快感与善感之间，以此作为从这一种感觉过渡到另一种感觉的桥梁。他在理智因素中找到了这种过渡的可能性；理智因素在我们对美的领悟时起到协助作用：据他看来根据莱布尼茨的意见（第三十四节，11），美感表现为在形形色色中感官所感到的谐和的统一的感觉。据他看来正是根据这些假设，只有当美能促进道德意识时美才是有价值的、完善的。就这样，艺术被摄取为启蒙运动的道德服务。这位长期驰名

---

　　①　根据霍姆，如果美是伟大的，美就是崇高。质的愉快与量的愉快之间的矛盾似乎基于对于美的不清晰的、摇摆不定的规定。

　　②　A. 杰勒德《论审美》(1758 年英文版，1766 年德文版)，特别是《论天才》(1774 年英文版，1776 年德文版)。参阅 O. 施拉普《康德论天才》(1901 年哥廷根版)。

于德国的美学作家证明他自己在艺术观和艺术问题上不过是一个
道德庸俗化的艺术外行而已。然而当**康德**也从心理学观点出发以　⁴³⁸
令人惊羡的世界知识探索着个人、家庭、民族的伦理生活和艺术生
活的精致细节时,他对于"美感和崇高感"所进行的"观察"具有多
么无穷无尽丰富和自由的精神啊!

　　最后,这些思想在德国引起心理学体系富有成果的改造。在此之
前,按照亚里士多德的范例,习惯上将心理活动分成理论活动和实践
活动;但是现在如果将这样被认识到的种种不同意义的感觉归纳为认
识类或意志类,会带来危害;事实更可能是这样:感觉作为特殊表现
方式,有些是上述两种心灵功能的基础,有些随之而产生。在此,所
受影响还是来自莱布尼茨的单子论。**苏尔泽**在柏林讲学[1]中似乎首
先指出了单子晦涩的原始状态应与具有充分意识的认识和意志的
发展成熟的生命形式区分开来;而他发现识别这些晦涩状态的特征
是随其发生而引起快乐和痛苦的状况。根据莱布尼茨的假设,雅各
布·弗里德里克·**韦斯**[2]也用类似的方法处理这件事。门德尔松
(1755 年)首先称这些状态为**感觉**,[3]后来这同一作家将感觉共有
的基础——心理力量称为**认可能力**(*Billigensvermögen*)[4],但是对
专门术语施予决定性作用的是**特顿斯**和**康德**。前者用**情感**[5]代替
感觉,而康德对情感这一术语几乎有其独特的用法。也就是他,后

---

　　①　1751 年至 1752 年。载于《杂文集》(*Vermischten Schriften*),1773 年柏林德文
版。

　　②　J. F. 韦斯《人类心灵本质论》(斯图加特,1761 年)。

　　③　在此,门德尔松在他的《论感觉的通信》一书中直接提到莎夫茨伯利。

　　④　参阅门德尔松《黎明时分》,1785 年,第七章(W.,I,352)。

　　⑤　参阅特顿斯《对人性及其发展的哲学探索》,X.第 625 页起。

来把心理功能三分为**观念化、情感和意志力**作为他的哲学体系的基础①；此后，此种分法一直是权威性的，特别是应用在心理学上。

9. 有一股逆流来自霍布斯，它宣称个人的利害是人类意志唯一的可能内容；尽管有上述的那些发展，这股逆流还是保持了下去。据此理论，道德行为标准要用纯心理学方法在该行为**有利于他人的后果**中去寻找。道德只存于社会集体中。纯为自身的个人只知道个人的祸福；但在社会里他的行为要根据对他人有利或有害来判定，只有这种标准才被认为是伦理判断的观点。这种伦理标准观不仅符合一般观点，而且也适应于基于纯经验心理学而无形而上学基础的伦理学的需要。甚至最后坎伯兰和洛克也同意这种观点。不仅像巴特勒和佩利等神学道德家，而且还有像普里斯特利和哈特利等联想心理学家也赞同这种观点。这条思想路线的典范公式逐渐形成了。一种行为产生的幸福越多，能享受这种幸福的人越多，从伦理上说它就越使人快乐：**伦理理想就是最大多数人的最大幸福**。这成为**功利主义**（又称福利功利主义）的口号。

然而这个口号引起以**量**来决定个别情况和个别关系的伦理价值的思想。霍布斯和洛克关于把严格的理证伦理学知识建筑在功利主义原则上的思想似乎已经找到一种受到自然科学欢迎的固定的思维形式。**边沁**紧紧追寻着这种有诱惑力的思维形式，他所阐述的功利主义思想的独特因素即基于此，——这项工作他抢着为

① 参阅 1780 年至 1790 年间写的那篇论文，它最初是被打算用作《判断力批判》的绪论，其摘要转载入题名为《哲学总论》一书中，参阅第六篇第一章。

公共利益的满腔热情去做,尔后又多次论述它。关键问题是找到确切的和固定的观点,据此观点,能够决定为行为者本人福利也为他所在集体的福利的每一行为方式的价值,——有些关于行为本身的,有些关于此行为与其它行为的关系的。边沁在这个价值及其反面的表格中,高瞻远瞩地考虑了个人以及社会的关系和需要,他设计了一个快乐和痛苦的对照表以计算对人类活动和社会机关有益和有害的结果。在休谟那里也一样(参阅后面,12),对伦理价值的估计归入理智测量的范围,但此工作赖以进行的因素只不过是快乐和痛苦的感觉。

　　10. 从历史上看,自霍布斯以后功利主义与**利己体系**(即假定人性本质上的利己品格)的紧密关系必然导致两种问题的分离,即有关道德标准及其认识的问题与有关道德命令的制裁及服从道德命令的动机的问题的分离。对于形而上学来说,道德命令的制裁基于自然律的永恒真理。从心理学方面来说,对于完善的追求,对于人格的充分发展,对于遵循先天伦理倾向,似乎并不需要更进一步的特殊动机;在这些前提下,道德的〔意义〕不解自明。但是,如有这样一个人,他较悲观地思考人生,他认为人的本性早已根本固定,在他自身的本性里只考虑个人的祸福——那么他必然要问:根据什么权利对于这样的人要求一种利他主义的行为方式?采取什么方式才能使这样的人服从于这种需求?如果道德不是人性本身固有的,就必须说明它是怎样从外部进入人心的。

　　在这里霍布斯和洛克早已提出的**权威**原则此时起着作用。它的最明显的观念是**神学**观念,**巴特勒**用较细致的概念结构,**佩利**用未加修饰的通俗易懂的语言,阐述了这种观念。对两者说来,效用是道德行为的标准,**神的命令**是伦理需要的权利基础。但是,当巴特勒在天然的良心中追求有关这种神的意志的知识的时候,他(仍然用"反省"这个术语)重新解释莎夫茨伯利的反省情绪;而对于佩利说来起着权威性作用的倒是神圣意志的传统天启;据他看来,我们能够说明服从这种命令只是因为这种权威性力量已经把它的戒律与报酬允诺和惩罚威胁联系起来了。这是伦理原则最激烈的脱离,也许最符合于基督教世界的**常识**:道德标准是他人的幸福,道德认识基础是被上帝启示的规律,提供"制裁"的真实基础是上帝的意志;人心中的道德动机是上帝早已为服从和叛逆所规定的对报偿的希望和对惩罚的恐惧。

　　11. 佩利就这样用下述假设说明了道德行为的现实性:本性是自私,但沿着神学动机所指出的弯路,通过同样自私的希望和恐惧的动机的媒介,最后达到上帝所命令的利他主义的行为方式;而**感觉主义的心理学**则用国家的权威和社会集体生活的约束力代替了神学的媒介。如果最后可以决定人的意志的是他自身的祸福,那么他的利他主义行为只有在下述假定下才能为人所理解:他只在利他行为中看出了在一定条件下可能实现他自身幸福的最准确、最简单、最明智的方法。因此,当神学功利主义主张应该以报之以天堂罚之以地狱来驯服天然的利己主义的时候,而经验主义者似乎认为由国家和社会所安排的生活秩序就足以达到这个目的。在这样的关系中,人自己发现:当他思考正确,他就会看出通过服从现存的道德和法律他将找到自己最大的利益。据此,道德命令的认可基于效用原则所指令的国家和公共道德的立法,而服从动机则基于只有服从才能找到自己的利益。**孟德维尔、拉美特**

利和**爱尔维修**就是这样发挥他们的"利己体系"的；特别是拉美特利，他带着庸俗的冷讥热讽，力求把低级的感官意义上的"饥饿和爱情"表述为整个人生的基本动力——一种因矫揉造作变得可悲的对古代享乐主义的抄袭。

据此，德行表现出不过是享乐主义的机智的行为、"老于世故"、深有社会修养的利己主义、深谙人生的狡狯——这种人认识到为了幸福除了**行为**要有道德（即使实际上不道德）此外别无他路。这种观点在启蒙运动哲学中表现为当时"世界"的人生原则：——无论在**切斯特菲尔德**勋爵给他儿子的著名的信札中表现出的愤世嫉俗的坦率自白，——或者还是以道德说教的思考形式出现，如**拉罗什富科**的《箴言与反省》（1665 年，1678 年增订版）和**拉布吕耶尔**的《人物志》（1687 年），在这些书里道德行为的假面具无情地被撕破了，无论何处都泄露出赤裸裸的利己主义是独一的推动力量，——最后，或者是辛辣的讽刺，如在**斯威夫特**那里，格列佛最后在雅虎①群中发现了人的真正兽性。

与这种关于人的天然劣根性的阴暗观点同时存在于启蒙运动时代的还有另一种观点：对人的道德教育正应乞助于这种低级的冲动力，通过权力和权威，借助于恐惧和希望，才能奏效。这一点甚至典型地表现在那些人身上，他们要求成熟的有高度教养的人有一种高于整个利己主义的德行。比如，莎夫茨伯利就认为用奖惩进行道德说教的正统宗教就完全适合于教育广大群众。所以，

---

① 斯威夫特著有小说《格列夫游记》（*Gulliver's Travels*），雅虎（Yahoo）是书中出现的人形兽。——译者

普鲁士哲王**弗里德里希**大帝①自己就具有一种责任感,非常严格纯洁,毫不考虑个人得失,并宣称这就是最高的道德的善,然而他认为关于国家对人民的教育则应从人民的最密切的利害关系开始,即使这些利害关系是十分庸俗微小的:因为他向百科全书学派学者们承认,人作为一个"种",绝不可能被除个人利害以外的任何东西所决定。在这方面,法国启蒙运动家们特别要求分析国家赖以争取公民们顾全整体利益的动机。**孟德斯鸠**用精致的心理学证明,在不同的心情下这种关系所表现出的形式又有多么不同。拉美特利与孟德维尔一样指出荣誉感是在文明民族中社会意识的最强大有力的因素。而爱尔维修又进一步阐明了这种思想。

　　但是如果感觉主义心理学只希望从国家那里获得人的伦理教育,那么此种教育取得成功的程度就必然会成为衡量国家机关的价值的标准。这个结论由**霍尔巴赫**在《自然的体系》一书中得出。这本枯燥无味的书还能引人入胜,其特色也许是它赖以力图证明下述观点的真诚和毅力:当时社会生活的腐化形势多么不适于使公民意识超过谋求私利的庸俗观点。

　　12. **休谟**的道德哲学可以被认为是这次运动最全面的体现,并且是对这次运动中相互争执的思想动机最敏感的审察。它也完442全建立在心理学方法的基础上:要理解人的道德生活必得从发生发展观点来研究情感、感觉和意志。休谟学说中最有意义的因素是功利主义摆脱了**利己体系**。在他那里,道德的认可和否定的标

---

①　特别参阅策勒《哲学家弗里德里希大帝》,第 67 页起,第 105 页起;并特别参阅弗里德里希的《反马基雅维里》。

准是效果,即有待判断的性质或行为适宜于以苦乐感觉形式产生的效果;与古代人和莎夫茨伯利一样,他在最广泛的意义上解释这种观点,因为他认为道德上的快乐的对象不仅是"社会美德",如正义、仁爱等等,还有"天生的才干"①,如机智、胆量、刚毅、干劲等等。但是,即使当这些品质完全与我们的福利无关,或者甚至对我们的福利有害时,我们也觉得要认可;而且这也不可能仅仅通过联想心理学的媒介就可归源于利己主义。另一方面,这些判断与错综复杂的经验之间的关系不容许假定这些判断具有先天性。相反,这些判断必然归源于一种简单的基本形式,那就是**同情**②,即我们首先能**感觉到**(至少有些微的感觉)他人的祸福也是我们自己的祸福的能力。然而,这种同情感不仅是促进道德判断的基础,而且还是道德行为最原始的动机,因为情感是意志判决的诱因。还有,只有这些原始冲动还不足以解释道德判断和道德行为。对此更复杂的人生关系,还需要对情感因素进行澄清,整理,比较,估价;而这就是**理性**的任务。因此,从理性反省便产生了除天然价值和原始价值以外的派生的"人为的"美德,正如休谟处理正义以及权利和法律的整个体系的典范一样——在这里,明显地仍然依赖于霍布斯。然而,归根结蒂,这些原则之所以有影响判断和意志的能力并不是由于理性反省本身,而是由于理性反省所乞助的同情感。

就这样,"道德感"的粗俗概念,通过休谟的研究,提炼为分支精

① 在这里也一样,起着影响的是古时模棱两可的名词 *Virtus(virtue)*〔善行〕= 德行,也=才干。
② 参阅《人性论》,II,1,11;II,2,5。

细、概念分明的道德心理学体系,其核心即是同情原则。这同一理论在亚当·斯密的伦理著作中得到进一步的阐述。通常的功利主义曾将道德判断标准置于行为的苦或乐的结果中,与此表面现象相反,休谟果断地将注意力集中于这样的事实:道德的认可和否定更关系到体现在行为中的**意向**,就意向所指的目标即上述结果而论。因此,亚当·斯密不仅在具有同样经验的人的同感中,而且在将心比心、情感与人相通的能力中寻找这种同情本质。这种移情思想扩大得越来越远,个人对自己的判断被认为是一种承受于他人、影响于他人的判断通过同情感的媒介在自己**良心**上的反射作用。——这种思想早在巴特勒关于"反射情绪"的学说中有了准备基础。

　　根据休谟和斯密,所有道德生活现象扎根于**社会生活**,其心理学基础是同情。这位政治经济学的创始人同他那位伟大的哲学家友人在同情感转移的作用过程中看出了个人生活利益的协调一致;这种协调一致他相信在外部商品交换领域中已经发现,商品交换之进行是根据生活条件的短缺与劳力竞争有关的供求关系的作用过程。[①] 但是随着他洞察到个人完全依赖于他不能创造而自己又实际生存于其中的社会集体,启蒙运动哲学便超出了自身的范围。

第三十七节　文化问题

A. 埃斯皮纳斯《十八世纪社会哲学和革命》(*La philosophie sociale du 18 siècle et la révolution*),1898 年巴黎法文版。

---

　　① 《原富》(伦敦,1776 年)。

W. 格雷厄姆《从霍布斯到梅因的英国政治哲学》(*English Political Philosophy from Hobbes to Maine*),1899 年伦敦英文版。

　　启蒙运动哲学,通过对自然科学的形而上学的依赖,通过自身的心理学路线,为人类社会的巨大组织及其历史发展勾画出基本思想的轮廓。在这些组织中可以看到个人活动的全部成果,并从中产生了这样的倾向:挑选出那些人们可从这样的普遍社会组织中盼望得到的利益;并用发生发展观将这些利益当作形成上述组织的动机和充足理由;与此同时从批判观点出发将这些利益当作评定这些组织的**价值**的标准。凡是人们有意地创造出来的东西都应该证明是否真正实现了他们的目的。

　　1. 霍布斯首先把这种概念引入政治和法律的轨道。国家表现为个人的人工制造物;人们在彼此争斗中,在为生活和物资的担忧中,在迫切需要中,建立了国家。国家的整套权力体系应建立在**契约**上,公民们出于以上动机便相互订立了这个契约。伊壁鸠鲁的与这同样的契约论在中世纪后期复活了,通过唯名论一直传到近代哲学,又将其影响扩展到整个十八世纪:这不仅包括自霍布斯以来的统治契约和服从契约,而且包括社会制度本身的制定过程。但是霍布斯在契约论的基础上建立了专制制度,这种人为的专制主义结构经过多次政治事件之后越来越让位于**人民主权原则**。这 444 原则扎根于由英国、法国、荷兰的新教徒的宗教意识所决定的信念中;这原则在实践上得到强大的发展,成为 1688 年英国宪法的基础以及洛克的政治形式的基础,洛克提出国家三权(即立法、行政和外务)分立平衡的学说。这个原则作为理想的需要也成为孟德斯鸠著作的主导思想。孟德斯鸠考虑到他当时腐朽的裁判权,要想让司法权完全独立,而他想到行政部门和外务部门(分别为对内对外的政权)应统一在一个君王之下;最后这个原则在**卢梭**的《社会契约论》一书中发展为完全的民主制度。在这本书里,委托权和代表权应受到最大程度的限制,主权行使权也应直接交给全体人民群众①。在霍布斯学说的所有这些改造中(正如在斯宾诺莎②曾经根据亚里士多德的共和政体路线所提出的改造中)历史政治上的影响是显而易见的,但是霍布斯与卢梭之间的对立也有其理论背景。如果人的本性被认为是天生自私的,那么他必然要被国家的强大臂力所强制去遵守社会契约;但如果人在他的感情上是善良的,合群的,正如卢梭的看法那样,那么,人们就期待他自动地站在整体的立场上永远按照契约所规定的内容行事。

此时很有趣的是,十八世纪的契约论又与不具备纯心理学基础的法哲学学说相通。此时的"**天赋人权**"也从个人权利而来,并力求从此论点推论出在相互关系中的个人权利。但是在贯彻这个原则时,在德国哲学结论中表现出迥然不同的两种倾向。莱布尼茨仿照古代人的范例根据实践哲学最普遍的原则得出法律的概念③。沃尔夫也在这方面仿效他,不过他认为政治契约的目的是为了保证个人相互完善、启发和幸福而彼此促进:因此根据他的意

---

① 参阅 G. D. 维奇奥《论社会契约说》(*Su la Teoria del contratto sociale*),波洛尼亚,1906 年意大利文版。

② 在《政治论文》一书中,此书在理论上完全建立在霍布斯原则上;参阅前面第三十二节,5。

③ 参阅他的《万国外交法典》(*Codex Juris Gentium Diplomaticus*,1693 年)绪论,《选集》(厄尔德曼),第 118 页起。

见,国家不仅要关心对外的安全,而且要关注最大范围内的公共福利。其结果是,沃尔夫指定国家有权利和义务对被错误和感情所左右的广大的愚昧群众进行彻底的管教,并甚至用教育的方式干预他们的私人生活。因此,沃尔夫给善心的警察国家的"慈父"专政提供了理论基础,当时的德国人民在这种政权的统治下感情十分复杂。

与此观点针锋相对的结论在理论上与法哲学同道德的分离联系在一起。**托马休斯**以他的 *justum*〔正义〕与 *honestum*〔德行〕的决然的分离早为此铺平了道路。在这条路线上,托马休斯的弟子**冈德林**(1671—1729 年)主张,**法律必须单独作为个人外在关系的秩序来处理**。它以维持对外和平作为自己的目标;因此它的法令只对外有强制性。国家活动局限于对外的法律保障,这种局限性最明显不过符合于启蒙运动的个人主义精神。如果个人只出于需要勉强同意政治契约,那么他显然会倾向于尽可能地对国家让步,而且只有在国家要实现的目标对他绝对需要时他才会向国家献出自己最根本的"权利"。这不仅是一般世俗庸人的思想,他们在有事时就动辄去叫警察,而私下又把法令视若仇敌,尽可能敬鬼神而远之;这也是理智高度发展的启蒙运动者们的感觉,在他们丰富的内心生活里关心的只是毫不受人干扰地沉醉于艺术和科学的享受。事实上,当时德国的现实,四分五裂,精神上缺乏理想,这就产生了对政治社会生活漠不关心的态度,这种态度就这样找到了它在理论上的表现。在这方面文化人对国家的估价达到最低点,也

445

许**洪堡的威廉**的《论对国家效力范围的规定》[①]（*Ideen zu einem Versuch, die Grenzen der Wirksamkeit des Staates zu bestimmen*）出色地刻画了这一点。在这里，人的高尚志趣都被谨慎地排除于国家权力范围之外，政府的任务局限于更低级的事务：保护公民的生命和财产。

2. 在这方面德国哲学仍然对政治现实抱着十分冷淡的态度，但在另一方面在德国哲学中又出现了启蒙运动的普遍倾向：根据哲学原则评价和组织社会生活和个人生活。如果说，这个时代的光荣是成功地清除了积压在欧洲人民历史仓库中的破烂，那么，托马休斯、沃尔夫、门德尔松和尼古拉应受此荣誉而无愧（参阅第三十六节，5）。但是在**法国**启蒙运动者们那里，问题的这一方面表现得还要激烈得多，有效得多。在这里只消回忆一下**伏尔泰**就够了。伏尔泰具有第一流的文学才能，他百折不挠地、胜利地维护着理性和正义。但是他在整个欧洲公众舆论审判台前在一定程度上所进行的斗争由他的同胞们通过批判社会制度和提出改进意见详尽地被接续下去了。哲学思考通过广泛而且往往热情的讨论走向改造国家的道路。在此，启蒙运动的弱点很快随着自身的优点而产生了。和往常一样，启蒙运动从人或万物普遍的永恒性质中吸取它批判现存制度和提出改革现有制度的准则；因此它看不见历史现实的合法性和生命力，并且它相信，在现存制度表现出违反理性的地方就有必要将现存制度变成一块 *tabula rasa*〔白板〕，以便根据哲学原则建立完整的社会。根据这个精神，启蒙运动

────────────

①　写于 1792 年，1851 年由 E. 考尔出版。

文学,特别是在法国,铺平了与**历史实际破裂(革命)**的道路。有
代表意义的是**自然神论**的发展过程,因为没有一个正统宗教能经
受住自然神论的"理性"批判,自然神论取消了一切传统宗教,代之
以自然宗教。

　　因此,法国革命根据美利坚合众国发展过程,根据卢梭的《社
会契约论》的精神①,力图宣布"自由、平等、博爱"的抽象的自然状
态是"人权"的实现。无数二三流人物迫不及待地提起笔来维护和
歌颂这种看法②。他们大多数都是肤浅的伊壁鸠鲁主义者,站在
孔狄亚克实证主义立场上说大话吹牛皮。因此,沃尔内以《自然体
系》在〔自我〕完善能力一直受到宗教压抑的人的愚昧和贪婪中探
索一切社会罪恶的根源。当所有"幻觉"连同这些宗教都被驱散的
时候,新组织起来的社会的最高行动原则将是:只有能促进人的利
益的东西才是"好的";公民教义问答手册可概述为下述规律:"自
存——求知——克己——为他人生存,也让他人为你生存"③。但
是,还更带唯物主义性质的是在**圣朗贝尔**那里出现的革命理论;从
他那里出现了后来文学中经常为人所讨论的定义:"人是有感觉的
有机实体,他能理解周围的环境,以及自己的需要"④。他对历史
极其肤浅地进行了探索,以此颂扬革命是理性在历史上的最后胜

---

　　①　参阅 G. 杰林尼克《人权和民权的论述》(*Die Erklärung der Menschen-und Bürgerrechte*),1919 年德文第三版。
　　②　这种文学的特色是对教义问答手册(教会教育的特定形式)的偏爱。
　　③　沃尔内,在《教义问答手册》之末,《文集》,I. 310。
　　④　圣朗贝尔《教义问答手册》绪论,《文集》,I. 52。为了说明此文献的特色,不得不提一提,在圣朗贝尔的《教义问答手册》一书中,在第二卷里《男性分析》(*Analyse de l'homme*)的后面是《女性分析》(*Analyse de la—femme*)。

利;同时这位伊壁鸠鲁的信徒推断:这次伟大事件以民主开始,将以独裁政治而告终! 关于这个问题,在**加纳**那里,这种对议会制度的一知半解已达到沾沾自喜,狂妄自大的顶峰①。

447　　　　与此相反,**边沁**以其认真的求实精神力求利用功利主义原则为立法服务,此种精神极端善意地讽刺那种空洞的老生常谈、侈谈人民福利和理性第一。他力图完成这项工作,把苦乐的价值规定(参阅第三十六节,9)应用于思考特殊法规的目的,在每一事件中慎重考虑现存条件②。正在这一点上,他表现出一种洞见:在政治运动中争论的问题不仅是政治权利的问题,而且最主要的是**社会利益**问题。正是在这一条路线上崛起了一位热情奔放的成功的骑士,受过边沁影响的极端个人主义者**戈德温**③。但是在另外的路线上,在革命文学里也听得见社会大风暴有如在远处逐渐消逝的低沉的雷声。关于**政治经济学**问题的研究,内容越来越丰富、越广泛,越来越摆脱实验原则的依赖,在法国政治经济学问题的研究主要得到**重农学派**的推动和提倡。然而正当政治学压倒一切需要保

---

　　① 参阅《师范学校会议纪要》,第一卷。这次运动最受人尊重的喉舌是《哲学十年》,它在革命中认识并捍卫了十八世纪哲学的成果。参阅毕卡维《观念学派》(Id'eologues),第86页起。

　　② 更令人遗憾的是,边沁在他后来的《道义学》中力图提出一种功利主义道德学的通俗的教义问答手册,这种手册抱着对其它道德体系的过激偏见、深仇大恨、缺乏理解,实际上是革命时期最劣等的产物。

　　③ 威廉·戈德温(1756—1836年),1793年出版了他的《政治正义》或《探索政治正义及其对一般德行和幸福的影响》(Inquiry concerning Political Justice and its Influence on Virtue and Happiness)。参阅 C. 基根·保罗《戈德温及其友人和同代人》(1876年伦敦英文版);L. 斯蒂芬《英国思想》,II. 第264页起;最近,H. 塞泽夫《戈德温及十九世纪无政府主义的萌芽》,1907年海德尔堡德文版。

证财产所有权的时候,从社会深处冒出了**关于私人财产所有权的问题**;正当哲学家们关于社会利益如何与个人利益协调一致的问题的意见越来越分歧的时候,便冒出来了这样的思想:人类万恶的根源在于追求个人财产,首先要铲除此种原罪才会开始有一个社会道德和有道德的社会。这种**共产主义思想**由马布列和**摩莱里**公之于世。有一个巴贝夫①在法国督政府②的统治下,为了实现这种思想,举行了一次流产的政变。

3. 然而**社会问题**在此之前已经从最低层掀起大浪。穷奢极欲的豪富与凄凉悲惨的穷困之间的阶级矛盾在大革命的起因中起着十分重大的作用,这种阶级矛盾在开始时可能更明显,更有影响。这种阶级矛盾,由于**有文化和无文化之间的对立**,达到最尖锐的程度,此与欧洲人民生活全部发展过程紧密相关。而这种对立正是在启蒙运动时期发展成最深刻最明显的裂痕。这个时代越炫耀自己的"文化",就越更明显的是,这种文化主要是有产阶级的特权。在这观点上,英国的自然神论以其特有的坦率领头走在前面。理性宗教正如自由美好的德行一样只应为有教养的人保留着;另一方面,莎夫茨伯利认为,对于普通人说来,正统宗教的许诺和威胁仍然是刑车和绞架。**托兰德**也一样,他把他的世界主义的自然崇拜描述为"奥秘"理论。当后期自然神论者开始 448

① 巴贝夫(Baboenf),原名弗朗索瓦·诺埃尔(François Noël),是空想共产主义杰出的代表人物。1795 年冬组织秘密革命团体"平等会",准备发动推翻督政府起义,后因叛徒告密被捕,次年 5 月被处死。——译者

② 法国督政府(Directorium)又称五人执政内阁(1795—1799 年)。1795 年 11 月,以巴拉斯(Barras)为首组织内阁,系资产阶级反动政府,对外进行侵略,对内压榨人民,1799 年 11 月 9 日波拿巴发动政变,解散了督政府。——译者

用通俗著作在人民群众中传播这些思想时，**博林布鲁克**勋爵（他自己就是一位具有鲜明特色的自由思想家）宣称这些思想是社会的灾祸，最好采取最毒辣的手段对付之。在德国自然神论者中，像**塞姆勒**等人，非常仔细地区分作为私人事务的宗教与作为公共机构的宗教。

正如**伏尔泰**同博林布鲁克的关系所表现的一样，法国启蒙运动从一开始就坚定地更民主主义化：的确，它具有鼓动性的倾向，嗾使群众的开化与人数仅万的上层阶级孤高的利己主义进行斗争，从中渔利。但却因此发生了启蒙运动转而反对自身的转变。因为，如果在最初受到启蒙运动的激励的阶层里，"文化"所产生的结果也不过像在"上层"阶级的豪华生活中所暴露出来的一样，如果启蒙运动能为广大群众的需要所产生的成果又是如此之少，那么启蒙运动的价值就越更使人怀疑，哲学就越更把"最大多数人的最大幸福"当作衡量事物和行为的标准。

在此关联中，形成了近代哲学的**文化问题**：所谓**文化**即理智的逐渐完善（这是历史事实）、与之相联的人的冲动力的变化和人生关系的变化；——这种文化是否并在多大程度上有助于促进道德和人类真正幸福？一般的启蒙运动者越骄傲自大、越沾沾自喜地夸耀人的精神进步，夸耀人的精神在他那里在理论上和实践上都达到了清晰明确的理性生活的顶峰，那么这个问题就变得越更棘手，越更令人讨厌。

首先提出这问题的是**孟德维尔**，虽然他的提法并不直接，不确切。在他的心理学里他是一位**利己体系**的极端信徒；与莎夫茨伯利相反，他力图证明：社会制度整个迷人的生活活力完全依存于追逐个人利益的人们的斗争，—— 这个原则也影响了亚当·斯密的供求理论①。如果我们想象一个人完全除掉了一切个人主义冲动（这是《蜜蜂的寓言》的含义），只具备利他主义的"道德"品质，那么社会机能就会由于完全的忘我无私而停止不动。文化动力是**纯然**的利己主义，因此如果文化展开活动，并不是通过提高道德品质而只是粉饰和伪装利己主义，我们就不要吃惊了。个人幸福正如个人道德一样很难通过文化得以提高。如果个人幸福〔因为文化提高〕而果真增加了，那么文化进步所依靠的利己主义便会削弱。事实上，情况与此相反，物质条件通过理智提高而获得的每一进步都在个人心里唤起新的更强烈的欲望，其结果人变得越来越不满足了。因此，结果证明：表面上整体得到如此辉煌的发展，只不过是牺牲了个人的道德和幸福才得以实现。

449

4. 在孟德维尔那里，这些思想一方面用温和的暗示表现出来，另方面用颂扬利己主义形式表现出来——**"私人的罪恶是公共的福利"**。这些思想通过**卢梭**赋予的出色的改造获得世界文学的重大意义。在卢梭那里，有关问题不多不少只是**整个人类历史的价值**——个人道德和个人幸福的历史价值。他毫不客气地当面谴责启蒙运动：整个知识的增长、人生的美化只是使人越来越不忠实于他的天职和他的真正本性。纯粹理性的启蒙运动听不见或窒息了天然感情的声音因而达到它的无神论和利己主义的道德，就是在这纯粹理性的启蒙运动中卢梭看见了时代最不利的弊端和人类

---

①　参阅 A. 兰格《唯物主义史》，I. 285。

最令人悲痛的迷途。历史以其文明社会人为的结构败坏了人的品质①。人来自自然,善良,纯洁;然而他的成长一步一步使他脱离了自然。卢梭根据他第二部《论文》②在〔私有〕财产所有制的建立中找到了这种"败坏"的起源,财产所有制引起了劳动分工,因而引起阶级的划分,最后唤起一切邪恶的激情。那就是争取理智行为永久为谋求私利服务。

与此种文明化的野蛮的违反自然状况相比,自然状态首先表现为有如失去的天堂;在这种意义上,享乐过度,在理智上道德上变得委靡呆滞,便产生多愁善感的渴念,此种渴念在卢梭的作品中,特别在《新爱洛漪丝》中,找到了营养。沙龙里的太太小姐们沉醉于田园诗;但是在这一点上他们听不见这位伟大的日内瓦人的告诫。

因为他并不想回到没有社会的自然状态。他确信,创造主赋予人有不断完善自己的能力(*perfectibilité*),使人的天赋的发展成为既是义务又是自然的必然性。如果这种发展被自古迄今的历史进程引入迷途,导致腐化堕落和悲惨穷困,**历史就必须重新开始**。为了找到一条发展的正确道路,人就必须远离理智傲慢的矫揉造作的不自然状态,回到纯朴的天然的感情中去,远离社会关系的狭窄和虚伪,回到纯真的、生气勃勃的自我中去。根据卢梭的意见,为了达到此种目的,整个人类需要一部**国家宪法**,在法律面前人人平等的原则下,赋予个人在整体生活中充分自由活动的权利;

---

① 英国自然神论的宗教史观(参阅三十五节,8)被卢梭扩展到所有历史领域。
② 即《论人间不平等的起源和基础》一书。——译者

人类,作为个人的集体,需要一种**教育**①,让个人的天赋丝毫不受 450
限制地发展自己的生命力。卢梭在上帝赐予人的天然本质结构中
发现的这种乐观主义使他抱有这样的希望:我们的生活会变得越
来越好,我们会发展得更自由、更纯真。

5. 这样,当我们发现卢梭强烈地反对历史发展,满腔热情地
力图代之以"本乎自然的"新的发展的时候,要综合和协调启蒙运
动时期种种思想就得努力把人类历史本身以往发展过程理解为人
性自然的发展。站在这个立场上,十八世纪哲学以这种思想剔除
了自身的片面性而达到自身发展的最高峰。关于此事最初的活动
是以原则性地激烈反对自然科学理智的启蒙运动而开始的,散见
于意大利文学中,**维科**②的作品中。维科一开始便离弃了笛卡儿

①　在《爱弥儿》一书中,卢梭往往使用"思想"一词对教育作详尽的表述;洛克提出
此词原是为了一种狭窄得多的目的:为了教育上流社会的青年。在那里充分发展个性
仍是主要的任务;在此不言而喻得出结论:抛弃高深莫测的偏见,注意力集中在现实的
实际生活上,求助于感性,教诲和教育具体化,等等。卢梭采用这些为上流英国人设计
的原则作为力求发展人(不是某一特定阶级的人或某一未来从事某种职业的人,而只
是"人")的教育因素。卢梭的这种教育学精神传至了德国的**博爱主义**学派。在**贝斯多**
(1723—1790 年)的领导下,德国博爱主义将天然发展原则和功利主义原则结合起来,
并为社会设计出一种合乎目的的一般的教育形式,通过这种教育利用自然的方法把个
人培养成为人类社会有用的成员。
②　乔巴蒂斯特·维科(1668—1744 年)变成有影响的人物主要是通过他的著作
《关于民族共同性的新科学原理》(*Principj d'una scienza nuova d'intorno alla com-
mune natura delle nazioni*,1725 和 1730 年)。1924 年由 E. 奥尔巴克译成德文。参
阅 K. 沃纳《乔巴蒂斯特·维科——哲人和学者》(1879 年,维也纳德文版);R. 弗林特
《维科》(1884 年,爱丁堡和伦敦,英文版);以及弗林特《欧洲历史哲学》卷一(1874 年初
版,1893 年新版)。论维科的,还有 O. 克莱姆《历史哲学家,民族心理学家维科》(1906
年,莱比锡德文版),特别是,B. 克罗齐《维科哲学》(1911 年,巴里意大利文版;1927 年,
蒂宾根德文版)。此外还有,A. 佐托里《论文化》(1911 年,罗马,意大利文版);格米根
男爵《维科,汉曼和赫尔德》(1918 年,慕尼黑文集)。

的数学化主义（*Mathematizism*），与之相比，他更喜欢康帕内拉和培根的经验主义思想。然而他根本不相信自然科学。按照这个原则——人只能认识自己创造的东西，只有上帝才可能认识自然，而人只不过略窥（*conscienza*〔共知〕）神的智慧（*sapienza*）而已。人自身所创造的数学形式只是抽象化和虚构，不能掌握真实存在，不能掌握活生生的现实。人实际创造的是人的**历史**，只有历史人才能理解。构成这种理解力的最终基础是人对于自身的精神本质的认识，其规律性处处均匀地显示于历史过程中。经验的历史研究

451 证实了这种猜测，因为历史研究用归纳法证实了所有民族政治形势一再出现的系列。在此，对于维科特别重要的是这样的发展：文化从原始状态中摆脱出来，由于自身的过度发展最终又重新陷入更恶劣的野蛮状态。罗马史被视为此事的典型过程。维科把他分析问题的精辟细致同对于历史生活诗意般的萌芽近乎浪漫主义的偏爱结合起来。但是由于带着各不同民族各具自身重复发展过程的观点，这位孤独的苦思冥想者视而不见人类历史过程的统一性：他更进一步通过原则性地区分"世俗"历史和"神圣"历史来掩盖这种统一性。为了后者这位**虔诚**的信徒维护着彻底的反理性主义的权利。

然而在宗教领域里，维科还不理解关于各民族历史自觉地相互交错的思想。与此相反，此种思想早已在**博苏埃特**[①]那里找到更加有力的支持。这位法国高级教士以这种方式继承早期教父规

---

① **博苏埃特**（**J. B. Bossuet**，1627—1704 年），这位著名的宗教雄辩家写过《论世界史》（*Discours sur L'Histoire Universelle*，1681 年，巴黎法文版），原为法皇太子学习课本。

定赎罪超度为世界事态中心的历史哲学（参阅前面第二十一节）——即通过查理大帝帝国将各民族的基督化视作世界决定性的最后的时代，其全部过程是神的天命活动的过程，其目标是一个天主教会的统治。这样一种神学观和历史观现在实际上已经被近代哲学果断地撇在一边，然而我们从**艾斯林**①烦琐的详尽阐述中（尽管他根据卢梭的理论）看出，近代哲学从个人主义的心理学出发用处理人类社会生活来思考历史问题，收获又多么贫乏。

　　在这方面卢梭思想首先在**赫尔德**关于普遍的敏感性和灵敏感觉的思想中找到肥沃的土壤。但是赫尔德在莱布尼茨和莎夫茨伯利的气氛中成长起来的乐观主义不容许他相信这位日内瓦人（卢梭）视为过去历史特性的那种偏离正轨的可能性。在他思想成熟时期他更相信：人的自然发展正如在历史中所实现的一样。当卢梭关于人的可完善性的观点被这位日内瓦人的法国信徒们，如圣朗贝尔，特别如**孔多塞**，当作美好未来的保证、当作种族完美化的无限远景的时候，赫尔德用这种观点——反对卢梭——作为解释人类过去的原则。**历史**只不过是从不间断的**自然发展**的延续。根据历史这个定义，自然科学原则与历史研究原则就不能区分了，特别是机械论观点和目的论观点之间的矛盾就被抹杀了，这就必然引起像康德这样敏锐的方法论思想家的反对②；另一方面，完全按

---

　　①　巴塞尔的艾萨克·**艾斯林**（**Iselin**，1728—1782 年）在 1764 年出版了他的《关于人类历史的哲学猜测》（*Philosophischen Mutmassungen über die Geschichte der Menschheit*），两卷集。此书的烦琐庸俗引起激烈的矛盾，招致赫尔德在比克堡时期的观点和著作的对立。参阅前面第三十五节，10。参阅 P. M. A. 雷格里《艾斯林的人类历史》（1919 年，慕尼黑文集）。

　　②　参阅康德对赫尔德的评论《论人类历史哲学》一书（1785 年）。

照莱布尼茨单子论就能得出关于世界调和的思想结论,这种思想
结论一直是哲学进一步发展的有影响的基本前提和起着调节作用
的观念。

最重要的是,这种新原则涉及历史的**起源**。社会生活的起源
既不得理解为人类思维的独断行为也不得理解为神的规定的独断
行为,而要理解为自然关联逐步形成的结果。它既不是被杜撰出
来的,也不是受命令行事的,而是〔自动〕**变成**的。独特的是,关于
历史起源的这些对立的观点最早体现在**语言**学说中。联想心理学
的个人主义(特别在**孔狄亚克**①那里所显示出来的)在语言中看出
了人的**创造**,——在德国被**聚斯米尔奇**②所捍卫的超自然主义发
现神的灵感;在这里,当卢梭看出了人的本性在语言中自然地、不
自觉地发展的时候,他就已经说出了打破僵局的话③。

赫尔德不仅将这种观点吸取为自己的观点(参阅第三十三节,
11),而且坚持将此观点扩展到人的一切文化活动中。因此,在他
的历史哲学中,从人在自然中的地位出发,从地球提供给人的生活
条件出发,从人的独特素质出发,他进而理解历史发展的起源和方
向。在他阐述世界史的进程中他同样认为每一民族的特性及其历
史意义的特性来源于它的自然素质和自然关系。但是与此同时在
他的阐述中各民族的发展并不像维科所说的那样彼此孤立分离。
恰恰相反,所有不同民族的发展有机地组织在一起,像一条升向完

---

① 《逻辑学》和《演算语言》。

② 《关于人类语言起源出自神的证明》(1766年,柏林德文版)。

③ 根据他的论据(尽管有些是别人的意见),神秘主义者圣马丁反对加纳对孔狄
亚克学说粗俗的阐述;参阅《师范学校会议纪要》,III. 第61页起。

善的巨大锁链,并在整体的关联中越来越成熟地实现人性一般的素质。由于人本身是万物之冠,因此人的历史就是发扬人性的过程。**人性的观念阐明了各民族历史命运的复杂变动。**

站在这种立场上,作为启蒙运动特征的非历史的思维方式被克服了,在这伟大发展过程中每一形式都被誉为它自身条件的自然产物:各个民族的成就和发展联结在一起形成世界史的谐和,而人性就是世界史的主题。从这里便产生未来的任务(正如赫尔德在《关于促进人性的通讯》一书中按照各种不同路线所勾画出来的一样):越来越丰富、越来越充实地发扬人性的一切情触,并在生气勃勃的统一中使历史发展中的成熟果实成为现实。**席勒**充分意识到"世界文学"的此种任务,完全摆脱平庸的启蒙运动的矜骄,充满对新时代的期盼,他在对"哲学世纪"的告别词中,唱出欢乐之声:

> "人啊! 你多美!
>
> 在旧世纪夕照余晖里,
>
> 　挺立着
>
> 你孔武的英姿,
>
> 　手持着
>
> 胜利的棕枝,
>
> 　高尚,自豪。"①

---

① 德文原诗:"Wie schön,O Mensch,mit deinem Palmenzwcige
　　　　　　Stehst du an des Jahrhunderts Neige
　　　　　　In edler,stolzer Männlichkeit!"

第 六 篇

德 国 哲 学

除德文版第 298 页和 375 页上的文献资料外还有：

H．M. 沙利波斯《从康德到黑格尔思辨哲学的历史发展》(*Historische Entwicklung der Speculativen Philosophie von Kant bis Hegel*)，1837 年，德累斯顿，德文版。

F. K. 比德曼《从康德至现代的德国哲学》(*Die deutsche Philosophie von Kant bis auf unsere Tage*)，1842 年至 1843 年，莱比锡，德文版。

K. L. 米歇勒《最新德国哲学发展史》(*Entwicklungs-geschichte der neuesten deutsche Philosophie*)，1843 年，柏林，德文版。

C. 福特拉格《康德后的哲学发展史》(*Genetische Geschichte der Philosophie seit Kant*)，1852 年，莱比锡，德文版。

O. 利布曼《康德及其追随者》(*Kant und die Epigonen*)，1865 年斯图加特，1912 年诺依德鲁，德文版。

Fr. 哈姆斯《后康德哲学》(*Die Philosophie seit Kant*)，1876 年，柏林，德文版。

A. S. 威尔姆《康德到黑格尔的德国哲学史》(*Histoire de la Philosophie allemande depuis Kant jusqu'à Hegel*)，1846 年起，巴黎，法文版。

H. 洛采《德国美学史》(*Geschichte der Ästhetik in Deutschland*)，1868 年慕尼黑，1913 年诺伊德鲁，德文版。

E. V. 哈特曼《后康德德国美学》(*Die deutsche Ästhetik seit Kant*)，1886 年，柏林，德文版。

米利安·施米特《从莱布尼茨到现代的德国文学史》(*Geschichte der deutschen Literatur von Leibniz bis auf unsere Zeit*)，1896 年新版。

W. 文德尔班《近代哲学史》(*Geschichte der neueren Philosophie*),卷二《德国哲学黄金时代》,1914 年德文第三版。

R. 克罗内尔《从康德到黑格尔》(*Von Kant bis Hegel*),卷一(1921 年),卷二(1924 年),德文版。

N. 哈特曼《德国唯心主义哲学》(*Die Philosophie des deutschen Idealismus*),卷一(1923 年),德文版。

W. 狄尔泰《施莱尔马歇的生平》(*Leben Schleiermachers*),卷一(1870 年),1922 年第二版;《体验与文学创作》(*Das Erlebnis und die Dichtung*),1906 年;《黑格尔青年时代及其它有关德国唯心主义史论文》(*Die Jugendgeschichte Hegels und andere Abhandlungen zur Geschichte des deutschen Idealismus*),《全集》第四卷,1921 年,德文版。

R. 海姆《浪漫主义学派——论德国精神史》(*Die romantische Schule. Ein Beitrag Zur Geschichte des deutschen Geistes*),1870 年初版,1914 年第三版德文版。

E. 特勒尔奇论文《德国唯心主义》(*Deutscher Idealismus*),载于《新教神学实用百科全书》(《全集》,卷四),德文版。

H. 诺尔《德意志思潮与唯心主义体系》(*Die deutsche Bewegung und die idealistischen Systeme*,《逻各斯》卷二,1912 年)。

E. 卡西雷尔《自由与形式》(*Freiheit und Form*),1916 年;《观念与形象》(*Idee und Gestalt*),1921 年。

W. 梅茨格《社会、法律与国家》(*Gesellschaft, Recht und Staat*),载于《德国唯心主义伦理学》,1917 年德文版。

H. A. 科夫《歌德时代精神》(*Geist der Goethe-Zeit*),卷一,1923 年德文版。

　　十八世纪末十九世纪初在德国各种思潮幸运地汇合在一起,出现了哲学的黄金时代,在欧洲思想史上只有自苏格拉底到亚里士多德的希腊哲学的巨大发展才堪与匹配。在短短的四十年(1780—1820 年)间德国精神,无论在深度上和广度上都有巨大的发展,出现了哲学世界观种种体系,枝繁叶茂,五彩缤纷;历史上从未有过在这样短的时期里〔人才〕如此密集。在所有这些世界观体系中前一世纪各种思潮汇合成为独具特色的、给人印象深刻的结构。它们在总体上表现为长期成长的成熟的果实，从这果实中必将迸发出至今仍难猜测的新发展的嫩芽。

　　这种辉煌灿烂的景象究其根源总的在于德国民族的精神活力，当时的德国民族以此精神活力重振旗鼓，接替了在文艺复兴时期开始后又遭到外力破坏而中断了的文化运动并使之达到完美境地。正当德国民族内部〔精神〕发展达到顶峰的时候（这是史无前例的事件），它的外部历史却处在最低沉的境地。当它政治上地位低下软弱无力的时候，它却培养出世界第一流的思想家和诗人。而它的战无不胜的力量恰恰存在于**哲学同诗歌的结合**。康德和歌德诞生于同一时代，两人的思想又融合于席勒一身，——这就是当时时代起决定作用的特色。通过这种最高的文化的渗透作用，文学和哲学相互促进，创作园地百花盛开，致使德意志民族发展成为一个崭新的完整的民族。在此，德意志民族再一次发现自己的精神实质；从此精神实质迸发出无穷无尽的理智力量和道德力量，通过这些力量使得德意志民族在下一世纪里有能力使其新获得的民族性在世界上发挥巨大作用。

　　哲学史在这时与一般文学最紧密地联结在一起，相互影响，相互激励，延续不断，翻来覆去。关于这点，十分显著地表现在**美学问题**和**美学观点**中，这具有深刻的、最终具有决定性的意义。哲学发现在她前面展现出一个崭新的世界，这个世界过去她只偶尔瞥见，而今她可完全占有这片幸福的乐园。无论在实质上或在形式上，美学原则都占据统治地位，科学思维动机同艺术观的动机互相交织,终致创造出在抽象思维领域里的光辉诗篇。

文学施予哲学的迷人的魅力基于**历史普遍性**。从赫尔德和歌德起开始了我们后来所称的世界文学:有意识地从整个人类历史伟大思想创造的熔冶中塑造出真正的文化来。在德国,**浪漫派**就是作为此种使命的代表出现的。与此类似,哲学从丰富的历史启发中向前发展。她以深刻的思想意识追溯古代和文艺复兴的思想观念。她充满智慧,专心致志于启蒙运动所指出的思想途径。她归结于黑格尔,将自身理解为系统地探索和创造性地总结人类理智迄今所思考过的所有一切。

但是对于这种巨大的工作还需要一种新的概念基础,没有这种概念基础一切来自一般文学的启示都不可能找到生动的统一,因而便会继续不起作用。掌握历史思想材料的这种哲学力量寓于**康德学说**中,这是哲学不可比拟的崇高的历史意义。康德,就其观点之新,观点之博大而言,给后世哲学规定的不仅有哲学问题,而且有解决这些问题的途径。他是在各方面起决定作用和控制作用的精神人物。他的直接继承者在各个方面发扬了他的新的原则并通过同化过去的思想体系而完结其历史使命。他的直接继承者的这项工作按其最重要的特征在**唯心主义**的名义下得到最好的总结。

据此,我们将用两章来阐述德国哲学,第一章以康德为内容,第二章包含唯心主义的发展。在四十年的思想交响曲中,康德学说是主旋律,唯心主义为其演奏。

第一章 康德的理性批判

G．L. 莱因霍尔德《康德哲学通信》(*Briefe über die Kantische Philosophie*，《德意志信使》杂志，1786 年至 1787 年)，1790 年起，莱比锡德文版。

V. 库辛《康德哲学课本》(*Leçons Sur la Philosophie de Kant*)，1842 年，巴黎法文版。

M. 德斯杜伊《从三个批判看康德哲学》(*La Philosophie de Kant，d'après les trois Critiques*)，1876 年，巴黎法文版。

E. 凯尔德《康德哲学》(*The Philosophy of Kant*)，两卷集，1889 年，伦敦英文版。

C. 坎顿尼《伊曼努尔·康德》(*Immanuel Kant*)，三卷集，1879—1884 年，米兰，意大利文版。

W. 华莱士《康德》，1882 年，牛津，爱丁堡，伦敦，英文版。

J. B. 迈耶《康德心理学》(*Kants Psychologie*)，1870 年，柏林德文版。

Fr. 保尔森《康德的生平和学说》(*I. Kant，Sein Leben und seine Lehre*)，1908 年初版，1920 年第六版(仅述理论学说和实践学说)。

Th. 吕森《康德》，1900 年，巴黎法文版。

G. 西默尔《康德讲演录十六篇》(1904 年，莱比锡德文版)，从纪念康德逝世一百周年的无数演讲和文章中选出的最重要的成果(参阅《康德研究》，1904年第九期，第 518 页起；1905 年第十期，第 105 页起)。

Br. 鲍赫《伊曼努尔·康德》，1923 年，德文第二版。

E. 卡西雷尔《康德生平和学说》(*Kants Leben und Lehre*)，1918 年，德文版。

E. 布特鲁《康德哲学》(*La Philosophie de Kant*)，1924 年，巴黎法文版。

M. 冯特《形而上学家康德》(*Kant als Metaphysiker*)，1924 年，德文版。

E. 屈内曼《康德》，1923 年和 1924 年，慕尼黑德文版。

H. 李凯尔特《近代文化哲学家康德》(*Kant als Philosoph der modernen Kultur*),1924 年,蒂宾根德文版。

从庆祝演讲中选出:

哈尔纳克(*A.V. Harnack*),1924 年,柏林;福尔克特(*Joh. Volkelt*),1924 年,埃尔富特;梅尔(*Heinr. Maier*),1924 年,柏林。

这位柯尼斯堡哲学家卓越的地位在于:他全面地吸收了启蒙运动文学形形色色的思想因素,并通过这些因素的相互作用和补充获得了关于哲学问题和哲学方法的崭新的成熟观念。他经历过沃尔夫形而上学学派的陶冶,结识过德国通俗哲学家。他潜心钻研过休谟深邃的哲学论述,并曾热衷于卢梭的自然崇拜。牛顿自然哲学数学般的严谨,英国文学对人类观念的根源和人类意志的根源进行心理分析的精微细致,从托兰德和莎夫茨伯利到伏尔泰范围广阔的自然神论,法国启蒙运动用以促使政治社会条件得到改进的高尚的自由精神,——所有这一切在年轻的康德心上引起共鸣,真诚而充满信心。他具有渊博的世界知识和令人钦佩的智慧,出色地将启蒙运动的最大优点荟萃于自身,而又诙谐机智,独具风格,分寸恰当,绝不炫耀自夸。

457　　　　但是他从所有这些基本前提出发而达到独具特色的地方是有关**认识问题**的错综复杂。正因为形而上学要求给予伦理信念和宗教信念以科学的确实性,所以他从根本上重视形而上学;但在他不断追求真理过程中,他自己的进步的批判精神迫使他确信唯理主义学派思想是多么不能满足这种要求,他越从根本上重视形而上学,此时形而上学对他的影响就越持久——他的眼光就越锐敏地看清楚了经验主义利用心理学方法所发展的知识的极限。在他研究大卫·休谟时,他意识到这件事到了这样的程度:他迫不及待地求助于莱布尼茨的《人类理智新论》可能贡献给形而上学科学的可能性的援助。但是他建立在潜在的先天性原则之上的认识论体系扩展到了数学(参阅前面第三十三节,12;第三十四节,12)并很快证明自身站不住脚,这就导致他陷入旷日持久的研究中,占据了他从 1770 年到 1780 年这段时间;研究的结论,即存在于《纯粹理性批判》一书中。

其中本质上新的、起决定性作用的东西就是:康德认识到**心理方法不足以解决哲学问题**[①];他将关于人类理性活动的**起源**和实际发展的问题与关于人类理性活动的**价值**问题完全分开。他与启蒙运动一样,总倾向于从考虑理性本身出发而不从理解**事物**出发,而对事物的理解是受形形色色的臆测和假定的影响的。但是他在考虑理性本身时发现超越一切经验的普遍判断,其有效性既不可能使之依存于它们呈现在意识中的实际结构,也不可能基于任何先天性形式。他的任务就是通过人类理性活动的全部过程去确定这些判断,从它们的内容本身、从它们与被它们所决定的理性活动的关系中去理解它们的合法性或它们的要求的极限。因此在这整个尝试过程中,他深入意识的最深处探索关于世界和人生的合理性,并从而从各个方向确定一切实在的非理性内容所开始的界限。根据这种观点,康德的批判位于启蒙运动时期与浪漫主义时期之间,浪漫主义是此发展路线的最高峰,此路线向着浪漫主义不断上升又从浪漫主义不断下降。

[①]　参阅在《纯粹理性批判》中超验的纯粹知性概念演绎法的开头论述(W. IV. 第 68 页起)。

这种任务康德命名为**理性批判**,这种方法命名为**批判的方法**或**超验的方法**。他所引荐的学术名词将这种批判哲学的内容叫作对于**先天综合判断的可能性**①的探索。这种观点基于这样的基本认识:理性原则的有效性完全与其本身在经验意识(无论是个人的或是人类的)中产生的方式方法无关。一切哲学都是**独断的**;哲学或者通过描述这些原则从感觉因素中产生、发展、形成的过程,或者通过根据无论何种形而上学臆测的先天性,力图**奠定**或甚至判断这些原则。这种批判的方法,或超验哲学,研究这些原则实际出现的形式,并检验将这些原则**普遍地**和**必然地**应用于经验所具有的效用价值。

在康德那里从这里便产生了系统地研究理性功能的任务,以便确定理性原则并检验这些原则的有效性;这种初次出现在认识论中的批判方法自动地将其影响扩展到理性活动的其它领域。然而在这里就证明了康德最新取得的心理划分模式(参阅前面第三十六节,8)对于他**分析处理哲学问题**有权威性意义。正如在心理

---

① 这种表达式是在《纯粹理性批判》一书的创作过程中通过**综合概念**所获得的意义而逐渐形成的(参阅第三十八节,1)。康德在《纯粹理性批判》的绪论中是以下述方式发挥上述一般公式的:在一判断中如果谓词与主词的从属关系基于主词本身的概念,这种判断便是分析的("引申判断");如果情况相反,谓词把另一种与主词、谓词在逻辑上均不相同的东西附加在主词身上,那么这种判断就是综合的("扩充判断")。**后天**(*a posteriori*)综合判断的基础是("知觉判断",参阅《未来形而上学导论》,第十八节,W. IV. 第298页)知觉本身的行为;相反,**先天**(*a priori*)综合判断,即用以阐明经验的普遍原则,则是另外一回事,这正是我们应该探索的东西。康德所谓的先天并不是指心理学上的特征,而是指认识论上的特征。它并不意味着在时间上先于经验,而是一种超越经验、不能为经验所证明的理性原则有效性的普遍性和必然性〔即逻辑上的"先",不是时间上的"先"〕。不弄清楚这一点的人就没有希望理解康德。参阅 O. 埃瓦尔德《康德方法论》(*Kants Methodologie*),1906年柏林德文版。

活动中表现形式区分为**思想**、**意志**和**情感**，同样理性批判必然要遵循既定的分法，分别检验**认识原则**、**伦理原则**和**情感原则**——情感独立于前两者，作为事物影响于理性的〔媒介〕。

据此，康德学说分为**理论**、**实践**和**审美**三部分，他的主要著作为**纯粹理性**、**实践理性**和**判断力**三个批判。

伊曼努尔·康德1724年4月22日出生于普鲁士的柯尼斯堡。他是马具师的儿子，在虔信教的弗雷德里夏学院受教育。1740年他进了柯尼斯堡大学，在那里，除哲学和神学外，自然科学学科逐渐更引起他的兴趣。他结束学业后，从1746—1755年在柯尼斯堡附近几个家庭里当家庭教师，1755年秋在柯尼斯堡哲学系取得编外讲师的资格，1770年第一次被任命为正教授。他的教学活动不仅涉及哲学各专业而且扩展到人类学和自然地理学。正是在这些领域里，他以激动人心的、构思精巧的、机智而风趣的阐述把他的影响远远传出大学校门之外。在社会上他受到人们的崇敬，他的同胞们在他那里寻求和发现一切激发人们兴趣的、亲切的教诲。康德中年时期这种明朗风趣的敏捷思维随着时间的转移变成一种认真严肃的人生观和严格自我控制的责任感，这种责任感体现在他倾注于伟大哲学工作的坚韧不拔的劳动中，体现在出色地完成他的学术任务中，体现在顽强的、不免带点迂腐气息的、正直的生活作风中。他过着学者的生活，孤独而优雅，其规律的进程并未被他晚年有增无已的光辉荣誉所干扰，只暂时被一层阴影所遮蔽，——在腓特力·威廉二世时期取得统治地位的正教的仇恨封禁了他的哲学，将此阴影投射在他生活的道路上。1804年2月12日他因衰老而去世。

康德的早期作品之后的生活和品格被**库诺·费希尔**典范地刻画出来了（1860年；又《近代哲学史》，卷三、卷四，1897年，1909年海德尔堡第5版）；关于他的青年时代和早期教学活动由E.阿诺德描述过（1882年柯尼斯堡版）。康德周年纪念日发表了权威性的传记——K.伏尔兰德《康德其人及其著作》（两卷集，1924年）。关于书信，在学院版本卷十至卷十二中已全部收入，后又收进《哲学书库》（慕尼黑，1919年）中；F.奥曼曾出版《书信选集》（1911年，莱比锡）。

这位哲学家在十八世纪七十年代末出现了变化,特别是在写作活动方面。他早年的"前批判时期"的著作(其中最重要的哲学著作已在第 382 页引用了)的特色是:阐述明快,优雅,表现为一位构思精巧、深谙世情者的令人喜爱的即兴创作。后期著作表现出他的脑力劳动的艰苦和思想动机的矛盾冲突,既形式周详笨拙,又结构矫揉造作,文句艰深复杂,受限频频。密涅瓦(智慧女神)驱散了文采。然而在他后期作品之上笼罩着思想深邃的肃穆气氛,笼罩着升华为感情洋溢和表情沉重的诚挚信念。

对于康德的理论发展,在开始时莱布尼茨-沃尔夫的形而上学与牛顿自然哲学之间的矛盾起着决定性的作用。前者是通过克努争(参阅第 382 页)在大学里引起他的注意;后者是通过特斯克给他的影响。由于他日益厌弃哲学学派体系,他对于**自然科学**的兴趣起着强烈的作用,当时他似乎要以全部身心致力于自然科学的研究。1747 年他的第一篇论文标题为《对生命力真实估价的思考》(*Gedanken Von der Wahren Schätzung Lebendiger Kräfte*),——论述笛卡儿学派物理学家与莱布尼茨学派物理学家之间的一个有争议的问题。他的伟大著作《自然通史与天体理论》(*Allgemeine Naturgeschichte und Theorie des Himmels*)是第一流的自然科学论著;除短篇论文外,他那篇提出不可量物的假说的硕士论文《论火》(*De Igne*,1755 年)也在此书之内。他的教学活动甚至直到晚期也表现出他对自然科学学科〔特别是自然地理和人类学〕的偏爱。参阅:保尔·门泽尔《康德关于自然和历史的发展学说》(*Kants Lehre von der Entwicklung in Natur und Geschichte*,1911 年);E. 艾迪克斯的《康德遗著》(*Kants Opus Postumum*,1920 年)和《自然科学家康德》(*Kant als Naturforscher*,1924 年和 1925 年);J. 克里斯《伊曼努尔·康德及其对当代自然科学研究的重要性》(*I. Kant und seine Bedeutung für die Naturforschung der Gegenwart*,1924 年)。

在理论哲学方面,康德的观点"几经反复"(参阅第三十三节,12;第三十四节,12)。开始时(在《自然单子论》中)通过通常区分物自体(必得从形而上学上被认识)与现象(必得从物理学上被研究)的区别力图调解莱布尼茨与牛顿在空间理论上的矛盾。之后(在 1760 年以后的作品中)他达到这样的认识:唯理主义意义上的形而上学是不可能的;哲学与数学必具有针锋相对的不同方法;哲学,作为关于既与世界的经验知识,不可能超出经验的范围。

但是在他为形而上学的崩溃而苦恼的时候，他从伏尔泰和卢梭那里，借助于对正义和神灵的"天然情感"得到安慰，就在此时他仍在继续寻求改进形而上学的方法；当他如愿以偿，借助于莱布尼茨的《人类理智新论》找到这种方法时，他就用独特的粗线条刻画出他的《就职论文》的神秘独断的体系。

从那篇论文前进到**批判体系**的过程很不明确，意见分歧。关于这段时期的发展，特别是受休谟影响的时间和方向是很值得怀疑的。参阅：Fr. 米切里斯《康德在 1770 年前后》(*Kant vor und nach 1770*，不伦斯堡 1871 年）；Fr. 保尔森《康德认识论发展史探索》(*Versuch einer Entwicklungsgeschichte der Kantischen Erkenntnistheorie*，1875 年，莱比锡）；A. 里尔《哲学批判主义的历史和方法》(*Geschichte und Methode des Philosophischen Kritizismus*，莱比锡 1876 年；1924 年至 1925 年第三版）；B. 厄尔德曼《康德批判主义》(*Kants Kritizismus*，莱比锡，1878 年）；W. 文德尔班《康德物自体学说的各阶段》(*Die Verschiedenen Phasen der Kantishen Lehre von Ding-an-sich*，《科学哲学季刊》，1876 年）；H. 梅尔《康德认识论的重要性》(*Die Bedeutung der Erkenntnistheorie Kants*，《康德研究》卷二至卷三）；A. J. 迪特里希《康德时空学说的总体概念及其与莱布尼茨的关系》(*Kants Begriff des Ganzen in seiner Raum-Zeitlehre und das Verhältnis zu Leibniz*，1916 年）。关于康德与牛顿、卢梭的关系还可参阅 K. 迪特里希《康德哲学内部发展史》(*Die Kantische Philosophie in ihrer inneren Entwicklungsgeschichte*，1885 年）。

德国哲学的"末日裁判书"①《纯粹理性批判》来源于康德思想种种路线的融合和调整。此书在第二版（1787 年）有一系列的改动；这些改动，一经谢林（《文集》，卷五，第 196 页）和耶可比（《文集》，卷二，第 291 页）指出应予注意后，就成为争论极为激烈的目标了。关于此事，参阅前面引用的文献著作。H. 法伊欣格尔曾尽最大努力搜集文献写出《康德纯粹理性批判评注》(*Kommentar zu Kants Krit. d. r. Vern.*；斯图加特，1887 年卷一，1892 年卷二，1922 年第二版）。参阅：N. K. 斯密《康德纯粹理性批判评注》(*A Commentary to*

---

①　"Grundbuch"/"Doomsday-book"/"末日裁判书"：其所以这样称呼是指它毫无遗漏、毫无偏见地审判了所有的人，有如上帝的最后审判，此处喻康德此书系检验和裁决历史上所有哲学理论的总结。——译者

Kant's Critic of P.R. 1918 年纽约英文版）；K. A. 梅塞《评注》（1922 年）；A. 门泽尔（1923 年）；H. 科尼利厄斯（1726 年）。《批判》的评注单行本作者有 K. 凯尔巴赫，B. 埃德曼，K. 福伦德，H. 施米特，R. 施米特等等。

在批判时期的主要著作除此之外尚有：《未来形而上学导论》（*Prolego-mena zu einer jeden künftigen Metaphysik*），1783 年；《道德形而上学基础》（*Grundlegung zur Metaphysik der Sitten*），1785 年；《自然科学的形而上学原理》（*Metaphysische Anfangsgründe der Naturwissenschaft*），1785 年；《实践理性批判》（*Kritik der praktischen Vernunft*），1788 年；《判断力批判》（*Kritik der Urteilskraft*），1790 年；《纯粹理性界限以内的宗教》（*Die Religion innerhalb der Grenzen der bloßen Vernunft*），1793 年；《论永久和平》（*Zum ewigen Frieden*），1795 年；《法律学和道德学的形而上学基础》（*Metaphysische Anfangsgründe der Rechts-und Tugendlehre*），1797 年；《关于认识能力之争论》（*Der Streit der Fakultäten*），1798 年。

关于康德讲演出版物中最重要的有：《人类学》（1798 年；斯塔克编辑，1831 年）；《逻辑学》（1800 年）；《自然地理》（1802 年或 1803 年）；《教育学》（1803 年）；《形而上学》（珀里茨编，1821 年）。参阅现代科学院版，P. 门泽尔编《康德伦理学讲演录》（*Vorlesung Kants über Ethik*，1924 年，柏林德文版）。

康德全集有：罗森克朗兹和舒伯特编十二卷集，莱比锡，1738 年起；哈尔登施太因（G. Hartenstein）编十卷集，莱比锡 1838—1839 年，最近八卷集，1867 年起；基尔曼（J. V. Kirchmann）编，最近由福伦德等人修订收入《哲学文库》；卡西雷尔（E. Cassirer）编，1921—1923 年。柏林科学院所出版的批判性全集：第 1—9 卷，著作；第 10—13 卷，书信；14—17 卷，手稿遗著①。在宇伯威格-海因茨所编文献卷三中可以找到康德著作的梗概，其中包括阐述他的批判主义的无关紧要的手稿《从形而上学到物理学的过渡》（*Übergangs von der Metaphysik zur Physik*）；那里还有大量的引证完整的文献。我们只能从其中选择最优秀最有教益者，即在埃尔希和格雨伯尔主编《百科全书》中

---

① 后面引语所标示的卷数和页码系指柏林科学院新版本。考虑到现行有关版本的五花八门，章节段落则用原著的。关于主要著作，凯尔巴赫所编雷克拉姆版本易于将引语从过去的版本改编成其它版本。

W. 文德尔班所写的论文《康德》,那是根据材料编排的较有价值的〔对康德哲学〕的综合评述。此后,E. 艾迪克斯着手编制详细的康德全部著作(1893 年)和论康德(1893 年)的图书目录。关于最新文献,初由法伊欣格尔现由利贝特发行的、于 1896 年创刊的《康德研究》杂志提供了最全面的回答。1924 年〔康德诞辰二百〕周年纪念会发行了柯尼斯堡艾伯塔斯大学的纪念文集、法律经济哲学文库康德研究以及详尽的拜歇尔哲学年鉴,还有关于 600 篇论文的文学报道的理想的图书目录(第三、五、六册,1924 年起)。格洛克勒(H. Glockner)报道了其中最重要者(《德意志季刊》,1925 年,卷三,2)。

第三十八节　认识对象

E. 施米德《纯粹理性批判概论》(*Kritik der reinen Vernunft im Grundrisse*),1786 年耶拿德文版。

梅林对康德认识能力批判的边注和索引,1794 年至 1795 年(最近由戈德施米特出版,1900 年起)。

H. 科恩《康德经验论》(*Kants Theorie der Erfahrung*),柏林德文版,1871 年(1918 年第三版)。

A. 霍尔德《康德认识论述》(*Darstellung der Kantischen Erkenntnistheorie*),1873 年,蒂宾根德文版。

A. 斯塔德勒《康德哲学纯粹认识论原理》(*Die Grundsätze der reinen Erkenntnistheorie in der kantischen Philosophie*),1876 年,莱比锡德文版。

J. 沃尔克尔特《康德认识论基本原理分析》(*Kants Erkenntnistheorie nach ihren Grundprinzipien analysiert*),1879 年,莱比锡德文版。

E. 普夫莱德雷尔《康德批判主义和英国哲学》(*Kantischer Kritizismus und englische Philosophie*),蒂宾根,1881 年,德文版。

H. 斯特林《康德教科书》(*Text-Book to Kant*),爱丁堡和伦敦,1881 年英文版。

S. 特比格内沃《纯粹理性批判的分析、历史和批判》(*Analisi, Storia, Critica della Critica della ragione Pura*),罗马,1881 年意大利文版。

S. 莫里斯《康德纯粹理性批判》(*Kant's Critique of Pure Reason*),芝加哥,1882 年英文版。

461

Fr. 斯托丁杰《本体》/《物自体》(*Noumena*)，姆施塔特，1884 年德文版。

E. 艾迪克斯《作为构成体系因素的康德体系》(*Kants Systematik als system-bildender Factor*)，柏林，1887 年德文版；《康德研究》(*Kantstudien*)，1894 年德文版。

E. 阿诺德《康德研究批判补遗》(*Kritische Exkurse im Gebiet der Kantfors-chung*)，柯尼斯堡，1894 年德文版。

O. 埃瓦尔德《作为认识论伦理学基础的康德批判唯心主义》(*Kants kritischer Idealismus als Grundlage von Erkenntnistheorie und Ethik*)，1908 年德文版。

J. 古特曼《康德客观认识概念》(*Kants Begriff der objektiven Erkenntnis*)，1911 年德文版。

A. 布龙斯威西《康德基本问题》(*Das Grundproblem Kants*)，1914 年德文版。

B. 厄尔德曼《康德超验范畴演绎法中问题情况批判》(*Kritik der Problem-lage in Kants transzendentaler Deduktion der Kategorien*)；《关于康德纯粹理性批判的观念》(*Die Idee von Kants Kritik der reinen Vernunft*，《柏林科学院论文集》，1915 年起)。

W. 埃里克《康德和胡塞尔》(*Kant und Husserl*)，哈雷，1923 年德文版。

E. 艾迪克斯《康德与物自体》(*Kant und das Ding an sich*)，柏林，1924 年德文版。

　　康德的认识论是以牢不可破的逻辑一贯性从近代名称论对认识问题的立场演绎出来的(参阅前面第三十四节，特别是第 293 页至次页，第 413 页)。这位哲学家在沃尔夫学派朴素的唯实论中成长起来，沃尔夫学派没有郑重考虑就认为逻辑必然性与现实性是同一的。康德能从这个学派的禁令中自觉解脱出来是由于他看出了：用"纯理性"，即通过纯逻辑概念活动，不可能"构成"有关现实事物存在[1]或因果关系[2]的任何东西。形而上学家是"诸多思想领

---

[1]　参阅康德《上帝存在的唯一可能的证明》。

[2]　参阅康德《将负量引入哲学之尝试》，特别是《结论》，《全集》卷二，第 201 页起。

域的空中建筑师（Luftbaumeister）"①；但是他们的建筑物与现实没有关系。现在康德首先在通过经验所获得的概念中去探索此种关系，因为非常明显，概念与现实的生成发展的关联显然是由科学来认识的。但是休谟把他从"独断的睡梦中"惊醒了②。休谟证明：恰恰是这些关于现实的概念知识的结构形式，特别是因果关系形式③，并不是直观地给予的〔即并不存在于知觉中〕，而是〔观念的〕组合结构的产物，没有任何证据可资证明与现实有关。从"既与的"概念中也不可能认识现实。于是，康德受到莱布尼茨的启发又一次认真思考：借助于认知者的单子与被认知者的单子之间的、源于上帝的"先定谐和"，潜在的先天性的净化概念是否有可能解决思维与存在之间的关系之谜。在他的《就职论文》中他坚信这就是解决此问题的答案。但是冷静思考很快就可证明，此种先定谐和本是一种形而上学臆测，不可能证明因而也不可能支持科学的哲学体系。由此看来，事实本身说明了，无论经验主义还是理性主义都不曾解决这个基本问题——**认识与认识对象的关系**以什么作

462

---

　　① 《一个视灵者的梦》，I.3,《全集》卷二，第342页。

　　② 关于康德自己经常提到的这个"自白"大多数人忽视了他所谓的"独断的"指的不仅是"理性主义"，而且主要是指早期认识论的经验主义；而且还忽视了：他用此词语的典型段落中《未来形而上学导论》序言，《全集》卷四，第260页）并没有将休谟和沃尔夫对立起来，而是只将休谟和洛克、里德、柏阿蒂对立起来。因此，康德宣称休谟把他从独断主义中解放出来，此独断主义指的是经验主义的独断主义，而理性主义的独断主义他早已在当时所出的文献的气氛中克服了。

　　③ 看来，由于康德从未提到过休谟对于同一性和实体性的批判（见前面第三十四节，4），因此他并不了解休谟的《人性论》，而只了解他的《人类理智研究》。参阅F.H.耶可比《全集》卷二，第292页。

内容又以什么作基础[①]。

1.《纯粹理性批判》便是康德经过长期的独自思考后对这问题的回答。此书以系统的终结形式（此形式在《导论》中有分析性的阐述）从先天综合判断的实际出发，分别在三种理论科学中，即**在数学、纯粹自然科学和形而上学**中，检验这些科学对于普遍有效性和必然有效性的应有权利。

在系统地论述此问题时，康德在批判过程中所获得的对于理性活动性质的洞见发挥了作用。这种理性活动是**综合性**的，即多样性的统一[②]。这种**综合概念**[③]是一种新因素，将《批判》与《就职论文》区分开来。在这概念中康德找到了感性形式与知性形式之间的共同因素。这些形式在他 1770 年的阐述中被认为是完全不同的东西，分别具有接受性和自发性的特性[④]。但是此时表现出

---

① 康德给马库斯·赫茨的信，1772 年 2 月 21 日。

② 这个经常重复的定义使批判的认识论的基本概念非常近似于单子论的基本的形而上学概念。参阅前面第三十一节，11。

③ 此综合概念在《先验分析论》中与范畴论联系起来阐述。《纯粹理性批判》第二版第 10 节和第 15 节，《全集》卷三第 91 页，第 107—108 页；参阅第一版，IV. 64，77。

④ 因此《纯粹理性批判》现行版本中的综合概念与此书最初所阐述的心理学假说相冲突。这些心理学假说来源于用德文对《就职论文》所进行的改写。此被认为系紧接 1770 年之以《感性和理性的界限》的标题而出现的，后被吸收进《先验感性论》和《先验逻辑》的开头，也许还被吸收进后来的篇章如《反省概念的歧义》中。因此这些心理学假说过渡到了《纯粹理性批判》，但在《未来形而上学导论》一书中这些心理学假说就绝迹了。更早一些时候，感性和知性分别当作"接受性"和"自发性"而互相对立；但是感性的纯形式时空证明确实是感觉的综合整理原则，因而应隶属于一般的综合概念，即将多样性统一为能动的"一"。这样一来，综合概念就突破了《就职论文》的心理学模式。

理论理性的综合在三个阶段中完成：感觉组合成为知觉，发生于时空形式中；知觉组合成为自然现实世界的经验，凭借知性概念而发生；经验判断组合成为形而上学知识，凭借于康德称之为理念的一般原则而发生。因此，认识能力的这三个阶段按照综合的不同形式而发展，每一高级阶段以前一低级阶段为内容。理性批判必须研究在每一阶段中此种综合的特殊形式是什么，这些特殊形式的普遍有效性和必然有效性又基于什么。

　　2. 关于**数学**，《就职论文》的概念的主要方面很容易适应理性批判。数学命题是综合的，归根结底依赖于纯直观结构，而不依赖于概念的发展。它们的必然性和普遍有效性不是由任何经验建立的，因而只有用"它们基于**先天的直观原则**"这条假定来解释。因此，康德表明，与所有几何和算术知识有关的**时空**的一般观念是"直观的纯形式"或"先天的直观"。一个无限空间的观念和一个无限时间的观念并不依存于无数的有限空间和有限时间的经验知觉的组合，但是由于在相互毗邻、相互连续（并存和相继）中的界限特性，整体空间和整体时间已经分别蕴寓于特殊的空间量和时间量的〔经验的〕知觉中；据此，这些特殊的空间量和时间量呈现于意识的只是一般空间的局部和一般时间的局部。空间和时间不可能是推理的"概念"，因为它们的对象只是单一的唯一的对象，而且此对象不可想象为完整的，而只是被包含在无限的综合中。并且，它们对有限量的观念的关系并不像类概念对其特殊范例的关系，而是像整体对局部的关系。因此，如果它们是纯直观，即不基于知觉反而是一切〔经验〕知觉的基础①的直观，那么它们确实必须如此；因为我们虽然能想象时空里没有东西，却不能想象没有时空。时空是不可能逃脱的纯直观的既与形式，——这是**关系规律**，我们只有用此关系规律才能在心灵中以综合的统一表象感觉的繁多。而且，空间是外部感官形式，时间是内部感官形式；特殊感官的一切对象被表象在空间中，自我知觉的一切对象被表象在时间中。

　　数学知识决定于两种直观形式的普遍内质，而又完全不涉及特殊的经验内容；因此，如果空间和时间是"我们的感性接受性的固定形式"，那么数学知识理应在我们可能感觉到、可能经验到的整个范围内具有普遍的和必然的有效性，所以《先验感性论》表明：**先天知识**的对象只能是通过感觉所给予的"繁多"的**综合形式**，——在时空中的排列规律。但是这种知识的普遍性和必然性之能被理解只是因为**空间和时间不过是感性直观的必要形式**。如果时空所具有的现实性与知觉功能无关，那么数学知识的先天性就不可能了。如果时间是事物本身，或者是事物的真正性质和关系，那么我们只有通过经验才能认识它们，因而绝不能以普遍的、必然的方式去认识；普遍的必然的知识之可能是因为时空只不过是一切事物必然出现在我们直观中的形式②；按照这个原则，对于康德说来，**先天性**同**现象性**变成互相可以交换的概念。**人类认识**

────────────────

　　①　因此我们必须再一次地提醒，如果认为此种"*Zugrundelieg en*"〔以……为基础〕或"*Vorhergehen*"〔在前〕是指时间而言，那就是对康德学说完全错误的歪曲的看法。那种认为时空是天生的观念的**先天论**彻头彻尾是非康德主义的，与这位哲学家明确的下述公开言论相矛盾（见前面第三十三节，12；或《导论》§21，a，《全集》卷四，第304页）："此语并非指经验之产生，而是指存在于经验之中的东西。"

　　②　这种思想在《导论》第九节中发挥得特别清楚。

中唯一的普遍的和必然的因素只是事物呈现于其中的形式。理性主义局限于形式，理性主义为了形式，甚至牺牲了形式的"主观性"。

3. 就这样，当康德要把知觉对象的时空关系完全当作一种不与事物本身吻合的形象显现方式，他就非常准确地区分了事物的**观念性**概念与"感官性质的主观性"。正如笛卡儿和洛克以后的所有哲学一样，康德认为这种感官性质的主观性是自明的[①]。在此，争论的焦点又仅仅是现象性的**基础**。自从普罗塔哥拉和德谟克利特以来，关于色、味等现象性依赖于印象的差异和相对性；而对于时空形式，康德恰恰是从时空的不变性演绎出时空的现象性。因此，对于他说来，感官性质只提供各别的偶然的形象显现方式；相反，时空形式却提供**事物显现的普遍的和必然的模式**。确实，知觉所包含的一切并不是事物的真正本质，而是现象。但是感觉内容之为"现象"比起时空形式之为现象有着完全不同的含义。前者只是个别主体的状态，而后者则是一切事物的"客观的"直观形式。因此，康德根据这个理由，甚至认识到自然科学的任务存在于德谟克利特-伽利略式的"质还原于量"的活动中；只有在质还原为量的活动中，才可发现基于数学基础上的必然性和普遍有效性。但是康德和前辈不同之处在于：他从**哲学观点来考虑**，坚决主张自然的数学表象形式也只能被当作现象，虽然是在这一词语的更深刻的意义上。感觉提供个别的观念，数学理论提供现实世界必然的、普遍有效的知觉，但两者都不过是**现象世界**的不同阶段；在**现象**后

---

① 参阅《纯粹理性批判》第三节，b，《全集》卷二，第56页。

465 面,真正的物自体仍不为人所知。空间和时间毫无例外地对一切知觉对象都有效,但是超出知觉范围则对一切都无效。它们具有"**经验的现实性**"和"**先验的观念性**"。

4.《理性批判》超过《就职论文》的主要之点在于:这些同样的原则以完全平行对应①的研究方式扩展到属于**知性活动的综合形式**的认识论价值问题。

自然科学除数学基础以外还需要关于事物关联的许多一般原则。这些原则(如关于每一种变化必有其原因)是综合性的,但是,虽然这些原则通过经验始为人所意识,又应用于经验,并在经验中得到验证,但是这些原则不能由经验来树立。这些原则中有一些虽然迄今偶尔地得到创建和阐述,并且《批判》本身还要去发现"原则体系",但是很清楚的是,没有这种〔数学〕基础,自然知识就会缺少必然性和普遍有效性。因为"自然"不仅是空间形式和时间形式的聚合体,形体和运动的聚合体,而且还是我们通过感官能够认知并同时**通过概念能够思维的**(内在的)**关联体**。康德将直观的繁多性综合为统一体的思维能力称为**知性**,而**知性的范畴或知性的纯粹概念就是知性的综合形式**,正如空间和时间就是知觉的综合形式一样。

现在如果"**自然**"作为我们的认识对象是事物的真正关联体,独立于我们的理性功能,那么我们只有通过经验才能认识它,绝不可能**先天地**认识。只有假定我们的概念的综合形式决定自然本身,对自然的普遍的和必然的知识才有可能。如果是自然给我们

---

① 这种对应关系通过比较《导论》的第九节和第十四节便最清楚地显露出来了。

的知性规定规律,那么我们只能得到一种不充分的经验知识。因此,**先天的自然知识之所以可能只是因为情况刚刚相反,是我们的知性给自然规定规律**。但是如果自然作为物自体或物自体体系而存在时,我们的知性就不能决定自然;我们的知性决定自然**只是在自然出现在我们的思想中时才有可能**。因此,**先天的自然知识之有可能只是因为我们在知觉之间所想象到的关联不是别的只是我们的观念作用的样式**。自然作为我们的认识对象用以表现自身的概念关系也必然只是"现象"。

　　5. 为了达到这种结论,《理性批判》首先确证知性的这些综合　466
形式的思想连贯的完整性。从一开始就很明确,我们要处理的不是在**形式逻辑**中要处理的、基于矛盾律的那些分析关系。因为那些分析关系只包含按照已存于概念内的内容去确定概念之间的关系的规律①。但是当我们证实因与果之间或实体与偶然性之间的关系时,所呈现出来的组合方式并不被包含在这些分析形式中——这正是休谟曾经指出过的。康德在此发现了完全崭新的**先验逻辑**②的任务。按照(分析的)知性形式建立了有关内容的概念关系,除了这些(分析的)知性形式外,还出现有**综合的知性形式**,通过这些综合的知性形式将知觉变成抽象的概念知识的对象。在空间中调整、在时间中变化的感觉形象只有被**认为是**具有性质不

---

　　①　康德在《就职论文》(见 Sect, II. §5)里将此命名为 *usus logicus rationis*〔理性的逻辑应用〕,当时并认为对于经验理论说来,这已足够了(见前面第三十四节,12)。

　　②　参阅 M. 斯特克尔马歇尔《形式逻辑与先验逻辑的关系中的康德形式逻辑》(*Die formale Logik Kants in ihren Beziehungen zur transzendentalen*),布雷斯劳,1878 年德文版。

变、状态恒变的事物时才会变成"客观的"或"具体的";但是通过**范畴**表现出的此种关系既不分析地潜存于知觉中,也不分析地潜存于知觉的直观关系本身中。在形式逻辑的分析关系中,思维依赖于它的对象而且最终完全有权表现为只对既与量进行处理。相反,先验逻辑的综合形式让我们能认识在创造功能中的知性,从知觉中**创造出思维本身的对象**来。

　　在这一点上,在形式逻辑与先验逻辑的区分上,第一次出现了康德与流行至今的希腊认识论概念之间的基本对立。希腊认识论认为"对象"是独立于思维而"被既与的",并认为理智活动过程完全依赖于对象;最多,理智活动过程的使命是利用摹写的手段重新产生这些对象或听任这些对象指令。康德发现思维对象不过是思维本身的产物。理性的这种**自发性**形成康德**先验理念论**最内在的核心。

　　就这样,除开亚里士多德的分析逻辑(将已有概念的隶属关系当作它的基本内容,见前面第十二节)以外,他以完全清晰的意识假定了认识论的**综合逻辑**;然而就在此时,他却满有理由地坚持主张两者具有共同因素:即**判断学**。在判断中,主词与谓词之间所设想的关系被断言是客观有效的:一切有关客体的思维都是**判断**。因此,如果**范畴**或**知性的主要概念**必须认为是对象所由产生的综合的关系形式,那么有多少种类的判断就必须有多少范畴,每一范畴就是主词和谓词之间以其独有判断起作用的联系方式。

　　据此,康德认为他可以从判断表推导出**范畴表**,他将此范畴表视作以往没有如此"完善"可靠的逻辑学。他根据量、质、关系和样式四种观点分别区分三种判断:全称、特称、单称;肯定、否定、无限;直言、假言、选言;或然、确然、必然。与这些判断相对应的有十二个范畴：单一性、复多性、全体性；实在性、否定性、限制性；实体与属性、因果性与依存性、同时共存或交互作用；可能性或不可能性、存在或不存在、必然性或偶然性。这种结构的矫揉造作，判断形式与范畴之间的松散关系，范畴的不等价值，——凡此种种显而易见；但是不幸的是康德竟如此坚信这个体系，在他后来的多次科研中，将此体系当作结构骨架。

6. 这项任务最困难之处还在于证明：在"纯粹知性概念的先验演绎"中范畴如何"构制经验对象"。在这里这位哲学家的深奥研究必然陷入晦涩不明之中，但此昏暗之处却被《导论》的一个出色的思想照亮了。在这里康德区分**知觉判断**（即只表现对于个别意识在时空中的感觉关系的判断）与**经验判断**（即此种感觉关系被确认为客观有效，被确认为在对象中早已存在的判断），并且他发现它们之间的认识论价值在于：在经验判断中空间关系或时间关系是基于并受制于一种范畴，一种概念关联；而在单纯的知觉判断中则不是这样。比如，两种感觉的接续，只有当我们把它们当中的这一个现象当作另一个现象的原因时，它们才变成客观的、普遍有效的。关于感觉的空间综合和时间综合的一切特殊结构，只有按照**知性规律**组合起来时才变成"客体"（对象）。个别感觉在个别的观念机械作用中可以以任何方式进行自我排列、分离、结合；与此种个别的观念机械作用相对立的是客观的思维；客观的思维对一切都同等有效，并受制于由概念所约束的、固定的、〔有条理的、秩序井然的〕整体关联。

此事对于时间关系特别有效。因为外部感官的现象作为"我们心灵的规定"属于内部感官，因此一切现象没有例外都被置于内部感官形式即时间之下。因此,康德力图证明在范畴与知觉的特殊形式之间存在着一种"图式"[1];这种图式首先使知性形式完全有可能应用在直观形象上;这种图式基于:每一个别范畴具有与时间关系的特殊形式在图式上的类似。在经验知识中我们利用这种图式来解释被相应的范畴所感知的时间关系,比如将有规律的接续领悟为因果关系;反过来,先验哲学必须在下述事实中探索此过程的合理性,即范畴作为知规性则给相应的时间关系提供经验对象的理性根据。

　　事实上,个别意识在自身中发现观念运动(比如幻觉)与**经验活动**之间的对立;对观念运动而言超过自身范围便无权谈及有效性了;另一方面对经验活动而言,它认识到自己被约束于对其它一切经验活动同样有效的方式中。思维与对象的关系即只基于此依赖性上。但是,如果现在认识到时间(和空间)关系的客观有效性的基础只存在于知性规则的规定中,那么事情的另一方面是,个人的意识并未认识到范畴在经验中的此种参与作用,而是将此种参与作用的结果当作他所理解的在时空中对感觉的综合的客观必然性。因此对象(客体)并不在个别意识中产生,而是早已成为个别意识的基础;个体的一切客观性的根源在于一种交叠的关联,此关联通过直观和思维的纯形式而决定一切,它将每一经历置于内容极度丰富的关系中[2]。康德在《导论》中将此观念活动的超个别的实体命名为"**一般意识**",在《批判》中命名为**先验统觉**或**自我**

---

　　① 此图式被认为是直观的知性或知性的直观。——译者
　　② 因此为了产生对象,必须假定更高级的公共意识,此公共意识进入个人的经验意识不是带着自身的功能而只带着这些功能的结果。——英译本

(Ich)。然而绝对必要的是,按照康德的原始意义对于"一般意识"的这种超个别的情况既不能以心理学也不能以形而上学去阐明。这种逻辑的客观性既不可认为是根据一种经验"主体"的类比,也不可当作物自体那样的智力。因为对于康德的《批判》说来,这没有例外地只涉及存在于"经验里的什么东西"。

据此,**经验**是这样的现象体系:在这现象体系里时空的感觉综合受知性的规则所规定。因此,"作为现象界的自然"是先天认识的对象:因为经验是通过范畴而创立,范畴对一切经验有效。

7. 范畴普遍的、必然的有效性表现在**纯粹知性的原则**中,概念形式以此原则通过图式为中介向前发展。然而在这里立即表现出:康德范畴论的重点落在第三组上,落在他希望"解决休谟的疑难"的那些问题上。从量和质的范畴我们只得到"直观的公理"(即一切现象都是外延的量)和"经验知觉的预测"(据此,感觉对象是内涵的量);关于样式,在"经验思维的公设"的名义下只产生可能的、现实的和必然的东西的定义。与此相反,"**经验类推法**"证明在自然界中实体是持久不变的;实体的总量既不可能增加也不可能减少;所有变化都按照因果律发生;全部实体处于彻底的相互影响、相互作用中。

因此,这些都是无需任何经验证明即普遍有效、必然有效的原则,也是所有自然科学的最高前提;它们包括康德所谓的**自然形而上学**[①]。但是为了达到可以把它们应用于感官所给予的自然这个

469

---

① 对此,康德本人已达到了自己的理论可能性的积极目的;好久以来在他脑海里就浮现出这种目的:牛顿学说的哲学根据。

目的,它们必须通过一种数学表达式,因为自然是以时空形式所感知并按照范畴所整饬的感觉体系。这种过渡是通过经验的**运动概念**而起作用的;自然界中一切发生和变化在理论上都得还原为运动。至少本来意义的自然科学可能达到的深度就在于我们能应用数学的程度。因此康德将心理学和化学只当作描述学科而被排除于自然科学之外。从而,《自然科学的形而上学原理》包括了所有根据范畴和运动可能普遍地、必然地推论出的一切。这样建设起来的康德的自然哲学,最重要之处就是他的**物质动力论**;在此他利用此学说从《批判》的一般原则推导出早已在《天体的自然通史》中奠定的理论,即在空间中可以运动的东西的实质是维持平衡的两种力(吸引力和排斥力)以恒变的不同程度相互作用的结果。

8. 但是,根据康德的假说,上述自然形而上学只能是**现象形而上学**,不可能是其它的,因为范畴是关系的形式,像这样的形式其本身是**空的**;它们只有通过以直观为媒介才能同对象发生关系,直观呈现出有待结合起来的内容的多样性。然而这种直观,对于我们人类来说,只是时空形式中的感官知觉,我们只将在感觉中所给予的东西当作时空的综合功能的内容。据此,人类知识的**唯一对象是经验**,即现象;自柏拉图以来通常将认识对象分为现象和本体的这种做法便失去了意义①。超过经验范围通过"单纯的理性"对物自体的认识是一种无稽之谈。

然而,物自体概念毫无合乎理性的意义吗? 与物自体概念连

---

① 《纯粹理性批判》第一版,关于区分一切对象的根据。《全集》卷四,第166页,24页。

在一起将认识的一切对象命名为"现象"不是没有意义了吗？这个
问题是康德思想的转折点。迄今为止,所有朴素的世界观认作"对
象"的东西,一部分化解为感觉,一部分化解为直观和知性的综合
形式。除个人意识之外似乎没有任何东西真正存在,只有"一般意
识",先验的统觉。但是康德曾宣称在他脑海里从未否定过"事物"
的现实性,那么这些"事物"究竟在哪里呢？

　　的确,在《理性批判》中**物自体概念**不会像在莱布尼茨那里或
在康德的《就职论文》中一样再有积极的内容了;它不再是纯粹理
性知识的对象,它根本不再是"对象"了。但如果仅仅思考它,至少
不会有什么矛盾。首先,是纯粹假定性的,是某物,其现实性既不
能肯定也不能否定,——一个真正的"难题"。人类知识局限于经
验对象,因为为了利用范畴所必需的直观(Anschauung)在我们这
里只是在时空中的接受性的感性直观。如果我们假定还有另外一
种直观,那么同样,借助于范畴,这种直观还有另外的对象。这种
不属于人的直观的对象仍然是现象,因为这种直观又可设想为以
任何方式整饬**既与的**感觉内容的直观。但是如果我们想象有一种
非接受性的直观,这种直观不仅综合地产生自己的形式而且产生
自己的内容,这是一种真正的"创造性的想象力",那么这种直观的
对象就必然不再是现象,而是物自体。这样的能力够得上称为**知
性的直观**①,或**直观的知性**。它是感性和知性这两种认识能力的
统一,这两种认识能力在人身上表现为彼此分离,尽管它们通过经
常接触表现出潜存的共同的根源。像这样一种能力的可能性很难

---

①　intellektuelle Anschauung,或译"理智的直观"。——译者

否定,正如它的现实性很难肯定一样;可是康德在这里表示:我们倒可以思考有这么一个最高的精神实体。因此,**本体**或**物自体**是**可以从反面的意义上去思考为一种非感性直观的对象**,关于这些对象我们的知识绝对无言可述,——它们可设想为经验的**极限概念**。

最后,它们(非感性的直观对象)并不老是像最初表现出来那样完全难以解决。因为如果我们否定物自体的现实性,那么"一切都会立即化为现象",我们从而可以大胆断言,除了人(或其他在感性上是接受性的生物)所感觉到的东西以外,一切东西都不是现实的。但是这种断言是一种完全不可证明的臆测。因此,先验的理念论必然不会否定本体的现实性,它只不过继续意识到,在任何情况下,物自体不可能是人的认识的对象。物自体必可思考,然而不可认识。康德以此方式争回了这种权利——指定人的认识对象**"只能是现象"**。

9. 就这样为理性批判的第三部分即**先验辩证论**①确定了道路。不能经验的东西的形而上学,或者照康德喜爱的说法,"超感性的东西"的形而上学,是不可能的。要证明此事就必须通过批判历史上为此目的(即证明超感事物的形而上学的可能性)而进行的种种尝试;作为达到自己目的的实例,康德选中了莱布尼茨-沃尔夫学派的形而上学及其对唯理的心理学、唯理的宇宙论和唯理的

471

---

① 关于内容方面,正如《导论》指出的,先验感性论、先验分析论和先验辩证论构成《批判》的三个并列的主要部分;相反,康德仿效当时流行的逻辑教科书的编排而进行的形式上的分类模式与此毫不相干。事实上,"方法论"只是一种补充,包含极其丰富的细致的观察。

神学的处理。但与此同时必须表明的是，不可能经验的东西，不可能认识的东西还是一定能够被思维的；因此必须发现**先验的幻象**，这种先验的幻象诱使自古以来不少伟大思想家将此必然被思维的东西当作可能认识的对象。

为达到这一目的，康德以知性活动与感性直观之间的对立为起点；只有借助于感性直观，知性活动才创建了客观的知识，由范畴所决定的思维用这样的方式将感性材料置于相互关系中——即每一个现象受其它现象的**约束**；但是在此过程中知性为了要完全地思考个别现象就必须把握此特别现象受制于整体经验中的**条件整体**。然而，由于现象世界时空的无限性，此种要求无法实现。因为范畴是现象之间的关系原则；它们认识每一现象的**制约性**只能**通过另外的现象**，而要认识另外的现象又需要洞察这些现象受制于另外的现象的制约性，如此等等，以至无穷①。从知性和感性的关系出发便产生了对于人类知识来说是**必然的然而又是不可解决的问题**。康德称这些问题为**理念**；他又将此种对知性认识进行高度综合的能力命名为狭义的**理性**。

现在如果理性认为如此提出的问题已经得到了解决，那么所探索的条件总体必然会被认为是某种**不受限制**的东西（无条件者），它虽然内部包含无穷尽的现象系列的条件，但本身不再受限。这种无限系列的终结（*Abschluß*）②对于与感性密切相联的（知性）认识说来尽管意味着一种内部的矛盾；但是知性任务的目的是寻

----

①　参阅库萨的尼古拉和斯宾诺莎类似的思想，不过在他们那里用上了形而上学。前面第二十七节，6；第三十一节，9。

②　照康德的意见，一切知识从感觉开始，进到知性，并终结于理性。——译者

求关于感官无限的物质资料的总体,如果这个任务被认为已经解决了,那么这种无限系列的终结必定还是可以思考的。因此理念是无条件者(不受限制者)的心灵表象,理念必可思考但绝不可能变成认识的对象;形而上学沉溺于先验的幻象,先验的幻象的实质又在于将理念当作既与的,而理念只不过是**作为任务而硬派给的**。实际上,理念并不是像通过范畴而产生认识对象的组建性原则,而只是**调节性的原则**,此调节性原则迫使知性在经验的有限者的领域中不断探索越来越深入的内在关联。

472

关于这些理念康德找到三种无条件者:关于内部感官所有现象的总体,关于外部感官所有资料的总体,关于所有一般有限者(有条件者)的总体;这些无条件者分别被认作**灵魂**,**世界**和**上帝**。

10. 在"纯粹理性的谬误推理"中对唯理心理学的批判采取的方式是,用通常对于**灵魂**的实体性的证明指出逻辑主体和现实基体两者混淆的 *quaternio terminorum*〔四个界限〕;它指出,科学的实体概念与空间内持久不变的东西的知觉联系在一起,因此它只能应用在外感官的领域;它又阐明灵魂的理念,作为不受限的内感官的一切现象的实在统一体,虽然既很难证明也很难反驳,但是它却是研究心理活动相互关联的启发性原则。

论"理性的理想"那一章节中用同样方式阐述上帝这一理念。康德利用了比过去阐述这同一问题时更加严密的准确性,粉碎了过去为证明上帝存在而提出的(三种)论证的可靠性。他驳斥**本体论**证明无权只从概念推论出〔上帝〕存在。他指出,当**宇宙论**证明在"绝对必然的"存在中去追寻一切"偶然性"的东西的"原始因"的时候，它就包含一种 *petitio principii*〔预期理由〕①。他证明，目的论论证或**物理神学**论证——即使承认美、和谐、宇宙的合目的性——充其量不过像古代那样引导出一个明智的、善良的"宇宙建筑师"的概念而已。但是他强调：否定上帝存在是一种超出经验知识领域的论断，其不可证明正如其反题，确切地说在经验中研究现象的个别关联的唯一有力的动力就是基于这种对于整个现实的生动的实在的统一的信念。

　　然而具有极大特色的是康德在"**纯粹理性的二律背反**"中对宇宙理念的阐述。这些二律背反以极其强烈的方式表达出先验辩证论的基本思想，它们指出当宇宙被当作认识对象时彼此矛盾的命题均以同等权利得以维护，只要我们一方面遵循知性要终结现象系列的要求，另方面又要遵循感官知觉要无限地接续同一现象系列的要求。因此康德证明：在"正题"中，在时间和空间中世界必然有开端和终结；关于世界实体，正题指出可分性的极限；世界上所发生的事件之始必然是有自由的（即不受原因制约的）；世界必然有一绝对的存在，即神。在反题中康德证明了此四种情况的矛盾的反面。与此同时，由于证明（有一例外）是间接性的，因此复杂性便增加了：正题通过反驳反题而得到证明，反题通过反驳正题而得到证明；因此每一判断既被证明了也被反驳了。对前两个二律背反（即"数学的"二律背反）的解答，目的在于证明：在我们将绝不可能变成认识对象的东西（如宇宙）当作认识对象的地方，排中律就失去了作用；在这里康德很有理由发现关于他的时空学说"先验理

473

――――――

　　①　或译"窃取论点"，指在论证过程中把本身尚待证明的判断当作论据的一种逻辑错误。——译者

念论"的间接证明。关于第三和第四个二律背反,即关于自由和上帝的"动力学的"二律背反,康德力图表明(无疑,纯粹理论证明是不可能的),也许可以思考反题适用于现象,另一方面正题适用于物自体不可知世界。对于后一世界,对自由和上帝进行思考至少不会有矛盾,而在我们对现象的认识中当然碰不上这两方面的问题。

第三十九节　直言律令

H. 科恩《康德伦理学根据》(*Kants Begründung der Ethik*),柏林,1877 年德文版(1910 年第二版)。

A. 赫格勒尔《康德伦理学中的心理学》(*Die Psychologie in Kants Ethik*),弗赖堡因布赖斯高,1891 年德文版。

W. 福斯特《康德伦理学发展过程》(*Der Entwicklungsgang der Kantischen Ethik*),柏林,1894 年德文版。

E. 阿诺德《康德至善理念》(*Kants Idee vom höchsten Gut*),柯尼斯堡,1874 年德文版。

A. 梅塞《康德伦理学》(*Kants Ethik*),莱比锡,1904 年德文版。

B. 平延尔《康德宗教哲学》(*Die Religionsphilosophie Kants*),耶拿,1874 年德文版。

A. 施韦策《康德宗教哲学》,(*Kants Religionsphilosophie*),布赖斯高地区弗赖堡,1899 年德文版。

E. 特勒尔奇《康德宗教哲学中的历史问题》(*Das Historische in Kants Religionsphilosophie*),《康德研究》卷九,第 12—154 页。

Fr. 梅迪卡斯《康德历史哲学》(*Kants Philosophie der Geschichte*),《康德研究》卷七,1902 年。

R. 克朗勒《康德世界观》(*Kants Weltanschauung*),1914 年德文版。

B. 凯勒曼《批判哲学体系中的理想》(*Das Ideal im System der Kritischen Philosophie*),1920 年德文版。

A. 格德克迈尔《康德人生观的基本特点》(*Kants Lebensanschauung in ihren Grundzügen*),1921 年德文版。

V. 德尔博斯《康德实践哲学》(*La Philosophie Pratique de Kant*),巴黎 1926 年法文第二版。

　　理论理性的综合功能就是表象相互结合,成为知觉、判断和理念。**实践综合**就是意志与表象内容的关系,表象内容借此关系变成了目的。康德细心地将此关系形式排除在有认识能力的知性的基本概念之外;为此它是**实践理性**应用的基本范畴。它不提供认识对象,而只提供意志对象。

　　1. 由于理性批判出现了这样的问题:是否存在**先天的实践综合**,即是否存在**必然的、普遍有效的意志对象**;或者是否还得探索理性所需要的、与**经验动机毫无关系的、先天的**某种东西。这种实践理性的普遍的、必然的对象我们称之为**道德律**。

　　对于康德说来,从一开始就非常清楚,纯粹理性给自身规定目的,其活动(如果确有这样的活动的话)就必然同意志和行为的经验动机相对立,以**命令**的形式作为**戒律**而出现。以特殊的经验对象和关系为目标的意志被决定于和依存于经验的动机;与此相反,纯粹理性意志只能受自身的规定,因此它的**目标必然指向与天生本能不同的某种东西**,而我们将这种为道德律所需要、与天然爱好相对立的不同的东西称为**义务**。

　　因此伦理判断的谓词只涉及意志的此种规定;它们(谓词)只与**意向**有关,与行为或行为的客观效果无关。康德说①:除了善良

　　① 《道德形而上学基础》,I.(《全集》卷四,第 393 页)。

的意志以外，世界上没有一样东西可以毫无条件地被称为善。善良的意志即使其实现完全受阻于外因也仍然是善良的。德行作为人的品质就是**符合于义务的意向**。

2. 然而变得更加必要的是要研究：是否存在这样一种**先天**的义务命令？理性所需要服从的、独立于一切经验目的的规律基于什么？康德从合目的性的实际意志活动的关联出发，谋求解答这个问题。天然的因果关联的经验随之带来了这样的结果：按照**目的和手段的综合关系**我们不得不为了一件事希求另一件事。由于对这种关系的实践考虑便产生了（技巧上的）灵活准则和（"实践上的"）机警忠告。这些都说明了："如果你希望这个那个，那么你就必须如此这般行事"。因此，这些都是**假言律令**。它们假定有一种愿望事实上早已存在，据此愿望需要进一步的意志行动以满足第一个愿望。

但是道德律不可能依存于任何意志行为，道德行为一定不能表现为达到其它目的的手段。道德命令的要求必然**只为其自身**而创建、而实现。它并不求助于人另外早有所欲求的东西，而只需要具有本身价值的意志行为。唯一真正的道德行为是这样的行为——在这样的行为中执行这样的命令完全不顾忌其它的后果。道德律是一种**绝对的命令，一种直言律令**。它之有效是无条件的、绝对的，而假言律令则是相对的。

如果要问什么是直言律令的内容，那么很清楚的是，它不能包含经验因素：道德律的必要条件与"意志行为的实质内容"无关。为此，幸福不适于作道德的原则，因为追求幸福在经验中早已存在，追求幸福不是理性的要求。因此幸福主义的道德学只能导致假言律令:因为幸福主义的伦理规律只是一些"机警灵活的忠告",忠告人们如何以最好的方法着手满足个人的本能愿望。然而道德律要求的却是不同于本能愿望的另一种意志;道德律为比追求幸福还更高的目的而存在。如果自然果真希望置我们的命运和使命于幸福之中,那么它就会给我们配备比良心的实践理性更好的、确实可靠的本能,良心一直连续不断地与我们的冲动和欲望作斗争①。对康德说来"幸福道德"甚至是虚伪道德的典型,因为在这种道德学里的规律总是这样:我为了另外一件事而必需做这一件事。像这样的每一道德行为都是**不自主的**,它使实践理性依赖于本身之外的某一事物。这一谴责应用于所有试图在形而上学概念(如完善概念)中寻求道德原则的一切企图。康德最用劲地完全否定目的论的道德学,因为当目的论道德学在神的意志中看见了制裁,在功利中看见了准则,在期待奖惩中看见了动机的时候,它就和所有各个种类的他律(Heteronomie)结合起来。

　　3. 直言律令必然是**实践理性的意志自由**的表现,即理性意志的纯粹自我规定的表现。因此它只涉及意志形式并要求此意志形式为**普遍有效的规律**。意志如果只服从于在经验中给予的冲动便是不自主的或不自由的,只有当它执行它自身给予的规律时它才是自主的或自由的。因此,直言律令需要我们按照**生活准则**去行动,而不是按照感情冲动去行动,需要我们按照对所有理智行事的人都有普遍立法作用的生活准则去行动。**"这样行动吧,好像你的行动准则通过你的意志变成了普遍的自然律。"**

---

　　① 《道德形而上学基础》,I.(《全集》卷四,第393页)。

　　这种符合于规律的纯粹形式原则在此通过对各种价值的反省获得了一种实质内容。在目的王国里,对某一目的有用的东西具有一定价格,但此物也可被另外某物所代替;唯有本身具有绝对价值的东西才拥有**尊严**(*Würde*),此物即是使其它事物变成有价值的条件。道德律本身应最大限度地拥有这种尊严;因此,激励人服从道德律的动机必然只能是**对道德律本身的尊重**。为了满足外在利益的动机是不光彩的。道德律的价值应归于那种在整个经验领域中只被道德律本身所决定的人,他是道德律的化身,与道德律合二为一。因此对康德说来,**对人的尊严的尊重**是道德科学的实质性原则。人尽义务,不应为利益,而**只应为尊重他自己**;在同他的同伴交往中,他的最高原则是,不把别人当作达到自己目的的工具,而要永远尊重别人的**人格的尊严**。

　　从这里康德[①]推导出他的高尚的严谨的道德学体系。我们不难从中发现他老年时代的严肃性和某种迂腐顽固的特色。但是**义务与爱好之间的对立**这种基本特点深深地扎根于他的体系中。自主原则只将恪守准则和符合于义务的意志行为认作道德;自主原则在出于本能冲动所引起的道德行为的整个动机因素中只看见对纯粹道德的歪曲和误解。只有从义务出发的行为是道德的。因此,在经验中的人性冲动,其本身与道德无关;人性冲动一经与道德律要求相违背便变成不道德或邪恶的了。因此人类的道德生活存在于同个人爱好作斗争中去实现义务的要求。

476　　　4. 因此,理性意志的自我规定是所有道德的最高需求和最高

---

　　① 《道德形而上学基础》,《全集》卷五,第 221 页起。

条件；然而这种自我规定，在用范畴进行思维、进行认识的经验领域里是不可能的。因为这种经验只认识由其它现象所决定的个别现象；根据理论认识原则，自我规定作为一系列有限事物的**创始**能力是不可能的。根据理论认识原则，每一个别经验意志决定于另外的（即从内容方面说）动机，而道德律需求的只是决定于规律形式的**自由**意志。因此美德只有通过**自由**才有可能，即只有通过这样的行为能力才有可能：这种行为之被决定不是根据因果模式，而是通过自身；从它自身方面说来，它是无穷尽的一系列自然变化过程的原因①。因此，如果理论理性（它的认识局限于经验）要决定有关自由的现实性，它必然会否定自由的现实性，从而也否定道德生活的可能性。然而《纯粹理性批判》已经证明，理论理性不能断言有关物自体的任何东西，因而对于超感事物说来对自由进行思维的可能性并不存在矛盾。但是很明显，如果美德是可能的，那么自由也必然是现实的，而**物自体和超感事物的现实性**（此种现实性对于理论理性说来总是永远难以解决的问题）从而得到了保证。

　　这种保证的确不是一种证明，而是一种**公设**。它基于这种意识：*du kannst，denn du sollst*〔你能够，因为你应该〕。正如在你心里确实感到有道德律，你也确实相信你有遵守道德律的可能性；同样你也必然会确实相信道德的〔先决〕条件即自主和自由。自由不是认识的对象，而是信仰的对象，——不过是这样一种信仰，它在超感领域中普遍地、必然地有效，正如知性原则在经验领域中有效

---

　　①　这种自由概念并不是无因果关系的不计较利害的概念，而是关于意志规定的概念，此意志规定仅通过理性规律而不通过在时间上早于此规定的、经验的、已有内容的意志。参阅《纯粹理性批判》，第5节起；《全集》卷五，第28页至次页。

一样，——一种**先天的信仰**。

　　所以实践理性完全独立于理论理性。在过去的哲学中普遍流行着理论理性"优于"实践理性；知识过去被指派的任务是决定是否有自由，如何有自由，从而决定关于德行的现实性。根据康德，德行的现实性是实践理性的**事实**，因此我们必须相信自由为其可能性的〔先决〕条件。对康德说来，从这种关系中得出这样的结论：**实践理性优于理论理性**；因为前者不仅能够保证后者必然否定的东西，而且还表现出在有关无条件者的理念中理论理性超出了自身的范围（第三十八节，9），此理论理性是由实践理性的需要而决定的。

477　　这样，在康德那里，以崭新的完全独创的形式出现了**柏拉图关于感官和超感官、现象和物自体两个世界的理论**。知识管前者，信仰管后者，前者是必然王国，后者是自由王国。这种既对立又相关的关系存在于两个世界之间，大抵表现在人的本质中，只有人才以同等程度隶属于两者。就人系自然秩序之一员而言，他表现为**经验的品格**，即以他恒守不变的品质以及他个人的意志决断表现为现象的因果关联的必然产物；但是作为超感世界的一员，他又是**思维的品格**，即本性被决定于本身内在的自由的自我规定的实在物。经验的品格是思维品格的表现，对于理论意识说来经验品格受因果律规则的约束，而思维品格的自由是对于表现在**良心**中的责任感的唯一解释。

　　5.　然而自由不是**先天**信仰的唯一**公设**。感官世界与道德世界之间的种种关系还需要更普遍的关联；康德在**至善概念**中寻求此关联①。感性意志的目标是幸福；伦理意志的目标是德行；幸福和德行不能彼此作为手段与目的的关系。追求幸福不能使一个行为有德行；德行既不允许以使人幸福为目的，实际上也不可能使人幸福。在两者之间不存在经验上的因果关系；从伦理角度看，也不容许其间掺杂目的论的关联。但是因为人属于感官世界也属于伦理世界，所以对于人说来，"至善"必然基于**德行和幸福的结合**。然而实践观点的这一最后综合从道德上只能作这样的考虑：**唯有德行是应当得到幸福的**。

但是经验的因果必然性并不能满足在这里所说的对道德意识的需要。自然律与伦理无关，并不能保证德行必然走向幸福；相反，经验教育人们：德行需要扬弃经验的幸福，不道德（恶习）还可能与暂时的幸福结合在一起。因此，如果道德意识需求**至善的现实性**，信仰就必然超越经验的人类生活，超越自然秩序，而越入超感的范围。信仰假定一种超越于暂时存在的人格的现实性（**不朽的生命**）和一种扎根于至高理性、扎根于**神**的**道德世界秩序**。

因此，康德对于自由、灵魂不朽和神的"**道德证明**"并不是知识的证明，而是信仰的证明。这些公设是道德生活的条件。这些公设的现实性必然受到与道德生活的现实性一样的信任。但是尽管如此，从理论上说，这些公设仍和以前一样不可知。

6. 在康德那里，**自然和德行的二元论**最鲜明地表现在他的**宗教哲学**中。宗教的原则与他的认识论一致，他只能在实践理性中

---

① 《实践理性批判》，辩证论。《全集》卷九，第225页起。

寻求这些原则;与超感事物有关的普遍性和必然性只能由道德意识提供。只有基于道德的东西才可能在宗教中是**先天的**。因此,康德的理性宗教不是自然宗教,而是"道德神学"。宗教基于将**道德律视作神的命令**。

康德又从人的双重性发展这种宗教的道德生活形式。在人的内心存在两种冲动体系:感性的和道德的。由于有意志的人格的统一性,这两种体系不可能彼此无关。根据道德需要,这种关系应该是感性冲动服从于道德冲动;但是照康德所说,在实际生活中在自然人那里,情况刚刚相反①。因为感性冲动只要稍有违背道德之处便立即变成了邪恶,所以在人内心存在一种**天然的邪恶倾向**。这种"天生邪恶"并不是不可避免的,否则就说不上对此负责。天生邪恶是不可解释的,然而又是事实;它是理解自由〔所根据〕的事实。从此便得出,人的任务就是通过善与恶的原则斗争与〔感性〕**冲动针锋相对,反其道而行之**。但是在上述颠倒活动的状态中,道德律严峻的威严对人影响巨大,使人吓倒,因此人需要维护自己的道德动机,**坚信神力**,神力将道德律当作命令强加于人,但又授予**超脱尘世的爱**使之能服从命令。

康德从这观点出发将基督教义的本质解释为"纯粹道德宗教",即:人在逻各斯中的道德完善的理想;通过悲天悯人的同情的爱得到超度;轮回转生的隐秘。他从批判哲学的观点出发努力强

---

① 在康德那里,对于人的本性的这种悲观观点毋庸置疑在他的宗教教育中有其根据:他明确地反对将他的关于天生邪恶的理论同神学的原罪概念等同起来的观点;参阅《纯粹理性界限内的宗教》,I.4。

调启示宗教中言之有理的东西[①]；在此过程中,他利用流传的独断观念远远超越了从他的理论哲学和实践哲学中可能推导出来的逻辑结论[②]。看来他这样做全出于个人的宗教经验。就这样,虽说与正教的历史信仰无关,但他又恢复了扎根于**拯救需要**的、曾经被启蒙运动的理性主义剥夺了的真正的宗教动机的应有地位。然而对他说来,真正的教会又只是不可见的、道德的上帝王国,被拯救者的伦理社会。人类道德社会在历史上的体现就是教会。教会需要以天启和"法定"信仰为手段。但是教会的任务是将这种手段转化为为道德生活服务,如果它们不这样做反而把重点放在法定的东西上面,它们就会沉溺于追求报酬,沉溺于伪善之中。

相反,"圣徒社会",人类的伦理和宗教的结合,表现为实践理性真正的**至善**。至善远远超越了德行与幸福两相结合的主观的和个人的意义,内容上具有道德律在人类历史发展中的实现[③]。

7. 与伦理判断局限于意向紧密相连的是,康德在**法哲学**中遵循着处理这问题时尽可能脱离道德的路线。康德(仅从伦理评价上)区分**意向的道德性**与**行为的合法性**,区分自觉服从道德律与行为表面上符合于成文法的要求。行为容易受人强迫,而意向绝不受人摆布。道德谈的是意向的义务,而法律所关心的是可能被强迫的、行为的外在职责。法律并不过问实现这些职责或者违背这

---

①　参阅特勒尔奇《康德宗教哲学中的历史因素》(*Das Historische in Kants Religionsphilosophie*),《康德研究》,IX,1904 年,第 21—154 页。

②　参阅赫克斯特拉《康德宗教哲学的内在批判》(*Immanente Kritik zur kantischen Religionsphilosophie*),坎彭,1906 年德文版。

③　参阅《判断力批判》,第 85 节起;《纯粹理性界限内的宗教》,第三部分, I. 第 2 页起。

些职责的意向。

　　自由是康德全部实践哲学的中心概念,他又把自由当作他的法学的基础。因为法律(或权利)是实践理性的要求,法律的**先天**的有效原则即存于此要求中,因此法律不可能推断为经验利益的产物,而必须从人的普遍理性的天职方面去理解。此普遍理性的天职即对自由的天职。人的集体即由那些以获取道德自由为天职而又处于自然的任性状态中的人们所组成,在他们频繁活动中相互干扰,相互阻拦。法律的任务就是制定一些条例,用这些条例让一个人的意志按照自由的普遍规律同另外一个人的意志结合起来,并通过强制执行这些条例以保证人格自由。

　　根据康德的思想结构从这个原则出发进行分析,便得出私法、公法(国家法)和国际法。与此同时,令人感到有趣的是,我们观察到在这个思想结构中,康德的道德学原则是怎样在各处都起着决定性的作用。因此,在私法中深远的基本原则(与直言律令相对应)是,人一定不可当作物品使用。因此,国家刑法之建立并不基于要维护国家的权力,而是基于伦理的报应的必然性。

480　　因此,在自然状态中法律的有效性只是暂时的,只有当政府强硬执行时,它才完全有效,或者照康德的说法,才有绝对的有效性。在此康德发现国家制度合理性的准则在于:如果国家是根据**契约**而成立,那么凡是未成决议的东西就不应该制定执行。在此,契约说不是从经验上对国家起源进行解释,而是国家任务的准则。如果占统治地位的实际上是法律而不是独断专行,那么此准则可由任何一种宪法来执行。如果国家的立法、行政、司法三种权力彼此独立,如果立法权是以代表制度的"共和政体"形式来掌握(此条款并不排除君主政体的行政权），则此种准则的实现就得到最可靠的保证。康德认为，在个人意志自由不危害他人的自由的条件下，只有用上述方法个人意志自由才可能得到保证。只有当所有国家都采纳这种宪法的时候，它们彼此相处的自然状态才会让位于法制状态。只有在那时，现今暂行的国际法才会"有绝对的权威"①。

8. 最后，康德在宗教哲学和法哲学的基础上建立起他的**历史学说**②。他的历史学说紧密依靠卢梭和赫尔德的学说，从他们两人之间的对立发展而来。康德在〔人类〕历史中既不能看见远离人类原初良好状态的曲折的道路，也不能看见人类原始结构自然的、必然的、自明的发展。如果人类曾经有过天堂般的原始生活，那就是**天真无知的状态**，完全按照本能冲动而生活，还完全意识不到伦理的天职。然而**文化工作**只有通过同自然状态的决裂才可能**开始**，因为道德律开始为人所意识就是与违犯自然状态紧密相关。此种"**原罪**"（从理论上说是不可理解的）就是人类历史的开端。本能冲动，过去与伦理无关，而今变成了邪恶，必须制服。

自此以后，**历史的进步不在于人类幸福的增长**，而在于日趋接近道德的完善以及**伦理自由的统治地位**所占的广度。康德以极其严肃的深度树立起这样的思想：文明的进展是以牺牲个人幸福的

---

① W.亨塞尔《康德关于阻力法的学说》(*Kants Lehre Vom Widerstandsrecht*)，柏林，1926年德文版。

② 除在第449页所引论文外，参阅《从世界公民的观点撰写世界通史的想法》(*Idee zu einer allgemeinen Geschichte in weltbürgerlicher Absicht*)，1784年；《论赫尔德思想》(*Rezension von Herders Ideen*)，1785年；《对人类历史起源的推测》(*Mutmaßlicher Anfang der Weltgeschichte*)，1786年。

代价而取得成功。谁若以个人幸福为其准则,则必然只导致历史的倒退。关系变得越复杂,文明的生活力就越增长,个人的需求也就越上升,而满足那些需求的指望也就更渺茫了。但是就在这一点上,驳斥了启蒙运动者们的意见:好像幸福是人类的天职。整个人类的伦理的发展,实践理性的统治,都按照与个人在经验上的满足**相反的比例**向前发展。因为历史代表着人类外部的社会生活,其目标是法律的完善,在世界各民族中建立最好的宪法,以及永久的和平,——这个目标,正如一切理想一样,存在于永无止境的未来。

第四十节　　自然的合目的性

A. 萨德勒《康德目的论》(*Kants Teleologie*),柏林,1874 年德文版。

H. 科恩《康德美学基础》(*Kants Begründung der Ästhetik*),柏林,1889 年德文版。

V. 巴希《康德美学批判》(*Essai critique sur lésthétique de Kant*),巴黎,1896 年法文版。

O. 施拉普《康德天才论以及〈判断力批判〉一书的形成》(*Kants Lehre vom Genie und die Entstehung der Kritik der Urteilskraft*),哥廷根,1901 年德文版。

E. 翁格里尔《康德目的论及其对于生物逻辑性的意义》(*Die Teleologie Kants und ihre Bedeutung für die Logik der Biologie*),1921 年法文版。

A. 巴奥伊姆勒尔《康德的判断力批判及其历史和体系》(*Kants Kritik der Urteilskraft, ihre Geschichte und Systematik*),哈雷,1923 年德文版。

　　由于康德将自然与自由、必然性与目的性明显地对立起来,在他那里,理论理性与实践理性之间的鸿沟如此之深,以至理性的统一受到严重的威胁。因此,批判哲学,为预示其体系秩序井然的发展①,需要一种最后的起桥梁作用的**第三原则**,以此实现**上述对立的综合**。

1. 按照**心理学**规定,据康德所采用的三分法(见第三十六节,8),解决此问题的范围只能是**情感能力**或"**认可能力**"。情感能力事实上处于概念与欲念的居间地位。情感或认可假定一种在理论意义上完善的对象观念,并与之保持综合的关系。此种**综合**,作为快乐或痛苦,或作为认可或反对,总以某种方式表现出对象被主体评价为**符合目的的**或者不符合目的的。此评价标准可能事先以有意识的目的(因而以意志形式)早已存在;在此种情况下,对象被称为**有用的**或有害的;然而也有一些情感,不涉及任何有意识的目的,直接将其对象描述为(令人)**愉快的**或不愉快的;在这些对象中便存在着虽不自觉然而表现出有某种权威性的目的规定。

据此,理性批判不得不问:是否存在**先天的情感**,或者存在**具有普遍的和必然的有效性的认可**? 很清楚,对此情况的决断依赖于规定有关情感和认可的目的效用。关于意志目的,此问题通过《实践理性批判》得到解决。具有**先天有效性**的自觉意志的唯一目的是贯彻直言律令,因此在这方面,只有认可或反对的情感(其中我们运用"善"与"恶"的伦理属性)才被认为是必然的和普遍有效的。据此,上述这些新问题便只局限于那些情感的**先天性**,在这些

482

情感中并不预先存在自觉的目的或企图。正如这些情感从一开始我们便可看出一样，它们是**美**和**崇高**的感觉。

2. 然而当我们考虑到与所有情感和认可有关的**逻辑**功能时，此问题便向另一方面发展了。表达情感和认可的判断明显地都是综合的。如愉快、有用、美和善等谓词并不是从主词中分析出来的，它们只是表达对象关于目的的价值。它们是符合目的性的评价，并在一切情况中包含着**对象从属于目的**。在此，康德应用他作为《纯粹理性批判》的基础的心理学模式，将特殊隶属于一般的能力命名为**判断力**。而判断力又在理论功能中起着理性与知性之间的这样的桥梁作用：理性提供原则，知性提供对象，而判断力则完成将原则应用于对象的任务。

不过，在理论运用中，判断力又是分析的，因为判断力决定其对象是通过一般概念按照形式逻辑的原则而决定的。要获得正确的结论全看是否找到同大前提相配的小前提或者同小前提相配的大前提。与这种不需要"批判"的"定性"判断力相对照，康德提出了**反思判断力**；在此，综合恰好存在于从属于目的之中。据此，《判断力批判》的问题表述如下：**判断自然是符合目的的，这是先天地可能的吗**？很明显，这就是批判哲学的最高综合：**将实践理性的范畴应用在理论理性的对象上**。从一开始就很清楚，这种应用本身既不可能是理论的，也不可能是实践的，**既不是一种认识活动也不是一种意志活动**，而只是**从符合目的性的观点来静观自然**。

如果反思判断力给予这种静观这样一种判断自然的方向，即自然符合于静观主体本身，那么它就在进行**审美判断**，即只顾及我

们的感情(或情感)的形式①；相反，如果反思判断力认为自然好像
本身就符合自己的目的，那么它就在进行狭义的**审目的判断**。因
此，《判断力批判》被分为审美问题研究和审目的问题研究。

3. 在第一部分中康德首先关心的是严格地区分**审美判断**和
与之两边邻近的情感判断类或认可判断类；他从**美感**的观点出发
来达到这个目的。美的东西与善的东西一样都有**先天性**，但是善
符合于在道德律中作为目的规范的东西，而美则与之相反，使人喜
爱**而不需要概念**。就是为了这个原因，不可能树立一种普遍准则，
据其内容即可用逻辑明显性来判断美。美学理论是不可能的，只
有一种"**审美力**②**批判**"，那就是关于审美判断的**先天有效性**的可
能性的研究。

另一方面，愉快的东西与美的东西一样都有无概念性，缺乏判
断的有意识的标准，因此具有印象的直接性。但是二者的区别在
于：愉快的东西个别地和偶然地使人愉快，而美的东西则构成一种
普遍的和必然的使人愉快对象③。关于"审美力不容争论"这个原
则只有在这样的意义上才是有效的，即在应用审美力的事物中，用
概念去证明任何东西也收不到效果；但这并不排除求助于普遍有
效的情感的可能性。对康德说来，审美判断在逻辑上的困难恰恰
在于：审美判断总意味着经历中的单称判断，但却需求其结果具有

───────────

①　康德在《导论》Ⅶ(《全集》卷五，第 188 页起)中为他改变自己的术语而辩护。
参阅《全集》卷四第 30 页和卷三第 50 页，以及前面第三十四节，11，第 405 页附注 3。

②　德文 Geschmack，或译"审美趣味"。——译者

③　参阅 F. 布伦克《康德关于美的东西和愉快的东西的区别》(*Kants Unterschei-
dung des Schönen vom Angenehmen*)，斯特拉斯堡，1889 年德文版；其中强调了知觉判
断与经验判断的类似(见前面第三十八节，6)。

普遍的和必然的有效性。这种先天性不可能像理论判断和实践判断那样与概念有关,因此它必然以某种方式奠基于情感之中。

最后,美的东西有别于善的东西和愉快的东西在于:它是**完全不计较利害**的喜悦对象。这种喜悦表现在:它的对象的**经验现实性**与审美判断无关。享乐主义的所有情感的先决条件是,刺激这些情感的现象必有实物存在;伦理上的认可或不认可恰恰涉及道德目的在意志和行为中的实现;相反,审美情感需要的条件是对**对象单纯的形象显现的纯粹喜悦**,不管这个对象对于认识是否客观存在。审美活动缺乏个人祸福的感觉力,也同样缺乏伦理目的所具有的普遍价值的活动的严肃态度,审美活动是形象显现在想象力中的单纯**游戏**。

这样一种与对象**无关**而只与**对象的形象**有关的喜悦不可能涉及对象的客观实质(因为对象的客观实质总与主体的利益有关),而只涉及对象的**形象显现形式**,因此,在这形式中需要探索的(如果有的话)是(无论以何种方式)存在于审美判断中的**先天综合**的基础。审美对象的符合目的性不可能基于审美对象符合于某种利益,只能基于审美对象符合于这样的认识形式:我们凭借这些形式将审美对象显现于我们的心中。但是在显现每一对象时共同活动的能力是感性和知性。因此**美感**产生于这样的对象——为了领悟这些对象,感性和知性在想象力中和谐地协作。鉴于这样的对象对我们形象显现活动发生影响,因而它们是符合目的的;在此便关系到显露于对对象的美感中的不计较利害的喜悦。

但是这种与对象的形象显现的形式原则的关系的根源不仅存在于单纯的个别活动中,而且存在于"一般意识"中,存在于"人性的超感层"中。为此,对于对象符合目的性的感觉虽然不可能用概念来证明,但是具有**普遍可传达性**;在这里即可解释审美判断的**先天性**。

4. 如果说,康德理解美是把美的"无目的的符合目的性"(absichtslose Zweckmäßigkeit)与对象对认识功能的影响联系起来,那么他理解**崇高**的本质是从这样的观点出发的,即对象的影响符合于人性的感性部分与超感性部分之间的关系。

美的东西意味着在认识能力的游戏中令人愉快的宁静,而崇高的印象则是通过痛苦的不适合之感〔感性形象与理性观念的不适合〕而产生的。面临对象的不可估量的伟大或压倒一切的威力,我们感到自己感官知觉的无能,不能控制,感到压抑和丧胆;但是我们理性的超感性力量克服了我们感性的这种无能或缺陷。在此如果想象力要处理的只是体积(数量的崇高),那么理论理性强劲的组织活动就会取得胜利;相反,如果想象力要处理的是力量关系(力量的崇高),那么我们就可以意识到我们的道德价值超过了所有的自然威力。在这两种情况下,对我们感官的低能所感到的不快绰绰有余地被我们高层次的理性性质的胜利所抵消和克服了。因为我们的本质的这两个方面处于协调的适当的关系中,所以这些对象有着"使人有崇高感"的作用,并引起理性喜悦的感觉,又因为这种感觉建立在形象显现的形式之上,因此它是普遍地可传达的,并且有先天的有效性。

5. 因此,尽管康德美学采取了"主观主义的"出发点,但它的目的基本上还是对自然界中的美和崇高进行解释,并通过形象显现的形式关系来决定美和崇高。因此这位哲学家只在审美判断仅涉及毫无内容意义的形式的地方才找到**纯粹美**。但是如果喜悦混

杂着任何规范(无论多么不确定)的形式意义,那么在这些地方我
们就获得**依存美**;依存美总出现在这样的地方,即在审美判断所指
向的对象中我们的思想总联系到某种具体的目的关系。一经我们
在具体现象中直观到该现象所体现的类型的关系,依存美的这类
规范便必然地产生了。不存在风景、舞姿、花朵的美的规范,但或
许存在有机世界高级类型的美的规范。这样的规范就是审美的**理
想**,而审美判断真正的理想是**人**。

　　表现这种理想就是**艺术**,创造美的能力。但是如果艺术是人
有目的的活动功能,那么只有当艺术表现出像自然美那样无目的,
不计较利害,也无概念的时候,艺术产品才能够使人感觉有美的印
象。工艺艺术根据一定目的按照规则和设计创造形象——这些形
象用以满足一定的利益。**美的艺术**必须像自然的无目的的产物一
样影响感情;美的艺术必须"被人视作自然"。

　　因此,这就是艺术创作的秘密和特征;那就是有目的地进行创造
的心灵像自然一样进行工作,没有企图,不计较利害。伟大的艺术家
并不按照一般规律创作,在他情不自禁的创作活动中他在创造规律本
身;他是独创性的、典范性的。**天才就是像自然一样活动的智慧**。

　　因此,在人的理性活动领域里,天才表现出人们所追求的自由
与自然的结合,合目的性与必然性的结合,实践功能与理论功能的
结合;天才以无目的的符合目的性创造出美的艺术①。

　　6. 在**审目的**判断力的批判中,最突出的任务是,从先验理念
论的观点出发建立存在于对自然的科学解释与对寓于自然中的符

---

　　①　关于康德在他的体系结构中发挥的这种理论的历史关系,见上面所引的 O. 施
拉普的书(《康德天才论以及〈判断力批判〉一书的形成》)。

合目的性进行思考之间的关系。**自然科学理论**在各个方面都只能是**机械的**。"目的"不是客观知识的范畴或组建原则。对自然的一切解释都在于指出一现象产生另一现象的因果必然性:一种现象绝不可能因为突出了符合目的性而使人理解。这种"懒惰的"目的论就是所有自然哲学的灭亡。因此,对符合目的性的领悟绝不可望成为一种认识行为。

但是,在另一方面如果我们借助于科学概念至少在原则上能够彻底通晓整个经验体系,那么机械地解释自然的观点就会给予我们完全摈弃用目的论思考自然的权利。但是如果我们找到一些地方,科学理论不足以解释既与的材料,其原因肯定不在于迄今人类经验的材料范围的局限性,而在于决定此材料的原则的固定形式,那么在这些地方如果同时表现出用机械方法不能解释的东西给我们造成不可抗拒的符合目的性的印象,那么我们就必须承认利用目的论观点来补充我们的知识的可能性。因此,批判的目的论只涉及**机械地解释自然的极限概念**。

其中第一个概念是**生命**。对有机体的机械论解释不但迄今尚未成功,而且按照康德的意见,在原则上是不可能的。每一生命只有通过另外的生命才能解释。我们只能通过有机体组成部分的相互间的,以及与环境之间的机械关联去理解个别的有机体功能;但是我们将永远不得不考虑作为不可能进一步分解的因素的有机物的特性及其反应能力。一位"自然考古学家"很可以尽可能按照机械原则追溯生命的血统史,一物种起源于另一物种[1];但他将永远

486

---

① 康德预测后来出现的物种起源学说的那些章节被搜集在 Fr. 舒尔策《康德与达尔文》(*Kant und Darwin*)一书中,耶拿,1874 年德文版。

不得不在**原初组织**处停步,他不能用无机物质单纯的机械作用来
解释这种原初组织;因为不在此停步我们就很可能伪造出那种原
初组织。

　　然而,这种〔机械〕解释是不可能的,因为有机体的本质基于:
整体决定于部分,部分决定于整体;每个组成部分既是整体的因,
也是整体的果。这种**相互因果关系**是不可机械地理解的:有机体
是经验世界的奇迹[①]。正是这种形式与力量的相互作用在有机体
中构成**符合目的性的印象**。因此有机体的目的论观点是**必然的、
普遍有效的**。但是这种观点绝不可能是别的,只能是一种思考方
式。在每一具体事例中,思维绝不会就此满足。说得更恰当些,对
此有目的的活力的洞见对于探索机械关联必然可以作为**启发式原
则**,此种有目的的活力即通过这些机械关联在每个具体情况中得
到自我实现。

　　7. 自然知识第二个极限康德命名为**自然的特殊化**。从纯粹
理性产生符合自然法则的一般形式〔即因果关系等〕,而且只能产
生这类一般形式。自然的特殊规律固然隶属于那些一般规律,但
并不是从一般规律推演而来的。特殊规律的特殊内容只能是经验
的,即从纯粹理性的观点看只能是偶然的,只有事实上的有效性[②]
〔而没有先天的必然性〕。绝不可能理解,为什么恰恰是这种内容
而不是另一种内容。[③] 然而与此同时,自然的此种特殊性证明是完

---

　　① 参阅前面第三十四节,9。

　　② 在此,康德极有趣地同莱布尼茨单子论的最后臆测联系起来了。参阅前面第
三十一节,11。

　　③ 在康德晚年著作中,他尽量贯彻此种不可能性,就因为这样,尽管他曾一再企
图"从形而上学过渡到物理学",但却未成功。

全合目的性的；一方面，关于我们的认识，因为在我们经验中丰富多彩的感性材料表明自身恰好安排得从属于知性的先天形式，——另一方面就既与的东西形形色色的多样性结合成为一个客观的统一的现实世界而言，丰富多彩的感性材料本身又是符合目的的。

在此蕴涵着下述原则的理由根据：**先天地从合目的性的观点出发将自然当作整体**；在自然的因果链锁的庞大机械活动中看出**实现理性的最高目的**。但是按照实践理性的优先性，此最高目的不可能是别的，只能是**道德律**以及通过人类历史的全部发展获得此道德律的实现：在此，目的论观点通向对神圣的世界秩序的道德信仰。因此表现出："经验体系"，感官世界最后在空间的广袤和时间的发展中的总体，必然被视作受目的所规定的思维世界的体现。理论理性和实践理性之间的二元性不仅在形式上而且在实质上在审美理性中得到了克服：在此，康德哲学的世界观首次找到了自己的终结。从此观点出发，人们理解到康德从特殊问题着手而发展起来的个别理论的终极意义。

最后，如果我们在这样的意义上将自然理解为合目的性的，即在自然界中普遍形式与特殊内容规定之间是完全协调的并从而隶属于伦理目的，那么**神的精神**就表现为理性，此理性创造内容的同时创造形式，并在此内容中实现自身的生活秩序——表现为**知性的直观**或**直观的知性**①。三个批判的观念汇流于此概念之中。

---

① 《判断力批判》，第七十七节。参阅 G. 蒂勒《康德的知性的直观》(*Kants Intellektuelle Anschauung*)，哈雷，1876 年德文版。

第二章 唯心主义的发展

康德所取得的原则发展到全面的德国哲学体系是在极其复杂的环境相互影响下完成的。在外部条件方面，最有意义的是，批判哲学开始遭到冷遇和误解，之后第一次被拥戴为**耶拿**大学的领导精神，并成为辉煌的大学教学活动的中心。在此存在着一种诱因，把康德对哲学问题进行仔细分析和精心处理而奠定的基础发展成为统一的、给人印象深刻的**教育体系**。体系欲望从未有一个时代如此强烈地统治着哲学思想。这绝大部分原因来自受到多方面的强烈刺激的听众的欲望，他们要求教师给他们一种完整的、科学的**世界观**。

然而在耶拿，哲学与歌德的居住地、德国的主要文学城市**魏玛**关系甚密；通过经常性的个人接触，**诗与哲学**互相激励。在席勒结合了两者的思想之后，两者的相互作用随着运动的迅速发展变得越来越密切，越来越深刻。

第三种因素纯属哲学性质。出现一种巧合，硕果累累：正当这位"摧毁一切、锐不可当"的柯尼斯堡人的理性批判开始披荆斩棘辟路前进的时候，所有形而上学体系中最坚韧不拔有条不紊的体系，"独断主义"的典型，名闻德国：它就是**斯宾诺莎主义**。通过耶可比与门德尔松的斗争（此斗争与莱辛对斯宾诺莎的态度有关），后者的理论引起人们最浓烈的兴趣。这一来，尽管两者之间存在着深刻矛盾,但康德和斯宾诺莎却成为下一时代思想围绕着发展的两根支柱。

可以认为,康德哲学最大的影响在于:所有这些体系的共同特性是**唯心主义**①;它们全都从康德在阐述**物自体概念**中交织着的种种敌对思想发展而来。在犹豫不决的批判后不久,**费希特**,**谢林**和**黑格尔**带头坚持不懈地将世界理解为**理性体系**。这些思想家的许多弟子将他们的形而上学思辨哲学扩展开来,五彩缤纷,形形色色;与此果敢的毅力相对比,在**施莱尔马歇**和**赫尔巴特**等人那里又出现了对康德关于人类知识的极限的回忆。而另一方面,这同一因素部分地以神秘诗歌的形式发扬起来,如像在**耶可比**那里,以后又在费希特那里,部分地又以**反理性主义的形而上学**结构通过**谢林**后期的学说以及在**叔本华**那里发扬起来。

然而,这些哲学体系共同的特征是:哲学兴趣的全面性,创造性思想的丰富,对近代文化需要的敏感,以及从原则性观点出发对历史的观念材料融会贯通所表现出来的无往而不胜的强大力量。

《纯粹理性批判》在开始时遭到冷遇,尔后又遭到强烈的反对。最重大的

---

①　趁此开头,不妨在此表明:不仅主要发展线索从莱因霍尔德到费希特,谢林,克劳塞,施莱尔马歇和黑格尔是唯心主义的,而且常常与之对立的体系系列,如赫尔巴特和叔本华,也是唯心主义的——那就是,在这样的范围内即所谓"唯心主义"被理解为在意识过程中去剖析经验世界。赫尔巴特和叔本华之为"唯心主义者",其程度与康德相当。他们推断出物自体,但对他们说来,感官世界也只不过是"意识现象"。在叔本华那里,意识现象经常受到重视。相反,在赫尔巴特那里,他因为完全不同的理由反对费希特-黑格尔路线,与此事实相联的是,他命名物自体为"实粒"(Realen),这种事态导致过去哲学史教科书称呼他的学说为"实在论",称呼他本人为"实在论者",与"唯心主义者"相对立。对他这样的评述就完全歪曲了事实,引入了歧途。

障碍来自弗里德里克·海因里希·**耶可比**(1743—1819 年,歌德年轻的朋友,从狂飙时期到浪漫主义时期的一个典型人物,宗教伤感主义的主要代表,最后他当了慕尼黑学院院长)。他的主要著作命名为:《休谟论信仰或唯心论和实在论》(*David Hume über den Glauben, oder Idealismus und Realismus*),1787 年版;此外,还有论文《关于批判主义将理性归于知性的企图》(*Über das Unternehmen des Kritizismus, die Vernunft zu Verstande zu bringen*),1802 年。论文《论神灵及其启示》(*Von den göttlichen Dingen und ihrer Offenbarung*,1811 年),目标直接指向谢林。也可参阅他的全集(六卷集,莱比锡德文版,1812—1825 年)第二卷,哲学著作导论。对于他的学说的评论,见 Fr. 哈姆斯(柏林,1876 年);F. A. 施米德(海德尔堡,1908 年)。他的主要弟子是 Fr. 柯彭,其著作有《哲学本质阐述》(*Darstellung des Wesens der Philosophie*),纽伦堡,1810 年德文版;参阅载于埃尔希和格雨伯尔主编《百科全书》中 W. 文德尔班论柯彭的论文《柯彭》。

　　此外,还必须提到康德的下述敌手:G. E. 舒尔策(1761—1823 年),曾写不署名作品《艾奈西狄姆或论基础哲学的基础》(*Ænesidemns oder über die Fundamente der Elementarphilosophie*),1792 年德文版,1911 年再版,还有《理论哲学批判》(*Kritik der theoretischen Philosophie*),汉堡,1801 年德文版;J. G. 哈曼(参阅前面第三十六节,7),他对于康德《批判》的《评论》首先披露于莱因霍尔德的《论文集》;G. 赫尔德,观点见其著作《知性和理性——对"纯粹理性批判"的元批判》,(*Verstand und Vernunft, eine Metakritik zur Kritik der reinen Vernunft*,1799 年)和《卡利戈尼》(*Kalligone*,1800 年)。

　　更加积极为发展康德学说而工作的是 J. S. 贝克(1761—1840 年);《从唯一可能的观点来评论批判哲学》(*Einzig möglicher Standpunkt, aus welchem die kritische Philosophie beurteilt werben muß*),里加,1796 年德文版;参阅 W. 狄尔泰著作,载于《哲学史文库》(第二卷,第 592 页起)。同样情况,还有萨洛蒙·梅蒙(1800 年去世);《先验哲学探索》(*Versuch einer Transzendentalphilosophie*,1790 年);《新逻辑学探索》(*Versuch einer neuer Logik*,1794 年);《亚里士多德范畴》(*Die Kategorien des Aristoteles*,1794 年);参阅 J. 威特《梅蒙》,柏林,1876 年德文版;A. 默茨纳,格赖夫斯瓦尔德,1890 年;弗里德里克·孔茨《梅蒙哲学》(*Die Philosophie S. M. s*,1912 年)。

在耶拿，E. **施米德**教授提倡康德哲学。它的主要喉舌机关是在耶拿创办的《耶拿文学评论通报》，自 1785 年起由舒策和胡费兰德编辑。传播批判主义取得最大成功的是 K. L. **莱因霍尔德**的《论康德哲学的书札》，(*Briefe über die kantische Philosophie*)，此书首次披露于威兰的《德意志信使》杂志（1923 年雷克拉姆出版社再版）。

这同一作家又开始了一系列理论改造工作。K. L. **莱因霍尔德**(1758—1823 年)逃离了维也纳的圣巴纳巴士修道院，1788 年在耶拿大学任教授，1794 年起任基尔大学教授，撰写《人类表象能力的新理论探索》(*Versuch einer neuen Theorie des menschlichen Vorstellungsvermögens*，耶拿，1789 年)；《关于纠正过去哲学中的误解的文集》(*Beiträge zur Berichtigung bisheriger Mißverständnisse in der Philosophie*，1790 年)；还有《哲学知识基础》(*Das Fundament des Philosophischen Wissens*，1791 年)。他是一个非常热情的人，但缺少独创性。他的欣赏能力和一定的表达技巧使他对康德哲学作出巨大贡献，虽然不无缺陷。这就是他在耶拿时期的重要性。后来经过他的观点的多次改变，他陷入虚幻怪僻之中，并被人遗忘了。在耶拿时期他所阐述的学说，轮廓粗略，阐释肤浅，但有系统，很快成为康德哲学家们的学派体系。在此，如尽录这些人数众多的哲学家们的名字使之不致被人遗忘，很不适宜。

Fr. **席勒**发挥康德思想远为细致，更富才华，更有独创性。他的哲学著作在此要提出的有《论秀美与尊严》(*Anmut und Würde*)，1793 年；《论崇高》(*Vom Erhabenen*)，1793 年；《审美教育书简》(*Briefe über die ästhetische Erziehung des Mensch*)，1795 年；《论朴素的诗与感伤的诗》，(*Über naive und sentimentalische Dichtung*)，1796 年；此外还有哲学诗，如《艺术家》(*Die Künstler*)、《理想与人生》(*Ideal und Leben*)以及与克尔纳、歌德和洪堡的通信。参阅 K. 托马歇克《席勒与科学的关系》(*Sch. in seinem Verhältnis zur Wissenschaft*)，维也纳，1862 年德文版；K. 特斯坦《席勒与科学的关系》，柏林，1863 年德文版；库诺·费希尔《哲学家席勒》(*Sch. als Philosoph*)，1891 年，德文第二版；Fr. 宇伯威格《历史学家和哲学家席勒》(*Sch. als Historiker und Philosoph*)，由布拉希刊行，莱比锡 1884 年德文版；G. 盖尔《席勒与康德伦理学的关系》(*Sch.s Verhältnis zur kantischen Ethik*)，斯特拉斯堡，1888 年德文版；K. 克莱塞《席勒的审美感觉学说》(*Sch's Lehre von der* *ästhetischen Wahrnehmung*），柏林，1893 年德文版；K. 伯杰《席勒美学的发展》（*Die Entwicklung von Sch's Ästhetik*），魏玛，1893 年德文版；E. 屈内曼《康德和席勒的美学基础》（*Kants und Sch.s Begründung der Ästhetik*），慕尼黑，1895 年德文版；同一作者，《席勒》，慕尼黑，1905 年德文版；K. 伯杰《席勒》，慕尼黑，1904 年德文版；B. C. 恩格尔，柏林，1908 年。此外，逝世一百周年纪念论文，见《康德研究》，X, I.（1905 年）；W. 伯姆《论席勒审美教育书简》，哈雷，1927 年德文版。关于**歌德**哲学内在联系，见 K. 福尔莱德尔《康德，席勒，歌德》，1923 年德文第二版；H. 西伯克《思想家歌德》（*G. als Denker*），1922 年德文第四版；E. A. 鲍克《歌德的历史基础世界观》（*G. s Weltanschauung auf historischer Grundlage*），1907 年德文版；Chr. 施雷普夫《歌德的人生观》（*G. s Lebensanschauung*），两卷集，1905 年至 1906 年；H. St. 张伯伦《歌德》，1912 年德文版；G. 西姆尔《歌德》，1923 年德文第五版；F. 冈多尔夫《歌德》，1926 年德文第十二版；H. A. 科尔夫《歌德时代的精神》（*Geist der Goethezeit*）I. 1923 年。在丰富的浮士德文献中有：Fr. Th. 维谢尔《歌德的浮士德》（*G. s Faust*），附福尔肯海姆的《补遗》，斯图加特，1921 年德文第三版；K. 伯尔达赫《浮士德与忧伤》（*Faust und die Sorge*），载于《德意志季刊》，1923 年，I. ；H. 里克特《论浮士德文集》（《逻各斯》，卷十，1921 年；同书卷十四，1925 年；《科学院》，卷四，1925 年；《德意志季刊》，卷三，1925 年）。

　　约翰·哥特利勃·**费希特** 1762 年出生于劳齐茨地区的拉门瑙，在舒耳普弗尔塔和耶拿大学受教育。在他做家庭教师经历过多次命运变化之后，他才以他的著作《天启批判试探》（*Versuch einer Kritik aller Offenbarung*）而著名，此书在当时一个偶然的机会以无名氏的作品发表，一般人认为是康德所写（1792 年）。1794 年当他住在苏黎世的时候，他被邀请去接替莱因霍尔德任耶拿大学教授。他在那里工作卓有成效，但在 1799 年由于"无神论争辩"被免职了（见他的《诉诸公众》和《法院答辩》；此外，H. 里克特《费希特的无神论争辩》，载《康德研究》卷四，第 137 页起），他到了柏林，在那里同浪漫主义者交往。1806 年他曾在一短时期被派到埃尔兰根大学去。1806 年他到柯尼斯堡，然后又回到柏林，从 1807 年冬天到 1808 年他发表了《对德意志民族的演说》（*Reden an die deutsche Nation*）。在新创办的柏林大学里他是一个教授又是被选举出的第一任校长。1814 年他得了流行的斑疹伤寒而去世。参阅 J. G.《费希特生活和大学通信》(*F. s Leben und literarischer Briefwech-sel*),由他的儿子刊行,苏尔次巴赫,1830 年(1862 年)德文版。由于他在艰苦环境中工作,用了巨大努力才走出自己一条路来,因此他整个一生充满着事业欲、充满着改造世界的欲望。他用康德学说的原理力求改造生活,特别是大学和学生的生活。他发现他最有成效的活动就是当一个演说家和讲道者。雄心勃勃的计划,不顾实际情况,甚至往往缺乏足够的材料知识,形成他孜孜不倦的追求的内容,此内容具体体现在他的"意志哲学"中。首先,他的唯心主义的无所畏惧和忘我精神在他的《对德意志民族的讲演》(*Reden an die deutsche Nation*,1807 年)中得到证实。在此讲演集中他以炽热的爱国主义号召祖国人民回到他们真正的内心本质去,号召他们进行道德改造,从而走向政治解放①。他的主要著作有:《全部知识学的基础》(*Grundlage der gesamten Wissenschaftslehre*, 1794 年);《知识学特征概要》(*Grundriβ des Eigentümtichen in der Wissenschaftslehre*,1795 年);《天赋人权基础》(*Grunllage des Naturrechts*, 1796 年);两篇《知识学导言》(*Einleitungen in die Wissenschaftslehre*,1797 年);《伦理学体系》(*System der Sittenlehre*,1798 年);《人之天职》(*Die Bestimmung des Menschen*,1800);《封闭的商业国家》(*Der geschlassene Handels-staat*,1801 年);《论学者的本质》(*über das Wesen des Gelehrten*,1805);《论现代之特征》(*Grundzüge des gegenwärtigen Zeitalters*,1806 年);《走向幸福生活之途径》(*Anweisung zum seligen Leben*,1806 年);《政治学讲演集》(*Staatslehre,Vorlesungen*,1813 年);《著作集》,八卷,柏林版,1845 年至 1846 年;《遗著集》,三卷,波恩,1834 年,1925 年再版。主要著作六卷集由 F. 梅迪卡斯编(1911—1912 年),最近增补了一部分未发表过的很有价值的资料。另外的资料由丹内伯尔格提供(《康德研究》,1911年);Fr. 比克塞(1914 年);S. 伯杰(Marb. Diss. 1908 年);M. 龙策(1909 年)以及 H. 舒尔茨编辑的批判性的书信全集(1925 年)。H. 舒尔茨有价值的传记性的著作《从同代密友通信中看费希特》(*Fichte in Vertraulichen Briefen*

---

① 在此,他不仅是康德的弟子,而且是志同道合的 J. H. **佩斯塔洛齐**的弟子。对后者的论述,见 A. 斯坦《佩斯塔洛齐与康德哲学》(*P. und. Kantsche Philosophie*,1927年)和 F. 德莱凯特《论佩斯塔洛齐》(*Pestalozzi*,1927 年)。

seiner Genossen,1923 年）。参阅 J. H. 勒维《费希特哲学》（*Die Philos. Fichtes*），斯图加特，1862 年德文版。R. 亚当森《论费希特》，伦敦，1881 年英文版。G. 施瓦伯《费希特和叔本华的唯意志论》（*F. s und Schopenhauers Lehre vom Willen*），耶拿，1882 年德文版。M. 卡里尔《论费希特的精神发展》（*F.s Geistesentwicklung*），慕尼黑，1894 年德文版。E. 拉斯克《费希特的唯心主义及其发展史》（*Fichtes Idealismus und die Geschichte*），蒂宾根和莱比锡，1902 年德文版。W. 卡比茨《对费希特知识学的研究》，（*Studien zu F.s Wissenschaftslehre*），柏林，1902 年德文版。G. 坦普尔《费希特艺术观》（*Fichtes Stellung zur Kunst*），斯特拉斯堡，1902 年德文版。A. 施米德《费希特哲学及其内在统一问题》（*F.s Philos. und das Problem ihrer inneren Einheit*），弗赖堡，1904 年德文版。X. 莱昂《费希特哲学》（*La Philosophie de F.*），巴黎，1902 年法文版；同一作家《费希特与谢林对立》（*Fichte contra Schelling*），1904 年，日内瓦第二次哲学代表大会，第 194 页起；同一作家《费希特及其时代》，现三卷，1922 年起。Fr. 梅迪卡斯《论费希特》，柏林，1905 年德文版；同一作家《费希特生平》，1922 第二版。H. 海姆泽特《论费希特》，1923 年。E. 伯格曼（1914 年），E. 赫希《费希特的宗教哲学》（*F.s Religionsphilosophie*，1914 年）；古尔威希《费希特具体伦理学体系》（*F.s System der konkreten Ethik*），1924 年；N. 沃尔纳《政治思想家费希特》（*F. als Politischer Denker*），1926 年。

　　弗里德里希·威廉·约瑟夫·**谢林** 1775 年出生于累翁贝格（符腾堡），在蒂宾根受教育后 1796 年来到莱比锡，1798 年在耶拿 1803 年在维尔茨堡任教授职，1806 年被聘请到慕尼黑科学院。自 1820 年至 1826 年这段时间他在埃尔兰根大学很活跃，1827 年进入了新创办的慕尼黑大学。1840 年又应聘到柏林，在那里他很快辞退了教师职务。1854 年逝世于拉加茨。参阅 G. 韦茨编辑出版的《信札中谢林生活一瞥》（*Aus Sch. s Leben in Briefen*），莱比锡，1871 年德文版。在他的个性中占优势的是他在各个方面的富于幻想、激励人心的综合才能：宗教与艺术，自然科学与历史给他提供丰富的材料，他利用这些材料赋予康德和费希特所构制的体系形式以生命和活力，并使之与其它许多有趣事物激动人心地、富有成果地联系起来。通过这些活动说明了：他似乎正处于不断改造他的学说之中，与此同时他还认为他在工作中自始至终坚持了他的同一的基本观点。他的哲学和写作的发展可分为五个阶段:1. 自然哲学:《关于自然哲学的一些观念》(*Ideen zu einer Philos. der Natur*),1797 年;《论宇宙精神》(*Von der Weltseele*),1798 年;《自然哲学体系草案》(*Erster Entwurf eines Systems der Naturphilosophie*), 1799 年。2. 审美的唯心主义:《先验唯心主义体系》(*Der transzendentale Idealismus*), 1800 年;《艺术哲学讲演集》(*Vorlesungen über die Philosophie der Kunst*)。3. 绝对唯心主义:《我的哲学体系的阐述》(*Darstellung meines Systems der Philosophie*),1801 年;《布鲁诺或论事物的自然原则和神圣原则》(*Bruno oder über das natürliche und göttliche Prinzip der Dinge*),1802 年;《论学术研究方法讲演集》(*Vorlesungen über die Methode des akademischen Studiums*),1803 年。4. 自由学说:《哲学与宗教》(*Philosophie und Religion*), 1804 年;《论人类自由的本质的科学研究》(*Untersuchungen über das Wesen der menschlichen Freiheit*),1809 年;《耶可比关于神圣事物的著作的纪念物》(*Denkmal der Schrift Jacobis von den göttlichen Dingen*),1812 年。5. 神话哲学与天启哲学,他的著作第二部分中的《讲演录》。《全集》十四卷集,斯图加特和奥格斯堡,1856—1861 年德文版。最新整理手稿版,慕尼黑,1927 年起。M. 施勒特尔选辑《关于社会哲学文集》(《炉火》,卷十二,1926 年)。参阅 K. 罗森克兰茨论谢林的《讲演集》,但泽,1843 年;还有 L. 诺亚克《谢林和浪漫主义哲学》(*Sch. und die Philos. der Romantik*),柏林,1859 年德文版;E. v. 哈特曼《谢林的实证哲学》(*Sch.s positive Philosophie*),柏林,1869 年德文版;同一作家《谢林的哲学体系》(*Sch.s philosophisches System*),莱比锡,1897 年德文版;R. 齐默尔曼《谢林的艺术哲学》(*Sch.s Philosophie der Kunst*),维也纳,1876 年德文版;K. 弗朗茨《谢林的实证哲学》(*Sch.s positive Philosophie*),科特,1879 年至 1880 年,德文版;Fr. 沙佩《谢林的神话哲学和天启哲学》(*Sch.s Philosophie der Mythologie und der Offenbarung*),瑙恩,1893 年至 1894 年德文版;G. 梅林斯《谢林的历史哲学》(*Sch.s Geschichtsphilosophie*),海德尔堡,1907 年德文版;O. 布朗《谢林之为人》(*Sch. als Persönlichkeit*),莱比锡,1908 年德文版;G. 斯蒂芬斯基《论古希腊-德意志宇宙观》(*Das hellenisch-deutsche Weltbild*),1925 年;Fr. 罗森茨韦格《德国唯心主义最早的体系纲领》(*Das älteste Systemprogramm des deutschen Idealismus*),一本出土

491

手稿,海德尔堡,1917 年;此外,卡西雷尔《逻各斯》卷七和卷八(1918 年至
1919 年)和 W. 贝姆(《德意志季刊》,卷四,1926 年)。库诺·费希尔专论集
第四版的《谢林》中附有 H. 福尔肯海姆有价值的《补遗》(1923 年)。

　　与谢林关系最密切的思想家中可以着重指出的有:在浪漫主义者(见R.
海姆《浪漫主义学派》,柏林,1870 年,1920 年第四版;R. 胡赫《浪漫派的黄金
时代》,1921 年第八版;《浪漫主义的传播与消亡》,1921 年,第六版;O. 埃瓦
尔德《浪漫主义问题》,柏林,1904 年;E. 柯切尔《浪漫主义哲学》,耶拿,1906
年;O. 沃尔泽《德国浪漫主义》,1920 年,第四版;S. 埃尔克斯《关于浪漫主义
的评价及对其研究的批判》,J. 彼得森《德国浪漫主义的本质规定》,1926 年)
中有 Fr. 施勒格耳(1772—1829 年;特征和批判见《艺文》杂志,1799 年至
1800 年;《露琴德》,1799 年;1836 年至 1837 年由温迪施曼编辑出版从 1804
年至 1806 年中选辑的《哲学讲演集》;《全集》十五卷集,维也纳 1846 年版)和
诺瓦利斯(本名弗里德里希·冯·哈登贝格,1772—1801 年;对他的论述见
E. 海尔布伦,柏林,1901 年;W. 狄尔泰在《经历与文学创作》中的论述;H. 西
蒙《神秘的唯心主义》,海德尔堡,1906 年;R. 塞缪尔《哈登贝格的诗的政治观
和历史观》,1925 年),还有 K. W. 索尔格尔(1780—1819 年;《欧文》,1815 年;
《哲学谈话集》,1817 年;由海泽编辑出版的《美学讲演录》,1829 年);此外,还
有 L. 奥肯(1779—1851 年;《自然哲学教程》,耶拿 1809 年或 1811 年;见 A.
埃克《论奥肯》,斯图加特,1880 年),H. 斯蒂芬斯(1773—1845 年,一位挪威
人;《哲学的自然科学的基本特征》,1806 年),G. H. 舒伯特(1780—1860 年;
《对一般生命史的臆测》,1806 年至 1807 年);J. J. 瓦格纳(1775—1841 年;
《理想哲学体系》,1804 年;《人类知识工具》,1830 年);弗 朗 兹·巴 德 尔
(1765—1841 年,《认识的诱因》,1822 年起;《思辨的教义学》,1827 年起;
《全集》,由霍夫曼编辑并附传记,莱比锡,1851 年起;参阅 E. 利布《巴德尔
的青年时代》,1926 年;D. 鲍姆加特《巴德尔与哲学浪漫主义》,1926 年),
K. chr. Fr. 克劳塞(1781—1832 年;《哲学体系草案》,1804 年;《人性原型》,
1811 年;《哲学体系纲要》,1825 年;《哲学体系讲演录》,1828 年;在最近几
十年内,从他遗留下的文献中出现了取之不尽的大批资料,由 P. 霍尔菲尔
德和 A. 旺舍编辑,见 R. 奥伊肯《纪念克劳塞》,莱比锡,1881 年),还有 J. 格
雷斯(1776—1848 年),《全集》(科隆,1926 年起)。关于浪漫主义自然哲学

之影响,参阅 A. 博伊勒尔的《巴赫奥芬的东西方神话引论》(慕尼黑,1926年)。

乔治·威廉·弗里德里希·黑格尔是谢林的比自己年长的友人,1770年出生于斯图加特,在蒂宾根学习,在伯尔尼和法兰克福做家庭教师,1801年开始在耶拿任教,1805年应聘为耶拿大学副教授。1806年后他在班贝格任报纸编辑,1808年任纽伦堡大学预科学校校长。1816年他应聘到海德尔堡大学当教授。1818年他从那里到了柏林。后来他就在柏林工作直到1831年去世,他当时是越来越兴旺、传播遐迩的学派的领袖。除了披露于与谢林共编的《哲学批判杂志》的论文以外,他发表了:《精神现象学》(*Phänomenologie des Geistes*),1807年;《逻辑学》(*Wissenschaft der Logik*),1812年起;《哲学全书》(*Encyklopädie der philosophischen Wissenschaften*),1817年;《法哲学原理》(*Grundlinien der Philosophie des Rechts*),1821年。从1827年起,《科学批判年刊》成为他的学派的机关刊物。他的著作,包括他的弟子们编辑的讲演集在内,辑为十八集出版,柏林,1832年起。1927年起,H. 格洛克勒再版,重要地方作了修改。G. 拉森根据手稿再版,披露于 A. 博伊勒尔编辑出版的哲学丛书《黑格尔社会哲学著作》(《炉火》,卷十一,1927年)。黑格尔具有启发教育人的气质,具有体系化的禀赋。他的知识渊博而深湛,在历史领域里比在自然科学中更深邃更全面,完全按照一种伟大的体系结构,排列在他的思想中。在他一生中,在纯粹的理智的需求前面,想象和实践意图在背景的远处消逝了,纯粹理智需求将整个人类的知识理解为历史的必然性和统一的关联整体。这种启发教育的千篇一律还表现在他的术语结构中,既有好的一面,也有不好的一面。在极为丰富的文献中要提出的有:C. 罗森克兰茨《黑格尔生平》(*Hegels Leben*,柏林,1844年)和《德意志民族哲学家黑格尔》(*H. als deutscher Nationalphilosoph*,柏林,1870年);H. 乌尔里齐《黑格尔哲学中的原理和方法》(*Über Prinzip und Methode der H.schen Philosophie*,莱比锡,1841年);R. 海姆《黑格尔及其时代》(*H. und seine Zeit*,柏林,1857年);J. 哈奇森·斯特林《黑格尔的秘密》(*The Secret of Hegel*,伦敦,1867年英文版);K. 凯斯特林《黑格尔》(蒂宾根,1870年);J. 克莱伯尔《在施瓦本青年时期的赫尔德林、谢林和黑格尔》(*Hölderlin, Schelling und Hegel in ihren schwäbischen Jugendjahren*,斯图加特,1877年);E. 凯尔德《黑格尔》(伦敦,

492

1883 年）；G. 莫里斯《黑格尔的政治哲学和历史哲学》（*Hegel's Philosophy of the State and of History*，伦敦，1888 年英文版）；P. 巴特《黑格尔的历史哲学》（*Die Geschichtsphilos. H. s*，莱比锡，1890 年德文版）；W. 华莱士《黑格尔哲学研究导论》（*Prolegomena to the Study of Hegel's Philosophy*，牛津，1894 年英文版）；J. G. 希本《黑格尔的逻辑》（*H.s Logie*，纽约，1902 年）；B. 克罗齐《黑格尔哲学中活的东西和死的东西》（*Ciò che e vivo e ciò che e morte in H.*，原文系意大利文，1909 年在海德尔堡出德文版）；H. 福尔肯海姆《黑格尔》（《伟大的思想家》，卷二，1911 年）；A. 龙斯威施《黑格尔》（1922 年）；H. 格洛克勒《黑格尔哲学中的概念》（*Der Begriff in H. s Philosophie*，1924 年）；W. H. 斯特斯《黑格尔哲学》（伦敦，1924 年英文版）；B. 海曼《黑格尔哲学的体系和方法》（*System und Methode in H. s Philosophie*，1927 年）。特别要强调的是，库诺·费希尔论黑格尔的著作，费希尔的《近代哲学史》的第八卷（新版附有 H. 福尔肯海姆和 G. 拉森有价值的《补充》，海德尔堡，1909 年）。W. 狄尔泰根据柏林图书馆保存的手稿（部分由莫拉特保存，1893 年；还有诺尔在 1907 年出版的《黑格尔年青时代的神学著作》），对黑格尔青年时代的思想发展进行过极有价值的观察（《柏林科学院论文集》，1906 年；《全集》卷四，1921 年）。另外新出版物《黑格尔文库》，1912 年起，1915 年由埃伦伯克和林克编辑；又由 G. 拉森编辑载于《哲学丛书》。

弗里德里希·厄恩斯特·丹尼尔·**施莱尔马歇**，1768 年出生于布雷斯劳，在尼斯基和巴比的亨胡特兄弟会的教育学院以及哈雷大学受教育。担任了一些私人职务之后他在瓦尔塔河畔的兰茨贝格当上牧师，1796 年任柏林夏里特医院传教师职务。1802 年他到斯托尔普做宫廷教士。1804 年他到哈雷大学任副教授，1806 年又回到柏林。1809 年成为柏林三一教会的传教士，1810 年在柏林大学当教授，他在这两个职务上都搞得很出色。与此同时他还在基督教会运动（联合教会）中担任职位，卓有成效，直到 1834 年逝世。他的哲学著作在他死后编辑的《全集》（柏林，1835 年起）中列为第三部，其中包括论辩证法和美学等的讲演集。在他的著作中要提起的有：《论宗教》（*Reden üder die Religion an die Gebildeten unter ihren Verächtern*），1799 年；《独白》（*Monologen*），1800；《批判至今为止的伦理学的原则》（*Grundlinien einer Kritik der bisherigen Sittenlehre*），1803 年。他的最重要的著作《伦理学》被

收入 Al. 施韦策所编辑的《著作集》中，又被发表于 A. 特威斯顿所出的版本
中（柏林，1841 年）。施莱尔马歇和蔼可亲、感情细腻、与人为善的品格特别
表现在他谋求将他那个时代的美学和哲学的文化与宗教意识协调起来的努
力中。他用纤细的手法将这两根思想的细线来回编织在一起，并在感情方面
尽量消除流行于双方的理论和概念之间的矛盾。参阅 L. 乔纳斯和 W. 狄尔
泰所编辑和撰写的《从通信中见施莱尔马歇的生平》（*Aus Sch.'s Leben in
Briefen*），四卷集，柏林，1858—1863 年；H. 迈斯纳编辑的《施莱尔马歇在信
札中之为人》（*Schleiermacher Als Mensch Nach seinen Briefen*），1923 年至
1924 年。D. 申克尔《施莱尔马歇》，埃尔伯费尔德，1868 年；W. 狄尔泰《施莱
尔马歇的生平》（*Leben Schl.s*），卷一，柏林，1870 年和 1922 年；A. 里彻尔《施
莱尔马歇论宗教》（*Schl.s Reden über d. Rel.*），波恩，1875 年；Chr. 西格瓦尔
特《纪念施莱尔马歇》（*Zum Gedächtnis Schl.s*）《小著作集》，卷一，第 221 页
起）；F. 巴赫曼《施莱尔马歇伦理学的发展》（*Die Entwicklung der Ethik
Schl.s*），莱比锡，1892 年；Th. 卡梅雷尔《斯宾诺莎与施莱尔马歇》，斯图加特，
1903 年；J. 温德兰德《施莱尔马歇的宗教发展》（*Die religiöse Entwicklung
Schl.s*），1915 年；H. 穆莱尔特《施莱尔马歇》，1918 年；G. 韦赫龙《施莱尔马歇
的辩证法》（*Die Dialektik Schl.s*），1920 年。

约翰·弗里德里希·**赫尔巴特** 1776 年出生于奥尔登堡。他在家乡和在
耶拿大学受教育，曾一度在伯尔尼当家庭教师，并同佩斯塔洛齐[1]结识。
1802 年在哥廷根大学当编外讲师，1809—1833 年他在柯尼斯堡大学任教授
职，然后以教授职称回到哥廷根大学，1841 年他去世于该地。他的主要著作
有：《形而上学纲要》（*Hauptpunkte der Metaphysik*），1806 年；《普通实践哲
学》（*Allgemeine Praktische Philosophie*），1808 年；《哲学导论》（*Einleitung
in die Philosophie*），1813 年；《心理学教科书》（*Lehrbuch zur Psychologie*），
1816 年；《作为科学的心理学》（*Psychologie als Wissenschaft*），1824—1825
年。G. 哈特斯坦编辑的《全集》，十二卷集，莱比锡，1850 年起；K. 凯尔巴哈
编辑的十五卷集，1882—1909 年。O. 威尔曼编辑出版了两卷集的教育学著
作，莱比锡，1873—1875 年。赫尔巴特哲学活动出色之处在于概念思维的敏

---

[1]　Heinrich Pestalozzi（1746—1827 年）系瑞士之教育家。——译者

捷以及论战时的充沛精力。尽管他缺乏丰富的感性材料和审美的敏感性，但他的诚挚的信念和崇高的、文静的、清晰的人生观足以弥补这方面的缺陷。他的严谨的科学态度使他在一个长时期内成功地战胜了哲学中的辩证倾向。参阅 G. 哈特斯坦《普通形而上学的问题和基本理论》(*Die Probleme und Grundlehren der allgemeinen Metaphysik*)，莱比锡，1836 年；J. 卡夫坦《应该与现实》(*Sollen und Sein*)，莱比锡，1872 年；J. 卡佩休斯《赫尔巴特的形而上学》(*Die Metaphysik Herbarts*)，莱比锡，1878 年；G. A. 亨宁《赫尔巴特》(《教育学文集》62，莱比锡，1884 年；A. 里姆斯基-科尔萨科《赫尔巴特的本体论》(*H.s Ontologie*)彼得堡，1903 年；W. 金凯尔《赫尔巴特及其生平和哲学》(*J. Fr. H., sein Leben und seine Philos.*)，吉森，1903 年；Fr. 弗兰克《赫尔巴特及其学说的基本特征》(*J. F. H., Grundzüge seiner Lehre*)，莱比锡，1909 年。

　　阿尔都尔·叔本华 1788 年出生于但泽。他转向哲学研究的时间较迟。他在哥廷根和柏林受教育。1813 年他获得博士学位，论文的标题是《充足理由律的四重根》。(*Über die vierfache Wurzel des Satzes vom zureichenden Grunde*)。他在魏玛和德累斯顿住了一段时间，1820 年在柏林大学取得编外讲师的资格。但是他在教学工作方面并不成功；他经常出外旅行，打断了他的教学工作；因此在 1831 年他便隐退了，在美因河畔的法兰克福过着隐居生活。1860 年他在该地逝世。他的主要著作是《世界是意志和观念》(*Die Welt als Wille und Vorstellung*)，1819 年。与之相连的有《论自然中的意志》(*Über den Willen in der Natur*)，1836 年；《论伦理学中两个根本问题》(*Die beiden Grundprobleme der Ethik*)，1841 年；最后，《附录与补遗》(*Parerga und Paralipomena*)，1851 年。六卷集的《全集》，莱比锡，1873—1874 年；此后，又多次出版；E. 格里泽巴赫最认真地补充以遗著、信札等等。1911 年后出版了 P. 多伊森编辑的新版。1919—1920 年 O. 韦斯出了新版。叔本华独特的、矛盾的个性以及他的学说极深刻地为库诺·费希尔所理解（九卷集的《近代哲学史》，1908 年第三版）。他的放荡不羁、热情激昂的性格结合着天赋奇才、思想自由，促使他有能力综观全局，洞察知识的宝藏，并以圆满的艺术描绘出他如此获得的世界观和人生观。叔本华是最伟大的哲学家之一，他以特殊的表述技巧和语言艺术发挥极大的作用，他的语言艺术完全摆脱了学究的迂腐气息,饶有风趣,打动着有教养的人们的心灵。他虽然低估了他自己在康德以后的哲学中的历史地位,从而使自己陷入几乎病态的孤僻中,然而却给这整个发展的基本思想带来最出色的、最有成效的形式。参阅 W. 格威纳尔《叔本华的生平》,莱比锡,1878 年第二版,1922 年再版;J. 弗劳恩斯泰特《论叔本华哲学的信札》(*Briefe über die Sch. sche Philosophie*),莱比锡,1854 年;R. 塞德尔《叔本华哲学体系》(*Sch.s System*),莱比锡,1857 年;R. 海姆《叔本华》,柏林,1864 年;G. 杰林尼克《莱布尼茨和叔本华的世界观》(*Die Weltanschauungen Leibniz und Schopenhauers*),莱比锡,1872 年;W. 华莱士《叔本华》,伦敦,1891 年英文版;R. 莱曼《叔本华关于形而上学心理学的论文》(*Sch.,ein Beitrag zur Psychologie der Metaphysik*),柏林,1894 年;E. 格里塞巴赫《叔本华》,莱比锡,1897 年;J. 沃尔克尔特《叔本华》,1923 年第五版;G. 西梅尔《叔本华和尼采》,1923 年第三版;H. 哈塞《叔本华》,1926 年。

　　在形而上学的主流旁边流淌着**心理学支流**,这是一系列的学派,它们往往用心理学的方法折中地探讨伟大哲学体系的理论。与康德和耶可比有这种关系的是 J. Fr. **弗里斯**(1773—1843 年;《莱因霍尔德,费希特和谢林》,1803 年;《认识、信仰和预感》〔*Wissen,Glaube und Ahnung*〕,1805 年;《理性新批判》〔*Neue Kritik der Vernunft*〕,1807 年;《心理的人类学》〔*Psychische Anthropologie*〕,1820 —1821 年;参阅库诺·费希尔《耶拿两个康德学派》〔*Die beider kantischen Schulen in Jena*〕,学术讲演,斯图加特,1862 年;Th. 埃尔森汉斯《弗里斯与康德》,吉森,1906 年起)。与康德和费希特有关系的是 W. T. **克鲁格**(1770—1842 年;《哲学研究法》〔*Organon der Philosophie*〕,1802 年;《哲学科学简明词典》〔*Handwörterbuch der philos. Wissenschaften*〕,1827 年起)。与费希特和谢林有关系的是 F. **布特韦克**(1766—1866 年;《确然真理》〔*Apodiktik*〕,1799 年;《美学》,1806 年)。与谢林有关系的是 J. P. V. **特罗克勒尔**(1780—1866 年;《人类认识的博物学》〔*Naturlehre des menschlichen Erkennens*〕,1828 年)和知名的相法家 K. G. **卡鲁斯**(1789—1869 年;论述他的有 H. 肯《卡鲁斯的哲学》,1926 年)。对赫尔巴特有关系的是 Fr. **贝内克**(1798—1854 年;《心理学提纲》〔*Psychologische Skizzen*〕,1825 年和 1827 年;《作为自然科学的心理学的教科书》〔*Lehrbuch der Psychologie als Naturwissenschaft*〕,1832 年;《形而上学与宗教哲学》〔*Metaphysik und*

Religionsphilosophie〕,1840 年;《新的心理学》,1845 年;参阅 Fr. B. 布兰法,纽约,1895 年;O. 格拉姆佐,伯尔尼,1899 年)。

第四十一节　物自体

康德哲学震撼人类心灵的威慑力量主要出于它的伦理世界观的严谨和伟大[①],而思想的开展又主要与《纯粹理性批判》认识论
494 原则所具有的新形式分不开。康德从以往哲学中采取了现象与本体的对立;但是他通过先验的分析扩大了现象的范围使之包括整个人类知识,而剩下的物自体只不过作为难以理解的概念而存在,好似一种退化器官,虽然很可能表现出这种认识论发生和发展的历史特征,但却不能在其中起到实际的有效作用。

　　1. 这一点首先被**耶可比**看出来了,他证明:如不以实在论为先决条件,就不可能进入康德的哲学体系,如以实在论为先决条件又不能在此体系中停止不前[②];因为从一开始所叙述的感性概念就蕴涵有物自体所影响的因果关系——这种关系,根据关于范畴一定不可应用于物自体的分析理论,当然就不容许思维了。一方面承认物自体可以思维,而另一方面又不容许思维,在这种矛盾中整个理性批判就动摇了。此外,这种互相矛盾的设想丝毫无助于保证我们的现象知识与真理有最低限度的关系。因为,根据康德所说,心灵〔在思维中〕显现出,"既非心灵自身,也非他物,而只是

---

　　① 特别从莱因霍尔德的《论康德哲学的信札》(*Briefen über die kant. Philos.*)一书可得到对此观点的认识。

　　② 耶可比《全集》,卷二,第 304 页。

既非心灵之为心灵,也非他物之为他物的东西"。^① 认识能力摇摆于主体的难以理解的 X 与客体的同样难以理解的 X 之间。感性在自身之后什么也没有,知性在自身之前什么也没有。"妖魔的双重烟雾称为空间和时间,在烟雾中升起现象的幽灵般的形影,其中空无一物。"^②如果我们假定事物存在,那么康德就教导说,知识与事物毫无关系。批判的理性之为理性纯为无事忙,即只为自身而忙碌。因此,批判主义如果不愿沦为虚无主义或绝对怀疑主义,则这位先验的唯心主义者必然有胆量主张"最激烈的"唯心主义^③;他必然宣称:只有现象存在。

康德所称的认识对象事实上"空无一物"——在这样的断言中蕴涵着同一的朴素实在论的前提,要摧毁这种朴素实在论便是先验分析论的巨大任务;这同一实在论又决定着**信仰**的认识论,耶可比用此认识论反对"先验的无知"而又不能避免完全依赖于它。一切真理都是对现实的东西的认识;但是现实的东西在人类意识中表现自己不是通过思维而是通过感觉。正是康德的实验证明了:思维只在一个圆圈里运动,超越这个圆圈便无通向现实之路,只在条件者的无穷尽的系列中运动,在这系列中找不到无条件者。因果律这个基本规律的确完全是在此状态中表达出来的,即其中并无无条件者。因此,正如耶可比所说,**知识**或可证明的思想,按其本质说,是斯宾诺莎主义,这是关于所有有限者机械的必然性的理论:上帝不存在,这是站在科学的立场上说话。的确,可以被认识

---

① 《阿尔威尔》,XV;《全集》卷一,第 121 页。
② 《全集》卷三,第 111 页至 112 页。
③ 《全集》卷二,第 310 页。

495　的上帝就不会是上帝①。即使在内心里是基督徒的人,在他的脑子里也必须做一个不信上帝的异教徒,谁把他心中的光亮带进了理智,谁就会把这光亮扑灭②。但是这种认识是一种**间接**的认知活动;真正的**直接的认知活动是感觉**。在感觉中,我们才真正与对象合二为一③,我们掌握对象,有如我们在确信无可证明的**信仰**时我们掌握着我们自己一样④。然而这种感觉对其对象而言有两重性:感性的东西的现实性向我们显现于**知觉**中,超感的东西显现于"**理性**"中。因此,对于耶可比的**超自然的感觉主义来说**,"理性"意味着关于超感的东西的现实性的直接感觉,意味着关于上帝、自由、道德和灵魂不朽的直接感觉。在这种限制中康德关于理论理性与实践理性的二元论、关于后者高于前者的理论在耶可比那里重现了⑤,其目的在于使之有助于使感觉充满神秘;这种洋溢着神秘的感觉也显露在热情风趣而又狂妄、宁愿武断不愿求证的写作风格中。

　　此种与康德十分贴近的基本思想在**弗里斯**那里出现了。弗里斯主张,批判哲学所企求的关于**先天形式**的知识其本身必然是通过**内在经验**而在**后天**产生的,因此,康德的结论必然是通过"人类学的"批判而修正或建立起来的。他以这种信念为基础:理性直接的、自身特有的认识最初通过感觉而呈现出来的是一种晦涩不明

---

　　①　《全集》卷三,第 384 页。

　　②　给哈曼的信,I. 367。

　　③　《全集》卷二,第 175 页。

　　④　休谟关于**信仰**的概念以及他关于印象与观念(在此称为 Vorstellung〔表象〕)的区分在此经历着一种引人注目的改造。

　　⑤　《全集》卷三,第 351 页起。

的形式①,只有通过**反省**才转化为理智的知识。然而,弗里斯学说的此种莱布尼茨主义的躯干结果得到一根批判的尾巴,因为那种反省的直观形式和概念形式只被视为表现上述原始真理内容的现象形式,而不被视为它们的相应的知识。另一方面,认识局限于这些现象形式,便树立了其对立面,即道德**信仰**对物自体的直接关系,此时上述躯干便接受了康德-耶可比的头。然而与此同时,弗里斯(与《判断力批判》有决定性的联系)赋予审美情感和宗教情感一种**预感**的意义(《认识、信仰和预感》):作为现象基础的存在正是那个与实践理性及其公设有关的存在。

　　2. 耶可比非常敏锐地认识到康德关于物自体的概念是站不稳脚的,当**莱因霍尔德**在他的《基础哲学》中企图对批判理论作出统一的、系统的阐述时,上述概念之站不稳脚就在一定程度上变得明显了。他(莱因霍尔德)非常崇拜受人爱戴的康德,他全部采纳了康德对个别问题的解答,但是他没有采纳一切特殊知识所由推断的关于简单基本原理的阐述。通过这种(笛卡儿主义的)要求②的实现,站在对立面的意见最后被**这样的**哲学代替了——这种哲学不带任何称号。他本人相信他在完全没有先决条件的原理中找到了这个原则(**意识原则**)③:在意识中每一表象通过意识有别于主体和客体而又与两者有关;因此,在每一表象中蕴涵着属于主体的东西又蕴涵着属于客体的东西。**物质材料**的繁多性来自客体,**形式**的综合统一性来自主体。据此得出结论:客体自身和主体自身均不

496

---

①　弗里斯《理性新批判》,I.206。

②　莱因霍尔德《关于纠正过去哲学中的误解的文集》卷一,第91页起。

③　《人的表象能力的新理论探索》,第210页起。

能被认识,而只有浮动于两者之间的意识世界才是可能被认识的。据此,进一步得出(感性的)**物质冲动**与(伦理的)**形式冲动**之间在实践方面对立的结论;在物质冲动中可以认出意志依赖于事物的不自主性和在形式冲动中可以认出意志旨在形式符合规律的自主性。

　　康德学派就以这种粗糙形式传播其先师的学说。所有对"客体"分析的精微和深刻含义消逝了,取而代之的只是莱因霍尔德企求在"想象力"或"意识"之中寻求所有各种不同认识能力更深一层的统一的努力,这些认识能力曾被康德彼此分离为感性,知性,判断力和理性。就这点而言,这种"基础哲学"以一种正面的假说来应付同代人的反对意见,因在康德哲学中正是这种**感性与知性明显的分离**遭到许多同代人的非难。这种分离出现在受《就职论文》影响的阐述(见第 462 页注释)中比《理性批判》的精神所需要的更为强烈,同时这种分离通过实践哲学的二元论变得更明显了。因此,又激起一股潮流理直气壮地反对康德,而莱布尼茨主义关于感官功能逐渐过渡到理性功能的学说正是反对康德灵魂"解剖"的强大逆流的源泉,——康德的灵魂"解剖"肤浅而欠严肃。**哈曼**在他的评论中,与此相联赫尔德在他的《批判后论》中,推波助澜,抵制《纯粹理性批判》。两者都主要强调语言是理性统一感性和理智的基本产物,并力图证明:自从感性与知性第一次"分裂"以后,批判哲学所有其它的分裂和二元性便不可避免地产生了[①]。

　　3. 莱因霍尔德哲学体系的弱点不能逃避怀疑派〔的攻击〕,而

---

　　①　赫尔德《批判后论》,14,Ⅲ。40 卷《全集》,ⅩⅩⅩⅦ. 第 333 页起。此外,像赫尔德在《批判后论》一书中所阐述的这种思想,不过是一种神经过敏的个人成见的愚蠢的粗制品,但却在很长时间里成为在运动发展中起积极促进作用的要素。见后面第四十二节。

怀疑派的攻击同时也针对康德本人。这些攻击最有成效地结合在舒尔策的《艾奈西狄姆》一书中。他指出,批判方法之所以自设牢笼在于它给自己指定了根据自己的结论不可能得到解决的任务。因为如果《批判》在探索作为经验基础的条件,那么这些条件本身还不是经验对象(这个观点确实比弗里斯在心理学上探索**先天性**更符合康德的原意):因此批判方法要求,哲学知识在任何情况下都必然是一种用范畴进行的思维,因而必然超越经验,正是在这一点上,《分析论》宣称那是不容许的。事实上,"理性"以及每一种认识能力如感性、知性等等都是物自体,都是在有关认识行为中不可感知的经验活动的基础。关于所有这些物自体以及彼此之间的关系和对经验的关系,批判哲学(知识形而上学)提供了一种极其详尽的知识。毋庸置疑,这种知识如果仔细检验是不足取的;因为这样一种"能力"归根结底只能被认作经验功能共有的未知的因,这种"能力"只有通过经验功能的活动才能呈现其特征。

《艾奈西狄姆》借助于莱因霍尔德的"想象力"概念发挥了这种批判①。他证明:当我们一再假定和利用不可理解的"能力"或"机能"的标签以解释事物的内容的时候,我们什么东西也没有解释。舒尔策借此反对在启蒙运动时期经验心理学家们相当轻率使用的"能力理论"(Vermögenstheorie)。将心理活动类似的现象概括于一种类概念之下,这只能在描述的意图上有某种意义;但如将此概念实体化为一种形而上学力量,那这实际上是对心理学进行神话

①　《艾奈西狄姆或论基础哲学的基础》,第98页。

497

般的处理。在这口号下,赫尔巴特[1]将舒尔策的批判扩展到以往整个心理学理论领域。贝内克[2]在突出这种概念时也看出走向灵魂的自然科学(即联想心理学)的本质性的进展。

对于舒尔策来说,此只是证明下述论述的诸种因素之一:批判哲学为了反对休谟,力图证明因果概念的合理性,因果概念局限于经验,然而在各处又假定因果关系存在于经验与"作为经验基础"者之间。自然,耶可比早在物自体概念中揭露出来的矛盾也属于这一类,只要"感性"受到物自体概念的影响的话。所以,每当《纯粹理性批判》企图超越经验范围时这种企图(即使不明确地)便事先被它自身否决了[3]。

498　　4. 第一个企图修改在康德含义上站不住脚的物自体概念的是**梅蒙**。他认识到:在意识之外去假设现实性便包含一种矛盾。被思维的东西存在于意识之中;在意识之外去思维某物便是虚构的,正如在数学中将虚数 $\sqrt{-a}$ 当作一个现实的量一样。**物自体是一个不可能的概念**。但是形成此概念的诱因是什么呢?此诱因基于要对意识中**既与的**东西进行解释的需要[4]。我们碰上这种需要,是在这样的时候,在我们的观念中存在着这样的对立:一方面是**形式**——我们自己创造这种形式并意识到这种创造行为;另一

---

① 《心理学教科书》,第三节;《全集》,V.8. 以及其它地方。

② 《新的心理学》,第 34 页起。

③ 《艾奈西狄姆》的作者以极简洁概括的方式在他的《理论哲学的批判》一书(卷二,549 页起)中一再重复他的论战思想;此外,这部著作不仅包含迄今为止对《纯粹理性批判》(I.172—582)进行最好的分析之一,而且也是一部在历史上深受拥戴的对《纯粹理性批判》(II.126—722)的批判的书(参阅:论与**莱布尼茨**的关系,II.第 127 页起)。

④ 梅蒙《先验哲学探索》,第 419—420 页。

方面是**物质材料**——我们只发现它出现于我们心中却不知我们如何获得它。因此,关于形式我们具有**完整的**意识;相反,关于物质材料我们具有的只是一种**不完整的意识**,物自体概念是存于意识中的某物,而又不随意识一起产生。但是因为在意识之外没有一样东西是可思维的,因此既与的东西只能用意识最低层的完整性来解释。意识可以被设想为通过无穷多的中间阶段逐步缩小直到空无一物。而这无穷系列的极限的观念(可以比作$\sqrt{2}$)就是纯粹既与的东西即物自体的观念。因为,正如梅蒙直接援引莱布尼茨,物自体就是 *petites perceptions*〔细微知觉〕(参阅第三十一节,11)——即**意识的微分**①。物自体是无穷的下降系列的极限概念,从完整意识往下逐渐下降———一种**无理**量。梅蒙这种基本假定的结果是:关于既与的东西永远只是一种不完整的知识,正如只存在一种不完整的意识一样②;完整的知识只限于理论意识自发形式的知识,只限于数学和逻辑学。在梅蒙高度评价这两种论证科学时,他的批判的怀疑论与休谟的意见协调一致;但对于经验中既与的东西的认识,他们又针锋相对地各走一端了。

　　因此非常清楚的是,对《纯粹理性批判》的研究要求一种关于**意识与存在的关系**的新概念。**存在只在意识中被思考,存在只应被认为是一种意识**。就这样,耶可比的预言开始实现了:康德学说趋向“最激进的唯心主义”。

---

　　①　梅蒙《先验哲学探索》,第 27 页起。

　　②　我们可以比较一下在莱布尼茨那里的偶然性和在康德那里的自然特殊化;第三十一节,11,和第四十节,7。

　　这一点可以在一位弟子身上看出,他与康德的关系极为密切。他就是西格斯蒙德·贝克。他发现①"评价批判哲学的唯一可能的观点"在于:当作"对象"的个别意识的既与材料被提升为"**原始的**"、超个人的②,从而对于经验认知活动的真理具有决定作用的意识内容。他用康德的"一般意识"代替了物自体。他以此表明了纯直观和范畴的**先天性**;但是存于感性多样性中的既与的东西对于他来说也仍然是康德的问题未解决的残留物。

　　5. 对物自体概念进行唯心主义的彻底的粉碎的正是**费希特**的工作。我们如果遵循他的两篇《知识学引论》中的思想路线③,就可以得到这方面最好的理解。这思想路线以自由描述的方式直接与康德学说最难部分(先验演绎法)联系起来,并透辟而清晰地阐明了在这里所论及的思想运动的顶端。

　　哲学的基本问题(或者按照费希特取的德文名称 Wissenschaftslehre〔知识学〕④)是从下述事实中提出的:与个别意识观念自发的偶然的灵活性相对比,在个别意识中还有另外一些观念坚持其中,这后一部分观念的特征是(可以完全确切判别的)**必然性的感觉**。使这种必然性令人理解就是知识学最重要的任务。我们称呼那种随必然性的感觉出现的体系为经验。因此这个问题的内容是:"经验的基础是什么?"要解答这个问题只有两条道路。经验

① 他在康德著作中的《诠释提要》第三卷,里加,1796 年。
② 同书,第 120 页起。
③ 《费希特全集》卷一,第 419 页起。
④ 照字面解释为"科学学说",在此科学具有知识的双重含义,一方面知识是心智活动;另一方面,知识是真理的主体=哲学。——英译者

是一种以客体为目标的意识活动；因此它只可能来自事物或来自意识。前一种解释是独断论的，另一种解释是唯心主义的。**独断主义**认为意识是事物的产物，它将理智活动归因于因果关系的机械的必然性；因此如果前后一贯坚持不懈地照此思维下去，其结论只能是宿命论和唯物论。与此相反，**唯心主义**视事物为意识的产物，为自我规定的自由功能的产物；唯心主义是自由和行为的体系。这两种解释方式本身都是符合逻辑的，它们彼此处于如此彻底对立的矛盾中，如此不可调和，以至费希特将莱因霍尔德既想靠物自体又想靠理性来解释经验的那种**信仰调和论**的尝试视作从一开始就是一种失败。如果一个人不甘做怀疑失望的牺牲品，他就必须在两者中选择其一。

因为在逻辑上两者都同样表现为前后一贯的体系，所以这种选择首先依赖于"一个人是属于何种性格的人"[①]；但是，如果伦理力量一经支持了唯心主义，那么，理论思维就会助它一臂之力。经验事实的基础是："存在"与"意识"经常处于相互影响中，而对象的**"现实序列"**是在心灵表象的**"观念的"**序列中被感知的[②]。独断主义不能解释这种"两重性"；因为事物的因果性只是"（纯然被安置的）"简单序列。如果存在应该充当解释意识的基础，那么存在又在意识中重现是不可令人理解的。相反，存在恰恰从属于**理智"自我注视"**的本质。当意识活动的时候，意识知道它在活动，知道它

500

---

① 《费希特全集》卷一，第 434 页。

② 如果独断主义与唯心主义的对立意味着过去康德关于自然与自由的对立，此外，在这方面，事物的必然性体系的出现已经带有强烈的斯宾诺莎主义的色彩，那么，斯宾诺莎关于两种属性的学说的体系影响第一次在这两种序列的关系中显露出来了。

在做什么;在意识产生自身功能的现实的(第一性的)系列时总同时产生认识这些功能的观念的(第二性的)系列。因此,如果意识充当解释经验的唯一的基础,那么它之所以如此只是因为它是自我感知的行为,自我反省的行为,即是**自我意识**。因此知识学力求证明:一切经验的意识即使它的目标集中在存在,客体,事物,并将这些当作自身的内容,归根结底,它的基础还是存在于意识对自身的原始关系上。

唯心主义的原则就是自我意识。就主观方法而言是在这样的范围内:知识学只**从知性的直观**出发发展自己的认识,意识又只从意识对它自身行为认识的**反省**出发伴随着这知性的直观而进行自己独特的活动;就客观体系而言是在这样的范围内:用这种方法揭示出理智的这样一些功能,凭借这些功能便产生日常生活中所谓的事物和客体以及在独断哲学中所谓的物自体。最后这个概念,即物自体概念,本身是彻底矛盾的概念;就这样物自体概念被溶解为最后的残留物。整个存在只能被理解为理智的产物,而哲学知识的对象就是**理性体系**(参阅第四十二节)。

对于费希特和他的继承者说来,物自体概念就这样变得无关紧要了,而以往存在与意识之间的对立降为次要的了,降为理性活动内部的一种关系了。客体只为主体而存在;两者的共同基础是理性,是自我〔Ich〕①;自我感知自身又感知自身的行为。

6. 当德国形而上学主流随着费希特潮流向前发展的时候,上

---

① 也可参阅谢林青年时代的作品《论自我作为哲学的原则》(*Vom Ich als prinzip der Philosophie*),《全集》卷一,第 151 页起。

述"信仰调和论"并不缺少拥护者,这些拥护者曾经被**知识学**逐之门外。信仰调和论的形而上学典型已被莱因霍尔德铸造出来了;但是与之接近的还有所有那些用心理学方法从个人意识出发的人们,他们相信他们发现了个人意识同等地依赖于现实和依赖于理智的普遍本质。**克鲁格**教导说,"**先验的综合论**"可认为是此观点的一个范例。对他说来,哲学是借助于"自我"对"意识事实"的反省而获得的一种自我解释。但是在此,"先验的综合"证明为基本事实,现实的东西和观念的东西在意识中都被设定为同样根本的东西,处于彼此影响之中[①]。我们认识存在,只因为存在出现于意识中,我们认识意识,只因为意识与存在发生关系;但是两者均为直接认识的对象,正如在我们的观念世界中存在于它们之间的联合体实为直接认识的对象一样。

这些思想在**施莱尔马歇**的辩证法中发生一种更加细微的变化。所有知识的目标就是建立**存在与思维的同一**,因为两者分别出现在人类意识中:**现实的因素和观念的因素**;知觉和概念;器官功能和理智功能。它们完全的协调和平衡才能产生知识,然而它们总处于分歧的状态中。据此,科学按照内容划分为物理学和伦理学;按照方法划分为经验学科和理论学科,自然史和自然科学,世界史和道德学。在所有这些特殊学科中,在材料内容方面或在形式方面占**优势**[②]的不是两种因素中的这一方就是另一方。虽然在其中对立面之一方总力图奔向另一方:经验知识学科倾向于理

① 克鲁格《基础哲学》(*Fundamental philosophie*),第 106 页起。

② 在施莱尔马歇的**辩证法**中这种关系似乎表现出模仿谢林**同一哲学**的形而上学形式。参阅第四十二节,8。

501

性结构,理论学科倾向于对事实的理解,物理学倾向于物质世界的意识和有机体的起源和发展,伦理学通过意志合目的活动倾向于对感性的控制和渗透。但在实际认识活动中,没有一个地方达到了现实的东西同观念的东西完全协调平衡;相反这种协调却只形成了思维的目标,绝对的、无条件的、存于无限而无法达到的目标;思维极想成为知识,但是永远也不会完全成功①。因此,哲学不是知识的科学,而是处于永恒变化状态的知识的科学——**辩证法**。

但是正是因为这个原因,哲学假设这个在人类认识中永难达到的目标的现实性:**思维与存在的同一性**。施莱尔马歇同斯宾诺莎(和谢林)将此同一性命名为**上帝**。它不可能是理论理性的对象,也同样不可能是实践理性的对象。我们不认识上帝,因此我们也不能按照上帝去安排我们的伦理生活。宗教不只是认知和正确的行为:宗教是具有最高实在性的生活共同体,其中存在与意识是同一的。然而这生活共同体只出现于**情感**中,只出现于那种"绝对"依恋于无限的、不可思议的世界根源的"虔诚的"情感中(参阅第四十二节,9)。斯宾诺莎的上帝同康德的物自体在无限中恰好吻合,从而被提高到超出一切人类知识和意志并成为一种神秘情感的对象,这种情感纤细的颤动在施莱尔马歇那里(正如以略有不同的形式在弗里斯那里)同**亨胡特兄弟会教派**②的宗教生活的内心静观谐和一致③。

---

　　① 《辩证法》,《全集》,46,48—49 页。

　　② Herrnhuter:或译摩拉维亚教派信徒,该教派系新教派之一,主张胡斯理论并认为《圣经》是信仰的唯一来源。——译者

　　③ 参阅 E. 胡伯尔《施莱尔马歇的宗教观的发展》(*die Entwicklung des Religionsbegriffs bei Schleirmacher*),莱比锡,1901 年德文版。

因此,神秘主义传统通过虔信派(在斯潘尼和法兰克之后,虔信派中正统的日趋粗俗的观点变得越来越显著,从而招致亨胡特兄弟会教派的反对)达到唯心主义的高峰;艾克哈特学说与先验哲学在一切外在的东西移植于内部的东西这样的精神上确实互相接近:两者都带有地道的日耳曼风味;两者都在"*Gemüt*"〔情感〕中探索世界。

7. 施莱尔马歇由于否认了科学地认识世界根源的可能性,他同康德更接近了;但是他用以代替的是宗教的情感直观,此宗教情感直观还更依赖于斯宾诺莎,更依赖于斯宾诺莎在费希特知识学之后施于唯心主义形而上学的影响。这种理性一元论(参阅在第四十二节中的发展)受到**赫尔巴特**的反对,他反对的方法是对康德的物自体概念进行完全不同的改造。他极力反对这个概念的解体,从而发现自己被迫陷入物自体的形而上学悖论中,不得不坚持物自体的不可知性。先验分析的矛盾在此显得荒谬地夸大了。

这种观点作为倒退的倾向更加引人注目;这种倒退倾向归因于与辩证法革新相对立的赫尔巴特的理论,这种倒退倾向在他攻击康德的先验逻辑中发展起来(参阅第三十八节,5)。赫尔巴特有理由在先验逻辑中看见唯心主义的根源。先验逻辑的确是在宣讲形式:知性以形式产生客观世界;而在费希特的"自我"中我们发现康德在"一般意识"或"先验统觉"中萌芽的东西得到了充分的发展。赫尔巴特对以往哲学的爱好恰恰基于他否认意识有创造的自发性;他同联想心理学家们一样发现思想取决于和依赖于形式和来自外部的内容这两个方面。他又否认潜在的先天性,这个概念从莱布尼茨起通过《就职论文》一直传入《纯粹理性批判》；他认为，表现在范畴中的关系形式如同时空一样也是观念的机械作用的产物。关于心理发生学方面的问题，他完全站在启蒙运动时期的哲学的立场上。因此，除了形式逻辑以外他不承认其它的逻辑，形式逻辑的原则是矛盾律——即绝不允许存在矛盾。所有思想的最高原则是：凡是自身矛盾的就不可能是真正现实的[①]。

现在很清楚了，我们用以思考经验的概念本身充满内在矛盾。我们假设**事物**，事物必须与自身等同，而事物又必须等于自身多样性的性质。我们谈到"**变化**"，与自身等同的东西在变化中相继变成不同的东西；我们将一切内在经验归因于"**自我**"，自我如"在心灵上显现自己"的东西一样在主体中也在客体中包含着一个无限系列，——我们将一切外部经验归因于**物质**，分离的东西和连续的东西在物质这一概念中相互冲突。这种在概念中充满矛盾的"经验"只能是现象；但是这种现象一定有某种无矛盾的、现实的东西作其基础。表面上的事物必有绝对的"实粒"作其基础，表面事故必有实在的事故作其基础。有多少表面的东西就有多少存在迹象。查出存在是哲学的任务；那就是对既与的**经验概念进行研究**，并按照形式逻辑规律进行改造，直到我们认识到没有内在矛盾的

---

① 见《哲学导论》，《全集》卷一，第72—82页。对于这样鲜明地陈述矛盾律，其历史诱因无疑是矛盾律在辩证法（见第四十二节，1）中所遭受到的歧视。然而实际上赫尔巴特的理论（除了他处理"自我"概念以外）完全与此无关。赫尔巴特哲学中的**爱利亚学派**因素（《全集》，I.225）在于**存在不带有矛盾**的公设；这位哲学家在其它方面很少历史修养，可是他对于柏拉图理念论具有灵敏的感觉，其所以如此，应归因于上述情况。参阅《全集》卷一，第237页起；卷十二，第61页起。

实在。

达到此目的的一般方法是**关系法**。矛盾的基本形式总是：凡简单的事物应被认为具有种种差异（在康德那里，即多样性的综合统一）。排除这种困难只有假定简单事物的多数，通过事物多数的相互关系，多样性的或可变性的东西的"幻相"便在每一个别事物上产生了。因此，要坚持实体概念我们只能假定下述条件：实体应统一起来的不同性质和变化着的状态与实体本身无关，只与其它实体轮流交替的关系有关。物自体必然有许多；只根据单一的物自体，性质和状态的多样性绝不可能为人理解。但是这样的每一个形而上学实体必然被理解为完全**简单的**和**不可变的**；赫尔巴特把它们叫作实粒。所有在经验中构成事物特征的性质都是相对的，并使个别事物永远只呈现在与另外事物的关系中；因此实粒的**绝对性质**是**不可知的**。

8. 但是实粒必然被认为是决定表面性质的基础；同样，我们必然会假定存在于实粒之间的**现实的发生发展**和关系变化是呈现于经验事物中的表面变化的基础。然而，在此，存在于经验之外的全部人为结构开始动摇了，因为这些实粒的爱利亚学派的僵化性绝不容许我们形成一种在实粒之间必然发生的"现实关系"之类的概念。首先这些"现实关系"不可能是空间的①；空间和时间是观

---

①　赫尔巴特的实粒同德谟克利特的原子（实粒与原子有共同的基础——**对爱利亚学派的存在概念进行多元论的改造**）之不同不仅在这一点上，而且还在（不可知的）性质的差别上，原子论不主张性质差别，只承认占有空间的实体性的量的区别。实粒又不可与莱布尼茨的单子混淆；同单子相比，它们虽然也有"无窗性"，但是却没有"多的统一"。同柏拉图的理念相比，它们虽都有爱利亚学派的存在的属性，但却没有类概念的品格。

念的系列结构的产物,是心理机械作用的产物,因此空间和时间对
于赫尔巴特比对于康德差不多更富于现象性。只在转义上实体的
恒变关系可以被描述为"在概念空间里的来来去去";但究竟这些
关系本身是什么,赫尔巴特的理论却无言表达。〔只在被动情况下
理屈词穷,不得不勉强承认。〕每一实粒只有简单的、不可变的规
定:因此,存在于或产生于两个实粒之间的关系对两者任何一方都
不是本质的,也不是两者任何一方的基础。可是这种关系可能设
想的**第三者**在这种形而上学中是找不到的①。因此实粒彼此之间
所处的关系,事物的现象和事物的处境由之而产生的关系,被称为
实粒的**"偶然的外观"**。在许多章节里赫尔巴特的本意几乎只能被
理解为:**意识**是实粒之间的上述关系发生于其间的概念空间;因此
现实的发生发展只是为"旁观者而发生"的某种"客观幻相"②。如
果我们再补充一点:实粒或绝对性质的"存在"被赫尔巴特定义为
"绝对位置",即一种**"定位"**③,一种存在在其中处于静止状态的定
位,一种不能取消的定位;在此,在我们面前,展现出进入"绝对"唯
心主义的前景。

　　实际上,赫尔巴特还比康德更少阐述这种绝对的唯心主义。

504

---

　　① 　**赫尔巴特**形而上学中的这个空白,他用**宗教哲学**来填补了;因为不存在现象世
界所由产生的实粒之间的关系的真正基础的知识,所以现象世界所造成的合目的性的
印象容许我们以理论上无懈可击的方式确信最高智慧(上帝)是这类关系的基础——
这是古老的物理-神学证明含混无力的再现。参阅 A. 舍尔《赫尔巴特关于宗教的哲学
理论》(*H. s philos Lehre von der Religion*),德累斯顿,1884 年。

　　② 　参阅《全集》卷四,第 93 页起,第 127—132 页,第 240—241 页,第 248 页起;此
外,也可参阅泽勒《德国哲学史》,第 844 页。

　　③ 　参阅《全集》卷四,第 71 页起。

在此,也会导致绝对的矛盾。因为实粒论正费尽心机要推论出:意识也是一种呈现于现象领域中的"实粒共存"的结果。实粒据认为相互"干扰",这种内部状态具有"自我保存"的意义①。我们直接认识到,凭借这样一些"自我保存",我们的**灵魂**的未知实粒就会保全自己以抗拒其它实粒的干扰;它们是**观念**。灵魂作为简单实体当然是不可知的。心理学不过是灵魂自我保存的学说。自我保存或观念只在灵魂内部继续存在,而灵魂只为它们的共存而提供与己无关的基地;观念之间的关系也和实粒之间的关系一样,彼此干扰,彼此抑制;而整个心灵生活过程必得以**观念的这种相互应力**来解释。通过它们的相互应力,观念强度减弱;而意识依赖于强度的大小。观念可能具有的,并可能认为是现实的最低强度是**意识阈限**。如果观念被其它观念压制低于此意识阈限,那么这些观念就变成**冲动**。因此,称为感情和意志的心理状态的本质要在观念的抑制关系中去寻找。所有这些关系必须作为"观念的静力学和机械学"而发展②;因为从本质上说我们在此要处理的是对力量差别的决定,

---

①　在霍布斯和斯宾诺莎那里,"suum esse conservare"〔保持自我生存〕是个体的基本本能,而在赫尔巴特那里表现为实粒的形而上学活动,实粒凭此产生幻象世界,即经验。

②　在这种形而上学基础上赫尔巴特树立起一种内在的**联想心理学**的结构。关于形成观念过程的机械的必然性的假设和关于据此得出意志活动是必然发生的关系的观点都证明自身是对于科学**教育**学有利的基础;这个原则赫尔巴特又使之依赖于伦理学,因为伦理学讲述教育目的(塑造伦理品格),而心理学则讲述实现此教育目的的作用过程。由赫尔巴特奠定基础并发展起来的教育科学成为德国十九世纪整个教育运动的出发点(无论从友好的意义上说还是从敌对的意义上说),并引起了范围极其广泛的文献的出现。关于此事,可在种种教育史中找到详细的记载。**贝内克**采取了没有赫尔巴特形而上学的联想心理学的立场,用类似的方法找到了通向系统的教育学的道路。

505 所以这种形而上学的心理学必定以**数学的观念机械论**出现[①]。赫尔巴特特别重视对于新入观念受到早存观念的"同化"、编排、构成、部分改变的过程的研究。他为此使用了"统觉"这个词语(第一次由莱布尼茨所创造;见前面第三十三节,10),有关这方面的理论导致用联想心理学来解释"**自我**"。"自我"被认为是进行统觉的观念和被统觉的观念两者不断汇集的活动地点。

当组成灵魂的实粒的自我保存抵制其它实粒的干扰从而产生观念生活的现象时,根据赫尔巴特的自然哲学,若干实粒的相互自我保存和"部分的相互渗透"便为旁观者的意识产生**物质**的"客观幻相"。在此由于这种形而上学假设用无可名状的烦琐的演绎,各种心理现象和化学现象都被曲解了[②],——这种企图今天已为人忘却,在自然科学中以及在哲学中毫无成就。

9. 另一位哥廷根教授**布特韦克**使用另外的武器攻击物自体。他在《确然真理》一书中证明:如果认真考虑一下《纯粹理性批判》的理论,对于"与主体有必然关系的客体"除了完全不可思议的 X 之外,一无所剩。关于物自体或种种物自体我们不能谈些什么;因

[①]　在阐述这种思想时赫尔巴特假定观念在相互抑制时丧失的强度为其中最弱者所有的强度,这个抑制总数在个别观念中按照与它们的原始力量成反比的原则分摊;因此,在简单的情况 $a > b$ 时,通过抑制,a 降至 $\dfrac{a^2 + ab - b^2}{a + b}$,b 降到 $\dfrac{b^2}{a + b}$。关于这种武断的公理式的假定,关于整个"心理演算"的错误性质,可参阅 A. 兰格《奠定数学心理学的基础》(*Die Grundlegung der mathematischen Psychologie*),杜伊斯堡,1865 年德文版。

[②]　《普通形而上学》,第 240 节起,第 331 页起;《全集》卷四,第 147 页起,第 327 页起。在赫尔巴特的形而上学中,普通本体论分为心理学初步和自然哲学初步,分别取名为**幻相学和环境生态学**。

为在此包含着只对现象有效的关于本质、一和多①以及现实性的
范畴。先验哲学必然成为"消极的斯宾诺莎主义"②。先验哲学只
能证明,"一般的某物"与"一般意识"对应,关于前者在绝对知识中
根本没有可肯定的东西(关于斯宾诺莎,见前面第三十一节,5)。
与此相反,这种绝对现实的东西通过**意志的意识**在整个**相对知识**
中表现出来③。意志意识无处不表现出**个性的活力**。我们认识到
主体,因为它意愿着什么;我们认识到客体,因为它出面反对这种
意志。这种**力量**与**反抗力**的对立就奠定了认识我们自身的现实性
和其它事物的现实性的共同基础——**自我**和**非我**的基础④。这种
理论布特韦克曾称之为绝对的**德性主义**。我们认识自身的现实性
在于我们在意愿着什么;我们认识他物的现实性在于在他物身上
我们的意志发现一种抵抗力。对这种反抗力的感觉就驳斥了纯粹
的主观主义或唯我主义,但是这种对现实事物的特殊力量的相对
知识加上对我们自身意志的意识就构成了经验的科学⑤。

　　10.　**叔本华**在费希特的影响下,把这位哥廷根教授的思想发
展成为一种形而上学。他从"德性主义"的立场果敢地跃进到对万
物本质的认识。当我们认识到在我们的内心里的意志就是真正的
现实的时候,我们据以认识到他物的现实性的反抗力也必然是意
志。这是出于统一解释整个经验的"**形而上学需要**"的要求。"作

---

　　①　特别参阅《确然真理》,I. 第 261 页,第 392 页起。
　　②　同上书,第 385 页起。
　　③　布特韦克仿效康德和费希特,将其理论性的《确然真理》归结为怀疑论或完全
抽象形式的绝对知识;首先获得内容与现实的关系的就是"实践的"必然真理。
　　④　《确然真理》,II. 第 62 页起。
　　⑤　同上书,II. 第 67—68 页。

为观念的世界"只能是现象；客体只有在主体中才有可能，客体被主体的形式所决定。因此，世界在人的观念或心灵的表象（正如叔本华多次以令人忧虑的矛盾和漫不经心的措辞提到的"脑髓现象"）中表现为被安排于**时空**中的多样性，这种多样性的关系只有按照**因果律**来思维，——叔本华认为在康德的诸范畴中，**因果律**是唯一具有与纯粹直观同等的创造力的范畴①。概念知识同这些形式联结在一起，它的对象只可能是存在于个别现象之间的必然性：因为因果性是现象彼此之间的关系；科学不认识绝对的东西，无条件的东西。因果性的主要线索，从一个情况到另一个情况，绝不中断，绝不可能被武断地掐断②。因此，科学的概念工作绝不可能将自己超越于现象的无穷尽的系列之上。只有对整个观念世界的**直观解释**，只有艺术家对经验的天才洞察，只有直接领悟，才能穿透真正的本质，本质在我们的观念中只呈现为受空间、时间和因果性规定的世界。但是，这种直观是这样一种直观：凭借它"认识主体"通过自身**直接**呈现为**意志**。这句话也解决了外部世界之谜。因为根据这个唯一直接被呈现之物的类比，我们必然能理解作为观念间接呈现于时空中的整个事物的含义了③。**物自体就是意志**。

　　当然，在此使用的"意志"这词必须从广义上来理解。在人和动物身上，意志表现为被观念或表象所决定的**动机因素**。在有机体的本能和植物性的生活中表现为**刺激敏感性**，在经验世界的其

---

　　①　参阅他的博士论文《充足理由律之四重根》和他的《世界是意志和观念》卷一中的《康德哲学批判》。

　　②　在此，叔本华与耶可比完全一致（参阅本节，4）。

　　③　参阅《世界是意志和观念》，II. 第18—23节。

它形体中表现为**机械的变化过程**。这些不同的内在的或外在的种种因果关系所共有的总的含义,根据它用以直接为我们所认识的唯一形式,应该**先天地**命名为意志。据此,这位哲学家明确地强调这一点:意志借以呈现于人类自我直观中的特殊特性(即为表象和概念所决定的动机因素),必须与作为物自体的意志保持十分远的距离——要满足这个要求,对于叔本华本人来说,的确是够难的了。

此外,物自体与现象之间的关系绝不按照知性原则即因果关系来考虑。**物自体不是现象之因**。即使在人身上,意志也不是他的肉体或他的肉体活动之因;不过这一实体,通过时空直观中的表象间接表现为肉体,并在认识中被理解为有因果必然性且依赖于其它现象的东西;这同一实体在自我直观中却直接被我们认作意志。因为物自体不受充足理由律的约束,所以出现这样的难题:人感到他自己作为意志是直接自由的,而在观念中却又知道自己必然是被决定的。所以叔本华采纳了康德关于思维的品格和经验的品格的学说(见前面第三十九节,4)。然而现象世界无处不以同样方式必然被认为是**客观化**,即被认为是意志或直接实在体的直观表现方式和概念表现方式,但绝不可认为是意志的产物。本质与现象的关系不是因与果的关系。

再说,意志作为物自体只能是**单一的、普遍的宇宙意志**。所有多和繁多性属于时空中的知觉;时空是**个体化原则**(*Principium individuationis*)。因此事物只有作为现象在观念中和在认识中才彼此不同、彼此分离,而其实质是同一的。意志是 ἓν καὶ πᾶν〔一与全〕。在此存在着叔本华的形而上学的道德根源。是现象的欺骗性使个人区分他自己的祸福与他人的祸福并使两者互相对立：在道德的基本情感中，他人的悲痛也是自己的悲痛，在此**同情感**中，整个实在体的先验的统一意志显露出来了。

最后，意志不可能将经验中显现于意识的特殊内容当作自己的对象，因为这样的每一内容已经从属于它的"客观性"了。宇宙意志只以自身为对象；它愿望只是为了愿望。它只愿望成为现实，因为整个实际存在的东西其本身只是一种意愿。在这种意义上，叔本华命之为**生存意志**。宇宙意志是物自体，它在无时间限制的永恒的过程中创造自身；就这样，宇宙意志体现在现象无休止的变化中。

第四十二节　理性体系

费希特敢于扬弃物自体概念，他所规定的原则决定了唯心主义发展的主要路线的方向。存在与意识的关系只能用意识来解释，只能根据下述事实来解释——意识"注视自己的行为"从而既创造了经验的现实系列又创造了经验的观念系列，即既创造了对象，又创造了有关对象的知识。因此，**知识学**问题就是把世界理解为理性活动必然的关联整体，解决此问题的方向只能这样进行：在进行哲学推理的理性方面，"反省"意识到自己的行为以及为此而**不可缺少**的东西。因此，在这**理性体系**里起作用的必然性**不从属于因果关系，而从属于目的论**。独断思想体系将理智理解为事物的产物，而唯心主义思想体系则将理智发展为行为的内在的合目的的关联，其中有些行为有助于产生对象。哲学思维的进展不应基于这种认识：因为某物存在，所以另一物存在；而应按照这样的主导思想发展，即**为了要某物发生，另一物也必须发生**。每一理性行为有一个任务；为了要完成这个任务，它就需要另外的行为，从而又有另外的任务：为了完成这些任务所需要的所有活动的统一的合目的的关联系列便是理性体系，即"意识史"。整个存在的根源寓于"应该"之中，即寓于自我意识的合目的性之中。

　　1. 阐述这种思想的模式是**辩证法**。如果将世界理解为理性，那么理性体系就必然从一原初任务发展而来。理智所有的特殊行为必然会归结为完成此任务的手段。根据费希特所说，这种"实际行为"就是**自我意识**。哲学家〔所据以推理〕的出发点不需要前提，这样的出发点不应通过一个断言或一个命题去发现，而应通过一个**要求**，这个要求每一个人都能满足，那就是："**想想你自己吧**"。哲学整个任务便基于：弄清楚在这行为中发生了什么，又为此而不可缺少的是什么。只要证明了：在应该发生的东西与为此而发生的东西之间还存在一种矛盾，从这矛盾中又产生新的问题，如此等等；那么这个原则还可继续深入下去。辩证法就是这样的一种体系，在其中每一问题或任务又创造出新问题或新任务。在理性本身存在着一种抵制理性力图得到的结果的反抗力；为了克服这种反抗力便产生了新的任务。这**三个因素**命名为**正题，反题**和**合题**。

　　如果康德为了阐述和批判形而上学曾主张过理性问题不可能解决的必然性，那么唯心主义的形而上学现在就将此思想变成了一种积极的原则。理性世界凭借这种方式变成无穷尽的自我生产；任务与实际行动之间的**矛盾**被宣称为理性本身的真正本质。这种矛盾是必然的,不可能免除的。它从属于理性本质;因为只有理性是现实的,所以这个矛盾被宣称为现实的。因此,辩证法,即对康德先验逻辑的这种形而上学改造,越来越尖锐地陷入与形式逻辑相对立的境地。知性规则的普遍原则存于矛盾律中,知性规则对于知觉进行一般的加工改造成为概念、判断和结论也许够用了,但对于哲学推理的理性的知性的直观来说,并不够用;在"思辨结构"的问题前面知性规则沦为只具有相对的重要性了。

　　这种理论已经在费希特知识学中表现出来了①。后来他的弟子们和同伴们,如 Fr. 施勒格耳,越来越大胆地宣传这种理论;最后,思辨理性在受限于矛盾律的知性的反省哲学面前显示出高贵优越的模样。谢林②曾求助于库萨的尼古拉和布鲁诺的 *coincidentia oppositorum*〔对立统一〕;黑格尔③在"狭义的知性"对理性的胜利中看出了过去整个哲学的传统失误④。康德曾经证明形而上学对于知性是不可能的,形而上学力图在**知性的直观**中找到自己独有的器官,在辩证法中找到自己的形式。对于多样性的东西的**创造性**的综合必须保持其统一高于其分解自身而形成的对立面。精神的本质就是内部的自我分裂,又从这种分裂状态归返原始的统一。

---

　　①　《全部知识学的基础》,第 1 节;《全集》,I. 第 92 页起。
　　②　第六《论学术研究方法的讲演集》,《全集》,V. 第 267 页起。
　　③　特别要参阅他的《论信仰和知识》的论文,《全集》I. 第 21 页起。
　　④　就是从这观点出发我们能够最好地理解赫尔巴特反对绝对唯心主义的论战。他也在经验的基本概念中发现矛盾,但是正因为如此,经验的基本概念应该进行改造,直到无矛盾的实在性为人所认出。见前面第四十一节,7。

这种**三段式**完全基于上述（费希特）关于心灵（作为自我注视）的基本规定。理性不仅是作为简单的、理想的实在体的"自在"，而且是"自为"：它对自己而言，表现为"他物，异己的东西"，它自身成为与主体不同的客体，这种"他性"（柏拉图的 $\theta'\alpha\tau\epsilon\rho\sigma\nu$〔另一个〕；见前面第十一节，10）是**否定**的原则。〗扬弃这种差异，否定的否定，就是上述两个因素的综合：上述两个因素在"被扬弃"中，在这三重关系中，它们的片面性被克服了，它们的相对真理性被保存了下来，它们原初的含义转化成更高一层的真理（*negare* 〔否定〕，*conservare*〔保存〕，*elevare*〔升华〕）。仿效这个模式："**自在**"，"**自为**"和"**自在和自为**"，黑格尔以极高超的精湛技艺发展了他的辩证法①，他把每一概念"转变成自己的对立面"，又从两者的矛盾中产生出更高一层的概念，此更高的概念又经历着同样的命运找到其对立面，此对立面需求还要更高一层的综合，等等。这位大师本人，在运用这种方法时，特别在《精神现象学》和《逻辑学》中，融合着惊人的渊博知识，融合着对于概念关联无与伦比的敏感以及出类拔萃的综合思维能力，然而有时他的深奥又陷入晦涩，措辞呆板。在他的弟子们那里，便因此产生了难懂的哲学行话，将整个思想压挤进上述三段式模式，并利用曾一度被三段式广泛利用过的没有思想性的外在化，——这足以使哲学名誉扫地，夸夸其谈，空无一物②。

510

---

　　①　参阅 E. v. 哈特曼《论辩证法》(*Über die dialektische Methode*)，柏林，1868 年德文版。

　　②　参阅 G. 吕梅林幽默的描绘，《讲演与论文》(*Reden und Aufsätze*)，第 47—50 页，弗赖堡，1888 年德文版。

2.　**费希特**的理性体系在他的哲学活动的第一时期（1800年左右）就其内容而言也完全符合于辩证法。自我意识的原初的实际行为只被它本身所决定，这种自我意识意味着："自我"本身只有通过和"非我"的区分才能被"确定"。然而，因为非我只在自我中"确定"——即从历史上表述，对象只在意识中确定——所以自我和非我（即主体和客体）必须在自我中相互决定。因此便得出结论：自我意识的理论系列或实践系列是按照非我或自我谁是决定者的一方而定。

费希特用这种方式发挥**理论**理性的职能：各个特殊阶段来源于意识对它自己过去行为的反省。意识不受外在的限制，意识依靠本身的活动激奋往外挤，越过了"自我"在作为对象的"非我"中为自身所设置的每一个界限。纯直观、空间、时间、作为知性规则的范畴，以及理性原则被当作这种自我规定的几种形式处理。费希特用下述原则代替康德曾经在这些特殊层次之间树立起来的对立：在每一高一层的阶段里，理性以更纯的形式领悟那在更低一层的阶段里所完成的东西。认识是理性自我认识的过程，从感官知觉开始，上升到完整的知识[①]。但是理性整个系列的先决条件是自我原初的"自我限制"。如果"自我限制"是既与的，那么根据自我直观原则，这全部系列是可以理解的，因为每一活动的对象其根

[①]　费希特没有受到莱布尼茨直接明显的影响，他的关于不同认识能力的关系概念在此表现出与康德的划分成为对照。要重视的只是，在莱布尼茨那里，这种"理性发展史"是由因果律决定的，而在费希特那里，是由目的论决定的。哈曼和赫尔德（参阅前面第四十一节，2)在莱布尼茨主义意义上作为理智的形式统一所需求的东西，费希特和谢林在完全不同的意义上完成了。

据即存在于前一活动中。与此相反,第一个自我限制却没有前一活动可提供根据,因此从理论上说,就无任何根据可言。它是**无根据的自由活动**,但它本身却是一切其它活动的根据。这无根据的自由活动是**感觉**。因此,感觉进入意识仅就其内容而言;感觉内容成为知觉的对象。感觉虽是一种活动,但它像所有无根据的活动一样,是**无意识的**[①]。感觉之"既与性"即基于此;凭借此既与性,感觉表现为异己的"来自外部的"东西。因此,代替物自体而出现的是**自我的无意识的自我限制**。费希特称此活动为**创造性的想象力**:它是理性的创世活动。然而费希特本人非常清楚,他之摧毁物自体概念,他之从自我推导出感觉,根本无意解释意识在感觉中的既与物质的特性,无意推导出意识的一般形式。就这点而言,他从来没有接近过谢林的绝对唯心主义或逻辑的唯理主义;相反,他却明确地强调[②]:**知识学**虽然能够推导出下述**事实及其目的**——自我在感觉中限制自身,同时从自身中解脱出来,但是绝不能推导出自我在形形色色的感觉中实际上是**如何行动的**并且**具有何种特殊**

---

① "无意识的意识活动"这种悖论是在于词句而不是在于事物。德国哲学家们往往很不善于处理他们的术语,而且最不善于处理的又恰恰是在他们想赋予词汇以新的含义的地方。费希特不仅不加区分地乱用意识和自我意识,而且他所理解的意识,一方面是指个人或"经验的自我"的实际观念或表象(在这个意义上,意识是"无意识的"),但在另一方面是指"一般意识"的机能,先验统觉的机能或"普遍的自我"的机能(在这个意义上他谈到的却是"意识史")。费希特论述中的大部分困难以及从而引起的误解都基于这些文字关系上。

② E.拉斯克(《费希特的唯心主义和历史》)曾经表明:此事特别出现在 1797 年以后费希特的阐述中(从知识学第二篇引论起),最强烈地表现在《对最新哲学的昭如白日之解说》(*Sonnenklaren Bericht über das Wesen der neuesten Philosophie*,1801 年),有时出现在极端经验主义、近乎实证主义的措辞中。

内容。在此**知识学**的理性推论的极限与康德认识论的极限完全一致,在此存在着费希特同他的伟大的继承人之间最本质的差异[①]。

因此,对于感觉,不存在决定它的**根据**;它之存在具有绝对的自由;它在这方面,在内容上决定着所有知识。因此它只有通过它的**目的**才能被理解——在**实践的知识学**中去理解;实践的知识学应该探索自我限制本身的目的何在。要理解这点又只有假定我们不将自我理解为静止的存在而理解为就本质而言是**无终止的活动或冲动**。因为一切活动均指向与它自身发展有关的对象,"自我"发现自身的对象不像经验意志那样是既与的,所以为了继续作为冲动和行为而存在便必须自己**设置对象**。此事发生在感觉中:感觉没有**根据**,但有一个**目的**——为自我冲动创造一个极限,自我为了变成自身的对象便越出了这个极限。现实的经验世界,连同万物以及它为理论意识而具有的"**实在性**",才是**实践理性活动的质料**。

因此,自我最内在的本质只是自身的活动,只以自身为对象,只被自身所决定,——这就是**伦理理性的自由性**。理论体系的最高峰是直言律令。自我是伦理意志,**世界是义务的感性化了的质料**。世界在那儿存在着,以便我们可以活跃于其中。存在不是行为之因;而是为了行为,存在才被创造出来。一切存在的东西只有根据它理所应该的观点才能被理解。

在通常意识看来,**知识学**的要求充满矛盾,这种要求导致剥夺

---

① 在这意义上,费希特后期理论的发展,坚定地反对无限制的唯心主义或绝对的唯理主义,而谢林(他之后有黑格尔)认为按照辩证法从一般中推论出特殊是完全可能的。

了**实体性范畴**在朴素的感性世界观上所具有的基本含义。[①] 从这种世界观看来,人们总认为有某种"存在着的东西"作为行为的支柱或原因;与此相反,在费希特那里,"行为"被认为是原初的东西,而存在却被认为只是为达到此目的而设置的手段[②]。这种对立在费希特本人认为十分重要的无神论辩论中鲜明地暴露了出来。**知识学**不容许把**上帝**当作"实体";在这种观点上,上帝必然是某种派生的东西;**知识学**只能在"普遍的自我"中、在绝对自由的创世活动中去探索形而上学的上帝概念;与独断主义的 *Natura naturans*〔能动的自然〕成为鲜明的对照,**知识学**称上帝为**道德世界秩序**[③],*ordo ordinans*〔起整饬作用的秩序〕。

据此,对于费希特来说最主要的哲学学科是**伦理学**。费希特的伦理学体系虽然并未依赖于康德所拟订的道德形而上学,但他采纳了直言律令的公式:"按照你的良心行动吧!",以此作为严格规定的义务学的出发点,此义务学从在经验的自我中出现的本能冲动与道德冲动之间的矛盾出发,阐发人的一般任务和特殊任务。人的感性也可作为理性产物而维护自己的权利;据此,康德主义的严肃性得以缓和。二元性虽然仍然存在,但已在被克服的过程中。理性合目的性的关联整体通过自然现象将预定的天命分配给它自

---

① Fr. H. 耶可比站在这个立场上反对这种"编织不是编袜子,而是编编织"(《文集》,卷三,第 24 页起)的说法。关于相反的观点,参阅 C. 福特拉格,《心理学论文集》(*Beiträge zur Psychologie*),莱比锡,1875 年德文版,第 40—41 页。

② 这种逻辑观点早已潜存于康德的物质动力论中(见前面第三十八节,7):在此早已涉及力,"此外,我们需要主体"(见康德《未来形而上学导论》,第四十六节)。

③ 《费希特全集》卷五,第 182 页起,第 210 页起。此外,E. 赫希《费希特的宗教哲学》(*F.'s Religionsphilosophie*),1914 年。

513 己的每一组成部分;基于这种思想,导致伦理学对"履行义务的质料"进行更深入的钻研,赋予"既与者"(经验资料)更深刻的价值。这一点表现在费希特对于职责的解说中,表现在他的关于更高尚的婚姻家庭生活的观点中,表现在他对人生关系多样化所进行的更精细的伦理探讨中。

    费希特以同样方式处理社会生活问题。在这里,一股朝气蓬勃的活力掌握了康德的基本思想,他对这些思想的清楚的阐述比康德本人的阐述还更使人感受深刻;而康德在老年时期才系统地阐述了这些思想。在个人外部社会生活中,自由范围相互限制,在费希特看来,这也是天赋人权的原则。他认为个人的"基本权利"有:个人身体自由的权利,身体是完成义务的工具;个人财产所有权——为达到此目的的外部活动范围;最后是,个人作为人格的自我保存的权利。但是这些基本权利只有通过国家(成文)法的规定才能成为像强制性法律一样有效。费希特将作为国家基础的契约观念分析为公民、财产和自卫等契约。在这方面,极有趣的是,在他的政治学中,他的这些思想发展到了顶点,得到这样的原则:国家应制定一条法规,规定每个人都能靠工作生活,——在他以后,此法规被人称为**工作权**①。工作是人的道德义务,是人的肉体生存条件:工作必须由国家无条件地提供。因此,有关劳动的规章制度一定不能听任供求关系的自然活动(按照亚当·斯密的原则)的支配,劳动所获一定不能听任社会利害冲突的机械作用去

---

    ① 《天赋人权基础》,第18节;《全集》,卷三,第210页起。《封闭的商业国家》,I;《全集》,卷三,第400页起。

支配；国家的合理法律一定要在这些地方进行干预。费希特从
这种思想出发，认真考虑经验所根据的条件①，设计了**理想的社
会主义国家**②，即"封闭的商业国家"；这个国家掌握所有生产和制
造活动、所有对外贸易，以便分配给每个公民适当工作和优厚的待
遇。这位哲学家的强有力的唯心主义不惜建立一种影响深远的强
制制度，如果他能希望借此可以保证给予每人自由履行义务的场
所③。

　　3. 关于将宇宙理解为理性体系这个问题基本上在知识学中
得到了这样的解决：将外部感性世界推断为在经验的自我中出现
的"一般意识"的产物；在这个意义上，费希特的理论同康德的一
样，其特征后来被人描述为"主观唯心主义"。可是，在这方面，费
希特的根本意思却是这样的：他的主观愿望是将"自然"规定为一
有机整体④；与个体观念相对照，"自然"应具有理性客观产物的含
义。他在陈述此事时，缺乏他在人生关系中所拥有的那种深刻的
专门知识。因此，当**谢林**着手解决这问题的另一方面并认真地建
构或推论**自然是理性的客观的体系**时，这对于费希特无疑也是一
种值得欢迎的补充。根据知识学和康德的自然哲学，只有假定自
然能成功地被理解为作用力的有关联的整体，其最终目的在于为
实现理性命令而服务，上述推论才是可能的。康德的**动力论**必然

514

---

　　①　参阅 G. 施莫勒《费希特研究》，载于希尔德布兰特《国民经济与统计年鉴》，
1865 年；W. 文德尔班《费希特关于德意志国家的观念》(弗赖堡，1890 年)。

　　②　参阅 M. 韦伯《费希特的社会主义及其与马克思主义的关系》，蒂宾根，1900
年。

　　③　参阅后面本节，6。

　　④　《费希特全集》卷四，第 115 页。

以此结构为出发点;康德动力论从吸引力同排斥力之间的关系推
导出**物质**的存在(见第三十八节,7),其目标由自然现象所规定,只
有在那种自然现象里实践理性才能显示自己:人类的**有机组织**。
在这两者之间自然异常丰富的种种形式和职能的整体必然展现为
统一的生命,其理性意义必须寓于:从物质本原中有机地发展着最
终目的。**自然是变化过程中的自我**——这是谢林的**自然哲学**的主
题。此种扎根于哲学前提中的任务似乎同时受到**自然科学**条件的
制约,自然科学又一次达到这样的地步:分散的个别〔自然力〕活动
渴望一种有生命的自然整体概念。又正当十七世纪之后人们对于
机械解释自然的原则寄予的期望的调子很高,而经验科学的进步
又很难满足,此时这种渴望就表现得更为强烈了。这种从无机体
产生出有机体的推论,正如康德所言,至少可说依然未可预断。在
这种基础上来讲有机体的生成和发展是个难以处理的问题。对于
当时已经经历过巨大运动的医学来说,也还找不到一个窍门去适
应机械的世界观。此外,当时发现的电磁现象还不可能预测用伽
利略力学观点来解释电磁现象的神秘性质。与此相反,斯宾诺莎
却给有智慧的人们以强大深刻的印象,这正是因为他认为自然(人
不排斥在外)是一有关联的整体,神的存在充分地体现于其间。又
加上**歌德**采用了这种观点,这对于德意志思想的发展来说起着决
定性的影响。确实,正如我们在这位诗人光辉的箴言集《自然界》
里所发现的,他以他特有的方式一再阐述了这种观点;他用**自然的
有生命的统一**这个具体观念代替了"数学结论"及其机械的必然
性。文艺复兴时代的**世界观**在这里复活了,尽管没有用抽象思维

的公式。这种**富有诗意的斯宾诺莎主义**①成为唯心主义体系发展的基本关键。

　　所有这些动因在谢林的《自然哲学》中产生影响；其结果，**生命**成为该哲学的中心概念，它力图从**有机体**的观点来认识自然，并从产生有机生命的总体目的来理解自然作用力的关联。自然不可描述，不可用因果律来解释，但特殊现象的意义或**含义**是可在整体的合目的的体系中来理解的。"自然的种种范畴"是一些形式，理性就用这些形式将自身客观化。自然的种种范畴构成发展体系，每一特殊现象在其中找到自身逻辑地被决定的位置。在贯彻这种观点时，谢林很自然地依赖于他那个时代的自然科学条件。关于力的关联，关于力的相互转化（这是他主要兴趣所在），当时的思想观念还很不完善，这位哲学家毫不犹豫地用假说来填补这些知识的空白；他的假说取之于目的论体系的**先天**结构。在许多场合下，这些观点证明是很有价值的启发性原则（见前面第四十节，6）；但在另一些场合，这些观点又证明是些错误的见解，以此进行研究工作不可能得到有益的结论。

　　在《自然哲学》中有历史意义的因素是对德谟克利特-伽利略纯机械地解释自然的原则的统治所进行的反抗。在这里，量的规定性又被认为只是外部的形式和现象，因果关系的机械关联只是符合于知性的表象形式。自然结构的意义即是这些结构在整体的

_____

　　①　诗意的斯宾诺莎主义使赫尔德着了迷，此事由他在《上帝》（1787年）的标题下对于斯宾诺莎体系的谈话所证实。参阅狄尔泰《歌德对斯宾诺莎的研究》（《文库》，1894年；《文集》，Ⅱ）。

发展体系中所具有的含义。因此，如果谢林把目光转向有机世界
的形式关系，如果他利用歌德在其中起过重大作用的比较形态学
的初步成果以求揭示自然在生物世界的序列中所遵循的**计划的统
一**，那么对他说来，有时也对他的弟子们如**奥肯**说来，这种关联体
系其实并不是时间上的因果关系的发展过程，而是连续不断地逐
步实现目的的表现。按照奥肯的意见，在生物不同序列中分别地
显露出自然在有机体上所表现出的意向是什么，自然首先在人身
上所取得的完全的成功是什么。此种目的论解释并不排除时间上
的因果关系；但在谢林那里，至少没有包括进去。在他那里，关键
不在于要问，是否一物种产生于另一物种，他只想证明一物种是完
成另一物种的初级阶段①。

　　从这里我们可以了解到，对自然的机械解释，在十九世纪重新
取得了胜利，而在"自然哲学"时期常常看见的却只是一些过度的
目的论〔倾向〕，现在虽然顺利地克服了，但却曾阻碍了平静的研究
工作。但是自从德谟克利特-柏拉图时代以后，整个自然观的历史
充满着对这一问题的争论，此争论至今尚未结束。质归因于量，在
516 数学的旗帜下胜利地奋勇前进，但却一再遭遇到这样迫切的需求：
需求在空间运动的后面探索一种理性意义的实在性。这种对自然
活生生内容的追求正是谢林学说的目标；这位伟大的哲学家深深

---

　　① 　无可置疑，对现象的此种"解释"从科学观点看是一有害的原则，它把自然哲学
之门开向诗的幻想，浮光掠影。这些"不速之客"（幻想和浮光）甚至撞入谢林的心扉，
在他的弟子如**诺瓦利斯，斯蒂芬斯和舒伯特**那里，情况更为严重。特别是在诺瓦利斯
的《神秘的唯心主义》这一剧本里我们看出一种魔术的、梦幻的自然象征主义，这一剧
本从诗的角度来看，令人喜爱，但从哲学的角度来看，却大成问题。

地感到自己为这一目标所吸引,他力图证明在迷人的五彩缤纷的游戏中真正的实在不是原子运动而是本来属于质的东西。这便是歌德"色彩学说"的哲学含义①。

在谢林那里,自然体系受到这样的思想支配——在自然界中"客观的"理性通过大量的形式和力的转化从自然的种种物质表现样式上升到自然在其中**觉醒**的有机体②。**感觉灵敏的**生物是自然生命的终极,而知识学体系即从感觉开始。自然达到这目标走了一条迂回曲折的道路,谢林在他的自然哲学里,往往在个别地方改变了路线,不过主线还是没有改变。特别是,来源于知识学的关于力的对抗的**二元性**概念构成"自然结构"的基本模式,这两种对抗力在更高一级的统一中相互否定;从这观点出发谢林的同代人所从事研究的电磁现象的**极化性**作为新发现的谜团对他说来具有特殊意义③。

4. 当谢林除他的"自然哲学"之外还想以"先验理念论"的名义对他自己的知识学进行改造时,耶拿唯心主义者们的共同思想中已经发生了重大的变化,对于这种变化他提出了第一次系统的表述。促成此事的动力来自**席勒**,来自席勒对《判断力批

---

① 参阅 J. 斯蒂林在《斯特拉斯堡人歌德的讲演集》(*Straßburger Goethe-vorträger*)(1889 年),第 149 页起;H. 格洛克勒《歌德色彩学说中的哲学问题》(*Das Philos,Problem in G.'s Farbenlehre*)(1924 年)。

② 参阅刊于《谢林的通讯生活》(*Schellings Leben in Briefen*)中的美丽的诗,I.,第 282 页起。

③ 关于歌德论极化思想的重要性,见 E. A. 布克《歌德的世界观》(*G.s Weltanschauung*),1907 年。

判》的思想的发展。逐步变得更加明朗的是,为了唯心主义理性体系必须在审美功能中圆满实现;现在又出现了**审美理念论**,取代了知识学所宣讲的伦理理念论,取代了自然哲学所陈述的自然的唯心主义。

康德思想通过**席勒**所获得的具有丰硕成果的改造绝不只涉及这位诗人所最关切的美学问题,而且同样还涉及伦理问题和历史问题,从而也涉及整个理性体系。席勒的思想,即使在他结识康德以前(正如他的《艺术家》一诗所表现的诸多形象之一),就早已转向人类理性生活的整体关联及其历史发展中的艺术和美的意义的问题,他凭借康德的概念去解答这个问题,使知识学的理念论得到决定性的转化。

517   这事开端于席勒为康德的美的概念所找到的新形式。在审美理性中理论理性与实践理性的综合(见第四十节,2)也许找不到比席勒的定义"美是现象中的自由"更为恰当的表达式了①。此定义表明:审美直观领悟其对象并不使其对象屈从于有认识功能的知性规则,其对象并不从属于概念,我们并不关心它在其它现象中的情况。我们觉得对象似乎是自由的。后来**叔本华**是这样表达这一观点的:美的享受就是对与充足理由律无关的对象的静观。席勒后来更加强调这一点:审美行为与实践理性无关,同样与理论理性无关。美的事物(区别于愉快的事物和善的事物)不能作为感官的对象,正如它不能作为道德冲动的对象一样;它缺乏经

_____

①   主要参考 1793 年 2 月给克尔纳(所谓"论美")的信;此外还有随笔《论艺术美》,附载同年 6 月 20 日的信——这些都是未写完的"论美"(*Kallias*)的对话的片断。

验冲动的生活需要,正如它缺乏实践理性的严肃态度一样①。**游戏冲动**开展于审美生活中②;所有意志的情绪波动在不计利害的静观中销声匿迹了。在这里也一样,叔本华仿效席勒,他在克服不幸的生存意志中、在主体纯粹的无意志的活动中发现审美状态的幸福③。

从这里,席勒首先总结出:无论何处当我们要教育一个沉溺于感性的人转向道德意志的时候,审美生活便提供了达到此目的的有效途径。康德曾将此种"冲动的逆转"定为人类的道德任务(见前面第三十九节,6)。为了从感性规定向意志的伦理规定过渡,康德提出宗教作为支援,而席勒却提出艺术④。一个人在道德上还不成熟的时候,信仰和审美观至少能使他的行为不致违法。情感与美的事物相通就变得优雅高尚;其结果,天生的粗鲁逐渐消逝,人逐渐觉醒,认识到自己更高的天职。艺术是培育科学和道德的土壤。席勒在《艺术家》中就是这样教导的;而在《审美教育书简》中,他探索得更为深刻。审美状态由于完全不计利害关系,便消除

---

① 席勒在《审美教育书简》(第11—12页)中力图奠定先验心理学的基础,这使人鲜明地回想起莱因霍尔德-费希特时代,在那时"耶拿关于形式与质料之争甚嚣尘上"。

② 对游戏冲动学说的这种描述其实在原则上超过了康德。在康德那里,恰好在对"人类超感基础"的思辨(审美判断的普遍有效性似乎就在其中奠定了基础)中,美的事物又重新变成"善的象征",见《判断力批判》第59节。在康德那里,**一切价值**归根到底从属于伦理的品格,而在席勒那里出现了**美的内在价值**,虽然他还没有抛弃康德的道德化观点。

③ 《世界是意志和观念》,I.第36—38节。在这方面,叔本华无疑要求科学知识有同样的价值。参阅后面第四十三节,4。

④ 参阅《论审美风尚的道德利益》(*Über den moralischen Nutzen ästhetischer Sitten*)一文的结论。

518 了感官欲念,从而为道德意志的可能性准备了可容之地。审美状态是从需求所控制的自然状态过渡到道德状态的必要的转折点。在自然状态中人忍受着自然的威力;在审美状态中,人摆脱了自然的威力;在道德状态中人控制着自然的威力。

然而在《艺术家》中,美的事物被赋予第二种更高的任务:还要最终给予道德文化和理智文化以最高的完美。当这位诗人将这种思想想象为批判的概念体系时,他就从充实康德学说转变为改造康德学说了。如果道德冲动必须克服感情冲动的话,人性的这两个方面便不会协调。在自然状态和道德状态中,人性的这一方受压总有利于另一方。完整的人性只存在于:这两种冲动中无一方胜过另一方。人之为真正的人只在于:他逍遥自得;他的内心斗争是寂然无声的;他的感性升华到如此**高尚的情感**,以至无需再希求庄严与崇高。康德的严肃原则在感性倾向与义务对立的地方无处不发生作用;但是存在着**美的灵魂**的更高的理想的地方,并不理会此种内心的矛盾,因为它的本性变得如此高尚和完美,它遵循道德律完全出自自身的倾向。只有通过审美教育,人类才能得到此种高尚和完美。只有通过审美教育,人性中感性与超感的斗争才得以消除;只有在审美教育中,完美的人性才得以充分实现。

5. 莎夫茨伯利的“艺术鉴赏力”(见前面第三十六节,6)在“美丽灵魂”的理想中克服了康德的二元论。人的完整就是在人内心中两种本性的审美协调与和谐。**文化教育**理应使个人生活成为**艺术作品**,使通过感官所呈现的东西崇高化,与道德天职完全协调一致。在这条思想路线中,席勒典范地表达了他那个时代与康德严肃主义相对立的理想的人生观。他从抽象思维中争取得来的**审美的人本主义**发现,除他之外,还有来自其他方面的丰富而独特的模型。然而在所有这些人中,歌德表现为高大的人物,歌德在生活行为的审美完善中,也在他的诗歌创作的伟大作品中,以生动的形象表现了这种人性最理想的崇高。

在天才观方面,首先与席勒情投意合的是**洪堡的威廉**[①]。他力图从这种观点来理解伟大诗作的本质。他在感性与道德性的和谐中找到了人生的理想,在他为**语言学**奠定基础的论文中[②]他应用了这个原则,他宣讲道:语言本质应从这两种元素有机的相互作用来理解。

耶可比在他模仿歌德的人格而写成的小说《阿尔威尔书信集》 519 中,站在莎夫茨伯利的立场上,更加尖锐地反对康德的严肃主义。道德天才也是"示范性的";他(道德天才)不受制于传统规律和原则,他生活放荡不羁,从而给他自己制定道德律。这种"伦理自然"是人性范围内所存在的最高尚的品质。康德伦理学所标志的格言式的抽象体系开始让位于个人生活价值观。

在**浪漫主义学派**中这种伦理"天才创造观"理论上和实践上都发展到登峰造极,百花盛开。在此,道德天才发展成为与启蒙运动道德的民主功利相对立的**审美的文化贵族**。席勒著名的关于"道

---

① 1767 年出生,1835 年逝世。《全集》,七卷集,柏林,1841 年起。柏林科学院新版,1898 年起。除通讯集(特别同席勒的通信)外,主要参阅《美学研究》(不伦瑞克,1799 年)。此外,还可参阅 R. 海姆《洪堡的威廉》(柏林,1856 年)和 E. 施普兰杰《洪堡与人性观念》(*W. v. H. und die Humanitätsidee*,柏林,1909 年)。

② 《论爪哇古语》(*Über die Kawi-Sprache*),柏林,1836 年。

德世界贵族"的言辞意味着：市侩庸人，其工作受一般规律所约束，不得不去进行受目的所规定的活动，而一位天才，摆脱了外界的来自目的、来自规律的一切束缚，在激荡不平的内心深处，在不计利害的游戏中，在不断创新的幻想形式中，尽情发挥自己个人才智，发挥价值寓于自身的个性。在他的天才道德中，感性（在此词的最狭义的意义上）应该不受限制，应该得到充分发展的权利，并应该通过美的升华提高到内心世界最纤巧的感情冲动，——这是一种崇高思想，但并未阻止施勒格耳在他的《露琴德》中描述此思想时陷入貌似风趣而实庸俗的色情中①。

　　浪漫主义道德通过**施莱尔马歇**的伦理学恢复了席勒信念的纯洁性②。施莱尔马歇的伦理学是那个伟大时代的生活理想的完整表达式。据他看来一切道德行为似乎目标都指向理性与自然的统一。这种统一决定了一般道德律，道德律只能是理性生活的自然规律；这种统一又决定了每个个人的具体任务，每个个人应以他的特殊方式表现这种统一。施莱尔马歇在系统地阐述这种思想时（根据智力的器官因素和理智因素；见第四十一节，6），根据自然与理性的统一是通过追求而获得或者只是预测，区别为组织活动与象征活动；其结果产生四种基本的伦理关系，与之对应的是：国家，社会，学校和教会③。个人必须从这四方面自觉地发展以达到和谐的私人生活。

---

　　①　另外，见 P. 克鲁克洪《浪漫派的爱》(*Die Liebe in der Romantik*)，1912 年。

　　②　也可参阅施莱尔马歇《论露琴德的密信》(*Vertraute Briefe über die Lucinde*)，1800 年。

　　③　霍尔斯坦《施莱尔马歇的政治哲学》(*Die Staatsphilosophie Sch.s*)，1922 年。

最后,**赫尔巴特**以完全独创的方式又将伦理学归之于审美理性。对他来说,道德在方法论上是普通"美学"的一个分支。他认识到,除了理论理性(包含对存在认识的原则)以外,**只有按照审美理念来评判存在物**才是最根本的。这种评判,与认知活动一样,同意志和经验自我的需要没有多大关系。"审美力判断"必然地、普遍地直接明显有效,而且总针对**存在物的关系**:在这些关系中寓有原始的快感或不快感。赫尔巴特只不过暗示过将这些原则应用在美的事物的较狭窄的范围内,而第一次公开形成"形式主义"美学的是他的弟子们,特别是 R.齐默尔曼[①]。在赫尔巴特看来,伦理学是审美力对于人类意志关系的判断的科学。伦理学不应解释任何事物(那是心理学的事),只应确定上述评判所依据的准则。关于这样的准则,赫尔巴特找到五种**道德理念**:自由,完美,仁爱,正义,平等。他力图据此排列道德生活的体系;相反,对于发生学的研究,他总坚持使用联想心理学的原则,因而在国家的静态和结构方面,他又力图陈述人类社会生活赖以维持的意志运动的机械主义。

6. 从**席勒**的审美道德又产生了**历史哲学**,使卢梭和康德的观点在新的结合中出现了。这位诗人以完全独特的方式发挥了这种新的结合;他在论"**朴素的诗和感伤的诗**"的论文中,通过揭示历史上的矛盾和设计这些矛盾运动的一般方案,获得审美的基本概念。根据他的意见,不同时代不同种类的诗的不同特征是通过精神同自

①　R.齐默尔曼《作为形式科学的普通美学》(*Allgemeine Ästhetik als Formwissenschaft*),维也纳,1865 年。

然领域以及精神同自由领域的关系呈现出来的。如在"阿卡狄亚"[①]，人们根据本能生活，不受道德命令的束缚，因为人的两种本性的矛盾还未在意识中展开；又如"极乐世界"[②]的目标表现出这样高度的完美——人性洁化，将道德律融化于自身的意志中。而在两者之间却存在着两种本性的斗争，——这就是现实的历史〔生活〕。

　　然而，诗的正当任务是描绘人，诗无处不取决于这些基本关系。如果诗能使人的感官的自然本性表现出与他的精神本性和谐一致，那它就是**朴素**的；相反，如果它所描绘的是两者之间的矛盾，如果它以不拘何种方式在人身上表现出来的是现实与理想之间的不协调，那它就是**感伤**的，可能不是讽刺的就是哀伤的，或者也许又以田园诗的形式表现出来。本身就是自然的诗人便朴素地表现自然；没有掌握自然的诗人对于自然有种感伤的情绪，要想召回从生活中消逝的自然，召回作为诗中的理念的自然。自然与理性的和谐——在前者是既与的，而在后者是被提出来要解决的问题；前者是现实，后者是理想。根据席勒，这两种表达感觉的诗的方式之不同，其特性表现在古代与近代的区分中。希腊人的感觉很自然，而近代人却感觉到自然像失去的天堂，有如病人向往康复。因此，古代朴素的诗人按照自然本来面目表现自然，不掺杂自己的情感；而近代的伤感的诗人则只与他自身的反省发生关系。前者消逝在他的对象后面，正如造物主消逝在他的创造物后面一样；后者却在他的质料造形中表现出他自己的人格追求理想的力量。前者现实

521

----

　　① "Arkadien"：古希腊地名，居民多以牧羊为生，风景幽美，风俗淳朴，被喻为乐土，世外桃源。——译者

　　② "elysisch"：据希腊神话，Elysium 为善人死后所归之乐土，被喻为天堂，极乐世界。——译者

主义占优势,后者理想主义占优势。而艺术的最高成就是两者的统一,即朴素的诗人表现伤感的题材。席勒就这样刻画了他的伟大朋友即近代希腊人的形象。

这些原则被**浪漫主义者们**紧紧抓住不放。具有评论家技艺的艺术大师们,如**施勒格耳**兄弟就是,乐于利用这种哲学模式进行批评和刻画特征,并用这种哲学模式全面改造文学史。在这一点上,**弗里德利克**·施勒格耳赋予席勒思想以特殊的"浪漫"气息;为此,他知道如何机动灵活地、巧妙地利用费希特的动因。当他用新名词**"古典的"**和**"浪漫的"**来描述席勒所提出的对立时,他利用了他的**讽刺**论又实质性地改造了这种对立。古典派诗人完全沉浸在他的题材中;而浪漫派诗人则像至高无上的人格在题材上空翱翔,他以形式消灭了内容。当他以自由的幻想蔑视他自己选定的题材时,他只不过在题材上玩弄他天才的无拘无束的游戏。因此,浪漫派诗人趋向无限,趋向永不完结的未来,他本人总永远超过他的任何对象;而讽刺即在其中显露出来。浪漫主义者用无目的的创造而又随之毁灭的、无穷尽的幻想游戏代替了费希特所教导的道德意志的无穷无尽的行为[1]。

席勒学说中的**历史哲学**因素吸收了**费希特**不少东西[2],并在**费希特**那里得到充分的发展。由于这些因素影响的结果,费希特

---

① 参阅黑格尔《美学讲演录》(《全集》卷十,I),《导言》第 82 页起;还可参阅 F. 施特里希《德国古典派和浪漫派》(*Deutsche Klassik und Romantik*),1924 年,第二版。

② 费希特原为席勒的文艺杂志《时序》(1794 年)所写的论文《论哲学中的精神和文字》最好不过地证明了费希特很早就强烈地影响了此种美学的发展。参阅 G. 坦佩尔《费希特的艺术观》(*Fichtes Stellung zur Kunst*);梅斯,1901 年。关于费希特的历史哲学,除杜斯克以外,参阅 E. 赫什《费希特哲学中的基督教和历史》(*Christentum und Geschichte in F. s Philosophie*),1920 年。

让他的"知识学"的矛盾消融于审美理性之中。在他的耶拿讲演集《论学者的本质》中,在《伦理学体系》的对教师和艺术家的职责的探讨中,我们觉察到这些**动因**;在费希特的埃尔兰根讲演集中,这些动因成为中心主题。当他进一步描绘《现时代之特征》时,他用遒劲而粗犷的线条刻画出了世界史。在第一个("阿卡狄亚的")人类状态中,出现了**"理性的本能"**或**"本能的理性"**的状态,其代表人物被认为是正常的人民。在这个时代普遍意识以直接的、无可争辩的、自然必然性的确实性在个人之中、在个人之上统治着;但是自由的个人自我的天职是摆脱风俗习惯的控制,一任自己的冲动和判断行事。因此就开始了罪孽的时代。在社会生活的理智崩溃和道德败坏中,在思想的混乱中,在私人利益的"原子论"中,这种罪孽发展到登峰造极。这种**"完全的罪孽"**用清晰的线条被刻画为启蒙时期的理论和实践的特征。人类生活共同体在此堕落为"基于需要的国家",只限于使人们在外表上能共同生活,——只应限于此,因为国家与道德、艺术、宗教等更高级的人类利益无任何关系,而且必然将它们付诸个人的自由领域。但是正因为如此,个人对这样的"现实的"国家没有强烈的兴趣;他的活动天地是世界,也许还是在任何时候都站在文明顶峰的国家①。但是,这种文明的本质是:个人从属于已知的理性规律。从这个人的邪恶的任性中必然产生理性的自主性,必然产生对于此时在个人意识中已自觉占有主要优势的普遍有效的东西的自我认识和自我立法。

----

① 十八世纪文化世界主义的典范章节可在费希特作品中找到,《全集》卷七,第212页。

"理性统治"的时代就从此开始,但是要等到理性成熟的个人的全部力量都致力于为"真正的国家"服务时,理性统治的时代才能圆满完成,而共同意识的戒律也才毫不受阻地得以实现。这种("极乐世界"的)最后国家就是"理性的艺术"或"艺术的理性"的国家。它是"美丽的灵魂"转入政治和历史的理想。实现这个时代并在其中由理性领导"社会"和"王国"便是"教师"、学者和艺术家的任务①。

　　费希特生气蓬勃的理想主义所看见的"理性统治的开始"也正是罪孽和贫困已达到顶点的地方。在他的《对德意志民族的讲演集》中,他赞扬他的人民是唯一能保持创造性并注定要创造真正文明国家的民族。他唤醒他的人民想一想欧洲命运放在他们肩上的天职,唤醒他们通过崭新的教育从自己内心升高到理性王国并将自由归还世界。

　　然而费希特认为"理性王国"并不是个人活力消灭于其间并受普遍生活原则支配的抽象统治,而是融贯于其中达到有机统一的**个人内在价值**的丰富多样性。在他的后期,关于生活权利和个人天职的观点与浪漫主义-审美伦理学的最优秀形式相符合,与耶可比和施莱尔马歇相符合;因此他的历史哲学把不可能在理论上推导出来的个性置于伦理价值的观点之下:他的历史学与那些以各种方式在普遍符合规律性中寻求历史意义的观点形成最明显的对立。与此相对应,他的历史哲学异常坚决地将历史发展当作**唯一**

---

　　①　在费希特思想最后的宗教转化中,这种未来的理想国家的蓝图呈现出愈来愈多的神权政治的特征:学者和艺术家此时变成了牧师和预言家。参阅《全集》卷四,第453页起;《遗著集》卷三,第417页起。

523 的这样的**过程**,即个人有价值的现象结合于其中成为由目的决定的总过程。因为历史作为上帝的"现象"只能是自由王国,而自由王国只能是个性王国①。

7. **审美理性**的观点通过**谢林**在整个唯心主义哲学体系中达到完全的统治地位。在他制定《先验唯心论体系》时,他通过"自我"的有意识与无意识之间的关系发展了费希特关于理论**知识学**与实践**知识学**之间的对立(参阅本节,2)。如果有意识为无意识所决定,自我是理论的;相反,自我是实践的。但是理论的自我注视着无意识的理性的创造性,体现于感觉、知觉、思维,并绝不在此停步;同样,实践的自我在个人道德、政治社会、历史进步的自由活动中也改造无意识的宇宙现实,这种实践自我的活动目标存于无限之中。在两种系列中理性的整个本性都永不会充分实现。要充分实现只有通过**艺术天才的无意识的和有意识的活动**才有可能,上述对立即在其中消失。在这种创造活动无目的的符合目的性中必然会找到理性所有活动的最高综合,这种创造活动的产物是"现象中的自由"。如果康德曾把天才定义为能像自然一样活动的才能,如果席勒曾把审美的游戏状态刻画为真正有人性的,那么谢林则宣称审美理性是唯心主义体系的顶峰。艺术作品是理性在其中得到最纯洁最充分的发展的现象:**艺术**是哲学的真正的工具。只有在艺术中"旁观者的思维"才认识到理性是什么。科学和哲学都是片面的,绝不可能完成主观理性的发展系列;只有艺术(在所有艺

---

① 参阅费希特《政治学讲演集》,1813 年,《全集》卷四,第 488 页起,特别是第 541页。

术作品中的艺术)才是完善的,它是完全被实现了的理性。

谢林写完《先验唯心论体系》之后,在耶拿开设讲座,讲授**艺术哲学**(《艺术哲学讲演集》),阐述这种基本思想,对于艺术特征和创作方法特别是对于诗创作表现出令人钦佩的精湛的欣赏力和深邃的理解力。这些讲演录在当时虽没有付印,但通过对耶拿文坛的影响决定了尔后的美学发展。后来出版的版本所采取的形式是谢林几年后在维尔茨堡发表这些讲演时定下的形式。在后一形式①中,这位哲学家在那段期间内提高的一般观点上的变化得到更加充分的表现。

8. 在寻求自然哲学和先验哲学的共同体系基础中,审美动机至少在形式上也起了积极作用。前者论述客观理性,后者论述主观理性;然而两者的最终本质应该是同一的;因此唯心主义这一阶段被称作**同一体系**。据此,自然和自我需要一种共同的原则。谢林在标题为《我的哲学体系阐述》这部著作中,称呼这共同原则为**"绝对理性"**或"自然与精神**无差别**,客体与主体**无差别**";因为这最高原则既不可规定为现实的,也不可规定为观念的,在其中所有对立都必然被抹掉了。在此谢林的"绝对"就其内容而言不为他物所规定②,正如从前在"消极神学"中,在 *coincidentiæ oppositorum*〔对立统一〕中,在斯宾诺莎的"实体"中一样。关于最后一个概念,"实体"共有这样的特性:它的现象显现分化为两类系列:现实的和观念的,自然和精神。谢林与斯宾诺莎在思想上的这种血缘关系,

524

---

① 在《全集》卷五,第 353 页起,1859 年第一次印刷。

② 表达此思想非常典型的是谢林的学生奥肯,他(《自然哲学》,第一部分,第 7 页起)把他早已称作上帝的"绝对"确定为 $= \pm 0$。

通过形式上的关系,通过他在《我的哲学体系阐述》中模仿(斯宾诺莎的)《伦理学》的图式[1],变得更加牢固了。然而这种**唯心主义的斯宾诺莎主义**在世界观上是同原来的斯宾诺莎主义彻底不同的。两者都想表明绝对永恒地转化为世界;但是在这一点上,斯宾诺莎认为物质和意识两种属性是完全分开的,而每一有限现象只不过从属于两种领域之一。相反,谢林要求在每一现象中必须包含"现实性"和"观念性";他根据两种因素组合程度以及一种因素压倒另一种因素的程度来构建特殊现象。**绝对唯心主义**的辩证原则是**现实因素与观念因素之间的量的差别**。根据此理,绝对本身就是完全无差别(即完全中立)[2]。现实系列是客观因素占优势,它通过光、电和化学作用从物质通向**有机物**——在自然界中相对说来最精神的现象。在观念的系列中,主观因素占优势,在其中,道德和科学发展到**艺术作品**——在精神领域中相对说来最自然的现象。因此,绝对的表象总体,**宇宙**,既是最完善的有机体,又是最完美的艺术品[3]。

9. 谢林想把以前各条分歧路线的研究成果都包括进他的体系中。他将绝对自我分化的不同阶段最初称为"**因次**"[4],但很快又引入新的名称,同时又引荐物质的另一概念。这关系到在十八世纪末至十九世纪初的转折点时浪漫主义思想所进行的**宗教的转**

---

　　① 参阅前面第三十节,6,第332页起。

　　② 谢林利用磁石为例公式化地解释了此观点,在磁石各个部分都出现磁性强度不同的南极和北极。

　　③ 《全集》卷一,第4页,第423页。

　　④ Potenzen,或译幂或乘方,系数学术语,谢林在此借以表示他所谓主客同一中量的差别的层次或环节。——译者

变。引起此事的诱因来自**施莱尔马歇**。他向"有教养的宗教蔑视 525
者"证明：**理性体系只有在宗教中才能完满实现**。在此也隐寓着**审
美**理性的胜利。因为施莱尔马歇当时所宣讲的宗教（见第四十一
节，6）不是人的理论行为，也不是人的实践行为，而是一种对"世界
本原"的审美关系，一种绝对的依恋感情。因此对他来说，宗教也
局限于虔诚的感情，局限于个人的内心世界完全沉浸于"普遍"之
中；宗教否定整个理论形式和实践结构。同理，宗教应该是有关个
性的事，正统宗教被追溯于创教人的"宗教天才"。鉴于这种血缘
关系，我们就能理解施莱尔马歇的《论宗教》一书对于浪漫主义的
影响；因此就导致了浪漫主义倾向，它指望以宗教统一解决人类的
所有问题，盼望把过去分离的文化活动领域在宗教中重新联合起
来成为内在的亲密的统一体，最后在宗教控制生活各个领域中寻
求中世纪所获得的那种永恒的福祉。正如席勒创造了理想化的希
腊，后期浪漫主义者创造了理想化的中世纪。

　　谢林以高度敏感性追随着这条思想路线。他像斯宾诺莎将绝
对命名为"上帝"或者"无限"，又正如斯宾诺莎曾经在"实体"与特
殊有限实体之间插入"无限的样式"（见前面第三十一节，5），同样
"因次"现在被视作上帝永恒的现象显现，而经验的特殊现象是这
些"因次"的有限摹本。但是当"因次"在这种意义上被谢林称作理
念（在他的著作《布鲁诺》和《论学术研究方法讲演集》中）时，其中
还显露出另外一种因素。施莱尔马歇和黑格尔（黑格尔自 1801 年
后曾对谢林产生个人的影响）都同样指向**柏拉图**；但是当时的哲学
界是通过**新柏拉图主义**来认识柏拉图的，而新柏拉图主义将**理念**

理解为**上帝的自我直观**①。就这样,谢林的学说回复到**新柏拉图学派的理念主义**,据此,"理念"构成绝对转化为世界的中间环节。

谢林理念论的这种宗教唯心主义具有许多平行的和相继的现象。就个人而言,最有趣的是**费希特**的后期学说,在那里,费希特歌颂斯宾诺莎主义的胜利,歌颂它使自我的无限冲动发源于"**绝对的存在**"而又指向"**绝对的存在**"。对于有限事物他坚持推导出它们是意识的产物;但是现在他从"模仿"绝对存在(神性)的目的推导出意识的无限活动;因此在他看来,人的天职和命运不再是直言律令的无休止的活动,而是沉浸在对神的原型的静观中的"极乐生活",——这是这位思想巨人的生命的神秘挽歌,这挽歌烘托出审美理性的崇高伟大。

526

谢林的弟子**克劳塞**更进一步地追求这种宗教**动因**。克劳塞极想将唯心主义的泛神论世界观与神的人格结合起来,即使在当时谢林还(甚至以斯宾诺莎主义的方式)捍卫着泛神论世界观。克劳塞又将世界视作神的"**本质**"的发展,而神的"**本质**"又清楚明显地显现在理念中;但是这些理念是**最高人格(神)的自我直观**。"本质"(这是克劳塞对上帝的用词)并不是无关紧要无所谓的理性,而是世界自身的生命本源。克劳塞把他自己的思想体系描述为"万有在神论"(*Panentheismus*);在他阐述这一体系时,他几乎没有任何独创性,他的独创性只是令人十分怀疑引起反感,那就是,他利用他自己杜撰出来的,并宣称是纯粹德意志的而实际却是愚昧的

---

① 参阅前面第十九节,4。关于赫尔巴特独创的特殊立场,其意义恰恰在同谢林和黑格尔的对立中才变得清楚明白的。见前面第 502 页注释。

术语词汇来陈述整个唯心主义发展的共同思想。特别是,他从
"有机体"(*Gliedbaus*)的观点来阐述整个理性生活的概念。他不
仅像谢林一样把宇宙视作**"本质有机体"**(神圣的有机体),而且
把社会结构视作在个人之上的有机生命运动的延续:每一"结
合"就是这样一个有机体,它自身作为一个成员进入更高一级的
有机体;历史发展过程就是产生越来越完善、越来越全面的结合
的过程①。

　　最后,谢林的新理论对于**浪漫主义美学**来说产生这样的结果:
新柏拉图主义关于美是理念在感性事物中的显现的观点又被拥为
权威。有限的现象同无限的理念之间的不适应的关系与施勒格耳
的讽刺原则符合一致。尤其是**索尔格尔**将这种思想作为他的艺术
论的基础,他的艺术论在上述不适应的关系中找到理解悲剧极有
价值的观点。

　　10. 圆满完成这种丰富多彩的整个发展的是**黑格尔的逻辑唯
心主义**。他主要强调从谢林回到费希特的第一个立场,扬弃这样
的思想——世界生动活泼和丰富多彩得之于绝对无差别的
"无"②,而又企图将此空洞的实体拔高到**精神**,拔高到自我决定的
主体。这种知识不可能具有费希特和谢林曾要求于自我或绝对的
直观形式,而只能是**概念**形式。如果凡是现实的东西都是心灵的

----

　　①　最后几年唯心主义和基督教问题讨论得异常热烈。参阅 W. 吕特格特《德国
唯心主义宗教及其终结》(*Die Religion des deutschen Idealismus und ihr Ende*),第二
版,1923 年起,三卷集;E. 赫希《唯心主义哲学和基督教》(*Die idealistische Philosophie
und das Christentum*),1926 年;H. 格罗斯《德国唯心主义和基督教》(*Der deutsche Idea-
lismus und das Christentum*),1927 年。

　　②　黑格尔《精神现象学》序言,《全集》卷二,14。

527 表象,那么形而上学就与**逻辑**①合一,逻辑必须作为辩证必然性去发展精神的创造性的自我运动。心灵用以剖析自身内容的概念是**现实的范畴**,是宇宙生活的形式;哲学的任务并不是将这些形式领域作为既与的"多"来描述,而是将这些形式作为单一的统一的发展**因素**来理解。因此,在黑格尔那里,特殊现象是精神自我开展的环节,辩证法利用特殊现象所具有的这种**含义**以规定特殊现象的本质。黑格尔又用理念或上帝来代替精神。哲学所担负的最崇高的任务就是将世界理解为神圣的精神所规定的内容的开展。

　　在此,黑格尔对整个早期文化运动的关系以及对德国哲学的关系类似于普罗克洛对希腊思想的关系②:在肯定、否定和否定之否定的"三段式"模式中,人类理智所用以思考现实或现实的特殊类的所有概念交织成为一个统一的体系。其中每一个概念占据指定的位置,在此位置上该概念的必然性和相对的合理性显而易见;不过每一概念表现出只不过是**一种因素**,这种因素只有与其余概念联系起来并并入整体时才获得真正的价值。必须指出的是,概念之间的对立和矛盾从属于精神本质本身,从而也从属于从精神本质发展而来的实在的本质;而概念的真实性恰恰基于范畴相互之间从中产生的系统的联系。"现象是生成和消亡的活动过程;生成和消亡本身并不生成和消亡,而是'自在',并构成真理生活的现

---

　　① 这种形而上学逻辑当然不是形式逻辑,按其规定性而言,应该是康德的先验逻辑。唯一的区别只是:在康德看来"现象"是人的表象方式,而在黑格尔看来"现象"是绝对精神的客观的外在化。
　　② 参阅前面第二十节,8。

实性和运动"①。

因此,黑格尔哲学本质上是**历史的**,是对**整个历史思想材料的系统改造**。他既具备必需的渊博知识又具备综合能力,敏于发现他认为重要的逻辑关系。他的哲学所关注的还不在于他自两千年来从脑力劳动中得到的个别概念,而更在于他在概念之间建树的系统的**组合**;他正是用了这种方法才知道如何出色地描述具体事物的含义和重要性,如何令人吃惊地阐明长期积累的思想结构。的确,他联系到既与的材料展示〔**先天的**〕**结构性思维的武断性**,这种武断性显示出来的现实并不像在经验中实际呈现出来的那样,而是像在辩证运动中应该是那样的现实;当他在自然哲学中,在哲学史中,在一般历史中力图将经验材料转化为哲学体系时,这种对事实真相的歪曲就可能遭到反对。在哲学探索只明显地反映可靠的既与材料而不涉及对经验现实的历史记载的地方,渗透着历史精神的思维力量证明自身更加耀眼明确。因此黑格尔提出,美学是由**人类审美理想**所组成的历史结构。他采用席勒的方法,在内容上紧紧依靠席勒的结论,展示这门科学基本的系统的概念,秩序井然地排列为象征的、古典的和浪漫的,并仿此将艺术体系分为建筑、雕刻、绘画、音乐和诗歌。在**宗教**方面也是如此,他的宗教的基本观点乃是将宗教视为有限精神与在表象形式中表现出来的绝对精神之间的关系;从这一基本观点出发,他的宗教哲学发展了**积极实现宗教的几个阶段**:在自然宗教中分为巫术,火崇拜,动物象征;

528

———————

① 这种早已潜存于费希特行为论中(见前面第四十二节,2)的**赫拉克利特主义**在赫尔巴特的爱利亚主义(见第四十一节,7,8)中碰上最强劲的敌手。这种古代的对立构成德国唯心主义两大流派关系中的基本因素(见前面第487页注释)。

在精神的个性的宗教中分为崇高,美,理解力;最后在绝对宗教中,上帝显现他本来的面目,三位一体的精神。在此,黑格尔以他精深的专业知识,在各方面都刻画出主要的线索,以后在经验中处理这些学科时便遵循这些线索向前发展,并从总体上为研究历史事实创建哲学范畴。

他又将这一原则应用于阐述世界史。黑格尔所谓的**客观精神**是指个体的有积极感应力的生命联体,此联体不由个体创造,相反却是在精神生活方面产生个体的根源。此联体的抽象形式称作**法**①;法是"自在"的客观精神。这位哲学家将个人主观意向服从于公共意识的命令称作"**道德**";他把"**伦理**"〔社会道德或道德秩序〕这一名称保留下来专指在**国家**中实现的公共意识②。在人类理性内在的生动活泼的活动中国家居最高位,超越于国家之上的只是趋向绝对精神的艺术、宗教和科学。国家是伦理理念的实现,国家是变得可以看到的人民精神;国家是按照国家理念而创造的活生生的艺术品,人类理性丰富的内心世界即在其中显示为外部现象。不过,政治生活所由产生的这种〔国家〕理念在现实世界中只以国家的具体结构表现出来,它既产生又消失。它唯一的圆满的真正实现是**世界历史**③;在这世界历史洪流中,种种民族相继出

---

① 因此,黑格尔在《法哲学》的标题下阐述关于客观精神的学说。参阅 H. 温克《黑格尔的客观精神学说》(*H. s Theorie des objektiven Geistes*),1927 年。

② 参阅 Fr. 罗森茨韦克《黑格尔与国家》(*Hegel und Staat*),两卷集,1927 年;Fr. 比洛《黑格尔社会哲学的发展》(*Die Entwicklung der H. schen Sozialphilosophie*),1920 年;G. 吉斯《黑格尔的国家观念》(*Hegels Staatsidee*),1925 年。

③ 参阅 G. 拉森《历史哲学家黑格尔》(*Hegel als Geschichtsphilosoph*),《黑格尔论世界历史哲学讲演录全集绪论》,1917 年起;K. 利斯《黑格尔历史哲学》,1922 年。

现,它们在种种国家结构的活动中充分发挥自己的作用,然后又退出历史舞台。因此,每一时代的特征就是某一特定民族的精神优势,其特征铭刻在各种文化活动上。如果整个**历史**的任务就是了解这种连贯的秩序,那么**政治**就不应认为可以根据抽象的需求去制定和颁布政治制度;相反,政治必须在稳定的民族精神发展中去探索政治运动的动因。因此,在这位"复古哲学家"——黑格尔身上,**历史世界观**起而反对启蒙时期革命的理论空谈。

黑格尔在处理自然哲学和心理学问题方面,成果较少;他的思想能量放在历史领域。他的体系的外部总体模式的粗略轮廓如下:就精神的绝对内容而言,"自在的精神"是范畴领域;《逻辑学》将此领域发展为存在论,本质论和概念论。就精神的异在和外在化而言,"自为的精神"是自然:自然的种种形式分为力学,物理学,有机体学来阐述。第三个主要部分是**精神哲学**,自在自为的精神,即精神的自觉生活〔由外在〕回复到它本身。在此区分了三个阶段,即主观(个人的)精神;作为法、道德、国家和历史的客观精神;最后是作为艺术中的直观、宗教中的表象、哲学史中的概念的绝对精神。

在哲学的所有这些部分中他重复阐述的不仅是概念结构的形式辩证法,而且是构成连续的概念内容的材料。因此《逻辑学》在第二、第三部分中已经发展了自然哲学和精神哲学的基本范畴;因此审美理想的发展总是指向宗教表象的发展;因此逻辑的整个发展过程与哲学史相对应。正巧这种关系从属于**理性体系**的本质,在这里理性体系不仅像康德一样包括形式而且包括内容,并力图在自身前面在"现实世界形式"的多样化中展现这种归根结底自身

529

无处不相同的内容。发展过程是同一的,那就是,"理念"通过本身的外在化又"**回复到它本身**"。因此范畴从无内容的存在开始进展到内在的本质,又从这里进展到自我理解的理念;因此经验世界的形式从物质上升到无法估量之物,逐步上升到有机物,意识,自我意识,理性,法,道德,国家的社会道德;在艺术、宗教和科学中领悟绝对精神;因此哲学史从物质存在的范畴开始,在经过各种命运之后完成于自我理解的理念学说;因此,最后,通过人们自己弄清楚了人类精神如何从感官意识开始并受到意识矛盾的驱使越来越高、越来越深刻地把握自己,直到在哲学知识中、在概念科学中找到自己的宁静——只有通过人们自己弄清楚了这些,人们才最好地找到"理性体系"入门的途径。所有这些发展路线的相互交错,黑格尔在他的《精神现象学》中,用晦涩难懂的言语、神秘莫测含义深刻的暗语表达了出来。

530　　在这理性体系中,每一特殊事物只有成为在整体发展中的一个**要素**时才具有真理性和现实性。照此每一特殊事物只有 *in concreto*〔具体地〕才是现实的,照此它才为哲学所理解。但是如果我们抽象地对待它,如果我们把它置于孤立状态中去思考,在此孤立状态中它不是按照实际而是按照主观的理智观点而存在,那么它就会失去与它的真理性和现实性所依存的**整体**的联系,此时它就表现为偶然的,无理性的。然而照此,它只存在于个人主体有限的思维中。对于哲学知识来说,有效的原则是:凡是合理的就是现实的,凡是现实的就是合理的①。理性体系是独一无二的现实。

____

①　《法哲学原理》,序言;《全集》卷八,17。

第四十三节　非理性的形而上学

"历史辩证法"要求理性体系必然转化成自身的对立面,从一个基本原理推导出所有现象的企图必然碰到不可逾越的界限;历史辩证法要求认识这种不可逾越性;而这认识又引起除已经阐述过的唯心主义理论以外的其它理论的产生,这些其它的理论发现自己被迫坚持**世界本原的无理性**。第一个通过这过程的是这条主要发展路线多方面的代表人物谢林,唯心主义的普罗狄斯①。这个运动新颖之处并不在于认识到:理性的意识最终总是找到某种只单纯地存于自身而又不可传述的东西作为内容:这样的界限概念是先验的 x,在康德那里是物自体,在梅蒙那里是意识的微分,在费希特那里则是无理性根据的自由行为。新颖之处在于:这种不能为理性所理解而又阻碍理性活动的东西现在又被认为是某种**非理性**的东西。

1. 谢林之所以被迫走上非理性主义的道路,最令人注目的正是因为他在绝对理念论中采纳了宗教的**动因**(第四十二节,9)。如果"绝对"不再被认为仅仅是斯宾诺莎式的、所有现象普遍的中立的本质,而被认为是上帝,如果要区分事物的神圣的原则与自然的原则以使永恒的理念作为神的自我直观形式被赋予与有限事物脱离的独自的存在,那么上帝转化为世界又必然重新成了问题。这

---

①　Proteus 系希腊神话中的海神,据传能变多种形状,后喻反复无常三心二意之人,又指具有多种兴趣和能力的人。——译者

实际上也是黑格尔的问题;黑格尔后来说,依他看来,哲学与宗教有相同的任务;他这样说时,他是对的。他利用辩证法帮助了自己,辩证法力图以更高级的逻辑形式证明:理念按照自身特有的概念本质怎样脱离自身走向"异在",即走向自然,走向有限的现象。

谢林是用**通神论**的方法力图解决这同一问题;通神论法是一种神秘的思辨的理论,它将哲学概念转化为宗教直觉。他之所以偶然利用此法是因为他是在企图以宗教限制哲学的形式中碰上这个问题的,是因为他自认为有责任极力反对以哲学的名义来解决宗教问题。要做到此事,当然只有哲学逐渐变为通神论的思辨。

这同一体系的一位信徒埃申迈尔[①]曾表示,哲学知识尽管能够指出世界内容的合理性以及哲学知识与神的原始理性协调一致,但却不能证明世界内容如何能取得独立于神性的存在,而世界内容又是在有限事物中才具有这种独立存在的。在这里,科学终止,宗教开始了。为了还要保持和维护哲学领域,为了恢复哲学与宗教的统一,谢林特别要求以宗教直觉当作哲学概念,从而按照这样的要求改造哲学概念,使之表现出对于两方都是适用的,他这样做时大量地利用了康德的宗教哲学。

事实上[②],从绝对到具体现实并不存在持续不断的转化;感官世界来源于上帝,这只有通过**飞跃**,通过与绝对状态决裂才可能思考。在这里,谢林还表明,此根据既不可在绝对中也不可在理念中寻找:但在理念的本质中至少给予了可能性。因为理念是绝对在

---

①　Eschenmayer(1770—1852 年)《哲学向非哲学的转化》(*Die Philosophie in ihrem Übergange zur Nichtphilosophie*),1803 年。

②　谢林《哲学与宗教》,《全集》卷一,6,第 38 页起。

其中自我直观的"对型"（Gegenbild），原型的独立自主，即"自在存在"的**自由**，传给了理念。在"自在存在"的自由中隐寓着**理念脱离上帝而堕落的可能性**，隐寓着理念的形而上学的独立自主的可能性，理念借此变成现实的和经验的，也就是有限的。但是这种"堕落"不是必然的，不是可以理解的：那是一件**无理由根据的事实**，但却不是一次仅有的事件，而是与绝对和理念本身一样永恒，一样无时间限制的。我们看得出来，这种理论的宗教色彩来自康德关于根本罪孽是思维品格的行为的理论；另一方面，哲学色彩来自费希特关于自我的无理由根据的自由行为的概念。因此，理念在世界中实现即以此背离为根据。因此，现实的**内容**是理性的，神圣的；因为在其中实现的就是上帝的理念；而理念固有的现实性就是背离、罪孽、无理性。理念脱离上帝的这种现实就是自然。但是自然的神圣本质力求回到原初的本原，回到原型，这种**事物回复到上帝**便是**历史**，是在上帝精神中创作的史诗，它的《伊利亚特》是人离开上帝越来越远，它的《奥德赛》是人回归上帝。自然的最终目的是**背离的和解**，是理念与上帝的重新结合，是理念独立自主的终止。个性也遭受到这种命运：个性的自我性是思维的自由，自我规定，脱离绝对；个性的解脱是沉没在绝对中。

　　弗里德里克·施勒格耳[①]以同样方式使无限、有限、有限回到无限，这"三段式"成为他后来的学说的原则，公开主张现实矛盾是事实，并从堕落出发解释这些矛盾，通过服从于神圣的天启协调这

──────────

　　①　在温迪史曼编辑的《哲学讲演集》(1804—1806 年)中以及后来在《人生哲学》和《历史哲学》(1828 年和 1829 年)中。

些矛盾;然而在巧妙的阐述后面极为艰苦地掩盖着作者在哲学上
的无能。

2. 与此相反,谢林的敏捷并不能从这已经发现的问题中摆脱
出来。始终控制着他的思想的一元论逼着他思考这样的问题:〔理
念脱离上帝的〕根源是否最后要在"绝对"本身中去寻找;而只有
当非理性的东西移入**绝对本身的本质**中,这种根源才可以肯定。
从这种思想的观点出发,谢林就与**雅各布·波墨**的神秘主义结成
友好关系(见前面第二十九节,7)。他与这种神秘主义的接近是通
过同**巴德尔**的交往。巴德尔本人既从波墨那里又从波墨的法国先
知**圣马丁**①那里得到激励,他坚持天主教信念,他用机智而晦涩的
幻想主义和随意地从康德、费希特那里吸取来的思想来改造自己
的神秘主义。激动他内心的根本观念是:人是上帝的影子,人能认
识自己的只有上帝认识自己的那样多,人生的途径必然类似于上
帝的自我发展。现在因为人的一生被决定于以堕落为开始以赎罪
(灵魂得到拯救)为目的,**所以上帝永恒的自我生成发展**基于上帝
出自他晦暗的、非理性的原始本质通过自我启示自我认识向着绝
对理性发展。

在这些影响下谢林在他论自由的论文(1809 年)②中开始谈到

---

① 圣马丁(*St. Martin* 1743—1803 年)这位"不知名的哲学家"是启蒙运动和革命
的严峻的敌人,他彻底地被波墨的学说感动了,他翻译过波墨的《曙光》。他的主要著
作有《有欲望的人》(1790 年),《新人》(1796 年),《论万物之灵》(1801 年);也许最有趣
的是那部奇怪的著作《鳄鱼或路易十五统治时期发生的善恶之战,具有史诗般魅力的
诗篇》(1799 年)。参阅 A. 弗朗克《外国和法国的现代哲学》(巴黎,1866 年);也可参阅
奥斯顿-萨肯《巴德尔和圣马丁》(莱比锡,1860 年)。

② 据此,谢林后期哲学通常被称为"自由论",而早期哲学被称为"同一体系"。

神性中的**原初本原**,**非理性**或**深渊**;它被描述为纯存在和绝对的
"原初偶然事件",被描述为黑暗中的追求,无限的冲动。它是无意
识的意志,而整个现实世界归根结底是意志。这种只以自身为目
标的意志作为自我显示创造了理念,创造了意志自我直观于其中
的影像——理性。世界便起源于这种黑暗的追求同其理想的自我
直观之间的相互作用。世界作为自然容许我们认识合目的性的形
式结构与非理性的冲动之间的矛盾①;世界作为历史过程在内容
上取得理性中显露的普遍意志对于特殊意志的天然的非理性的胜
利。就这样,现实的发展从原初意志(*deus implicitus*〔不显露的
神〕)发展到理性的自我认识和自我规定(*deus explicitus*〔显露的
神〕)。②

3. 这样一来,对谢林说来,宗教像过去的艺术一样最后变成 533
了"哲学的工具",因为上帝的自我发展是在启示中进行,凭借启示
上帝在人类精神中注视自己;所以神性的所有**因素**必然出现在人
类关于上帝的一系列的观念中。因此在谢林晚年的作品《神话哲
学和天启哲学》中,**对于上帝的认识得自全部宗教史**;在自然宗教
发展到基督教及其各种形式的过程中,上帝的自我显现从晦暗的
非理性向着理性精神和爱的精神前进。上帝通过向人类显现自己
来发展自己③。

按照有计划的形式这种原则使人强烈地想到黑格尔关于"历
史哲学"的概念,在其中"理念回复到本身";在这些讲演录中谢林

---

①　谢林《论人类自由的本质的科学研究》,《全集》卷一,7.376。

②　参阅前面第二十三节,I。

③　参阅康斯坦丁·弗朗茨《谢林的实证哲学》(科登,1879—1880 年)。

用以归纳和掌握庞大的宗教历史资料的巧妙的综合和锐敏的感觉表明自身完全与黑格尔的行为风格血缘相同,门第相当。但是在基本哲学观点上却完全不同。谢林将他这种最后的理论观点命名为**形而上学的经验主义**。此时他将自己早期的思想体系和黑格尔的思想体系取名为"消极的"哲学;消极哲学确有能力证明:如果上帝一度显示自己,他是在自然现实和历史现实的种种形式中显示自己的,这些形式具有辩证的先天的结构能力。但是辩证法不能推断:上帝显示自己并从而转化为世界①。此事完全不可能推论却只能**体验**,从这样的方式中体验出来:**上帝在人类宗教生活中显示自己**。由此来理解上帝、理解上帝发展成为世界便是**实证哲学**的任务。

那些在当时和在以后嘲笑谢林的《神话哲学和天启哲学》为"**诺斯替教**"的人们也许还不知道这种比喻所依据的理由是多么深刻。在他们眼里只有神话观念与哲学概念两者奇异的结合,只有宇宙演化结构和神统结构的独断。然而它们之间真正相似之处却基于:正如从前诺斯替教赋予各种宗教之间的斗争以世界历史和统治宇宙的神圣力量的意义②,谢林在此时则将人类关于上帝的观念的发展描述为上帝本身的发展③。

4. **叔本华**通过清除宗教因素使非理性主义发展到高峰。他

---

①　这是费希特知识学最初观点的彻底颠倒。见前面第四十二节,I. 第 508—509页。

②　参阅前面第二十一节,2,3。

③　关于这种学说对有趣的政论家**康斯坦丁·弗朗茨**的影响,可参阅 E. 施塔姆《弗朗茨传记》(卷一;海德尔堡,1908 年)。

将那种只以本身为目标的、晦暗的本能冲动取名为**生存意志**,将它当作万物之本,当作物自体(见第四十一节,10)。就概念而言,这种只以本身为目标的意志在形式上与费希特的"无限行为"相类似,也正如施勒格耳的"讽刺"一样(见第四十二节,6):只是在两种情况中,差别越来越大。只以自身为目标的行为,在费希特那里是伦理的自我规定的自主性(自由意志),在施勒格耳那里是随意的幻想游戏,而在叔本华那里则是**一种无对象的意志的绝对无理性**。因为这种意志只无穷无尽地创造它自己,所以它是从不得到满足的意志,它是**不幸**的意志。又因为世界只不过是这种意志的自我认识(自我显示——客观化),所以这个世界必然是一个悲惨和苦难的世界。

　　在这样的形而上学基础上建立起来的**悲观主义**,此时由于叔本华[①]对生活本身进行享乐主义的评价而得到了巩固。整个人生河流在欲望与满足之间不断滚滚向前。但是欲望就是痛苦,就是"得不到满足"的痛苦。因此,**痛苦是基本的正面的感觉**,而快乐只在于基本消除了痛苦。因此,在任何情况下,在意志生活中痛苦总占优势,而实际的人生就证实了这个结论。野兽吞食野兽,你对比一下吞食者的快乐与被吞者的痛苦,就会大体上正确地估计在这世界上快乐与痛苦之间的关系了。因此人生总以悲怨而告终,最好的命运是根本不出生。

　　如果人生即受苦,那么只有同情才可能是基本的伦理情感(见

----

　　① 《世界是意志和观念》,卷一,第56节起;卷二,第46章;《附录与补遗》,卷二,第11章起。

第四十一节,10)。如果个人意志增加了他人的痛苦,如果对他人的痛苦漠不关心,那么这种个人的意志是不道德的。如果个人意志视他人的痛苦为自己的痛苦并谋求减轻这种痛苦,那么这种个人意志就是道德的。叔本华从同情观点出发提出他的关于伦理生活的心理学解释。不过这样来减轻痛苦只是治标而非治本,不能消灭意志;意志存在,不幸便存在。"太阳烧灼着永恒的中午。"人生的苦难总是相同的;不同的只是苦难的表现形式。个别形式改变了,但内容永远不变。因此,谈不上什么历史进步;在人类意志生活中,理智的完善不会改变任何东西。历史只表现出生存意志无穷无尽的哀愁。生存意志以不断更换的人物在自身面前不停地表演同样的悲喜剧[1]。基于这种原因,叔本华对历史不发生兴趣;历史只表现个别事实;不存在关于历史的概念的科学。

　　从意志的不幸中解脱出来唯一的道路只有通过**意志本身的否定**才有可能。但是此种否定是一种奥秘。因为意志,ἓν καὶ πᾶν〔一与全〕,这唯一的实在,按其本质的确是自我肯定的,它怎么会否定自身呢? 只不过这种解脱的理念出现在神秘的禁欲主义中、自身消灭中,出现在对生活及一切财富的蔑视中,出现在万念俱消的灵魂安谧中。叔本华认为,这就是当时在欧洲已开始为人所知的**印度**宗教和**印度**哲学的内涵。他赞赏这最古老的人类智慧与他

---

　　① 因此要将黑格尔发展体系的乐观主义仿照谢林的**自由学说**的模型移植于叔本华此种意志—非理性主义之上,这种想法是错误的,其错误程度恰如希图利用归纳的自然科学的方法达到思辨的结论。由于这两种不可能性有机的结合,即使像**爱德华·冯·哈特曼**这样才华横溢、在敏锐的探索中如此深刻如此多才多艺的思想家可能取得的成就也只不过是刹那闪光的流星。(《无意识的哲学》,柏林,1869 年)——英译本

的学说殊途同归,认为这种同一性是一种令人高兴的发现;现在他又将观念世界称为"虚幻的面纱",称生存意志的否定为进入 *Nirwana*〔涅槃〕之门。但是这种非理性的生存意志还不愿放开这位哲学家。在他工作末期,他表明:在消灭意志从而消灭世界之后,所剩下的东西对所有还充满欲念的人来说肯定**空无一物**。但是圣徒们对生活的探索向我们表明:当拥有无数太阳、无数银河的宇宙对于他们空无一物的时候,他们就获得了福祉和安谧。"在无中我希望找到一切。"

　　据此,如果"绝对解脱"不可能(如果可能,那么按照叔本华的理论,由于时间的观念性,就根本不可能有意志肯定的世界),还有一种相对的解脱:在不计利害的静观和不计利害的思维中纯粹的无意志的认识主体十分活跃(见前面第四十二节,4);在这样的理智状态中,便存在相对的苦恼解脱。不计利害的静观和不计利害的思维两者的对象不存在于个别现象中而存在于意志客观化的永恒的形式(理念)中。然而这种柏拉图式的(也是谢林式的)因素(此情况有如关于思维品格的假定一样)要适合叔本华的形而上学体系极其困难;按照叔本华的形而上学体系,整个意志的具体化被认为只是一种时空中的观念;但是这种因素却给予这位哲学家一个机会以最有利的方式运用席勒关于不计利害的静观的原则以完成他的人生观。当意志能够无目的地显现、直观、思维自己的客观化时,它就从自身中解脱出来了。非理性的世界意志的苦难被道德所缓解,在艺术和科学中被克服。

535

第 七 篇

十九世纪哲学

M. J. 蒙拉德《近代思想路线》(*Denkrichtungen der neueren Zeit*)，波恩，1879 年德文版。

A. 弗朗克《外国和法国的近代哲学家》(*Philosophes modernes étrangers et français*)，巴黎，1873 年法文版。

R. 奥伊肯《当代基本概念的历史和批判》(*Geschichte und Kritik der Grundbegriffe der Gegenwart*)，莱比锡，1878 年德文版；自第三版起改名为《当代思潮》(*Geistige Strömungen der Gegenwart*)，1904 年。

E. v. 哈特曼《批判和漫谈现代哲学》(*Kritische Wanderung durch die Philosophie der Gegenwart*)，莱比锡，1890 年德文版。

W. 狄尔泰《哲学史文库》(*Archiv für Geschichte der Philosophie*)，卷十一，第 551 页起。

H. 霍夫丁《近代哲学家》(*Moderne Philosophen*)，1905 年德文版。

W. 文德尔班《当代文化》(*Kultur der Gegenwart*)，卷一，卷五。

J. Th. 梅尔茨《十九世纪欧洲思想史》(*History of Eur. thought in the 19. Cent.*)，两卷集，爱丁堡，1904 年英文版。

M. 弗里沙森——凯尔弗，《当代哲学》载于《哲学教科书》，1925 年德文版。

Ph. 达米龙《论十九世纪法国哲学史》(*Essai sur l'histoire de la philosophie en France au 19ᵉ Siècle*)，巴黎，1834 年法文版。

H. 泰纳《十九世纪法国古典哲学家》(*Les Philosophes classiques français au 19e Siècle*)，巴黎，1857 年法文版。

Ch. 雷诺维叶《哲学年》(*Anneé philos.*)，巴黎，1867 年法文版。

F. 拉韦松《十九世纪法国哲学》(*La philosophie en France au 19ᵉ siècle*)，巴黎，1868 年法文版；1889 年由 E. 柯尼希译成德文，在埃森纳赫出版。

L. 费拉兹《十九世纪法国史》(*Histoire de la philosophie en France au 19e siècle*),三卷集,巴黎,1880—1889 年,法文版。

P. 雅内《近代思想家》(*Les maitres de la pensée moderne*)巴黎,1883 年法文版。

E. De. 罗伯特《本世纪哲学》(*La philosophie du siècle*),巴黎,1891 年法文版。

Ch. 亚当《十九世纪上半叶法国哲学》(*La Philosophie en France, pr. moitié du 19e siècle*),巴黎,1894 年法文版。

G. 博厄斯《浪漫主义时期的法国哲学》(*French Philosophy of the Romantic Period*),巴尔的摩,1924 年英文版。

E. 布特鲁《1867 年后的法国哲学》(*La philosophie en France depuis*),1867 年;《第三次哲学代表大会报告》(*Bericht über den 3. Kongreß für Philosophie*),海德尔堡,1909 年,第 124—158 页。

D. 帕罗迪《法国当代哲学》(*La philosophie contemporaine en France*),巴黎,1926 年法文版。

M. 米勒《当代法国哲学》(*Französische Philosophie der Gegenwart*),卡尔斯鲁厄,1927 年德文版;参阅 H. 乔丹《法国函件》(《世界观理论问题》,载于《赖歇尔哲学年鉴》卷四,1927 年)。

D. 马森《近代英国哲学》(*Recent English Philosophy*),1877 年,伦敦,英文第三版。

L. 利拉尔《当代英国逻辑学家》(*Les Logiciens Anglais Contemporains*),巴黎,1878 年法文版。

Th. 里博《现代英国心理学》(*La Psychologie Anglaise Contemporaine*),巴黎,1870 年法文版。

H. 霍夫丁《当代英国哲学入门》(*Einleitung in die englische Philosophie der Gegenwart*),莱比锡,1890 年德文版。

J. H. 米尔黑德《当代英国哲学》(*Contemporary British Philosophy*),伦敦,1926 年英文版。

R. J. 沃德尔《当代哲学》(*Contemporary Philosophy*),伦敦,1923 年英文版。

A. K. 罗杰斯《1800 年后英美哲学》(*English and American Philosophy Since*

1800），纽约，1873 年英文版。

H. 斯洛克沃尔《美国哲学》(*Die Philosophie in der Vereinigten Staaten*)(《世界观理论问题》，载于《赖歇尔哲学年鉴》卷四，1927 年)。

L. 费里《论十九世纪意大利哲学史》(*Essai Sur l'histoire de la philosophie en Italie au 19ᵉ siècle*)，巴黎，1869 年法文版。

K. 沃纳《十九世纪意大利哲学》(*Die italienische Philosophie des 19. Jahrhunderts*)，五卷集，维也纳，1884 年起，德文版。

G. 金泰尔《1850 年后意大利哲学》(*La filosofia in Italia dopo il 1850*)，克里蒂卡，1908 年意大利文版。

W. 文德尔班《十九世纪德国精神生活哲学》(*Die Philosophie im deutschen Geistesleben des 19 Jahrhunderts*)，1927 年德文第三版。

Ch. 安德勒尔等《十九世纪德国哲学》(*La philosophie allemande au XIXᵉ siècle*)，巴黎，1912 年法文版。

M. 埃廷格《从浪漫派到现代的哲学史》(*Geschichte der Philosophie von der Romantik bis zur Gegenwart*)，1924 年德文版。

W. 穆格《二十世纪德国哲学》(*Die deutsche Philosophie des 20 Jahrhunderts*)，1922 年德文版。

A. 梅塞《当代德国价值哲学》(*Deutsche Wertphilosophie der Gegenwart*)，1926 年德文版。

K. 乔尔《当代哲学危机》(*Die philosophische Krisis der Gegenwart*)，1922 年德文第三版。

K. 奥斯特赖克改编宇伯威格《哲学史概论》第四部分《十九世纪和当代德国哲学》，1923 年德文第十二版。

二十世纪初哲学——见《库诺·费希尔纪念文集》，由 W. 文德尔班编辑出版，海德尔堡，1908 年德文版。

《哲学年鉴，批判地概论当代哲学》，由 M. 弗里沙森—凯勒编辑出版，1913 年起，德文版。

《赖歇尔哲学年鉴》以年鉴形式出版四卷集，由 E. 罗特纳克尔编辑。

《当代德国哲学自述》(*Die deutsche Philosophie der Gegenwart in Selbstdarstellungen*)，六卷集，1921 年起。

哲学原则的历史在十八世纪到十九世纪转折处以德国哲学体系的发展而**告终**。综观贯穿于我们现在这个时代承前启后的发展,文学—历史的兴趣远远胜过真正的哲学兴趣。以后并未出现过在本质上和价值上崭新的东西。十九世纪绝不是一个哲学的世纪。在这一方面,也许可以同纪元前第三、第二世纪或纪元后第十四、第十五世纪相比较。我们可以用黑格尔的话说,这个时代的**世界精神**忙于尘世的具体事务,面向外界,而不面向内心世界,不向自身,不在自己独有的家园里自我享受①。十九世纪哲学文献的确内容广泛,五彩缤纷。从过去百花盛开的精神生活的园地里飘送来的理念的种子洒遍科学、社会生活、诗歌和艺术的原野,在这些地方生根,发芽,茁壮成长。历史上种种思想萌芽,以几乎无法估量的丰富的变化,融合成众多的感人深刻具有特色的结构。但是即使像哈密尔顿、孔德、罗斯米尼和洛采那样的哲学家,他们的重要性最终也只在于精力充沛和才思敏捷;他们以此概括了历史上的典型思想形式并使之适应于新生活的生气蓬勃。十九世纪的中心问题和概念结构所呈现出的总的发展路线②沿着矛盾的道路前进,这些矛盾是通过历史传给我们的,只不过在经验中表现出新的形式而已。

在十九世纪的哲学运动中起决定作用的因素无疑是关于现象

---

① 黑格尔《柏林大学就职演说》(*Berliner Antrittsrede*),《全集》卷六、卷三十五。

② 这个领域的文学—历史兴趣由于它的多样性很难把握,笔者为此献出了多年的心血。由此而获得的成果笔者希望在他的著作《近代哲学史》第三卷(莱比锡,1919年第六版)中发表。在那本书里将详细阐述和证明在此只能概括叙述的东西〔1912年〕。

界的自然科学概念对于整个世界观和人生观应有多大意义的问题。这种特殊科学曾经对哲学和整个精神生活取得了胜利，其影响在十九世纪初受到阻碍和压抑，但尔后又以更强大的力量发展起来。十七世纪的形而上学和以后十八世纪的启蒙运动主要受到**自然科学思想**的支配。关于现实世界普遍符合规律的观点，对于宇宙变化最简单因素和形式的探索，对于整个变化基础中的不变的必然性的洞察——所有这些因素决定了理论研究，从而决定了判断一切特殊事物的观点：特殊事物的价值要以"自然的事物"作为标准来衡量。这种机械世界观的传播遭遇到德国哲学的抗拒；德国哲学的基本思想是：用此方法所取得的一切知识只不过是现象形式，只不过是内心世界自身符合目的地向前发展的工具；此外，对特殊事物的真正理解势必要决定该事物在符合目的的生活联系的整体中的意义。**历史世界观**是"理性体系"在脑力劳动中积极探索的成果。

538

　　这两股力量在我们这个时代的精神生活中相互争斗。在这场斗争中所有论证和证据都来自哲学史的以往各个时期，其组合形式虽然花样翻新，但从本质上说引入这个领域的并无任何新的原则。如果说，胜利似乎暂时倾向于德谟克利特的原则的这一边，那么可以说在十九世纪主要有两个**动因**对于德谟克利特原则有利。第一个动因基本上是属于理智性的，在过去若干世纪的精神生活时期起积极作用的也是这同样的东西：那就是**直观的朴素性和清晰性**，自然科学知识的确实性和规定性。在数学制定公式时，任何时候在经验中寻求论证时，这种确实性和规定性可望保证排除一切怀疑、偏见，以及任何对思想曲解的干扰。但是在我们这个时代,起着更大作用的是自然科学明显的**功利**。在我们眼前急速发展的种种外部生活关系的巨大转变使普通人的理智不可抗拒地屈就于如此伟大事物所赖以存在的思想形式的控制;因此就这一点而言,我们是生活在**培根主义**(见前面第三十节,2)的旗帜之下。

另一方面,我们时代的高度的文化意识使得所有关于社会历史对于个人生活的价值问题活跃起来,生气勃勃。当欧洲人的政治—社会生活更加向着群众影响不断增长的时期发展时,当集体对于个人的决定性的影响(即使在精神方面)表现得更加明显时,在哲学思想方面**个人**反抗**社会**的至高地位的斗争也就更加猛烈了。分别来自历史与自然科学的不同世界观和不同人生观之间的斗争进行得最猛烈的地方是在最后要决定下述问题的时候:个人的生活的价值在什么程度上归因于他本人,在什么程度上归因于整个环境的影响。正如在文艺复兴时期一样,共性(普遍性)与个性又一次激烈地冲突起来了。

如果我们要从十九世纪哲学文献中扼要地揭示上述独特的矛盾表现得最突出的那些运动发展,那么我们首先就要处理这样的问题:精神生活在什么意义下、在何等范围内从属于自然科学的认识方式,因为与此有关的首先是要解决关于这些思想形式要求在哲学中的绝对统治权利的问题。因此,有关**心理学**的任务、方法、体系意义等问题从来也没有像十九世纪那样激烈地争论过;最后将这门科学局限于纯粹的经验研究似乎是解除困难的唯一可能的出路。这样一来,心理学作为最新的特殊学科之一,至少在问题和方法的基本原则上完全与哲学脱离了。

然而这一发展过程包含着更普遍的假定。在反对德国哲学高度发展的唯心主义的斗争中,**唯物主义世界观**的浩荡洪流贯穿了十九世纪。这种世界观显露头角是在这段时期的中途,尽管没有新的论据或知识,但是却被强调得更加热情激烈。自从那时起,这种世界观便放弃了更严肃的自然科学的研究,在对于科学价值的要求上变得比从前谦逊谨慎得多,从而希望在怀疑的和实证主义的谨小慎微的外衣下谋求更加有效的作用。

毋庸置疑,要想从自然科学的观点来考虑社会生活、历史发展和精神生活的一般关系的企图也是上述思想路线最有意义的分支之一。这一思潮在**社会学**这一不太适当的名称指引下,曾力图发展一门特殊的**历史哲学**,其目的是想在更广阔的现实基础上传播启蒙运动哲学结尾时所提出的种种思想(见前面第三十七节,5)。

但是在另一方面,历史世界观也不失时机地施其强大影响于自然科学。自然哲学所假设的关于有机世界的历史观在经验研究中得到实现,给人印象极其深刻。曾经导致自然哲学的方法原则,好像自发似地传播到其它领域;在**进化论**中历史世界观和科学世界观显得彼此尽可能地接近但又缺乏一种可供连接两者的新的哲学观念。

最后,从个人这一方面看来,潜存于十八世纪文化问题中的启示使有关**人生价值**的问题暂时成为哲学兴趣的中心。为了从这些讨论中要解决有关一般的价值本质和价值内容的更深刻更明显的问题,悲观情绪必须克服。所以,哲学虽然走过一条极其崎岖不平的弯路,但终于能够回到**康德关于普遍有效的价值的基本问题**上来。

但是**康德主义的革新**却经历了这样的命运,即首先自然科学思想的兴趣使之局限于**认识论**范围：**认识论**公开的经验主义的极端化一方面导致实证主义的改造，另一方面导致取消了心理学中的哲学问题。因此，和在康德以前一样，长达数十年之久，特别是在德国大学里，腐朽的**心理学至上论**的优势扩展开来。首先，激荡的生活状态需要一种新的世界观，这种生活状态导致在整体上对康德学说进行深入地理解并从而开创了现代哲学运动，而现代哲学运动又导致争回**德国唯心主义的其它理论**对**文化问题**进行哲学的彻底钻研。

从十九世纪哲学文献中可以强调的主要之点如下：

在**法国**占统治地位的**观念学**（见前面第三十三节，第 6 页至第 7 页）分为两支，一支是生理学更多一些，另一支是心理学更多一些。在卡班里斯这条线上活跃着的主要有巴黎的医生们，如 Ph. **皮内尔**（1737—1826 年；《哲学疾病分类》，1798 年法文版）；F. J. V. **布鲁萨斯**（1772—1838 年；《论生理学》，1822 年至 1823 年，法文版；《论刺激和精神病》，1828 年，法文版）；**颅相学**的奠基人 Fr. Jos. **加尔**（1758—1828 年；《神经系统的一般研究和大脑系统的特殊研究》，责任编辑中有**施普尔海姆**，1809 年法文版）。——在生理学上形成对立面的是**蒙彼利埃学派**：**巴尔泰斯**（1734—1806 年；《人类科学的新因素》，1806 年法文第二版）。同此学派联结在一起的有 M. F. X. **比夏**（1771—1802 年；《生与死的生理学研究》，1800 年法文版），**贝特朗**（1795—1831 年；《论梦游症》，1823 年法文版）和**比松**（1766—1805 年；《论生理现象最合乎情理的分类》，1802 年法文版）。与此对应的是**观念学**的发展，这方面有**多贝**（《论观念学》，1803 年法文版），特别有皮埃尔·**拉罗米吉埃尔**（1756—1847 年；《哲学教程》，1815—1818 年，法文版），以及他的学生 Fr. **蒂罗**（1768—1832 年；《论知性和理性》，1830 年法文版）和 J. J. **卡尔代拉克**（1766—1845 年；《哲学初探》，1830 年）。——参阅皮卡维《论观念学》，巴黎，1891 年法文版。

一条广泛的历史研究和更深刻的心理学路线由 M. J. **德热朗多**（1772—1842 年；《论人类认识的产生》，柏林，1802 年法文版；《哲学体系比较史》，

1804 年法文版)肇始,其领袖是 Fr. P. 贡蒂埃·**梅勒·德·比朗**(1766—1824
年;《论思维剖析》,1805 年法文版;《人的肉体与人的精神的关系》,1834 年法
文版;《论心理学基础》,1812 年法文版;《哲学著作集》,由 V. 库辛编辑,1841
年法文版;《未出版过的著作集》,由纳维尔编辑,1859 年法文版;《未发表过
的新著作集》,由贝特朗编辑,1887 年法文版;《文集》,由蒂斯朗编辑,巴黎,
1926 年起,法文版。参阅 A. 兰对他的论述,科隆,1901 年;A. 屈尔曼,不来
梅,1901 年)。苏格兰哲学和德国哲学对这条(也由 A. M. 昂佩尔所代表的)
路线所施予的影响是通过 P. **普雷沃斯特**(1751—1839 年),**安西朗**(1766—
1837 年),**罗耶-科勒德**(1763—1845 年),**朱夫罗伊**(1796—1842 年),特别是
维克托·库辛(1792—1867 年;《哲学通史导论》,1872 年法文第七版;《论真
善美》,1845 年法文版;《全集》,巴黎,1846 年起;参阅 E. 富克斯《库辛哲学》,
柏林,1847 年德文版;J. E. 阿洛《论库辛哲学》,巴黎,1864 年德文版;P. 雅内
《库辛和他的著作》,巴黎,1885 年法文版;巴泰勒米-圣伊莱尔《维克托·库
辛》,三卷集,巴黎,1885 年法文版)。这个由库辛创建的人数众多的学派以
其史学工作而闻名。它通常被称作**唯灵主义学派**或**折中主义学派**。七月革
命后,它成为官方哲学,迄今在某种程度上仍然如此。它的追随者活跃在历
史领域里,工作颇有成就,细致认真,富有文学修养,其中有 Ph. 达米隆,Jul.
西蒙,E. 瓦谢罗,Ch. 塞克雷坦,H. 马丁,A. 夏格内,Ad. 弗朗克,B. 奥雷奥,
Ch. 巴托尔梅斯,E. 赛塞,P. 雅内,E. 卡罗等。从这个学派中出现了 F. **拉韦
松**(《伦理学和形而上学》,载于 1893 年《形而上学和伦理学杂志》)。

　　这派的主要对手是**教会派**哲学家们,他们的理论通常被称作**传统主义**。
居于领导地位的除**夏托布里昂**(《基督教天才》,1802 年法文版;参阅布伦纳
哈西夫人《夏托布里昂》,美因茨,1903 年),**梅斯特雷**(1753—1821 年;《论政
体的发生原则》,1810 年法文版;《圣彼得堡之夜》,1821 年法文版;《论罗马教
皇》,1829 年法文版,由 J. 伯恩哈特译成德文并加导论,慕尼黑,1923 年版;对
于他的论述,参阅 Fr. 波让,巴黎,1893 年)和 J. **弗雷西努斯**(1775—1841 年;
《捍卫基督教》,1823 年法文版)以外,还有**博纳尔**(1753—1841 年;《政权和神
权理论》,1796 年法文版;《论社会秩序的自然法则分析》,1800 年法文版;《论
离婚》,1801 年法文版;《论十八世纪政治伦理哲学》;《全集》,十五卷集,巴黎
法文版,1816 年起)。P. S. **巴兰谢**的传统主义是以稀奇古怪的方式陈述的

(1776—1847 年;《论社会制度》,1817 年法文版;《论社会轮回》;《全集》,五卷集,巴黎 1883 年法文版)。开始时 H. F. R. 德·拉梅纳斯在他的著作《宗教实质无差别论》(1817 年法文版)中拥护这条路线,但后来他与教会决裂(《一个信徒的话》,1834 年法文版),在他的著作(《一门哲学的雏形》,四卷集,1841—1846 年,法文版)中阐述了全面的哲学体系;其原型,部分出于谢林的"同一体系",部分出于意大利的唯本体论主义(*Ontologismus*,见后面第四十六节,注释)。

　　社会主义在哲学方面的支持者(见 L. 施泰因《法国社会主义运动史》,莱比锡,1849 年起,德文版;Fr. 穆克勒《十九世纪社会主义观念史》,1919 年德文第三版)中最重要的是**圣西门**(1760—1825 年;《十九世纪学术著作导论》,1807 年法文版;《欧洲社会改组》,1814 年法文版;《论工业制度》,1821—1822 年,法文版;《新基督教》,1825 年;《选集》,三卷集,1859 年;对他和他的学派的论述见 G. 韦伊,巴黎,1894 年和 1896 年,和 Fr. 穆克勒,耶拿,1908 年)。他的继承人中可以提到的有:**巴扎尔**(《圣西门学说》,1829 年法文版;对他的论述见 W. 施平勒尔《圣西门主义》,1926 年法文版),B. **昂凡廷**(1796—1864年;《圣西门的宗教》,1831 年法文版),皮埃尔·**勒鲁**(1798—1871 年;《驳折中主义》,1839 年法文版;《论人性》,1840 年法文版),J. **雷诺**(1806—1863 年;《天堂与人间》,1854 年法文版),Ph. **比谢**(1796—1866 年;《按照天主教和进步观点的哲学全论》,1840 年法文版)。

　　奥古斯特·**孔德**占据最有趣的特殊地位。1798 年他出生于蒙波利埃,1857 年在巴黎孤孤单单地死去:《实证哲学教程》(六卷集,巴黎,1840—1842年,法文版);《实证政治学体系》(巴黎,1851—1854 年,法文版),此书的开头刊登了他的青年时代的独特的著作,特别是《重新组织社会所必需的科学工作计划》(1824 年法文版);《实证主义问答》(1853 年法文版);参阅利特雷《孔德和实证哲学》,巴黎,1888 年法文版;J. 圣末尔《孔德和实证主义》,伦敦,1865 年英文版;J. 里格《孔德实证哲学概论》,巴黎,1881 年法文版;E. 凯尔德《社会哲学和孔德的宗教》,格拉斯哥,1885 年英文版;柴谢赖《哲学研究》,海德尔堡,1899 年德文版,译自俄文版;莱维-布律耳《孔德的哲学》(巴黎,1900年法文版,由英伦纳尔译成德文,莱比锡 1902 年);G. 米希《法国实证主义的兴起》(载于《哲学史文库》第十四卷,1901 年);G. 康泰科尔《实证主义》(巴黎,1904 年法文版)。

　　嗣后一段时间,孔德的地位变得越来越有影响,甚至达到某种压倒一切的优势。E. **利特雷**(1801—1881 年;《从哲学观点看科学》,巴黎,1873 年法文版)系统地捍卫了他的实证主义。有些重要作家采用更自由的方式吸取了实证主义,如 H. **泰纳**(1828—1893 年;《艺术哲学》,1865 年法文版;《智力论》,1870 年法文版;关于论述他的文章,参阅 G. 巴泽洛蒂,罗马 1895 年),Ern. **勒南**(1823—1892 年;《当代的问题》,1868 年法文版;《哲学前景》,1890 年法文版)。经验的心理学或所谓"实验的"心理学也同样是在孔德的影响下发展起来的;《哲学评论》杂志的编辑 Th. **里博**应该是这一方面的领袖;应予重视的除他的关于英国心理学和德国心理学的著作外,还有关于记忆、意志和性格等等的病态的研究。在某种程度上**社会学**也受到孔德的影响,如 R. **沃尔姆斯**,G. **塔尔德**,E. **杜尔克姆**等竭尽全力发展社会学(见 1894 年后出版的《社会学年鉴》)。还有**进化论**也属于这方面,此理论主要由 J. M. **居伊约**所阐述(1854—1888 年;《伦理学大纲》,1885 年法文版;《未来无宗教论》,1887 年法文版;《从社会学观点看艺术》,1889 年法文版;对他的论述见 A. 富耶,巴黎 1889 年;还有 E. 伯格曼,他出版了居伊约哲学作品选集)。

　　后来在法国哲学的代表人物中最重要的是**雷诺维叶**(1818—1903 年;《一般批判论文》,1875—1896 年,法文第二版;《哲学学说系统分类纲要》,1885—1886 年,法文版;《历史的分析哲学》,1896 年法文版;《新单子论》,1899 年法文版;《形而上学的二难推论》,1901 年法文版;《人格主义》,1902 年法文版;参阅 G. 塞埃勒斯《雷诺维叶哲学》,巴黎,1905 年法文版)。他力图综合康德和孔德的学说,其文献资料见《哲学年鉴》(1889 年后出版)。在当代法国哲学代表人物中同他有关系的有 J. **拉舍利埃**和他的弟子 E. **布特鲁**(《论自然规律的偶然性》,巴黎,1895 年法文版)。在法国现代哲学家中最有独创性、最重要的人物是**亨利·柏格森**;他的著作有:《论意识的直接论据》,《物质与记忆》,《形而上学序论》,《创化论》;此等著作均系德文版,耶拿,1908 年起。参阅 A. 施特伯尔格(1909 年),W. 梅考尔(1914 年),R. 英加尔登(《胡塞尔年鉴》,卷五,1922 年)。

　　在英国,**联想心理学**通过托马斯·布朗传给这样一些人,如托马斯·贝尔沙姆(1750—1829 年;《人类心灵的哲学要素》,1801 年英文版),约翰·**费**

恩(《人类心灵的基本准则》,1820 年英文版),以及许多其他的人。联想心理
学和颅相学中也找到支持者,如 G. 库姆(《颅相学体系》,爱丁堡,1825 年英
文版),S. 贝利(《真理探索论文》,1829 年英文版;《论推断》,1851 年英文版;
《关于心灵哲学的通信》,1855 年英文版)和哈里特·马蒂诺(《关于人性规律
和人类发展规律的通信》,1851 年英文版)。联想心理学通过下述人物达到
542 充分的发展:**詹姆士·穆勒**(《人类心灵现象分析》,1829 年英文版;对他的论
述参阅 A. 贝恩,伦敦,1882 年)和他的儿子**约翰·斯图亚特·穆勒**(1806—
1873 年;《推论的和归纳的逻辑体系》,1843 年英文版;《功利主义》,1863 年
英文版;《哈密尔顿爵士的哲学研究》,1865 年英文版;去世后出版的《论宗教
论文》,1874 年英文版;伦理学著作残篇由 Ch. 道格尔斯编辑,1897 年出版。
参阅 A. 泰纳《英国实证主义》,巴黎,1864 年法文版;L. 考特尼《穆勒的生
平》,伦敦,1889 年英文版;Ch. 道格拉斯《约翰·斯图亚特·穆勒》,爱丁堡和
伦敦,1895 年英文版;S. 萨恩格尔《约翰·斯图亚特·穆勒》,斯图加特,1901
年)。与这条思想路线有密切关系的有 A. 贝恩(《感官与理智》,1856 年英文
版;《精神科学和道德科学》,1868 年英文版;《情绪与意志》,1859 年英文版)。
与此有关的**功利主义**的代表人物是:T. 科根(《关于激情的哲学论文》,1802
年英文版;《伦理问题》,1817 年英文版),约翰·**奥斯汀**(1790—1859 年;《成
文法哲学》,1832 年英文版),G. 康韦尔·**刘易斯**(《论政治学中的观察法和推
理法》,1852 年英文版)。参阅莱斯利·斯蒂芬《英国功利主义》(伦敦,1900
年英文版)。亨利·**西季威克**(1833—1900 年;《伦理学方法》,1875 年英文第
一版;《实践伦理学》,伦敦,1898 年英文版)宣扬一种改头换面的功利主义。
与此思想路线接近的还有著名的历史学家 G. **格罗特**。

  苏格兰哲学(参阅安德鲁·塞思,爱丁堡,1890 年),继杜格尔德·斯图
尔特和詹姆斯·**麦金托什**(1764—1832 年;《论伦理哲学的发展》,1830 年英
文版)之后,最初还有些不重要的代言人,如**艾伯克龙比**(1781—1846 年;《理
智能力探索》,1830 年英文版;《关于宗教感情的哲学》,1833 年英文版)和**查
默斯**(1780—1847 年)。一些受哈密尔顿的影响的哲学家们将苏格兰哲学特
别当作学术的信条使之与库辛的折中主义接近:亨利·**查默斯**(《论无限的哲
学》,1854 年英文版),J. D. **莫雷尔**(《十九世纪欧洲思辨哲学的历史观和批判
观》,1846 年英文版),还有 H. **韦奇伍德**(《论理智的发展》,1848 年英文版)。

〔英国思想的〕视野通过与德国文学的交往而更加开阔和充实了。对此做出贡献的有塞缪尔·泰勒·科尔里奇(1772—1834 年)和威廉·**华兹华斯**(1770—1850 年),特别是托马斯·**卡莱尔**(1795—1881 年;《过去与现在》,1843 年英文版;参阅:舒尔策-加弗尼茨《卡莱尔的世界观和社会观》,德累斯顿,1893 年德文版;P. 亨塞尔《托马斯·卡莱尔》,斯图加特,1900 年德文第二版)。在哲学界,这种影响主要通过康德表现出来,康德的认识论影响了 J. **赫谢尔**(《论自然哲学的研究》,1830 年英文版),特别是 W. **惠威尔**(《归纳科学的哲学》,1840 年英文版)。

苏格兰哲学对这种影响的反应是明智的,通过威廉·**哈密尔顿爵士**(1788—1856 年;《关于哲学和文学的探讨》,1852 年英文版;《论真理和谬误》,1856 年英文版;《形而上学和逻辑学讲演录》,1859 年英文版;《关于里德和斯图尔特的著作的版本》;参阅 M. 维奇《哈密尔顿其人及其哲学》,爱丁堡和伦敦,1883 年英文版)之手苏格兰哲学经历着有价值的改造。在他的学派里,主要由 M. L. **曼塞尔**(1820—1871 年;《形而上学或意识哲学》,1860 年英文版)支持的严格意义上的**不可知论**同倾向于折中主义的形而上学思潮分道扬镳,后一思潮的代表人物有:J. M. **维奇**,R. **朗兹**(《关于原初教义的哲学导论》,1865 年英文版),**利奇曼**,**麦科什**等人。

另一思潮兴起了,来源于哈密尔顿的一种特殊启示,这种思潮力图将形式逻辑发展成为一种符号演算。从属于这种思潮的有:G. **布尔**(《逻辑的数学分析》,1847 年英文版;《思维规律分析》,1854 年英文版),**德·摩根**(《形式逻辑》,1847 年英文版),托马斯·**斯宾塞·贝恩斯**(《逻辑形式新分析论》,1850 年英文版),W. **斯坦利·杰文斯**(《纯逻辑》,1864 年英文版;《科学原则》,1874 年英文版),J. **维恩**(《符号逻辑》,1881 年英文版;《概率逻辑》,1876 年英文版;《逻辑原则》,1889 年英文版)。关于这方面,参阅 A. 里尔(《科学的哲学季刊》,1877 年德文版)和 L. 利阿特(《近代英国逻辑》,由伊默曼译成德文,柏林,1880 年)。

宗教哲学家詹姆斯·**马蒂诺**受到部分来自康德、部分来自德国后期有神论的影响;类似的有 W. **纽曼**,A. C. **弗雷泽**等。自从哈钦森·**斯梯林**(《黑格尔的秘密》,1865 年英文版)之后,德国唯心主义在它整个发展过程中,在它构建形而上学的形态中,特别在它的黑格尔形式中,掀起了一种生气蓬勃的唯心主义运动,运动领导人是托马斯·希尔·**格林**(1882 年逝世;《休谟哲学导论》,1875 年英文版;《伦理学绪论》,1883 年英文版);此外,应算入此类的还有 F. H. **布莱德里**(《现象与实在》,1897 年英文第二版),W. **华莱士**,Th. H. **霍奇森**,E. **凯尔德**等等。

　　上述种种改革都从属于**进化**这一原理下:这同一原理运用在有机的自然界上,通过查尔斯·**达尔文**(《根据自然选择的物种起源》,1859 年英文版;《人类由来》,1871 年英文版)变成具有权威性的原理了。这同一原理由赫伯特·**斯宾塞**(1820—1903 年;《第一原理》,1862 年英文版;《生物学原理》,1864—1867 年,英文版;《心理学原理》,1870—1872 年,英文版;《社会学原理》,1876—1896 年,英文版;《道德原理》,1879—1893 年;对他的论述见 O. 高普,斯图加特,1923 年第五版)用更带普遍性的语言表述出来并使之成为

543　全面性的"综合哲学体系"的基础。从属于这种思潮的主要还有**华莱士**,G. H. **刘易士**,G. J. **罗马尼斯**等等。在这方面西季威克(见前面)也可计算在内。此外,多数英国实证主义者与这条路线很接近,如 H. **赫胥黎**(《进化与伦理学》,1893 年英文版),J. **廷德尔**,J. C. **马克斯韦尔**,H. **梅因**等等。

　　认识论观点与进化史的相对主义和功利主义连接在一起;在英美文学中认识论观点在**实用主义**的名称下激起一种汹涌的浪潮,其主要特征通过下列人物显露出来:C. S. **皮尔斯**(《什么是实用主义》,载于《一元论》,1907 年),威廉·**詹姆斯**(《实用主义》,1905 年英文版,由耶路撒冷各本译成德文,1908年)和 F. **席勒**(《人本主义》,1903 年英文版,1911 年德文版)。参阅 W. 文德尔班《趋向真理的意志》(海德尔堡,1910 年德文版)。与实用主义理论接近的有 H. **法伊欣格尔**《仿佛哲学》(1911 年德文初版,1920 年德文第四版)。

　　十九世纪**意大利哲学**长期以来比**法国哲学**更受政治因素的决定性的影响;因此在改造过的思想内容上意大利哲学有的依赖于法国哲学,有的依赖于德国哲学。开始时占统治地位的是百科全书学派在实践上和理论上的世界观,如乔亚(1766—1829 年)或他的朋友**罗马格诺辛**(1761—1835年),而在帕斯奎尔·**盖洛皮**(1771—1864 年;《关于人类认识批判的哲学论文》,1820 年起,意大利文版;《论意志哲学》,1832 年起)那里,康德的影响却早已显露出来,——当然是在莱布尼茨的潜在先天性的心理学至上论的形式下显露出来的。

　　在后一时期,主要由牧师们发展起来的哲学,从本质上说受到罗马教皇同民主自由主义的政治联盟的影响,因为唯理主义极盼与天启教信仰联合起来。这种倾向的最有特色、为人最和蔼可亲的代表人物是安东尼奥·**罗斯米尼-塞巴蒂**(1796—1855年;《观念起源新论》,1830年意大利文版;《道德科学原理》,1831年意大利文版;去世后出版的《通神论》,1859年起,意大利文版;《关于范畴和辩证法的历史批判》,1884年意大利文版;对他的论述,见F. X.克劳斯《德意志评论》,1865年)。柏拉图、笛卡儿、谢林诸学派的观念的结合更加明显地发展为**唯本体(论)主义**,即**先天的存在论**,这一理论体现于文森佐·**乔伯蒂**(1801—1852年;《论罗斯米尼的哲学谬误》,1842年意大利文版;《哲学概论》,1840年意大利文版;《物种原记》,1857年意大利文版;参阅斯帕文塔《乔伯蒂哲学》,1863年意大利文版)的学说中。经历过这整个发展过程的是特伦佐·**马米阿尼**(1800—1885年;《一位形而上学家的自白》,1865年意大利文版),走这条路线的还有卢吉·**费里**(1826—1895年),**拉班卡,博纳特里**等,尽管仍不免受到德国和法国的哲学观点的影响。

　　这种思潮的敌手一方面是严格的**正统主义**,其代表人物有**文图拉**(1782—1861年),**塔帕雷里和利伯拉托雷**(《论理智认识》,1865年意大利文版),另一方面是政治上激进的**怀疑主义**,其代表人物为吉斯帕·**费拉里**(1811—1866年;《革命哲学》,1851年意大利文版)和安东尼奥·**弗朗克**(《十九世纪的宗教》,1853年意大利文版)。介绍康德哲学的是A.**特斯塔**(1784—1860年;《纯粹理性批判》,1849年起,意大利文版),更成功的是C.**坎顿尼**(1840—1906年;见前面第456页),E.**托科**,S.**特比格尼奥**等。介绍黑格尔哲学的是A.**维拉**(1813—1885年),B.**斯帕文塔**(1817—1883年)。介绍孔德的实证主义的是**坎坦尼奥,阿迪戈,拉布里奥拉**。本尼德托·**克罗齐**(1866—1952年)从黑格尔主义的观点出发发展了一种独特的唯心主义;他的规模宏大、思想深邃的**精神哲学**(Filosofia dello spirito)现以三卷集出版:《美学》(由K.费德译成德文,1905年第三版),《逻辑学》(第二版),《实践哲学》(巴里,1909年)。

　　在**德国**,各伟大哲学学派在十九世纪三四十年代首先传播开来(见J. E.厄尔德曼《哲学史纲》卷二,《附录》,第331节起;特别是由B.厄尔德曼编辑的第四版,第728页起)。**赫尔巴特**的信徒们表现得最全面最坚决,其中表现突出的有：M. **德罗比施**(1802—1896 年；《宗教哲学》，1840 年德文版；《心理学》，1842 年德文版；《道德统计学和人类意志自由》，1867 年德文版)，R. **齐默尔曼**(《美学》，维也纳，1865 年德文版)，L. **施特于佩尔**(《形而上学要旨》，1840 年德文版；《哲学入门》，1886 年德文版)，T. **齐勒**(《普通教育学入门》，1856 年德文版)。这个学派的一个特殊分支形成所谓的**民族心理学**，创始人有 M. **拉扎鲁斯**(《心灵的生活》，1856—1857 年，德文版)和 H. **施泰因塔尔**(《语言学概论》卷一，《心理学与语言学入门》，1871 年德文版)。见其共同纲领，载于《民族心理学和语言学杂志》卷一。与此路线有密切关系的是 A. **施皮尔**的学说(1837—1890 年；《思想与现实》，莱比锡，1873 年德文版；《全集》，莱比锡，1883—1885 年，1910 年新版；对他的论述见 H. 克拉帕雷德，巴黎，1899 年)。

544　　**黑格尔学派**本身就有丰富的辩证法的成果。在三十年代，由于宗教上的矛盾，此学派内部分化了。重要的哲学史家，**泽勒和普朗特尔，厄尔德曼和库诺·费希尔**分别走各自的路，不受外界影响(见霍夫曼《库诺·费希尔》，1924 年)。在两派之间具有极大的独立思考能力的是 K. **罗森克兰茨**(1805—1879 年；《逻辑观念的科学》，1858—1859 年)和 F. T. **菲舍尔**(1807—1887 年；《美学》，1846—1858 年德文版，1923 年新版；《也是一个人》，1879 年德文版)。参阅：H. 格洛克勒《菲舍尔的美学与黑格尔精神现象学的关系》，1920 年德文版；O. 赫斯纳德《F. T. 菲舍尔》(巴黎，1921 年)。

　　黑格尔学派的"右翼"遏止泛神论观点的传播，强调人格的形而上学意义，吸引了那些与黑格尔关系不那么密切而又坚持费希特和莱布尼茨的因素的思想家。这些人是：J. H. **费希特**(1797—1879 年，**知识学**创始人的儿子；《关于近代哲学特征的论文集》，1829 年德文版；《伦理学》，1850 年起德文版；《人类学》，1856 年德文版)，C. **福特拉格**(1806—1881 年；《心理学体系》，1855 年德文版)，Chr. **魏塞**(1801—1866 年；《美学体系》，1830 年和 1871 年，德文版；《形而上学基本特征》，1835 年德文版；《当代哲学问题》1842 年德文版；《基督教哲学》，1855 年起，德文版)，H. **乌尔里齐**(1806—1884 年；《哲学基本原理》，1845—1846 年，德文版；《上帝与自然》，1861 年德文版；《上帝与人》，1866 年德文版)，E. **特兰多尔夫**(1782—1863 年)，**卡里埃**(1817—1895 年)等。与他们有密切关系的一方面有 R. **罗思**(1797—1867 年；《神学的伦理学》，德文第二版，1867—1871年；对他的思辨体系的论述，见 H. 霍尔茨曼，1899年）他把唯心主义发展中许多启示交织成为原始的神秘主义；在另一方面，A. **特伦德伦堡**将"运动"概念代替黑格尔的辩证法原则，从而想借此反对黑格尔哲学；但是他的功绩在于他对亚里士多德研究提供的促进因素（1802—1872年；《逻辑学研究》，1840年德文版；《自然法》，1860年德文版；对他的论述，见 R. 奥伊肯，1902年，和 P. 彼得森，1913年）。

归于黑格尔学派"左翼"的是阿诺德·**鲁格**（1802—1880年；与埃克特麦耶合编《哈雷年鉴》，1838—1840年，和《德国年鉴》，1841—1842年；《全集》，十卷集，曼海姆，1846年起），路德维希·**费尔巴哈**（1804—1872年；《论死亡与不朽》，1830年德文版；《哲学与基督教》，1839年德文版；《基督教的本质》，1841年德文版；《宗教的本质》，1845年德文版；《神统学》，1857年德文版；《全集》，十卷集，莱比锡1846年起；由博林和约德尔编辑新版，斯图加特，1905年起。参阅：K. 格林《论费尔巴哈》，莱比锡，1784年德文版；Fr. 约德尔《费尔巴哈》，斯图加特，1904年德文版），大卫·弗里德里希·**施特劳斯**（1808—1874年；《耶稣传》，1835年德文版；《基督教义学》，1840—1841年德文版；《新旧信仰》1872年德文版；《全集》，十二卷集，柏林1876年起德文版。参阅 A. 豪斯拉特《施特劳斯及当时的神学》，海德尔堡，1876年和1878年，德文版；S. 埃克《施特劳斯》，斯图加特，1899年德文版；Th. 齐格勒《施特劳斯》，两卷集，斯特拉斯堡，1908年德文版；H. 迈尔《哲学的界限》，1909年德文版）。

〔德国思辨哲学又传进了斯堪的纳维亚的北方。瑞典人 C. J. 博施特罗姆（1797—1866年）的哲学体系可在《哲学丛书》中找到（第30卷）。在**丹麦**，**泽伦·基尔凯戈尔**（1813—1855年）在同黑格尔（哲学）的出自内心的争辩中表现出强烈的激情，将黑格尔的客观唯心主义发展到相反的极端个人主义的顶点（《全集》，十二卷集，耶拿，1922年起）。在哈拉尔德·**赫夫丁**（1843年去世）的著作中德国和意大利的思想与法国和英国的实证主义的强大影响相互交融。〕

关于**唯物主义辩论**必须提到的有：K. **摩莱肖特**（《生命的循环》，1852年德文版），鲁道夫·**瓦格纳**（《论认识和信仰》，1854年德文版；《关于灵魂之争论》，1857年德文版），C. **福格特**（《轻信与科学》，1854年德文版；《关于人类的讲演录》,1863 年德文版),L. **毕希纳**(《力与物资》,1855 年德文版)。与这种唯物主义有密切关系的是极端的**感觉主义**,形成此种思想的有 H. **裘尔伯**(1819—1873 年;《感觉主义新论》,1855 年德文版;《客观现实的认识论的基本特征》,1875 年德文版),还有**宇伯威格**(1826—1871 年),他原本与贝内克有更密切的关系(参阅 A. 兰格《唯物主义史》,II.2,4)。有同样关系的是所谓的**一元论**,E. **海克尔**(去世于 1834 年;《自然宇宙创造史》,1868 年德文版;《宇宙之谜》,1899 年德文版;参阅卢夫斯《反海克尔》,1900 年德文版;Fr. 保尔森《哲学家海克尔》,载于 1900 年《普鲁士年鉴》)力图借助于"物种选择学说"发展这种一元论。最后是社会主义的历史哲学,它的奠基人是 Fr. **恩格斯**(《费尔巴哈和德国古典哲学的终结》,1888 年德文版;《家庭、私有制和国家的起源》,1884 年德文版)和 K. **马克思**《资本论》,1867 年起,德文版);对恩格斯和马克思的论述见 R. 施坦勒尔《经济与权利》,1896 年德文版;G. 马萨里克《马克思主义的哲学和社会学的基础》,1899 年德文版;L. 沃尔特曼《历史唯物主义》,1900 年德文版;H. 施瓦茨《现代唯物主义》,1904 年德文版;K. 福尔莱德尔《康德和马克思》,1911 年德文版;J. 普伦吉《马克思和黑格尔》,1911 年德文版。

　　在德国哲学的继承者中最重要的人物要算 R. H. **洛采**(1817—1881 年;《形而上学》,1841 年;《逻辑学》,1842 年;《医疗心理学》,1842 年;《小宇宙》,1856 年起;《哲学体系》,第一卷《逻辑学》1874 年,第二卷《形而上学》1879 年,新版载于《哲学丛书》;参阅 O. 萨斯伯里《洛采对德国哲学的态度》,1883 年德文版;E. V. 哈特曼《洛采哲学》,柏林,1888 年德文版;H. 舍恩《洛采的形而上学》,巴黎,1902 年法文版;文特舍尔《洛采》,卷一,1913 年;G. 米西《逻辑学新版导论》,莱比锡,1912 年德文版),K. **斯顿夫**(《康德研究》,1922 年),F. 班伯格《十九世纪哲学中价值问题的起源研究》,卷一《洛采》,哈雷,1924 年德文版)。

　　有趣的次要人物是:G. Th. **费希纳**(1801—1887 年;《南娜》,1848 年德文版;《物理原子论和哲学原子论》,1855 年德文版;《心理物理学原理》,1860 年德文版;《信仰的三个动机》,1863 年德文版;《美学入门》,1876 年德文版;《白昼观察与黑夜观察的对比》,1879 年德文版;对他的论述见 K. 拉斯韦茨,斯图加特,1896 年;W. 冯特,莱比锡,1901 年;W. 文德尔班,1909 年),欧根·**杜**

林（于 1833 年去世；《自然辩证法》，1865 年德文版；《生命的价值》，1865 年德
文版；《哲学教程》，1875 年和 1894 年起，德文版；《逻辑学和知识学》，1878 年
德文版；《宗教替代品》，1883 年德文版）。天主教方面参与哲学发展的有：
Fr. 赫姆斯（1775—1831 年；《基督—天主教神学导论》，1819 年德文版），B. 博
尔札诺（1781—1848 年；《知识学》，1837 年德文版，1915 年新版；参阅 M. 帕
拉格耶《康德和博尔札诺》，哈雷，1902 年德文版；H. 柏格曼《博尔札诺的哲学
著作》，哈雷，1909 年德文版），A. 京特（1785—1863 年；《全集》，维也纳，1881
年德文版；P. 努特《论 A. 京特》，维也纳，1881 年德文版）；威廉·罗森克兰茨
（1821—1874 年；《认识的科学》，1866 年德文版）。

　　在德国大约十九世纪中叶，哲学兴趣大大下降，后由于对康德的研究和
自然科学的需求结合起来，又迅速地恢复了。康德研究通过库诺·费希尔的
作品被激励起来了（1860 年），掀起以色彩多样、差别细微著称的**新康德主义**
思潮。属于此学派的主要有：A. **朗格**（1828—1875 年；《唯物主义史》，1866
年德文初版，1908 年第一版），O. **李普曼**（1840—1912 年；《关于现实的分
析》，1911 年德文第四版；《思想与事实》，两卷集，1882—1901 年德文版）；H.
柯亨（1842—1917 年；《哲学体系》，1902 年起德文版；参阅那托尔卜《柯亨的
哲学功绩》，1918 年德文版；W. 金克尔《柯亨的生平和著作》，1924 年德文
版），P. **那托尔卜**（1854—1925 年；《社会教育学》，1922 年德文第五版；《柏拉
图理念论》，1922 年德文第二版；《精密科学的逻辑基础》，1910 年德文版；《普
通心理学》，卷一，1912 年德文版；《社会唯心主义》，1920 年德文版；《实践哲
学讲演录》，1925 年德文版），E. **卡西勒**（《实体概念与功能概念》，1910 年德文
版；《象征形式哲学》，三卷集，1923 年起，德文版），N. **哈特曼**（《知识形而上学
的基本特征》，1921 年德文版；《伦理学》，1926 年德文版）。在神学领域，代表
者是 Alb. **里彻尔**（《神学与形而上学》，1881 年德文版）及其传播很广的学派，
但在法律领域代表者是 R. **施塔姆列尔**。

　　在新康德主义的基础上，**德国西南学派**发展了一种**价值哲学**。W. **文德
尔班**《序曲》，1921 年德文第七、第八版；《逻辑学原则》，1913 年德文版；《哲学
概论》，1914 年初版，1920 年德文第二版；参阅 H. **李凯尔特**《威廉·文德尔
班》。H. **李觊尔特**《认识的对象》，1892 年，1921 年德文第五版；《自然科学概
念形成的界限》，1896 年起，1921 年德文第四版；《哲学体系》，卷一，1921 年

德文版;《人生哲学》,1922 年德文第二版;《现代文化哲学家康德》,1924 年德文版。参阅 A. 福斯托《李凯尔特及其在德国当代哲学中的地位》,1927 年德文版。E. 拉斯克《哲学的逻辑学》,1911 年德文版;《判断论》,1912 年德文版;《全集》,1923 年。同李凯尔特一样,继承费希特的有 H. 闵斯特贝尔格。他的著作有:《哲学的基本特征》,1900 年德文版;《价值哲学》,1908 年德文版。

理论物理之成为对哲学很有意义主要通过 R. 迈尔(《对于无生命的自然力量的评论》,1845 年德文版;《论机械的热当量》,1850 年德文版;对他的论述见黎尔载于《西格瓦尔特——论文集》的文章,1900 年),H. 赫尔姆霍茨(《生理光学》,1886 年德文版;《知觉中的事实》,1879 年德文版;L. 戈德施米特《康德和赫尔姆霍茨》,汉堡,1898 年德文版;L. 柯尼斯伯格尔《赫尔姆霍茨》,三卷集,不伦瑞克,1902 年或 1903 年;Fr. 柯纳特《赫尔姆霍茨的心理学观点》,哈雷,1904 年德文版),W. 马赫(《感觉的分析》,1900 年,耶拿德文第二版;对他的论述见 R. 柯尼希瓦尔特,柏林,1903 年),H. 赫茨(《力学原则》,莱比锡,1894 年德文版,1910 年新版)。

W. 冯特(出生于 1837 年)从生理学开始逐步建立了一个全面的哲学体系;在他为数众多的著作中可以提到的有:《生理心理学要义》,1873—1874 年德文版;《逻辑学》,1880—1881 年德文版;《伦理学》,1886 年德文版;《哲学体系》,1889 年德文版;《心理学导论》,1897 年德文版;《民族心理学》,1900 年起德文版。参阅 P. 彼得森(1924 年)。

康德主义的认识论受阻于 J. V. 基尔希曼(《知识哲学》,1864 年德文版)的唯实论和戈林(《批判哲学体系》,1874—1875 年德文版)与 E. 拉斯(《唯心论和实证论》,1879 年起德文版)的实证主义,有些地方还受阻于 A. 黎尔(《哲学批判主义》,1876 年起,新版 1924 年起;《哲学研究》,1925 年德文版)。R. 阿芬那留斯在经验批判主义的名义下遵循着与此类似的路线(《纯粹经验批判》,1888—1890 年德文版;《人的世界概念》,1891 年;参阅 O. 埃瓦尔德,柏林,1905 年)。与此类似的还有 W. 舒佩(《认识论的逻辑学》,波恩,1878 年德文版)和 J. 雷姆克(《作为基础科学的哲学》,1910 年德文版;《逻辑学或作为知识学的哲学》,1918 年德文版)的所谓内在论哲学的观点。

正如在上述哲学家那里自然科学概念具有权威性的作用一样,另一方面在下述哲学家那里,历史的世界观的兴趣却具有规范性的价值;如 R. 奥伊肯

（《精神生活的统一性》，1888 年德文版；《为精神生活的内容而奋斗》，1896 年德文版；《宗教的真理内涵》，1901 年德文版；《论文集》，1903 年德文版；《人生的意义和价值》，1908 年德文版；《认识与人生》，1912 年德文版；《人与世界》，1918 年德文版），H. 格洛高（《哲学的基础科学概论》，1880 年德文版），W. 狄尔泰（1833—1911 年；《人文科学入门》，卷一，1883 年德文版；《人文科学中历史领域的发展》，卷一，1910 年德文版；《全集》，1914 年起德文版）；参阅 G. 米施《全集卷五导言》和 A. 施泰因《狄尔泰的认识概念》（1926 年）及其学派，G. 西默尔（《伦理学概论》，1892 年德文版；《历史哲学问题》，1892 年德文版；《货币哲学》，1900 年德文版；《康德》，1903 年德文版；《社会学》，1908 年德文版；《哲学修养》，1911 年德文版；《歌德》，1913 年德文版；《人生观》，1918 年德文版）和 E. 特勒尔奇（1865—1923 年；《全集》，1912 年起德文版）。站在中间立场，继续发扬施莱尔马歇的思想的是 C. 西格瓦尔特（1830—1904 年；《逻辑学》，1911 年德文第四版）。与他的立场接近的有 H. 梅尔，其著作有：《情感思维的心理学》（1908 年德文版）；《真理与现实》卷一（1926 年德文版）。

　　保持着与经院哲学传统的联系，特别是保持着与熔有实证主义观念的传统的联系的是具有深远影响的人物弗朗兹·布伦坦诺（1838—1917 年；《从经验角度看心理学》，1874 年德文版；《道德认识起源》，1889 年德文版；A. 卡斯蒂尔《试论遗著中的认识》，1925 年；主要著作新版载于《哲学丛书》；O. 克劳斯《论弗朗兹·布伦坦诺》，1919 年初版，1921 年新版）。出于此学派的有 C. 施图姆普夫，A. v. 迈农（《文集》1913 年起），A. 马尔提（《全集》，1916 年起），还有现象学的奠基人 E. 胡塞尔（《逻辑研究》，1913 年起德文第二版；《纯粹现象学观念》，卷一，1913 年德文版），A. 普凡德尔（《逻辑学》，1921 年德文版），M. 舍勒（《伦理学的形式主义》，1927 年德文第三版；《关于价值的彻底改革》，1919 年德文版；《关于人类的永生》，卷一，1921 年德文版；《知识形态和社会》，1926 年德文版），M. 海德格尔（《存在与时间》，卷一，1929 年德文版）。

　　与一般文学有更密切关系的个别人物中必须提到的有两个作家：

　　E. v. 哈特曼（1842—1906 年）由于他的《无意识的哲学》（1869 年）引起很大的轰动；后来他又写了大量的著作，其中最重要的有：《从遗传学的观点看无意识》，1872 年德文版；《道德意识的现象学》，1879 年德文版；《精神宗教》，

1882年德文版;《美学》,1887—1888年德文版;《范畴论》,1897年德文版,
1923年新版;《形而上学史》,1900年德文版;《现代物理学的世界观》,1902
年德文版;《哲学体系大纲》,遗著,1909年德文版。这些著作代表一种益发
完整的科学观点。对他的论述见A. 德鲁斯,1902年;L. 齐格勒,1910—1911
年;J. v. 林特伦《现代悲观主义的宗教哲学》,1924年。与此同时他激起了一
种又悲观又神秘的通俗哲学,可算作这一哲学的代表人物的一方面有**梅因勒
德尔**(《拯救哲学》,1874—1875年,德文版),另方面有**杜普雷尔**(《神秘主义
哲学》,1884—1885年德文版)。

　　F. W. **尼采**(1844—1900年)的著作卷帙浩繁(《全集》,莱比锡,1895年起
德文版),从其中选出下列各书以表现他激情动荡的思想发展在各不同阶段
的特色:《悲剧诞生于音乐精神》(或《悲剧的诞生》),1872年德文版;《不合时
代潮流的观点》,1873—1876年德文版;《使所有的人都成为博爱者》,1876—
1880年德文版;《扎拉图斯拉如是说》,1883—1884年德文版;《善与恶的彼
岸》,1886年德文版;《道德的世系》,1887年德文版;《日暮途穷的偶像》,1889
年。对他的论述见A. 里尔,斯图加特,1897年第二版;R. 里希特《尼采的生
平和著作》,莱比锡,1903年德文版;O. 埃瓦尔德《尼采学说的基本概念》,柏
林,1903年德文版;A. 德鲁斯《尼采哲学》,海德尔堡,1904年德文版;K. 乔尔
《尼采和浪漫主义》,耶拿,1904年德文版;E. 塞耶《阿波罗或狄俄尼索》,巴
黎,1905年法文版;G. 西默尔《叔本华和尼采》,莱比锡,1907年德文版;E. 伯
特伦《尼采》,1920年德文版;C. 安德勒《尼采的生平和思想》,六卷集,巴黎,
1921年法文版;N. v. 布布诺夫《尼采——文化哲学》,1924年德文版;K. 希尔
德布兰特《瓦格纳和尼采》,1924年德文版;L. 克拉格斯《尼采在心理学上的
成就》,1926年德文版;《尼采学会阿利阿德尼年鉴》,1925年起。

第四十四节　　关于灵魂之争

H. 闵斯特贝尔格《心理学基本特征》(*Grundzüge der Psychologie*),卷一《原
　　理》(*Die Prinzipien*),莱比锡,1900年德文版。

E. v. 哈特曼《现代心理学》(*Die Moderne Psychologie*),莱比锡,1901年德文

版。

G. 维拉《当代心理学入门》(*Einleitung in die Psychologie der Gegenwart*),
莱比锡,1902 年,由普劳姆译成德文。

在十九世纪一般的科学关系中别具特色的变化是**心理学从哲
学中解脱出来**[①],这种解脱不断向前发展,迄今在原则上已告完
成。这种解脱源于形而上学的兴趣和形而上学的成就迅速下降;
这种情况,特别是在德国,表现为对于思辨思维高度紧张而产生的
自然反应。心理学就这样便被剥夺了更普遍的依靠基础。因此在
它力图为自己建立纯粹经验科学的立足点时,一开始便无力抵御
科学方法的入侵;根据科学方法,心理学应该被当作生理学或普通
生物学中的一门专门学科。围绕这一问题发生了一系列激烈的活
动。

1. 十九世纪初,法国的观念学与英国早已分化为联想心理学
和常识学的启蒙运动哲学的后期发展之间产生了活跃的相互交替
的现象。在这交替现象中法国居于主导地位。在法国从一开始,
早已存在于孔狄亚克和邦尼特之间的对立(见第三十三节,7)便愈
益尖锐地显露出来了,在德士杜特·德·特雷西那里,甚至在拉罗
米吉埃尔那里,均尚未达到明确的决断。另一方面,**唯物主义**路线
的领袖**卡班里斯**关于人类的肉体本质和灵魂(道德)本质的关联在
考虑年龄、性别、性格、气候等影响之后得到这样的结论:无论何
处,心灵生活被决定于肉体和肉体的心理关系。因此,当有机体功

[①]　参阅 W. 文德尔班《论心理学研究的当前状况》(*Über gegenwärtigen Stand
der psychologischen Forschung*),莱比锡,1876 年德文版。

能至少原则上只还原为机械过程和化学过程时,灵魂作为生命力已经成为不必要的了,从而灵魂作为意识的支柱变得过时、不中用了。

在阐述这些观点时,其他医生们,比如**布鲁萨斯**,提出唯物主义的更加明确的表达式:理智活动不过是脑髓功能的"结果之一"。因此人们迫不及待地抓住**颅相学**这一奇怪的假说,加尔以此声称他已经找出经验心理学直到当时为止所提出的特殊"机能"(见前面第四十一节,3)在脑髓中的确定部位。当人们在大庭广众之中听到这样的言论:心灵特殊才能或多或少的激烈发展可以在头盖骨中被认识,这不仅是一件趣闻,而且与此相连,特别是在医生中,产生这样的观点——所谓灵魂生活的物质性无疑地已经被发现了。特别在英国,正如**库姆**著作成功地表现出来的一样,颅相学的迷信引起巨大的兴趣并在科学上促进了哈特利思想路线上的纯粹生理学的心理学的发展。

约翰·斯图亚特·穆勒步其父后尘[①],在观念和经验论上将其同胞带回休谟的联想心理学的观点。人们用不着去追问物质本身和心灵本身究竟是什么,相反应该从这样的事实出发:物质状态和心理状态呈现为两种完全不能比较的经验领域,**心理学作为心灵生活规律的科学**必须研究心灵所构成的事实本身而不可将这些事实归因于另一种存在领域的规律。亚历山大·贝恩根据穆勒这个观点进一步发扬了联想心理学;因为他特别指出了肌肉感觉的

---

　　① 约翰·斯图亚特·穆勒系詹姆斯·穆勒之子,后者为传统英国学派领导人,英国联想心理学家。——译者

重要性,与本能的肉体活动相对应的心灵生活的基本事实即应在此肌肉感觉中找到。因此,这种联想心理学彻底不理解心灵状态的物质性①;不过它承认了观念和冲动的机械作用是解释心灵变化的唯一原则:它的认识论基础简直是彻底地实证主义的。

2. 在强调**意识活动为统一体**的思想路线上更加明显地出现了对于唯物主义心理学的对抗。**拉罗米吉埃尔**的观念学仿效特雷西的范例仔细地区分纯然是肉体刺激引起的"变体"与灵魂的"活动",灵魂在这些活动中证明其自身(即使在知觉中)的独立存在,在蒙特伯里埃的学派中,他们仍然相信"生命力"。**巴尔泰斯**固然认为生命力是与肉体和灵魂分离的东西,完全不为人所知,但是**比夏**用自发的"反应"的特征把"动物"从"有机"物中区别出来。自发的或本能的反应这一心理学因素通过**梅勒·德·比朗**得到充分的发展,他坚持不懈地用不断更新的手法着手划分心理学与生理学的界限。这位哲学家敏锐而细致的思想从英国哲学和德国哲学接受了不少的启示和倡议。关于这方面,必须强调的是②,他结识了康德和费希特的学说(虽然只是肤浅的),结识了在巴黎人们经常乐道的布特韦克的德性主义。梅勒·德·比朗的理论(后称为**唯灵主义**)所依据的基本事实是,在**意志**中我们直接体验到的既有我们自己的活动又有"Non-Moi"〔非我〕的(主要是我们自己肉体的)

---

①　因此,这种联想心理学与灵魂的唯物主义观点毫无共同之处。——英译本

②　这些通道在这里不仅是在学术上(维勒斯,德热朗多等)而且很大程度上是在私人关系上。其中有重大意义的是施勒格耳兄弟在巴黎的出现,特别是弗里德利克·施勒格耳的讲演。在巴黎本身,奥托伊尔学社起了很大作用,瑞士大使**施塔普芬**,一个出色的居间人物也参加了这个学社。

反抗。人格(人的存在)在他自身的上述活动中的反映形成整个哲学的出发点:对此认识的内在经验呈现为形式;对抗的经验呈现为物质。从这一基本事实出发展现出种种概念:力,实体,原因,统一,同一,自由,必然性等等。就这样,梅勒·德·比朗在心理学的基础上建立起他的形而上学体系;他的形而上学体系往往使我们回想起笛卡儿和马勒伯朗士,只不过他用 *volo ergo sum*〔我愿故我在〕代替了 *cogito ergo sum*〔我思故我在〕;正为此之故,他竭尽全力图谋划定心理学与生理学的界限,特别是将**内在经验**(*sens intime*)的概念展示为整个精神科学的清晰自明的基础;他将有意志的人格的自我意识视作精神科学的基本原则。这些意义深刻的思想旨在反对十八世纪自然主义的片面性。梅勒·德·比朗为了他自己的信念,特别是在他晚年,利用了一种神秘的手法充实了这些思想,找到人的存在消失和溶化于上帝的爱中的最高级的生活形式。另一方面,他的科学理论通过他的朋友们,如**昂佩尔、朱夫罗伊和库辛**,得到与外界更进一步的接触的机会,有时与苏格兰哲学接触,有时与德国哲学接触。在这些接触过程中,由于对资料**折中**吸收的结果,许多原来固有的特点都丧失了。此事从外表上看来表现在这一事实上:他这样改造后的观点,特别是他从库辛那里吸取来的教育方式,被人随意称作**唯灵主义**,而事实上他的理论的原始特质最好应称作**唯意志论**,他的理论之得到改造是由于库辛从德国同一哲学那里带来了唯理智主义的补充。后来**拉韦松**在同样意义上,**雷诺维叶**以一种更独立的、与康德批判主义更密切的方式,力图从折中主义沿循原路回到梅勒·德·比朗,甚至有些地方回到了莱布尼茨[①]；此外，特别是雷诺维叶走向极端，不仅在认识论中而且在形而上学和历史哲学的关系上将批判原则彻底地二元化了，因为他在所有领域里强调了绝不可能完全统一的矛盾，在一切现实中又强调了反理性的偶然事物。他为了着手贯彻这条原则在异想天开的结构里渗透着日益新鲜的词语。

通过**柏格森**，唯灵主义形而上学又重新取得了强劲的和创造性的突飞猛进。他从批判自然科学世界观出发证明：在生物学上，脑髓只具备一种对运动机能起敏感反应的功能，与此相同，从感性发展而来的抽象的概念形式所具备的含义，只不过是为行为服务的工具，因此它们只是为了预测的合乎规律的稳定性的理论。与此相反，柏格森从自我经验的直接现实中创立一种人格、自由和创造发展的形而上学[②]。

3.　总的说来，**唯意志论**也许是十九世纪具有最鲜明特色的心理学思潮。〔它是经验科学采取了康德和费希特的哲学观点从理论理性转向实践理性的形式。〕在德国，在这方面的主要影响来自费希特和叔本华的形而上学。根据他们二人，人的本性基于意志；550 这种观点赋予整个世界观的色彩只有通过我们这一世纪的德国历史发展过程和与此相联的群众意识的改造才可能得到加深。实践的重要性（实践已提到最高限度）和（不是不带危险性的）理论的受压抑两者越来越呈现为这一时代的独特的特征。这种思潮早在贝

---

①　在意大利**盖洛皮**采取了同一立场。在他作为哲学基础的诸多"意识事实"中，他视道德意志的自主性为决定性因素，而**罗斯米尼**则仍坚持较旧的唯理智主义。

②　参阅《物质与记忆》的德文版，载有文德尔班《导言》，耶拿，1908 年。

内克那里就以科学形式表现出来了；贝内克〔尽管他有些地方依赖于英国哲学，有些地方依赖于赫尔巴特，但〕用一种独特的笔法阐述他的联想心理学（见前面第四十一节，8），他认为灵魂生活的因素（他称为"原始能力"）是主动过程或**冲动**，这些冲动最初受到刺激进入行动，并通过保持其内容（作为"遗迹"），通过对不断产生的新的力量的相互调整，来实现灵魂本性表面上的实质统一。据此，灵魂不是像休谟所说的那样是一束观念，而是一束冲动、力量和"能力"；而在另一方面，按照从前灵魂活动的分类，这些"能力"的现实意义又被否定了（见前面第四十一节，3）。贝内克认为，通过对内在知觉的事实进行有计划的改造，从而归纳地创立这种学说，这是逻辑学、伦理学、形而上学、宗教哲学等哲学学科唯一可能的先决条件。在这过程中，他的目的在于创建**价值论**，价值由于冲动的增加或减少从属于刺激（所谓"事物"）。

　　福特拉格通过将贝内克心理学至上论融合于费希特的知识学中，赋予它以形而上学的形式。他又认为灵魂和处于相互关联中的万物是**冲动或力的系统**，也许没有一个人像他那样鲜明地贯彻这样的概念：实体存在的源泉是意志的活动——一种缺乏任何基质的活动[①]。他认为灵魂活动过程的本质基于：从原始机能中通过综合的紧密结合便反映出持久的内容，〔内容固定下来了，从而产生心理现实的种种形式〕。他因此又一次指出了这样一条道路：形而上学只有走这条道路才可能从物质变化过程被认为是不可变

---

　　①　参阅 C. 福特拉格《心理学论文集》，第 40 页，莱比锡，1875 年德文版。见前面第 512 页注释。

的实体(如原子)的运动这一模式中解放出来。但与此同时,在这些理论中还存在着这样的观点的萌芽:观念化、注意、判断、评价等运动过程必须被视作"冲动"的机能,冲动导致怀疑、同意或否认。毋庸置疑,在后一发展过程中思维过程的心理分析甚至深入到逻辑领域,但又往往避而不正视这门学科的真正问题。特别在最近几十年中与十八世纪完全相似,心理学至上论取得了蓬勃发展,在其退化时期又表现为当时最肤浅的大众哲学。

　　4. 在英国也一样,传统的心理学至上论总继续居统治地位。**哈密尔顿**在德国哲学的影响下,特别是在康德的影响下,曾对**苏格兰**学说进行过改造,但这种改造也还没有从本质上改变上述优势。他同样捍卫内在经验的观点并视之为所有哲学学科的标准。必然性和普遍性只有在日常的、直接为人理解的、出现在每个人心中的意识事实中才能找到。但是在这些事实中(属于这类事实的还有各人对于外部事物的知觉)我们得以认识的又只是有限关系和有限条件中的有限事物。正是在这意义上(因而不涉及康德的现象性概念)哈密尔顿认为人类知识局限于对有限事物的经验。关于无限和绝对即关于上帝,人类只有道德的信仰确实性。与此相反,科学不能认识这"无条件者",因为科学作为"处于关系中的"、"具有条件的"活动只能思考这样的问题:事物之间彼此的关系和彼此的区分(康德关于综合的概念)。后来**曼塞尔**利用此**"不可知论"**为他的天启神学服务,对于运用康德认识论持愈益怀疑的态度。他证明:宗教教义绝不可能为人类理性所理解,并坚持:正因为这一缘故,宗教教义是无懈可击的。"绝对"或"无限"的不可知性,正如哈密尔顿所表明的,在英国另外的哲学思潮中仍然起到重要作用,例如在 H. 斯宾塞的体系中,在实证主义和实用主义的拥护者那里。

心理学只处理意识事实;与心理学相反,哈密尔顿将(与三类心理现象相对应的)逻辑学、美学和伦理学当作事实所依存的规律的学说。然而,他对于制定这些规律的规范的性质并未达到充分的明晰性,因此在这方面从原则上说来种种哲学学科仍然纠缠于心理学至上论中。哈密尔顿在阐述他的体系的过程中,他的逻辑学说发展成为**形式逻辑**轮廓最鲜明突出的产物之一。在他看来,逻辑问题要处理的只是系统地阐述存在于概念之间的关系,他又将整个研究局限于**量**的关系,完全超出了亚里士多德分析篇的原则(见前面第十二节,3)。每一判断必须被认作一个(纯粹可逆的)方程式,陈述两个概念范围彼此之间的关系;例如一个从属判断(如"玫瑰是一朵花")必然采取这个形式:"所有的 S＝有些 P","所有的玫瑰花＝一些花"。这个形式的特点是:宾词被"定量了";而以前的逻辑学往往只有主词是定量的。如果所有判断都这样简化为概念范围之间的方程式,那么推理和结论都表现为已知量的运算程序。这似乎完全贯彻了唯名论的逻辑原则,有如奥卡姆(见前面第二十七节,4),霍布斯(第三十一节,2)和孔狄亚克(第三十四节,8)所表述的。因此,自哈密尔顿以后,"新分析"或"演算逻辑"传播开来了,成为精巧机智而又无结果的智力游戏的广阔场地。因为很清楚,这种逻辑的出发点只是可能存在于概念之间而又成为判断对象的无数关系之一,甚至还是最不重要的关系之一;而逻辑思维最有价值的关系却恰恰是那些被此种分析所遗失的东西。然而这种逻辑用以发展其规律体系的数字精确性却吸引着成群的有才华的研究者,这种情况不仅在英国是如此。不过,他们忽视了这样的事实:人类活生生的实际思想与这一整套精心制作的形式结构毫不相干。

5. 在法国和英国争论这些问题中很自然地往往渗透着关于**灵魂实体**概念的宗教的或**神学的兴趣**,在异常激烈的争论中这种兴趣占据中心地位,在德国这些争论导致黑格尔学派的解体。这些争论基本上围绕着**神的人格**和**灵魂不朽**来进行。黑格尔主义不能作为"普鲁士官方哲学"而继续存在了,除非它主张"哲学与宗教的同一"。这位大师对这些问题没有直接的兴趣,他在辩证的形式主义中所运用的意义含混的表达方式促进了关于他的学说的正统性的争论。事实上,所谓黑格尔学派的"右翼"竭力保存这种正统性,有些卓越的神学家,如加布勒,戈舍尔和海因里希斯,便属于这一翼。但如果它还迟疑不定,还在怀疑"理念回复到它自身"在何等程度上始可被解释为上帝的人格,那么在另方面非常清楚的是,在永恒变化的体系中,在一切形式相互辩证地转化中,有限的人格对于"实体"品格,对于宗教意义上的灵魂不朽几乎无权提出似乎有理由的要求。

这种动因迫使一些哲学家脱离黑格尔学派而走向"**有神论的**"世界观,这种世界观(与梅勒·德·比朗的世界观类似)将**人格**概念作为中心,而关于有限人格则使其接近于莱布尼茨的单子论。小费希特(即 J. H. 费希特)将这些精神实体命名为 *Urpositionen*〔原位〕。对于这种思想最有意义的阐述莫过于 C. **魏塞**的哲学体系。这个哲学体系在本体论上将"可能"的概念置于存在概念之上,所有存在来源于自由,有如人格的自我生产(费希特)。在这

里,在可能的东西与现实的东西的关系中重现了莱布尼茨关于
vérités éternelles〔永恒真理〕与 *vérités de fait*〔事实真理〕之间的
对立,同样也重现了康德结合于"自然的特殊化"概念中的问题(见
前面第四十节,7)。在经过熟思而仍不能去掉的种种"可能事物"
中,最后成为现实的东西总是那些可以思考为他物的东西;那就是
说,现实的东西不是可以推导出来的,而必须被视作通过自由而被
给予的。规律和事实是不能相互转化的。**乌尔里齐**用较多的心理
学原理阐述这种观点;他假定自我为"辨别"活动,他以此识别整个
意识并据此发展他的逻辑理论以及心理学理论。

6. 在复辟时期,正统观念日益得势,扬扬得意,在此时却遭到
553 反对派以黑格尔主义为武器的猛烈攻击;在这场斗争中**鲁格**充当
了公开支持宗教和政治的自由主义的领袖。这一翼如何从泛神论
和莱布尼茨主义的观点来理解唯心主义体系,最好去看**费尔巴哈**
的《论死亡与不朽》一书,在这本书里神的无限被颂扬为人类最后
的生活归宿,人融化于神的无限中,被赞美为真正的不朽和福祉。
费尔巴哈从这种理想的泛神论出发通过各种不同的、愈益激烈的
发展阶段很迅速地达到他的理论的最彻底的改变。他感觉到,泛
逻辑主义体系不能解释自然界具体事物,尽管黑格尔曾声称自然
是不可能使概念保持纯粹的偶然性的领域。费尔巴哈认为,这种
无能实际上已潜存于人为他本身而制作的关于事物的概念中。毋
庸置疑,哲学用以思维的一般概念是不可能理解个别事物的真正
本性的。据此,费尔巴哈将黑格尔体系头足倒置,结果出现了**唯名
论的唯物主义**。现实的东西是为感官所认识的个体;所有普遍的
东西,所有思想的或精神的东西都只不过是个体的幻觉。心灵或

精神是"在本身异在中的自然"。费尔巴哈以此方式提出**对宗教的
人类学解释**：人将他自身的类本质（正如他自身所愿的）当作上帝。
此"愿望论"以与伊壁鸠鲁同样的方式（见第十五节,7）将人类从迷
信及其恶果中解脱出来。这种"未来哲学"的认识论只能是感觉主
义；感觉主义的伦理学只能是幸福主义：幸福的冲动即是道德的原
则；**与人同乐**,对他人幸福的同情的参与,是基本的道德感。

　　在唯物主义显示出如此显赫的形而上学血统之后,人们采用
了有利于唯物主义的人类学的论证方式；自拉美特利以来在法国
学术界这种方式一直为人所利用,而且这种方式通过生物学的发
展显得愈益强劲有力。费尔巴哈教导道：人就是他所吃的东西！
就这样,人们又一次把灵魂依赖肉体解释为灵魂活动的物质性；思
维和意志被视作大脑的"分泌物",正如其它的东西是其它器官的
分泌物一样。这种观点的同盟者以纯粹的**感觉主义认识论**的外观
表现出来,如像**裴尔伯**摆脱形而上学的假定而发展了这种认识论,
后来裴尔伯本人达到了接近于唯物主义的世界观。因为在他看
来,知识只可能表现为现实的摹本,所以他最终将空间的广袤归之
于观念本身,并且总的说来,他将空间视作所有属性的支持者,给
它以斯宾诺莎的实体的地位。

　　所以唯物主义的思维方式开始在德国的医生和自然科学家中
传播开来；此事在 1854 年在哥廷根召开的自然科学家会议上便
昭然若揭了。自然科学的论断与"情感需要"之间的矛盾成为继续
存在于学术界热烈争论的主题,卡尔·**福格特**在此争论中捍卫机
械的世界观的绝对权威,而鲁道夫·**瓦格纳**则相反,他公开承认要
在人类知识的边界上获取拯救灵魂和灵魂不朽的信仰的可能性。

554　这一企图被人很不恰当地命名为"复式簿记"[①],后来(有如英国人的不可知论)起到过主要作用:在识破了唯物主义的片面性而又不熟悉唯心主义的目的论的自然科学家中引起对于**康德**日益增长的爱好,他们认为心灵的需求可被容许避入康德的物自体之中。于是,在 1860 年当康诺·费希尔对于批判哲学的光辉阐述问世的时候"回到康德去"的运动便开始了;此事后来注定退化为文学—历史的显微学。A.**朗格**的《唯物主义史》曾阐述过产生显微学的自然科学气氛。毫无疑问,在这过程中产生不少误解,即使伟大的自然科学家,如像**赫尔姆霍茨**[②],也混淆了先验唯心主义与洛克的符号论和关于第一、第二性质的理论。而稍晚一些,又出现了另一种误解,在**里彻尔**的领导下,一个著名的神学学派采取了"物自体"学说,所用方式类似于英国的不可知论。

　　特别是自从奥·**李普曼**的使人印象深刻的书《康德和模仿者》1865 年出版以后,康德主义在哲学上的复活贯穿着十九世纪整个后半叶,呈现出五彩缤纷的图景,各种对立的意见以所有不同的色调相互交映;自康德学说出现以来第一次有如此绚丽的景象。经验主义和理性主义的观点又重新相互争斗,它们在历史上以及在体系上的调和成为实用主义必然的最后根据,从而逐步发展归总于**费希特**。此时唯心主义形而上学又在成形的过程中,我们可以认为鲁·**奥伊肯**是其主要的代表人物。

---

　　① 不无兴趣的是,我们注意到这一动因与法国唯物主义者很接近。关于卡班里斯和布鲁萨斯,在他们的晚年的表述中便含有这种含义,甚至带有神秘的倾向。

　　② 参阅 H.赫尔姆霍茨《生活光学》,第 25 节;特别是《知觉中的事实》(柏林,1879 年德文版)。

然而在所有这些形式中,这一新康德主义运动认真钻研认识论问题卓有成效,即认清了唯物主义肤浅的形而上学的缺陷和不可能性而予以否定。即使在康德学说转向完全经验主义甚至实证主义的方向的地方,或者即使陷入所谓"唯我论"的种种荒诞的推理中,那种视意识为物质的附属机能的思想都被视为谬论而遭到摈弃。更确切地说,一种相反的片面观点显露出来了:第一现实性只应归于与外部知觉相对立的内在知觉[1]。最重要的事是:十九世纪结束时仅由自然科学的概念和假说所决定的世界观相当迅速地崩溃了;自然哲学又重新恢复了名誉。从这点开始,在"唯能论"学说中,酝酿着对自然进行哲学理解的新形式[2]。

就这样,唯物主义在科学中被克服了;它只存在于通俗的阐述中,如毕希纳的《力与物质》或在施特劳斯的《新旧信仰》的较精致的形式中[3];不过它也作为人生观存在于那些乐于享受出于助人为乐者之手的"科学成果"的圈子里。唯物主义的这种浅薄知识在海克尔的著作中和在他的所谓"一元论"中找到自己最典型的阐述。

对于作为科学的心理学而言,根据批判的认识论,它必须放弃把灵魂实体概念当作基础以及当作研究的对象;心理学作为心灵生活的规律的科学只应基于内部经验或外部经验,或者二者兼有。

555

---

[1]　这主要出现在所谓的**内在论哲学**中,其代表人物除 W. 舒佩外,还可特别提到冯·舒伯特-索尔德恩。

[2]　参阅 W. 奥斯特瓦尔德《自然哲学讲演录》(莱比锡,1903 年德文版)。

[3]　在唯物主义所能找到的最机灵的形式中(此外,也许还要提一下 L. 纳普的《法哲学》,1857 年出版)又显露出来自黑格尔辩证法的渊源,其表现在:一切较高级的精神生活方式都被认为是自然力图超越自身。

这样,我们得到了"无灵魂的心理学",它完全摆脱了一切形而上学假说——或者看起来是如此。

7. **洛采**从德国唯心主义的基本思想出发提出了对上述矛盾更深一层的调和。构成整个现实世界的精神本质的生动的和造形的活动以善为其目的,而自然的机械作用是这种活动实现其目的的有规律的形式。无疑,自然只具有机械的因果关系的原则,并无其他原则,这一原则也被应用于有机体;但是形而上学的本原同逻辑学的本原一样,只存在于伦理学中。在阐述这种**目的论的唯心主义**中,来自所有伟大的德国哲学体系的**动因**产生共鸣,造就一种新的谐和的形象;每一现实个体只在它同其他个体所处的活生生的关系中才具有它自身的本质;只有在下述条件下这些构成宇宙关联整体的关系才有可能:整个存在着的东西作为部分的实在植根于实体的统一中;此外,在个体之间发生的一切东西必须被理解为公共生活目标的合目的的实现。洛采为了充分阐述这种形而上学的基本思想,他利用了作用极大的普遍性,他用这种普遍性掌握了现实材料和所有特殊学科中科学活动的种种形式;在这方面他的人格和他的学说配得上接续上一个时代。他自己的立场的特色最好用他的认识观点刻画为灵魂与其它"实体"之间的活生生的合目的的相互作用。当来自"事物"的刺激与灵魂的"反作用"结合起来时,一方面灵魂在直观形象中、在普遍真理(凭借事物的刺激以直接的明确性表现出来)中发展自身的本性,另方面主体的参与使观念世界实际上成为**现象**,不过这种"**现象**"作为合目的的内在生活绝不是纯然的幻觉,而是一种善在其中实现的**价值领域**。这种意识世界的变成现实是实体相互作用的最有价值的结果,是世界过程最后的、最独特的含义。洛采在他的《逻辑学》一书中从这基本思想出发将一系列思想形式考虑为一系统的整体,思想问题或任务即从其中发展而来。在他的《形而上学》中他造就和规定了他的目的论的唯心主义的世界观,阐述概念时细致、机敏,考虑问题时审慎、全面。遗憾的是,他的体系的第三部分伦理学并没有用这样严格的形式表达出来;作为代替品他的《小宇宙》描述优雅深沉,我们看出这位哲学家的信念和他成熟的对于人生和历史的理解。

8. 另外一条途径,避免用自然科学处理心灵生活时的困难,被**费希纳**选定了。他宁愿将肉体和灵魂视作同一未知现实的表象方式,——性质完全分离完全不同,但又永远相互对应;他从此思想出发沿着这样的方向前进:每一肉体的关联均有一与之对应的精神的关联,尽管后者只是通过我们自身的知觉才得以认识。正如与神经系统的特殊部位的刺激相对应的感觉本身呈现为我们个别意识的总体波的表层波,同样我们可以想象个人的意识又只不过是更普遍意识的表层波,——有些像行星精神的表层波。如果我们沿着这条路线前进,我们最终会得到与原子普遍的因果关联相对应的**上帝普遍的总意识**的臆测。此外,根据费希纳,我们意识中的内外经验的关联使研究这种对应关系的规律成为可能。关于此事的科学叫作**心物学**。这门科学的第一任务是找出**测定心理量的方法**,其目的在于获得用数学表达的规律。费希纳主要提出了**恰可觉察的差别的方法**,这方法规定感觉强度之间可觉察的最小的差别为计量单位并假定此最小差别无论何种情况都是相等的。这一假定确实是武断的,在这假定的基础上就有可能出现所谓"韦伯-费希纳定律",根据这个定律,感觉强度与刺激强度的对数成正比。费希纳以此唤起这样的希望:通过间接测量心理量值就有可能用自然科学的方法从数学上表达心物规律或者甚至心理规律,这一希望尽管遭到无数严肃的抗议,但却获得巨大成功,过去几十年来在为此目的而创建的许多实验室中促进了实验研究;但是我们还不能说,对于心灵生活的更深的新的理解所取得的成果就已经同实验的活动并驾齐驱了①。

557

　　斯宾诺莎的平行论的复活也同样遇到越来越大的困难。在费希纳那里,该平行论是用独断的方式处理的,因为他要求感觉知觉的内容有完全的形而上学实在性的权利。他称这种观点为"白昼观",并将它与在自然科学和哲学中的现象论的"黑夜观"相对立。这一独断观点后来依据能量守恒原则最牢固地树立起来了,这一原则排除了每一物理运动是由另外的物理运动所引起的。与此相反,另外的人用更批判的方式来考虑平行论,因为他们假定灵魂和肉体连同其所有状态和活动都只不过是同一实在统一体的不同表象方式。但是,经过这个问题所引起的热烈争辩之后②,问题变得愈来愈明显了,这样的平行论不管以何种形式表现出来都是站不住脚的,都是行不通的。最有意义的实质性的反证仍然是灵魂生活的不连续性和企图按因果关系充分利用"无意识的观念"来理解

---

　　① 关于这些观点的争论,最简单的莫过于参阅费希纳本人的著作《心物学要旨修正》(*Revision der Hauptpunkte der Psychophysik*),莱比锡,1882 年德文版。此外,特别可以参阅 H. 闵斯特贝尔格《论心理学的任务和方法》(*Über Aufgaben und Methoden der Psychologie*),莱比锡,1891 年德文版。

　　② E. 布塞在《纪念西格尔特七十诞辰哲学论文集》(*Philos. Abhandlungen zur Sigwart's 70. Geburtstag*,蒂宾根,1900 年德文版)中提出了关于这个问题的文献的批判的综合评述。特别参阅在同一书中 H. 李凯尔特的研究成果。

从知觉发展到知觉的完全不可能性。

此事也在这样一位科学家那里显示出来，他曾非常积极地从事于传播心理学知识，他就是威廉·**冯特**。他从自己的"生理心理学"出发逐渐形成一种"哲学体系"，认为世界是一种**意志个性**的活跃的关联整体。他在他的形而上学中利用了费希特-福特拉格关于无基质的行为的概念，并将实体概念的应用局限于自然科学理论。这些意志活动的相互作用在有机物中产生高级的意志统一体，并从而产生中心意志的不同阶段。但是，根据我们思想的调节原则，从这些前提中所产生的绝对宇宙意志和宇宙意识的理念存在于人类认识能力的界限之外。

9. 唯意志论特别在更一般的观点和文学中日益壮大成长，它反对在德国新人文主义黄金时代具有典型特征的唯理智论；这一冲突的结果，经院哲学家们的辩证的洞察力所热烈讨论过的关于意志和理智何者**优先**的问题（见前面二十六节）便向前发展了。爱·冯·**哈特曼**最清楚地看清了：这一问题实际上产生于唯心主义体系内部的对抗性的发展。他的《无意识的哲学》一方面来自对黑格尔的总结，另方面来自叔本华和谢林的后期思想，其目的是再一次把唯心主义的理性路线和非理性路线结合起来。他力图用此方法把**意志和观念**（"非逻辑"和"逻辑的"因素）作为平行的相互作用的属性归因于统一的宇宙精神。当哈特曼称绝对精神为"无意识"时，他的意识概念类似于叔本华的意志概念，模棱两可，含糊不清。因为"无意识"的活动是意志和观念的功能，这些功能实际上不存于经验的意识中，但如果我们要对它们进行思考，那就需要假定某种另外的意识。这更高一级的意识，名叫无意识，形成一切有意识的个体的生命的共同基础。哈特曼力图证明此高级意识为自然生活和灵魂生活的所有过程中的积极本质,代替了叔本华和谢林在自然中的意志,同样代替了过去心理学的生命力和发展体系中的"隐德来希"。总之,无意识在有机生命的合目的的相互关系中发展起来。在这方面,哈特曼很有成效地攻击了唯物主义,因为他的学说无论何处都指出了事物统一的**精神**的生命基础。为了达到此目的,他利用了大量的丰富的自然科学知识;虽然他认为他"利用自然科学的归纳法"收到了"纯理论的成效"——这纯属自我欺骗,但他毕竟采取了最有利的方法。不管怎样,他取自自然科学的力量与他动人的有时甚至是才气焕发的阐述结合起来大大有助于"无意识哲学"取得异常巨大的、尽管是昙花一现的成功。无意识哲学的主要魅力固然存在于对悲观主义的阐述(见后面第四十六节),但在这条路线上却惹起一连串大多是质量低劣的世俗哲学的文学。

　　哈特曼本人广泛利用历史知识将其形而上学基本思想扩展到伦理学、美学和宗教哲学的领域,以后他进而在他的《范畴论》中制定出他的严格的辩证法体系。这是德国近几十年来出现的概念建筑学的最完整的作品,这部作品在他的《形而上学史》一书中在历史和批判的基础上得到补充。《范畴论》无疑是他的主要的科学著作。这部著作以各种组织形式,通过(认识论的)主观理想的领域、(自然哲学的)客观现实的领域以及形而上学领域,探索着无论直观的还是推理的所有理智的关系形式;它想借此力图获得各门哲学学科的共同的形式基础。它以其精巧的辩证关系和对于具体现实丰富的有趣的观点表现出它是黑格尔《逻辑学》的独一无二的匹配物。正如黑格尔辩证地发展了整个过程,在此过程中理念转化为自然,概念"离弃"自身而"异在",同样,哈特曼揭示了在每一具体范畴中的转化,现实的"逻辑"因素通过与来源于意志的"非逻辑"因素的关系经历着这种转化。在这里,世界又表现为由于理性反抗意志而产生的内部的分裂。

第四十五节　　自然和历史

　　康德**世界观**的二元论通过**自然科学与社会科学**之间的独特的紧张关系反映在十九世纪的科学中。过去控制伟大的唯心主义体系的这种对立从来没有像我们这个时代在实质意义上和方法上这样风靡一时,从这种情况便产生了无数充满希望的新的转变。如果我们把有争议的心理学领域从社会科学领域中除掉,那么我们得到与"自然"相对立的更符合康德思想的东西——整个范围内各个方面的**社会生活及其历史发展**。自然科学思想以囊括一切的强大力量向前突飞猛进,它根据事物的本性很容易在社会现象中(像过去在心理现象中一样)找到可以使它的思维方式发生作用的关键地方,致使在这个领域里必然发生类似于过去由于灵魂问题而引起的一场争斗。就这样,过去的对立在**自然科学与历史科学**之间发展到最高峰。

　　1. 在自然科学与历史**世界观**之间进行搏斗的第一个形式是**法国传统主义**成功地驳斥了革命哲学。在圣马丁和德·梅斯特雷提出革命是上帝对不信神的人类的惩罚之后,**德·博拉尔**进而利

用**教会-正统王权的复辟时期**①的理论来反对十八世纪的社会学
说,他又认为这些社会学说应对恐怖时代②的残暴行为负责。尽
管他在抽象思维方面没有修养,特别在对词源学偏爱方面显得浅
薄无学,但由于他阐述时的热情、由于他所捍卫的分量,他是有影
响的。他宣讲道,启蒙时期的错误在于假定了理性从它自身即可
找到真理和组织社会,在于将社会生活的构成付诸个人的喜爱。
然而事实上,所有人类的精神生活是**历史传统**的产物,因为它扎根
于**语言**中;而语言又是(孔狄亚克主义即在这里遭到极猛烈的攻
击)上帝赐予人类的第一次启示;上帝之"言"(《圣经》)是所有真理
的源泉。人的知识永远只是对此真理的参与,它产生于良心,我们
从中将普遍有效的东西变成自己的东西。但是上帝之言的传统的
支柱是教会:教会的教义是上帝所赐,是**普遍理性**,是经历若干世
纪繁殖下来的大树,所有人类知识真正的果实在这棵大树上成熟。
因此,只有这一启示是社会唯一可能的基础。反叛社会的个人,其
器张气焰已经在社会的瓦解中得到惩罚。现在是时候了,应在这
永恒的基础上重新建立起社会来。这也是把**巴兰谢**朦胧而奇特的
幻想松散地糅合在一起的思想。

2. 这种教会政治学说的哲学因素是,在社会历史发展中自我
实现的普遍理性(*Gattungsvernunft*〔种属理性〕③)被认作个人精
神生活的基础。如果人们从这种传统主义中抽去了神学观点,那
么人们便会发现自己紧紧靠近**黑格尔的关于客观精神**的概念。因

---

① 法国王朝复辟时期(1814—1830 年)。——译者
② 指法国资产阶级革命时从 1793 年 5 月到 1794 年 7 月这一阶段。——译者
③ 指属于全人类的理性。——译者

此,极为滑稽的是,当**维克多·库辛**恰恰在这方面吸收了德国哲学的时候,他几乎抽走了教皇极权主义者的精华。折中主义也在宣扬普遍理性,不见得不乐于在其中看见与苏格兰的"常识"相类似的东西,它根据谢林和黑格尔的思想并不否认"常识"具有形而上学的基础。因此,**拉梅耐**(他原本是一位传统主义者,后又接受过德国哲学的教育)在他的《一门哲学的雏形》一书中阐述了理念论,此时他完全保留了上述良心学说的实质内容。

　　客观精神论,如果纯粹从心理学和经验论的观点来理解,呈现出另一种完全不同的形式。在个人的精神生活中进行着无数的过程,这些过程只不过依存于这样的事实:个体只作为心灵互相联系的整体的一个成员而存在;每一个人习惯于在此相互作用的关联中生活,他之为他正在于此;此相互作用的关联生活不是按照自然规律如像心理变化过程的一般形式那样来显现自己,而是按照历史的确实性来显示自己。作为个人生活基础的一般精神客观地自我表现于语言、风俗、道德和公共机构中。通过对这些事物的考察钻研,个人心理学必定扩大到**社会心理学**。这个原则已由**拉扎鲁斯和施泰因塔尔**创立了。他们利用另一不大合适的名称**民族心理学**(*Völkerpsychologie*〔人民心理学或比较心理学〕)来阐述此原则必须具备的显著的历史品格。与此相反,在此历史品格被摈弃的地方,人们力求使社会心理学和整个社会学成为自然科学,将大众的灵魂生活的永恒的规律性作为自身研究的对象;这种倾向特别是在法国文学界得到**塔尔德**等人的坚决支持[①]。在德国 G. **西默尔**

---

　　① 关于这一点,请参阅基斯塔科夫斯基《社会与个体》(*Gesellschaft und Einzelwesen*),柏林,1899 年德文版。

把社会学带入与此完全不同的思潮中,他把一种社会存在形式的哲学学说连同在富有成果的关联中的文化价值问题当作社会学[①]。

3.为了要理解与十八世纪的种种社会政治理论相对立的、自从圣西门以来成为**法国社会主义**特色的宗教色彩,就应该考虑传统主义的基本社会思想。圣西门学说不仅处于日益成为新的社会政治力量的宗教热忱的压力之下,而且处于与德国哲学及其辩证法的亲密的关系之中。所有这一切都传给了他的弟子奥古斯丁·孔德,而孔德的思想发展又经历着一种极其特殊的命运。

他的目标不偏不倚正好落在人类社会的彻底改造上。在他看来明显的结论是:革命的原因是启蒙运动,启蒙运动连同革命一起垮台了。像传统主义一样,他认为应对此负责的是个人的独立,是自由研究和独立自主的生活方式,因为它们导致意见紊乱,导致公共生活的无政府状态。拯救社会的方法只有在科学知识的统治中去寻找。我们沿着较可靠的道路前进,发现一切生活活动都屈从于普遍有效的原则,这种从属关系早在中世纪辉煌而早熟的天主教哲学体系中就几乎实现了。我们一定要用实证科学来代替神学,正如过去中世纪不容忍信仰自由一样,实证科学也不容忍信仰自由。这种浪漫主义因素彻头彻尾浸透着孔德学说。这一点不仅通过他对中世纪社会制度充满热情的描述表现在他的历史哲学中,不仅表现在他所设计的"人道宗教"及其礼仪中,而且还特别表现在他为建立新的社会秩序而要求一种精神和世俗权威的共存

---

①　G.西默尔《社会学》,莱比锡,1908年德文版。

中。这种社会秩序的新形式必须来自 *Pouvoir Spirituel*〔教权〕的创造性活动；为此目的，孔德为创建他的"西方委员会"，作出了令人难以置信的努力。正如他自封为这个委员会的主席一样，他以创建这种新的学说为己任。然而建立这一新的社会秩序所必须依据的实证哲学只不过是实证科学本身有秩序的体系。

　　首先孔德设计的**实证科学体系**将休谟和孔狄亚克的观点推向极端。不仅人类知识被规定只限于现象之间的相互关系，而且绝不存在什么绝对的东西，那个东西似乎为现象的基础，但不为人所知。唯一的绝对原则是，**一切都是相对的**。谈论事物的第一因或事物的终极目的是没有理性意义的。但是这种**相对论**（后或称"相互关系论"）立即受到数学-自然科学思想的普遍要求的制约和影响，此时科学被宣布承担根据以下观点解释所有这些关系的任务：除具体事实以外，我们也必须发现和建立这些事实在时空中一再重现时的秩序。这种秩序我们可称之为"一般事实"，不能超过这一点。因此，实证主义利用"规律"（这是孔德给一般事实所取的惯用名称）不是为了解释特殊事实，而只是为了建立上述重现事实。从这里便产生对未来的预见，即科学的实践成果——*savoir pour prévoir*〔为预见而认识〕（显然，在这些前提下这种预见是令人难以理解的，是不合理的）。孔德的这一观点不仅取得像 C. 戈林这一类哲学家的支持，戈林特别为他的因果论吸取了这一观点，而且在一定程度上也获得一些自然科学家特别是机械学的代表人物如像**基希霍夫和马赫**等人的赞同。他的倾向是将效果概念排除于科学的自然观之外，并在单纯"描述"或发现最恰当的"形象"的基础上达到消灭"力"的目的。**赫茨**在他的《机械学原理》一书中曾力图

562

证明此事。理查德·**阿芬那留斯**曾利用抽象辩证法的一般结论把与此类似的思想编织成他的"经验批判论"的不可言状的令人讨厌的词汇术语,力图证明世界上一切哲学概念都是一种"纯经验"的原始的世界概念的不必要的变体。

4. 孔德宣扬道:有些现象是简单的,有些现象又是多少有些复杂的,无论个别的或一般的都是如此。较简单的知识必然先于较复杂的知识。为此,他把科学排列成一个"**等级系统**",从简单的逐步发展到复杂的。数学之后是天文学,之后是物理、化学、生物学(包括心理学),最后是"**社会学**"。不过这种关系从原则上说,不要认为好像是每下一门学科都是从上一门学科或上几门学科推导而来;它的含义只不过假定更复杂的事实内部包含更基本的事实;完全新的事实是在更基本的事实之上再加上其自身独特的组合和性质。所以,比如,生物学预先假定物理过程和化学过程,但生命这一事实是某一种完全崭新的东西,不能从这些过程推导而来;它是一个必须用生物学的观察来确证的事实。社会学对于在它前面的五门科学的关系也是如此。依照这个原则,孔德的社会静力学特别强调它反对(像在启蒙运动哲学中所发生的那样)社会性是从个体推导而来。社会性是一原始事实,最初的社会现象是家庭。另一方面,还更独立的是社会动力学,它放弃了心理学解释,给自己规定的任务是发现**社会历史的自然规律**。孔德在社会必须经历的**三个阶段的原则**中找到了这一规律——这一 aperçu〔臆测〕早在达朗贝和杜尔哥以及黑格尔和库辛那里已有典范模型。从理智上说,人类从神学阶段开始,经过形而上学阶段,进入实证阶段。人类解释现象在第一阶段利用的是假借神人同形同性所想象的超自然的力量,在第二阶段利用的是人类自己构建的作为在现象后面起作用的本质的一般概念;而在实证阶段,人类只有与实际上有据可查的条件联系起来才能理解具体事物,依据这些条件遵循在实验中可证实的规律便能得到这些具体事物。心灵生活的普遍规律分裂为特殊过程,所有这些特殊过程以及**人类历史整个运动**又都服从于心灵生活这一普遍规律。再者,理智过程伴随着对应的社会外部组织的发展过程,从神甫-军事的状态开始,通过法学家统治达到"工业"阶段。孔德在此阐述的历史哲学,详尽而烦琐,在细节上虽然有趣,但在整体上完全是独断的,而且往往被无知与偏见所歪曲,它只不过被人评价为达到他自己的改革目的而虚构的产物。实证主义世界观的胜利,从而也是工业的生活秩序的胜利,是欧洲各民族历史发展的目标。在这一目标上,"这一伟大的思想(即实证哲学)将与伟大的力量(即无产阶级)结成伴侣"①。

可是,好像三个阶段的循环规律应该首先由其创始人来证实一样,孔德在他思想的最后("主观的")时期重新陷入了神学阶段,因为他将人道当作 *Grand-être*〔伟大的存在〕,宗教崇拜的对象;作为它的高级牧师,他用实证主义的改造形式复制出圣人崇拜的整套机构。在这些异想天开的幻想中哲学史最多只能考虑引导孔德后期思想路线的动机。这一动机在他的《实证主义概论》一文中得到最好不过的阐述(此文重刊于《实证政治》第一卷中)。此文表明他放弃了过去表现在他信念中的公开的唯理智论;这信念是,实证

---

① 在最近论孔德的作品中,参阅奇谢林《哲学研究》(*Philosophisché Forschungen*),译自俄文版(海德尔堡,1899 年德文版)。——英译本

科学本身就足以导致社会的改革。他现在看出来了，实证哲学尽管能说出事物的新秩序是如何出现的，但是要实现这一新秩序只能凭借"情绪原则"——**感情**才能办到。然而从前他教导说，人独具的特点正如它在历史中所发展那样，只有在理智克服感情中去寻找，而现在他盼望从心灵胜过理智的优势中满足他的希望，他将此化为公式：*L'amour pour principe*，*L'ordre pour base*，*le progrès pour but*〔以爱为原则，以秩序为基础，以进步为目的〕。因为加尔曾经指出心灵战胜理智是女人大脑的基本特色，孔德便以此作为他狂热崇拜女人的根据，他极愿使此崇拜成为人道宗教的基本组成部分。他开始时骄傲地要求实证主义的教皇制度，最后又向无产阶级呼吁、为妇女解放而呼吁。

5. 与孔德所追求的实践目的即政治目的联系在一起的是，在他看来，在历史中一般事实或规律比特殊事实更重要。他相信在历史领域里 *prévoyance*〔预见〕指导行动。然而除此之外，尽管在数学和自然科学方面他所受的教育具有片面性，但是他胸襟开阔，足以理解和保持各门学科不同的特性。正如他过去曾经力图保证生物学独特的方法一样，他公开为社会学要求"历史的方法"。在生物学领域里，动物物种中的现象系列只是一种外部演进，不能改变和影响这种物种（因此孔德完全是拉马克物种起源论的反对者）；但在社会学中我们要处理的是人类实际的转变，这种转变是通过代代相传的不断变化的兴衰和一定生活过程持续不断的积累造成的。"历史的方法"必然本质上依赖于一般事实，因此"观察由理论所指导"；所以历史研究产生的只是基于历史哲学的结构。也许这不一定全是孔德的用意，但是从他的学说产生的后果是：这种努力处处发生效力，即"将历史提高到自然科学的水平"。**约翰·斯图亚特·穆勒**在他的方法论中特别引起人们注意此事。不过叔本华曾否认历史具有科学性，因为历史讲述的只是特殊的东西而不是普遍的东西。这一缺点现在似乎得到了弥补，因为人们力图超越对特殊事件的描述而达到一般事实。做此事使人印象最深刻的是孔德的英国学生托马斯·巴克尔。他在《英国文化史》一书中规定历史科学的任务只是探索一个**民族生活的自然规律**。为此目的，巴克尔**从统计研究**的数字所呈现出来的社会状态的缓慢的转变中找到了比在对特殊事件的描述（过去以编年史形式出现的历史著作就局限于这种描述）中更有用得多、更准确得多的资料。在这里显露出矛盾的本来意义。一方是群众生活，变化按照一般规律发生；另一方是仅仅一次性地自我呈现和自我规定的形态的独立价值。在这方面，历史观的本质没有一个人像**卡莱尔**理解得那样深刻，描述得那样有力、那样热情。卡莱尔借助于德国唯心主义，特别是费希特的唯心主义，才使他自己摆脱启蒙运动哲学的影响；他孜孜不倦地为肯定典范的富于创造性的历史人物，为理解和崇敬"英雄们"而辛勤劳动。

　　在这两个极端中重新呈现出早已流行于文艺复兴时期的世界观中的矛盾，不过在那时这些矛盾还未如此清楚鲜明地表现出来。在那个时期，从传统的冲突中出现的新的自然科学的研究是最有价值的成果，我们要在这个意义上来辨别历史世纪与自然科学的世纪（见第四篇）。从自然科学思想的胜利中产生了伟大的形而上学体系，接着发生的是作为启蒙运动的特征的非历史的思维方式；而德国哲学又以它的历史的世界观与之对立。必须重视的是，与此矛盾几乎完全酷似的东西可以在心理学领域中的唯理智论与唯意志论之间的矛盾中找到。因此,过去十年企图将所谓的科学方法应用于历史,这是不符合于十九世纪心理学的发展的。无疑,犯此错误者并不是伟大的历史学家,但是总有那么一些人,他们不是不够坚强抵不住当时的时髦口号,就是为了群众影响而利用这些口号。在这所谓科学地处理历史结构和历史过程中,滥用对比和类比,特别令人感到不愉快——称呼社会为有机体或者称呼民族之间的相互影响为内渗和外渗,好像是一真正的洞见。

自然科学的思想方式浸入历史领域还不只限于用这种方法论上的基本原理去探索历史过程的"规律",而且还影响到实质性的内容含义。当从黑格尔的辩证法蜕变而来的费尔巴哈唯物主义(见前面第四十四节,6)还很兴旺时,**马克思**和**恩格斯**创建了**社会主义的唯物主义历史哲学**,黑格尔和孔德的因素以其独特的方式交错于其中。他们又发现历史的含义存于"社会生活的过程"中。不过,这种集体生活基本上是经济性质的。在所有社会形态中起决定性力量的是经济关系;经济关系形成一切活动的最终极动因。经济关系的变化和发展是限制社会生活和政治的唯一的力量,同样也是限制科学和宗教的唯一的力量。因此所有不同的文化活动都是经济生活的派生物,整个历史应该是经济史。

6. 如果说历史曾经为了避免同科学的界限混淆不清而不得不保卫自身的自主性,那么与此相反,在十九世纪的自然科学中一种显著的历史因素即**进化**因素却达到统治一切的地位。事实上,我们今天的自然科学既具有自身的一般理论,也具有自身的特殊探讨和研究,这两者表面上虽然彼此对立而实际上却都被决定于两大原则,即**能量守恒**原则①和**进化**原则。

能量守恒原则发现者是 R.迈尔、焦尔和赫尔姆霍茨等人。此原则是今天的物理学运用因果律原理的唯一的可适用的著名的形式。认识论的基本原理(即自然界没有新的东西,每一后现象不过是前一现象的变形)被笛卡儿规定为运动守恒定律(见前面第三十一节,6),被莱布尼茨规定为力量守恒定律(第三十一节,10),被康德规定为实体守恒定律(第三十八节,7)。机械的热当量的发现,动能与位能的区分,形成这样的公式:自然界力的总和在量上不变,只在质上变;在每一封闭而完整的物质体系里,动能和位能的空间分配和方向无论何时都绝对地由上述规律所决定。不可忽视,在此陈述中,比起笛卡儿来,更加鲜明得多的是用以解释自然的只有物质力量,除物质力量外一切都被排除于此种自然解释之外。然而在另一方面,越来越多的迹象表明又开始回到了物质的**动力学**概念,这一概念正是莱布尼茨、康德和谢林所要求的(见前面第三十八节,7)。

7. 近代思想中在许多方面为**进化**原则准备了条件。在哲学 566
形式方面,莱布尼茨和谢林曾经设计过这一原则,虽然只作为概念之间的关系而不是时间内发生的过程(如像在亚里士多德那里,见第十三节)。在谢林的弟子中,是**奥肯**,他开始认为在有机物领域里种和属的上升系列是时间里发生的过程。借助于比较形态学(歌德的学术研究也曾对此作出贡献),他敢于承担康德曾经谈到

---

①　参阅 A.E.哈斯《关于力量守恒定律的发展史》(*Die Entwicklungsgeschichte des Satzes von der Erhaltung der Kraft*),维也纳,1909 年德文版。

过的"自然考古学"的"风险"(见前面第四十节,6)。所有有机体都
是由"原生素"构成的各种不同的形式,高一级的有机体是从更低
一级的有机体通过不断增加原生质泡囊而长成的。与此同时
(1809年),**拉马克**在他的《动物哲学》一书中第一次对物种起源论
作了系统的阐述。他用有机体都是从一个共同的原始形态演化而
来的说法解释有机体之间的亲缘关系;他还解释了有机体之间的
差异:此差异来自为适应环境而引起的多用一些器官或少用一些
器官的结果。〔这种对器官的使用改变了有机体的组织结构,组织
结构的改变被遗传下来。〕他通过**遗传**和**适应**的交错影响来解释变
得稳定的生物种的变异现象。除这些解释因素外,**查尔斯·达尔文**
又加上决定性的因素——**自然选择**。由于有机体的繁殖,增加量与
可利用的食物量之间的彻底的不协调,这就使有机体"为生存而斗
争";在这场斗争中,变异对自身有利的(即合目的的)那些有机体就
会活下去。因此这个理论的前提除了遗传原则以外还有**变异性原
则**。此外还有另一因素:通过同时代的地质学研究得到一个有可能
性的臆测——在无数世纪的时间内积累了无限多的细微差异。

　　这一生物学假说立刻获得更普遍的意义;可望得到一种用纯
粹的机械论解释构成有机物的适应性变化或合目的性因素;人们
从而相信自己理解了自然逐步进展到"越来越高"的形式的必然
性。"合目的性"在"有生存能力"(即可保存和繁殖自身)这一意义
上被人机械地解释了。此时人们相信这同一解释可以运用到在其
它关系中出现的每一合乎目的性的东西,特别是运用到规范性的
关系上。因此,在达尔文的启发之后物种选择学说在许多方面运
用到心理学、伦理学、社会学和历史学,而且被许多热忱的拥护者

推崇为唯一的科学方法。几乎无人懂得,**自然**因而**被置于历史范畴之下**,也无人懂得这一历史范畴经这一运用便遭受到一次本质的改变。因为自然科学的进化论,包括自然选择论在内,尽管能解释变化,但不能解释**进步**,不能提出理论基础来解释发展的结果是"更高一级的"即**更有价值的**形式。

8. 在达尔文之前,他的同胞赫伯特·**斯宾塞**曾在最普遍的范围内宣扬过进化原则,并将之作为自己的综合哲学体系的基本概念;英国哲学诸多路线即荟萃其中。他从不可知论(见第四十四节,4)出发,把绝对者、无条件者和他现在乐于称作力的统一存在宣布为不可知者。在我们看来此概念是不可能确定的,宗教和哲学千辛万苦想要用确定的概念去理解它,却徒劳无益。人类认识局限于对现象的理解,即局限于对不可知者的表象的解释。哲学的任务只是将特殊科学的结论一般化,并将这些最一般化的结论尽可能地合并成为简单的、最完整的整体。

现象中的基本差别被斯宾塞指定为不可知者的"鲜明的"表象与"模糊的"表象(即印象与观念)之间的差别。这是不大恰当地仿效休谟(见前面第三十三节,4)。以此为出发点,尽管斯宾塞正确地反驳了唯物主义的责难,但是他还是对他的世界观作了些改变,将主要的兴趣集中在物理现象的性质上。因为对所有特殊科学的检验应当产生这样的结果——绝对表现自身的基本形式是进化。所谓进化,斯宾塞的意思是,(遵循自然科学家冯·贝尔的启发)所有自然结构的倾向是从同质向异质过渡。永恒活动着的力以这一活跃的变异表现自己,这种变异基于两个过程:这两个过程斯宾塞取名为分化和集中,它们彼此合作,构成进化。一方面,由于每一原因所产生的多种结果,简单的东西变成一种多样化的东西,它自身分化,自身个体化,由于它所处的大量关系它分解自身并决定自身。另一方面,这样分离的个别现象又集中起来形成稳固的合成物和机能体系;通过这样的集中便产生了新的统一体,比起原初物来,更高、更丰富,机体组织更加精细。所以动物机体是比细胞更高的统一体,社会是一个比个人更高的"个体"。

　　这一模式此时又被斯宾塞运用于物质的和精神的过程。他孜孜不倦地力图将此模式强制贯彻在所有特殊学科的事实上。物理和化学是难以处理的,它们受制于能量守恒原则。但是天体物理学证明了,原初气体分化为太阳和带卫星的边缘结构,同样也证明了所有这些物体的全部运动都相应地集中成为环节分明、秩序井然的体系。在生物学和社会学中这一体系很自然地得到充分的展开。斯宾塞认为生命一般说来是内在关系不断适应于外在关系。据此,单个有机体个性化的成长得到了解释;从这些必然的变异出发根据自然选择学说的方法就可解释物种的变化。同样,社会生活在其整个历史发展过程中不过是人类不断适应于自身的自然环境和生活环境。种族基于不适应的机能的衰退和适应的机能的留存从而获得完善。斯宾塞从这理论出发既在逻辑领域里又在伦理领域里寻求解决理性主义与经验主义的争端。与联想心理学相对比,他承认,对于个体来说,存在着直接明显的原则,存在着先天(在不可能用个人经验去解释这个意义上)的真理。但是这些判断(原则和真理)坚持自身的权利致使意识无法否定,其所具力量在于它们是种族所获得的理智习惯和情感习惯;而这些习惯是在经验中经受过考验,证明自身能促进种族发展才保留下来的。这种**先天的**东西无处不是遗传的进化产物。所以特别是,对于道德说来在自然感觉和意志形式方面,所有适宜于促进个人、社会、种族的自我保持和发展的东西都存留下来了①。

最后,每一特殊发展在取得平衡状态时便达到自身的天然目的,在这平衡状态中内在关系处处适应于外在关系,因而耗尽了进一步接合和变化的能力。因此,只有通过外部影响,这样的体系才可能被伤损、被摧毁,而使自身的个别部分进入新的演化过程。与此相反,斯宾塞尽量反对这样的臆测的可能性,即整个宇宙连同它所包含的特殊体系能够达到完善的从而永恒的平衡状态。因此他反对那些自然科学家,他们认为排除一切变化的能量分配在原则上是可能的。归根结底,此事的根源是:斯宾塞认为不可知者是永恒自我表现的力,又认为进化本身是体现不可知者最普遍的规律。

9. 从总体上看,斯宾塞进化论的发展是彻底属于宇宙论性质的;恰恰在这里表现出这一统治原则的变化本身是由十九世纪自 569

---

①　尽管心理学上承认了"先天的"东西,但进化论的解释显然会导致相对论。最近十年来依赖于斯宾塞学说的实用主义在英美学术界传播开来;通过实用主义认识论,先验性最清楚不过地表现了出来。实用主义将功利主义的效果伦理学与效果逻辑学等同起来。追求真理同实践中运用真理的动机(在某种意义上)紧密联系在一起,这一无可置疑的事实必然在抽象的概念中获得新的解释:真理绝非他物,只是观念的适用性。因此实用主义也完全可以自称作工具主义。当实用主义在概念是"真实的"这个意义上把重点放在科学的适用性上,而概念又证明自身是观念和理智达到最好的协调一致时,实用主义就乐于自称为因袭主义。当实用主义强调整个人类生活目的的文化适用性时,它就自称为人本主义——为了避免术语上的不利,应称为人性主义更好一些。在所有这些细微差别中无可置疑存在着值得重视的因素;但是这个总纲是如此目光短浅,如此明显地愚昧,如果不与近代生活和思想的唯意志论因素紧密地联结在一起(见前面第 549 页),其命题便难以理解。参阅乔·罗伊斯《从近期争论看真理问题》(*The Problem of Truth in Light of Recent Discussion*);《关于第三次国际哲学大会报告》(海德尔堡,1909 年),第 62 页起。

然科学的优势所造成的。从比较黑格尔和斯宾塞中,这一过程最清楚不过地显露出来了。在黑格尔那里进化是精神自我显示的本性;而在斯宾塞那里,进化是一不可知的力接续表现的规律。用黑格尔的话来说(见前面第四十二节,10),主体又变成实体。事实上斯宾塞的"不可知者"与谢林命名为绝对的"现实与理想无差别"最相类似。这一类比会引导我们期待:进化原则的宇宙论形式不是最后的形式;作为这一原则的真正发源地的历史观点和方法将决定在哲学中贯彻此原则的永恒形式。在英国(在美国尤其如此),自从哈·斯特林令人印象深刻的书和华莱士引荐黑格尔逻辑的优秀的书问世以后,引人注目的是对黑格尔的决定性的转变。但在德国,一年一年地明显地开始了消除迄今妨碍正确估价黑格尔的偏见,并通过摆脱我们难以理解的术语,这一伟大的发展体系必将最终重新发挥它的历史作用[1]。

这同一倾向(企图恢复进化思想在历史上的形式)我们又在逻辑和认识论的意图中发现了,这些逻辑和认识论的奋斗的目标是**狄尔泰**曾以出色的词语所表达的"**历史理性批判**"。其目的是想突破逻辑学在希腊发源以来即存在于逻辑学中的片面性;这种片面性把一般与特殊的关系(见前面第十二节)规定为逻辑规律在形式方面的目的和准则,并将自然知识规定为这些规律的内容。在这些假设下,不仅存在着数理逻辑的极端路线(见前面第四十四节,4),而且存在着约翰·**斯图亚特·穆勒**和斯坦利·**杰文斯**的意义

---

[1] 参阅威廉·文德尔班《黑格尔主义的革新》(*Die Erneuerung des Hegelianismus*),海德尔堡,1910 年德文版(《海德尔堡科学院哲学历史所会议报告》,1910 年第 10 期);现载于《序曲》第七、第八版(蒂宾根,1921 年),卷一,第 260 页起。

深远的著作;这些著作的特色本质上应该是自然科学的逻辑学。
与此相比,**洛采**和**西格瓦尔特**对逻辑科学的探讨(特别是后者的第
二版本)表明了一种还要普遍得多的特征,与依赖于费希特世界观
的历史性的唯心主义连在一起,开辟出一条更深刻地理解历史科
学的逻辑形式的道路,正如在**李凯尔特**对于"自然科学概念形成的
界限"(1896—1902 年,1921 年第三版)的研究中所预示的那样。

第四十六节　价值问题

威廉·文德尔班《序曲》(*Präludien*),1921 年德文第七、第八版。《哲学概论》
　(*Einleitung in die Philosophie*),1914 年初版,1920 年德文第二版。
海因里希·李凯尔特《哲学体系》(*System der Philosophie*),卷一,1921 年德文版。

　　如果说在新世纪开始时我们仍处于历史准则与自然科学准则
尚未平息的争斗中,那么正在这遗留或继承下来的矛盾的延续中 570
我们发现十九世纪哲学在原则上可能取得的真正的进步是多么少
啊!十九世纪哲学更多的是在自身的周围和边缘进行多方面的紧
张的工作,并调整同特殊科学的关系;而它自身的中心任务的进展
却陷入了泥坑,停滞不前;从历史角度看这种停滞是很容易理解
的,这必须承认。形而上学的精力的消耗殆尽和经验兴趣的蓬勃
高涨,这两点就足以对此作出令人满意的解释。因此我们很容易
理解,十九世纪哲学在其边缘领域得到充分发展,接触到种种经验
学科,如像心理学、自然哲学、人类学、历史哲学、法哲学和宗教哲
学等等;但与此相反,在基础学科方面,它给人的印象却是一种折

中的和依赖的态度。的确如此,这是难以避免的结局;它处于沉重
的传统压力下,这种传统内容丰富并已达到充分的历史意识。与
此一致的是,以往的任何时代都没有这个时代那样在历史哲学研
究方面发展得如此兴旺、如此硕果累累。但是如果哲学必须满足
最近时期由一般意识和特殊科学再一次提出来需要解决问题的要
求,那么就需要一种重要的重新布局[①]。要寻求解决这个问题的
方向一方面取决于从心理学扩展到一般形而上学理论的唯意志论
的优势地位(第四十四节),另方面取决于这样的情况:进化原则的
两种形式(第四十五节),即历史的形式和自然科学的形式,由于它
们对于**价值**规定的态度不同而相互区分。再者,欧洲人在这一世
纪所经历的生活条件的巨大骤变既毁灭性地又建设性地影响了一
般信念。文化在卷入蓬勃高涨、迅速扩展的高潮中要求更深刻地
理解自己,这就起了推波助澜的作用;早在启蒙运动时期出现的文

---

①　天主教曾力图利用托马斯主义的复活来解决这个问题,这是众所周知的事实,
在此无需进一步阐述了。在这问题上也无需再引证意大利、法国、德国、比利时和荷兰
的许多托马斯主义者(多数是耶稣会会士)的言辞。在理论上他们并不代表任何新原
则,他们最多不过在细节上探索着进一步发展旧理论的途径,以便以某种方式适应近
代的知识,特别是适应近代的自然科学。但是通常人们称之为**唯本体论主义**的天主教
哲学的更自由的倾向并未创造出新的有成果的东西。它们大部分依附于马勒伯朗士
的柏拉图主义,因而又回到奥古斯丁;这样一来,我们在中世纪和文艺复兴时期观察到
的对抗又重新出现了(见前面第二十八节,6;第三十一节,8)。对唯本体论主义最细致
的阐述在意大利人罗斯米尼和乔伯尔蒂那里可以找到,前者提出了一种心理学基础,
后者提出纯粹的形而上学形式("*L'ente crea L'esistente*"〔本体创造生存的事物〕)。在
德国,**京特**引进唯本体论主义一些唯心主义思辨因素,特别是费希特学说的因素;在法
国,**格拉特里**从这同样观点出发特别反对库辛的折中主义,在这种折中主义中他也反对
黑格尔主义和两者中均存在的"泛神论"(见《现代诡辩学派探讨》,《致 M. 瓦歇罗》,巴
黎,1851 年)。

化问题（见前面第三十七节）发展成为一种运动，而**"对一切价值进行重新估价"**则成为这一运动的口号。

1. 在这里存在一种具有特色的特征，即在所有伦理思想中比以往更自觉得多、更鲜明得多地突出了**个人与社会的关系**，无论从 ₅₇₁ 正面的形式——个人从属于社会被陈述为一切估价的准则和基础，还是从反面的形式——个人反抗种族沉重的压力证明是合理的、备受赞赏的。

第一种形式是人们从革命哲学、功利主义，特别是从边沁赋予功利主义的形态中遗传下来的（见前面第三十七节，2）。这种功利主义如一浩浩荡荡的洪流淌过十九世纪的大众文学，在其中公众福利被当作理所当然的标准而不深入分析其意义。这种功利主义的特征主要表现在将其"对绝大多数人的最大幸福"的关注局限于人类的尘世福利。精神财富虽然不予拒绝，但是衡量一切价值的标准却存在于一个物体、一种关系、一次行为、一个意念可能引起的快乐或痛苦的程度中。从理论上说，这一学说基于联想心理学令人遗憾的推论：因为得到满足的每一欲望总伴随着快乐，因此对快乐的期待便是一切愿望的最后动机，每一特殊对象都被当作取得这种快乐的工具来期盼、来评价。以往这种形式的幸福主义被迫不得不或者将利他主义的冲动与利己主义的冲动当作同样根本性的东西，或者认为利他主义的冲动是从利己主义的冲动通过个人在社会生活中的经验发展而来。与此相比，功利主义在最近时期所经历的出色的改造基于功利主义与进化原则的结合，正如斯宾塞的理论已经阐述的那样（第四十五节，7）。根据这一新观点，从社会伦理学的观点来评价利他主义，则表现为进化过程的结果，那是因为那些其成员在相当高的程度上具有利他主义的思想和行为的社会集团在生存竞争中保存了下来[1]。道德史是关于〔不同〕价值或〔不同〕"理想"的斗争,我们据此可以在一定程度上解释历史的道德体系的相对性,并在一定程度上解释这些体系逐渐集中于普遍的人道伦理学的这一发展过程。进化伦理学的这些基本思想在许多论文中已得到详细的阐述;其代表人物可以提到的在法国有富耶;在德国有保尔·雷埃[2],他的良心进化论曾一度令人注目;还有 G. H. 施奈德[3]。

2. 这种与功利主义的社会伦理学相对应的人生观**对世界是彻底的乐观主义的肯定**。人生作为发展过程是所有财富的整体。向着更完善的方向前进是现实世界的天然的必然性。加强生活扩大生活既是道德规律又是自然规律。**居伊约**曾以极细腻的笔法、最大的热情但不免带着宗教的色彩阐述过这一结论。他自觉地与社会生活在一起,并超越社会进而与全人类生活在一起;在其中他找到个人存在的最高含义和最大享受。

然而即使还没有补充进化的理论,自然主义和唯物主义也已经坚决维护了它们的充满生活乐趣的乐观主义,并集中力量反对各种逃避世界和否定世界的道德观,特别是反对这些道德观的宗

---

[1]　在这过程中,本杰明·**基德**(《论社会进化》,伦敦,1895 年英文版)借助于超自然的观念力求从社会学观点来规定宗教的本质——地道的英国式的行为。

[2]　《道德情感的起源》(*Ursprung der moralischen Empfindungen*),克姆尼茨,1877 年德文版;《良心的由来》(*Entstehung des Gewissens*),柏林,1883 年德文版。

[3]　《从现代进化论观点看人类意志》(*Der menschliche Wille vom Standpunkt der neueren Entwicklungstheorien*),柏林,1882 年德文版。

教形式。在**费尔巴哈**那里，这一点已经表现出来了。费尔巴哈规定他的哲学任务是把人培养成为"自由的、自觉的世界公民"①。在他看来，意志等同于幸福的冲动，而幸福并非他物，只是"没有缺陷的、健全的、正常的生活"。因此，幸福冲动是道德的基础，而道德目标又基于追求个人幸福与追求他人幸福的生动活泼的两相结合。在对别人幸福的正面的愿望中还存在着同情的根源。与德行处于矛盾地位的只是那种牺牲别人谋求个人幸福的形式。但是在另一方面，德行又以某种程度的幸福为前提，因为需要的压力迫使幸福冲动不可抗拒地片面地倾向利己主义一边。正因为如此，人类道德只有通过改善人类的外部环境才能得到发展，——费尔巴哈从这一思想发展到意义极其深远的社会要求。他的道德的感觉主义受到一种坚定的信念的支持——历史沿着他的基本原理的路线发展；他将他对于现世的所有悲观主义的、往往痛苦的评判与寄强烈希望于未来的乐观主义结合起来。在他看来，人作为具有感官感觉和意志的肉体的人格是唯一的真理。与此真理相对立，所有哲学学说，即使与神学的声音共鸣，也都化为乌有。

　　另一位乐观主义的唯物主义者是欧根·**杜林**，他创造了一种独特的"现实哲学"作为他对"人生价值"的估价的基础。这种肯定世界的反宗教性在这里比在费尔巴哈那里表现得还更清楚得多。

---

　　①　特别参阅 K. 格林出版的残篇《费尔巴哈的通信和遗著》(*L. Feuerbach in seinem Briefwechsel und Nachlass*)，卷二，第 253 页起；其中费尔巴哈特别阐明他与叔本华不同的立场。

他曾以辛辣的冷酷无情反对过十九世纪六十年代和七十年代的悲观主义，他从中看出基督教和佛教的厌世情绪在浪漫主义方面的延续。他认为，对"彼岸"的"迷信"观念是对现实世界缺乏好感的真正原因。只有当"对超自然物的迷信"全部被消除的时候，才能充分享受真正的内在的人生价值。真正的知识理解现实恰如其分，有如现实直接呈现在人类经验之前；在此现实之后另找现实，纯属妄想。关于知识如此，关于价值也一样，价值也必须在既有（Gegeben）中去寻找。唯一合理的东西就是现实本身。杜林已经在无限概念中觉察到（并不太错！）超越既有的东西。因此，在他看来，现实世界在大小和数量上是有限的，不过现实本身内部拥有自我满足的幸福的所有条件。杜林虽然并不敌视物种起源论和进化论，但他极力反对达尔文据以创立他的生存竞争和自然选择的理论的观点，即〔人类〕缺乏足够的生活资料。杜林根据这些"有限论的"①观点力图通过这样的论证来反驳悲观主义：败坏人对人生的享受的只是来源于超自然观念的、不恰当的组织结构和恶劣的风俗习惯。唯有现实哲学的使命是从健康的思想中产生出健康的生活，并创造出一种基于高尚的人道的思想品质的自我满足；此种自我满足的气质已由自然本身提供于"同情感"中。因此，尽管杜林激烈而愤怒地攻击现行社会制度，但他仍然起劲地为整个现实世界的合理性而辩护。正如他在理论上坚持人类知觉形式和思想形式与现实规律的同一，同样他坚信，这同一现实包含最后实现理性

---

① Finitismus（有限论）指这样一种理论或信仰：认为一个特定的实体或领域（如世界、上帝或知识）是有限的。——译者

意识的价值规定的所有条件。因为我们这种理性意识归根结底不过是自然生命的最高形式。

3. 所有这些各式各样的实证主义的乐观主义在黑格尔关于现实性与合理性同一的原则（见前面第四十二节,10）中以最有启发意义的方式起着变化。此外,这些乐观主义形式都显示出卢梭对于**自然**善意的信仰特征;它们都希望人类有更加美好的未来,在这一希望中它们很容易给关于人类有不断完善自身的无限能力的思想打上进化论的烙印,而这一思想**法国革命**哲学早已创造出来了（见前面第三十七节,4）。还更有特色的是,这最后的因素使对立的观点即**悲观主义**在形式上得到根本的改变。

乐观主义和悲观主义,作为享乐主义的问题（在这个世界中究竟是快乐多还是痛苦多）的答案,它们本身都同样是不健全的现象;尤其当它们表现为一般文学的因素时更是如此。对于科学来说,**这一**问题是没有必要提出来的,正如它是不可能回答的一样。这一争论之具有哲学意义,只是因为这一问题与另一个问题,即世界本原是理性的还是非理性的,联系起来了。这后一问题曾由莱布尼茨从一条路线上提出来,而叔本华又从另一条路线上提出来。然而在两种情况下都完全不可能妄图通过对这问题的享乐主义的根源进行形而上学的改造就可以使之消失。

在十九世纪下半叶的第一个十年中在德国流行一时的悲观主义情调在政治关系和社会关系中有其普遍的基础,而叔本华学说由于作者卓越的品质常受到人们热切的欢迎,这是很容易理解的。更引人注目、更严重的是,这一情调延续到1870年以后,而且在尔后的十年中这一情调竟以通俗哲学的长篇空论潮水般地倾泻开

574

来,曾一时完全控制了整个文学界。从文化史的角度来考虑,这一事实可认为是一种松弛和过度的表现。哲学史在这个运动中的兴趣与"无意识哲学"的耀眼迷人的现象联结在一起。爱·冯·**哈特曼**的形而上学认为世界本原是"非逻辑的"意志同"逻辑的"意识的复合体(见前面第四十四节,9),他在这种形而上学的基础上找到了莱布尼茨同叔本华之间有趣的综合。这一综合是,这个世界虽然是可能的世界中最好的世界,但是它还是很坏的,因为如果世界根本不存在也许还比存在这个世界好一些。在哈特曼这里,早由谢林传给叔本华的(见前面第四十三节,2)目的论的自然观同反目的论的自然观的混合体呈现在荒诞的幻想的畸形中。这一矛盾应通过下述理论得到解决:在无理性的意志一度失足将自身表现为生命和现实存在之后,这一生命过程便具有理性的内容而进入不断的发展中,这一发展的最成熟的成果是看透"生存意志"的无理性,在生命过程中理性因素即基于否定那种无理性,追溯世界起源,将意志从自身不幸的自我实现中拯救出来。

因此,哈特曼在看破"幻觉"中找到"理性的"意识的本质;意志的无理性的压力以此幻觉产生使意志必然不幸的东西;他从这一关系出发阐发了道德的职责,即每一个人应该合作谋求通过扬弃幻觉以达到世界意志的自我拯救。他又阐发了历史哲学的基本思想:整个文化工作应以这种拯救为其目标。此外,他的宗教哲学看出救世宗教的最深刻的本质在于:通过世界过程上帝将使他自己摆脱他的本质的"非逻辑的"因素。这种无理性的意志的发展应以消灭这种意志为其理性的目标。因此,哈特曼肯定所有文化工作,因为文化工作的最后目的是消灭生命,并将意志从存在的厄运中解救出来。在这方面,他与梅因勒德尔进行接触,后者同他一起并仿效他将叔本华的理论发展成为苦行主义的"救世哲学"。但是在哈特曼那里这些思想抹上进化论的乐观主义的色彩,这种乐观主义表现出比我们在叔本华那里可以找到的对于历史发展的重要性和丰富性还要深刻得多的理解。正如爱·冯·哈特曼从"物种起源论"的观点出发,不署名地对他的"无意识哲学"提出了最好的批评,同样在他自己的思想的发展中,悲观主义的外壳也逐步被剥掉了,而积极的进化原则作为本质的东西显露了出来。在他那里,黑格尔又战胜了叔本华。

575

4. 所有这些人生观的典型极端在此交相辉映,尽管对个别价值和意志目的的认识和划分等级各有不同,但是在总体上承认占统治地位的道德习俗,特别是承认其中的主要组成部分利他主义,在这一点上它们的意见是一致的。它们的区别与其说涉及道德本身,不如说涉及一般的系统阐述,或道德制裁,或道德动机。即使更激烈的倾向也不过只追求把真正的人伦从在历史上的人生学说或其遗风或其影响中所遭到的歪曲和误解中解脱出来。通过所有上述理论,流行着一种强烈的民主思潮,将全民福利置于一切之上,将个人的内在价值估计得比在德国哲学的伟大时期更低得多。类似卡莱尔"英雄崇拜"的倾向(见前面第四十五节,5)在十九世纪便很少很少听见了。远远流行得多的是泰纳为思想史而使之流传起来的环境(Milieu)论,环境论倾向于将个人在历史运动中所起的作用与群众影响相比缩小到最低限度。

当我们越来越认清这样一些理论完全对应于某些政治、社会、文学和艺术的形势和近代明显的生活现象的时候,我们也就越来越理解,为什么到处都出现个人主义的反动,而且还以一种特别激昂的方式出现。首先我们必须着重指出,与随波逐流的追逐个人名利相反,被人随意贬低为浪漫主义的那一伟大时代的个人主义的文化观念而今并未完全像人们所想象的那样已经完全消失了。它还继续留存在许多有高度修养的人物身上,这些人认为没有必要把它在文学中表现出来,因为有关这一理论的理想已在费希特、席勒和施莱尔马歇那里表现出来了。正因为如此,它与极端的个人主义偶尔展示的矫揉造作的悖论毫无共同之处。

这些悖论中最显著的范例来自黑格尔"左翼",出现在麦·施蒂纳(卡斯帕·施米特的笔名,1806—1856 年)一部奇异的书:《唯一者及其所有物》①(1844 年)。施蒂纳与费尔巴哈的关系犹如费尔巴哈与黑格尔的关系:他推出与前提完全颠倒的结论。费尔巴哈曾视"精神"或"理念"为"自然的他物",为抽象的和不现实的东西,为"神学的幽灵"。他曾宣称唯一的现实是人,活着的有血有肉有情感的人;但是他的伦理学指向人性,对人类积极的爱。可是施蒂纳发问:什么是人类呢? 一个类概念,一个抽象名词——在费尔巴哈体系中行走的古老的幽灵的最后影子。真正的具体的现实是个人——一个自负独断的人物。这个人物用他的观念和意志创造出这个世界;因此他的所有物扩大到他愿意扩大的地方。他不承认超过他自身的一切;除了他自身的福利以外他不承认任何福利;他不为他人的规律、他人的意志服务。因为在他看来除他自身外不存在任何东西。就这样,施蒂纳通过歪曲费希特关于"普遍的自

---

①   *Der Einzige und sein Eigentum.*

我"的学说以达到现在理论意义上又在实践意义上的"利己主义"。
他扮演"唯我主义者"①,宣扬肆无忌惮的自我追求,——"我无所
顾忌"②。所有这一切听起来像是一种矫揉造作的犬儒哲学;还值
得怀疑的是,这本书是否值得严肃对待。无论如何,它很快就丧失
了它曾一度引起的兴趣,而且湮没无闻,只是到了最近才把它发掘
出来。然而现在当我们很容易在其中听出受群众压抑的个人的痛
苦的呼救声的时候,我们不应该忽视:在这里挣扎着谋求从社会中
解救自己的这个"唯一者"(个人)并没有任何迹象表现出在这样的
解救活动中可为他辩护的特殊的价值。他的唯一的特创性基于悖
论的胆识。

　　5. 另一别具一格的个人主义形式是由朱利叶斯·**班森**③从
叔本华的意志形而上学发展而来。在这里,极其严肃地对待意志
的"非理性",但是摘掉了"唯一的意志"的泛神论帽子。我们只认
识有意志的个人,因此班森在个人身上看出现实的独立的**原始能
力**,在此之外更高的原则便不存在了。有限人格(班森又称之为
"*Henaden*"〔单一〕)的独立自足的存在(*Aseität*)从来没有像在这
种无神论的意志原子论中这样鲜明地表达出来过。此外,这些"意
志"每一个内部都一分为二,其中包含它的非理性和不幸。这一矛
盾属于意志的本质。意志是"严肃的矛盾";这是真正的辩证法,

576

_____

　　①　参阅前面第三十四节,2。
　　②　施蒂纳的立场被一本奇异的不署名的书《理智与个人》(莱比锡,1846 年)〔以
有意或无意的讽刺画的方式战胜了:"我就是我自己一个人"〕。
　　③　《性格学文集》(*Beiträge zur Characterlogie*),1867 年;《认识中的矛盾与世界
本质》(*Der Widerspruch im Wissen und Wesen der Welt*),1881 年/1882 年。

"现实的辩证法"。然而这种矛盾不可能为逻辑思维所把握；因此意志企图认识世界的一切努力都是徒劳的。排除矛盾的逻辑思维不可能理解由内在的矛盾的意志所组成的世界。这种世界与理智之间的矛盾甚至使叔本华所承认的部分解脱（见前面第四十三节，4)也成为不可能；因此不可毁灭的个人意志必将永远在不断更新的存在中忍受自我摧残的痛苦。形而上学的尊严花费的代价太高了，在这里人格承认此尊严是"思维的品格"。这一思维品格的充分发扬，尽管实际上无目的、无效果，却形成一切价值的原则。

因为这一"现实的辩证法"的认识论主张在逻辑思维与充满矛盾的现实之间没有共同的尺度，所以这种"悲惨论"的幻想并不要求自己有科学有效性的权利。这些幻想只表现了陷于自我意志矛盾的个人的忧郁情绪。这些幻想恰好与〔施蒂纳的〕"唯一者"（个人）相配对，前者抑郁而忧伤，后者粗鲁而轻佻。两者都证明：如果"哲学"将形成乐观主义和悲观主义特性的情绪当作教材内容的话，那么我们将会得到什么样的结局呢！

577　　　6. 此事更明显地表现在诗人弗里德里克·**尼采**近数十年来施于人生观及其文学表现的巨大影响上。多种因素结合起来形成这一影响：令人着迷的语言美，——即使在内容转入神秘难解的含沙射影的地方，也诱惑人，使人陶醉；神秘的象征主义，——特别在《扎拉图斯拉如是说》一书中作者沉迷在晦暗和摇晃不定中；箴言警句的表现形式，——此形式绝不要求读者进行前后一贯的抽象思维，而是让读者沉湎于风趣横生的兴奋中，任便自己作出抉择，指望能从中享受到令人惊异的意念，卓越的阐述，巧妙的比喻，反常的联想。但是比起作者的人格给人的直接印象，所有这些因素都不足为奇。我们碰见的是一位具有高度文化的人,有彻底的独创性,他历尽时代艰辛,他遭遇到与时代本身所遭遇的同样的不可解决的矛盾。因此,他的语言引起了共鸣;然而也因此引起由他的影响而招致的灾祸,他的影响不但未能治好反而加重了时代的疾病。

在他自己本性中内在对抗的两个因素他本人称之为"狄俄尼索斯"[①]和"阿波罗"[②]。那是唯意志论与唯理智论之间的对立,叔本华的意志与黑格尔的理念之间的对立。在此,对立表现在一位具有最高理智修养和审美创造力的人身上,他能以不可名状的敏感在思想上领悟历史和人生,并能以同样细腻的感情用诗歌再现历史和人生。然而科学和艺术都未曾将此人从黑暗的"生存意志"中拯救出来;在他心灵深处惹起一种狂热的冲动,渴望野蛮行动,渴望掌权和用权。他是一位神经质的教授,他极愿做一位狂荡暴君;他在两边来回摇摆,一边是静静地享受高度文明的财富,另一边是对于激情生活的神秘的、炽热的追求。时而他沉迷在审美静观和艺术创作的安谧的幸福中,时而他又抛弃所有这一切而发泄他的冲动、本能和激情。情欲本身对他来说毫无价值,——这显示出他的本质的高尚和纯洁。他追求的享受不是知识本身就是权力本身。在这两者之间的斗争中他被摧毁了——他成了时代的牺牲品,他的那个时代已不再满足于理智、审美和道德的文明的非个人的和超人的价值,而渴求不受限制的个人行为的放纵:他的时代陷

---

① *Dionysos*:酒神。——译者
② *Apollo*:太阳神。——译者

入在从过去继承来的理性与渴望未来的热情之间的斗争中,连同它所具有的整个价值,被撕裂、被压成粉碎。用艺术表现这样被撕裂被压碎的状态正是尼采著作的魅力之所在。

在第一时期,尼采的思想处于萌芽状态,这期间两种因素间的冲突尚未显露;相反,我们发现他将叔本华的基本思想应用于希腊悲剧的起源和理查德·瓦格拉的歌剧,从而将艺术表现在挣脱意志的桎梏的源泉。然而甚至在这一时期他也认为从这一悲剧情调中必然产生崭新的、高尚的文化,必然出现一种更高傲的民族,它具有勇敢的、大胆追求的意志,这意志会胜利地炸破目前理智和精神生活的镣铐,而且甚至在这一时期这种追求创造力、追求独断专横的倾向也已将历史重担抛诸脑后。没有传统没有权威能压制这种艺术文化;审美自由既不能被知识也不能被生活所束缚。

不难理解,当这些思想开始澄清的时候,这位哲学诗人曾一度沿着唯理智主义的道路前进。科学是挣脱一切枷锁而且不承认超过自身的任何东西的自由精神;但是科学只有当它解放了“现实的”人,使“现实的”人能不依赖于超感官或非感官的任何东西站起来时,才是如此。这样的科学在尼采看来,具有文化的本质,是实证科学,不是形而上学,甚至不是意志的形而上学。因此他为怀念伏尔泰而写了“为自由的灵魂”的书,这就使他自己更接近于费尔巴哈的人生哲学。他与保尔·雷埃的功利主义伦理学协调一致;他确信纯粹科学文化的可能性。他甚至在知识中看出最高、最好的人生目的。在他看来,知识是真正的欢乐;在 $\theta\epsilon\omega\rho\iota\alpha$〔静观〕中我们获得赞扬世界和人生的欢乐,沉浸在这欢乐中的整个清新之感乃是对现实世界的享受,这种享受既是审美的又是理论的——这是这一时期的基调,这一时期是他最幸运的时期。

　　后来,狄俄尼索斯的(即狂热的)激情表现为一种无法控制的渴望,渴望尽情放纵强有力的、统治一切的、毫无怜悯心的人性,彻底消灭敢于挡路的一切。人类最强大的本能是**权力意志**:必须肯定的正是这种权力意志。然而这无条件的肯定打破了我们的文明迄今囿于其间的正规的价值体系;在这一意义上新的理想是"超然于善恶之外"。权力意志不承认任何"被容许"的界限:对于它说来,一切来源于权力和提高权力的东西都是善;一切来源于虚弱和削弱权力的东西都是恶。因此,在我们的判断中,在认识和信念中,重要的事不在于它们是否是"真实的",而在于它们是否帮助我们,是否改善我们的生活,是否提高我们的权力。它们之所以有价值只是因为它们使我们强大①。因此,在变化不定的生活发展中,信念可能而且也必然随之变化(正如尼采本人有时也的确如此)。人们选择他们需要的东西。知识的价值超然于真伪之外。"无一物是真实的,——一切都是可能的"。因此在这里开始了"价值的重新估价"——在这一点上这位"哲学家"变成了一位道德的改革家,立法者,新文化的创造者。在尼采思想发展的第三阶段,他满怀这一任务的意识。

　　从这观点出发,与随大流的平常的庸人相对立,他建立起"超人"的理想。权力意志是统治意志,而最主要的统治权是人统治

---

　　① 在此尼采以天才的自负预先认识到在贫困庸俗中或在虔诚的渴望拯救中什么东西构成了今天的实用主义的思想内容。

人。黑格尔曾经说过,世界史表现出所有重大事物中最重大的是
一个自由意志统治另外的自由意志。当尼采从"统治者的道德"与
"奴隶的道德"之间的对立出发发挥他的新的文化观念的时候,我
们就回忆起这句格言来。践踏一切挡路者所表现出的残忍,对原
始人类兽性的解放,在这里都表现为强者的权利和职责。强者发
展和保卫生活的精力以反对忍让牺牲和谦卑屈从的贫困和虚弱。
因此,奴隶道德基本上与尼采从前反对过的超自然主义的遁世本
性一致。过渡时期与他的第三阶段的积极联系就在于对征服世界
的生活渴望的"欢乐"的肯定。

　　不过,"超人"的理想仍然蒙上一层诗意的朦胧面纱。根据最
初的倾向,超人是个伟大人物,他施展天赋权威,驾凌于群众之上。
"芸芸"群氓之存在只是为了从中可能出现罕见的奇迹——出现超
人。这些超人,代代相传,脉脉相通,认为在这熙熙攘攘相互追逐
的尘世中唯有他们拥有整个意义和价值。天才是历史的目的;这
就是天才有统治庸人的权利的根源。然而根据另一倾向,"超人"
表现为更高的人类的典型,他应该作为强壮的种型受到教育和训
练,他摆脱奴隶道德的限制和自我干扰,享受着在强烈的生活放纵
中的统治力量。在两种情况中,尼采超人的理想既是贵族的又是
高雅的。他反对"奴隶道德",反对奴隶道德的超自然基础,这使他
恰恰受到这样一些人的欢迎,这些人渴望最先斩掉高出"芸芸众
生"的超人的头,——这对于他的箴言警句的诗意朦胧和象征性的
含混多义无异是一种严重的惩处。

　　在"超人"的理想所发展的两条路线之间,这位作者还未达到
明确的抉择。扎拉图斯拉将这两条路线同五光十色、熠熠闪光的

过渡路线混淆起来了。很清楚,一种形式带有浪漫主义的天才创造观的味道(见前面第四十二节,5),而另一种形式带有社会学的进化论的味道。但是关于人类典型通过哲学而提高的思想使我们一方面回忆起法国革命及其理论(孔多塞),另一方面回忆起德国唯心主义的基本原理。在此,补充说明一下下述事实是完全正确的:从超人论的观点出发,走向费希特就不远了,尼采并未走出这一步是因为在他的本性中存在着太多的施勒格耳的讽刺的"天才创造观"。这一点使他不能找到从个人的权力意志走向"普遍的自我"的道路——走向肯定"价值有效性高于一切"的价值观点。

7. 不受限制的个人主义的反抗发展到最高峰,主张一切价值都是相对的。只有超人的权力意志作为绝对价值而继续存在并审理每一为之服务的手段。在"高等"人看来,不复存在任何形式或标准,无论是逻辑的还是伦理的。超人的独断意志顶替了"理性的自主性",——这就是十九世纪所描述的从康德到尼采的道路。

正是这一点决定了未来的问题。相对论是哲学的解体和死亡。哲学只有作为**普遍有效的价值的科学**才能继续存在。哲学不能再跻身于特殊科学的活动中(心理学现在还属于特殊科学的范围)。哲学既没有雄心根据自己的观点对特殊科学进行再认识,也没有编纂的兴趣去修补从特殊学科的"普遍成果"中得出的最一般的结构。哲学有自己的领域,有自己关于永恒的、本身有效的那些价值问题,那些价值是一切文化职能和一切特殊生活价值的组织原则。但是哲学描述和阐述这些价值只是为了说明它们的有效性。哲学并不把这些价值当作事实而是当作**规范**来看待。因此哲学必须把自己的使命当作"立法"来发扬——但这立法之法不是哲学可随意指令之法,而是哲学所发现和理解的理性之法。

沿着通向这一目标的道路,目前的、内部往往意见分歧的运动,其目的似乎是要夺回德国哲学伟大时期的重大成果。由于洛采果断地提高**价值观**的地位,甚至将它置于逻辑学和形而上学〔以及伦理学〕之顶端,激起了许多对于"价值论"(哲学中一门新基础科学)的种种倡议。只要还没有忘记,在确证事实和阐述发生发展时,我们所获得的只是哲学本身必须据以完成其批判任务的材料;这些倡议首先应按照前一世纪的思想习惯在某种程度上局限于心理学和社会学的范围内;如果这样做,不会有什么害处。

然而对于哲学这一中心工作来说,哲学**史**作为其基础,价值并不更低;在这意义上黑格尔首先认识到哲学史必须被视作哲学本身的组成部分。因为哲学史(见前面第二节,2)描述了欧洲人用科学的概念表现他们的世界观和人生判断所形成的过程;哲学史从而恰恰表现了:在这过程中文化价值意识如何以特殊经验提供的条件为诱因,以特殊的知识问题为工具,以越来越清晰越来越确实的意识,一步一步地前进;而这些文化价值的普遍有效性便是哲学的对象。人性之屹立于崇高而广阔的理性世界中不在于合乎心理规律的形式的必然性,而在于从历史的生活共同体到意识形态所显露出来的有价值的内容。作为拥有理性的人不是自然给予的,而是历史决定的。然而人在文化价值创造活动的具体产物中所获得的一切,通过科学,最后通过哲学,达到概念的清晰性和纯洁性。不过哲学成就所拥有的有效性不存在于历史的真实性和可理解性,而必须一再努力追求的是,以批判的改造将哲学成就归因于永恒的法根据,哲学成就以此根据扎根于理性之中。因此哲学史是哲学真正的工具,而不是哲学本身。

人名索引

按德文字母顺序排列,有删节。数目指原书页码。

主 题 索 引

连续数目,第一个指节,其余指段。无段可属者标明所在原文页码。

C 又见 K

Cogitare＝Bewußtsein 思维＝意识 22,
1. 30,4. 注释

Cogito sum 我思故我在 30,4. 34.
在梅勒·德比朗那里"我愿故我在"代
替了"我思故我在"

Coincidentia oppositorum 对立统一 27,
6. 29,2,7. 42,1. 42,8.

Common sense 常识 33,8. 34,10. 45,2.
常识是逻辑意识 36,7.

Conatus 本能/欲望 32,5 注释.

Coniecturae 推测 27,4,6.

Consensus gentium 万民同意 17,5. 32,
7. 33,1.

Contemplatio 静观
静观是神秘的体验 24,2. 26,3.

Contiguität 邻接 34,3.

D

Δαιμόνιον 神灵
苏格拉底的神灵 7,6. 注释 8,8.

Darwinismus 达尔文主义
为恩培多克勒所预见 5,5.

Decomposition 分解
现象分解 34,8.

Deduktion 推论
亚里士多德的推论 12,2.

Definition 定义
在苏格拉底那里 8,5.；在亚里士多德
那里 12,4.

Degeneration 败坏
在卢骚那里 37,4.

Deismus 自然神论 S. 377. 385. 35,2.
35,5.；道德化的 35,7.；奥妙的 37,
3.；自然神论的发展 35,2.

Demiurg 造物主
在柏拉图那里 11,10.；在诺斯替教派那
里造物主＝犹太人的上帝 21,4.

Denken 思维/思想
思维与存在同一 4,5.；思维与知觉只
是量的区别 10,4.；思维与知觉的区
别 6,1.；苏格拉底的共同思想 8,6.；

在亚里士多德那里纯思想是神的自我
意识 13,5.；思维是逻辑的对象 12,
1.；思维是运算 31,2.；思维是意识因
素的结合 33,3.；思维的形式和内容
33,9,12.；在施莱尔马歇那里思维与
存在的同一 44,6.；在谢林那里旁观
者的思维 42,7.；在尼古拉那里健全
的思想 34,10.

Denkstoff bei Anaxagoras
在阿那萨哥拉那里的思想物质 4,8.

Deszendenzlehre 物种起源论 4,5.
在拉马克那里 34,9 注释；新的物种起
源论 45,6,7.

Determinismus 宿命论/决定论
在苏格拉底那里 7,6.；在斯多葛学派
那里 16,3.；被卡尔尼亚德和伊壁鸠鲁
所驳斥 16,4.；唯理智主义的决定论
26,1.

Deus implicitus und explicitus 不显露的
神和显露的神 23,1. 27,6. 43,2.

Deutlichkeit 清晰性 见 Klarheit 作为强
度 26,1. 31,11.

Deutung religiöser Überlieferung 宗教传
统的意义（阐释），肉体地心灵地或精神
地 18,2.

Dezentralisation 分散
文艺复兴时期文化的分散 S. 299.

Dialektik 辩证法
在芝诺那里 4,10.；在智者学派那里成
为反驳的技艺 8,1.；在柏拉图那里的
概念论 11,2.；在亚里士多德那里的归
纳推理法 12,4.；在普罗克洛那里的逻
辑形而上学 20,8.；在中世纪 S. 231.
§23. 23,7.；在拉斯那里的雄辩术
28,4.；在康德那里的先验辩证法 38,
9.；在施莱尔马歇那里的知识科学 41,
6.；在费希特和黑格尔那里的辩证法体
系 42,1.；在黑格尔那里 42,10.；在班
森那里的现实的辩证法 46,5.

Dialog 对话
在苏格拉底那里的哲学形式 8,6.；在

Energie 能力/能量
感官的特殊能力 10,3.；能量守恒原则 45,6.

Engellehre 天使论
在斐洛那里的天使论 20,5.；托马斯 25,4.

ἐνκαὶ πᾶν 一与全 4,3. 41,10.
参阅 Pantheismus

Ens realissimum et perfectissimum 最现实的存在和最完善的存在 23,2. 30,5. 31,5.

Entdeckungen und Erfindungen 发现与发明 30,2. 32,3.

Entelechie 隐德来希 13,1.
灵魂是隐德来希 13,9.；在莱布尼茨那里 35,10.

Enthusiasmus 热忱
在莎夫茨伯利那里宗教的本质是热忱 35,2.

Entwicklung 发展
在赫尔德那里 37,5.；在柏格森那里创造的发展 44,2.；贝尔的定义 45,8.

Entwicklungsgeschichte 进化史/发展史
在莱布尼茨和费希特那里理性的发展史 42,3.；生物进化史 S. 539,531,45,6.

Entwicklungssystem 进化体系/发展体系
亚里士多德 S. 18f. §13.；托马斯 25,4.；莱布尼茨 31,11.；罗班涅 34,9.；谢林 42,3.；费希特 42,6.；黑格尔 42,10.；拉马克和达尔文 45,7.；斯宾塞 45,8.；在黑格尔和斯宾塞那里宇宙论的进化体系和历史发展体系 45,9.；进化原则与功利主义联系起来 46,1f.

Epagogisches Verfahren 归纳法 在苏格拉底那里 8,7. 亚里士多德 12,4.

ἐπιστήμη 普遍有效的知识 9,1.

ἐποχή 悬/止 14,2. 17,3. 28,5. 30,5.

Erbsünde 原罪 22,5. 39,6.

Erde 地球

根据毕达哥拉斯学派 5,8.

Erfahrung 经验
与思维对立 6,1.；在德谟克利特和柏拉图那里 9,1. 10,4.；内经验和外经验 33,2.；内经验比外经验更可靠 27,5. 28,5. 34,1.；作为救世史的内在经验 22. 24,1.；作为心理学唯一基础的内在经验 44,2. 参阅 27,5.；在休谟那里关于经验科学的区分 34,6.；在康德那里经验是现象体系 S. 457. 38.8.；经验的条件是不可经验的 41,3.；在费希特那里 41,5.；培根那里的纯粹经验 30,1.；在阿芬那留斯那里 45,3.；又见 Wahrnehmung

Erfahrungsphilosophie 经验哲学
培根 S. 323.

Erhaben 崇高
在伯克那里 36,8.；在康德那里 40,1. 40,4.；数量的崇高或力量的崇高 40,1. 40,4.；又见 Schön

Erhaltung 守恒
运动守恒 31,6.；力量守恒 31,10.；实体守恒 38,7.；能量守恒 45,6.

Eristik 辩术 8,1.

Erkennen 认识/认知 §6.
认知是世界意识的一部分 6,2.；认知就是回忆 11,2. 18,3.；认知不可能 17,3. 18,3.；认知和天启 18,3f.；在永恒形式下 31,9.；作为非个人的和超个人的功能 27,2. 38,8. 41,4.；在洛采那里作为与对象的关系 44,7.；在康德那里作为与对象的关系 38,1.；在苏格拉底那里局限于人类知识 8,4.；在康德那里基于经验 38,8.；作为理性自我认识的过程 42,2.；在不可知论里只有有限事物的知识 44,4.；作为对现象之阐释 45,8.；事实知识和概念知识 33,9.；经验知识晦暗 33,9.；一切认识的自我认识基础 30,4.

Erkenntnisquelle 认识源泉
伦理的认识源泉 36,7.

Funke　火花

在艾克哈特那里火花＝灵魂的本质 26,
5.

Furcht　恐惧

G

γαληνισμός　安宁 14,1.

Gattungsbegriff　类概念

在柏拉图那里类概念是直观地综合地
被认识的理念 9,5. 11,1.；在亚里士多
德那里通过抽绎分析地形成类概念 12,
4. 注释；类是本质 13,3.；作为问题的
类概念的现实含义 见 Idee und Univer-
salien

Gattungsvernunft　普遍理性/种属理性
27,2. 45,2.

Gefühl　情感

在昔勒尼学派那里 7,9.；在维克多学
派那里 24,2.；在观念学派那里 33,6.；
卢骚 33,7.；赫尔德 33,11.；情感和耶
可比 41,1.；在孔德那里 45,4.；作为
心灵功能 36,8.；作为伦理认识 7,1.
36,7.；在施莱尔马歇那里的虔诚的情
感 41,6. 42,9.；审美的情感 31,11.
36,7.；在康德那里先验性的情感 40,
1f. 43,4.

Gegebene　既与的东西

意识中既与的东西 41,4.；在费希特那
里 42,1,2.；自我满足的既与的东西
46,2.

Gegenerde　反地球

(毕达哥拉斯学派)反地球说 5,8 注释

Gegensätze　对立面

在原初物质中的对立面 5,2. 见 Coinci-
dentia

Gegensatzpaare　成对矛盾

毕达哥拉斯学派的十对矛盾 4,11.

Gegenstand　对象

认识对象 §38.；在康德那里作为知性
准则的对象 38,8.

Gehirn　大脑

被认为是神经中心 6,3. 注释；作为心
灵的基础 33,5.

Geist　精神

阿那克萨哥拉的精神 4,8. 5,5.；作为
宗教的原则 18,6. §19. 19,5.；作为
创造性的原则 19,5.；在康德那里神的
精神 40,7.；作为自我分离和统一 42,
1.；在黑格尔那里绝对精神和客观精神
42,10. 45,2.；精神分析是哲学的任务
33,6.；见 νοῦς,Pneuma 及 §19.

Geisteswissenschaft　社会科学

社会科学和自然科学 §45.

Gelten/Geltung　效用 11,1.

康德 S. 457f. S. 458 注释

Gemeinde　团体

(基督教)团体对于宗教哲学的关系 S.
182f.

Gemeinsamkeit　共有

在赫拉克利特那里共有是认知的标记
6,2.；苏格拉底 8,6.

Gemeinschaft　社会/集体

在康德那里 39,6.；社会和法 39,7.；
在克劳塞那里 42,9.

Gemeinsinn(Kolvòv αἰσθητήριον)共同感官
13,9. 见 6,2.

Gemüt　情感 41,6.

情感需要 44,6.

γένεσις　流变

在柏拉图那里 11,3.

Genialität　天才创造观

道德的天才创造观 42,5. 46,6.

Genie　天才 36,8.

在康德那里的定义 40,5.；　席勒,洪
堡,浪漫主义者 42,5.；谢林 42,7.；宗
教天才 42,9.；作为历史的目的 46,6.

Genuß(ἡσονή)快乐 7,9. 36,9. 42,4.

Gerade　偶数

在毕达哥拉斯学派那里偶数和奇数＝
不完善和完善 4,11.

Gerechtigkeit　正义

在普罗塔哥那里正义是道德的原则

Gravitation 万有引力 30,3. 31,1.

Grenzbegriffe 极限概念 38,8.
对自然进行机械阐述的极限概念 40,6.

Griechische Philosophie 希腊哲学
希腊哲学的教育意义 S. 24.

Größen 量
心理量的可测性 44,8.

Grund 根本 见 Satz von Grund

Grundlose Handlungen 无根据的活动
见 Freiheit

Grundsätze 原则
纯粹知性的原则 38,4,7.

Gut 善
苏格拉底的善的概念 7,5.；在犬儒学
派那里善＝德行 7,8.；在昔勒尼学派
那里善＝快乐 7,9.；至善 14,1.；在康
德那里 39,5,6.

Güterlehre 善论
柏拉图的善论 11,7.；希腊化伦理学的
善论 §14.；施莱尔马歇的善论 42,5.

H

Haecceitas 个别形式 27,3.

Hang zum Bösen 邪恶倾向 39,6.

Harmonie 谐和
按照赫拉克利特的世界的谐和 4,4. 5,
3.；毕达哥拉斯学派 4,11.；布鲁诺 29,
1.；莎夫茨伯利 35,2.；莱布尼茨的先
定谐和 31,7. 注释 31,11. 34,11,12.
注释；在康德那里谐和及其影响 §38

Hedonismus 享乐主义 7,8f. S. 136.

Hegelianismus 黑格尔主义 45,9.

ἡγεμονικόν 灵魂的主宰部分
灵魂的主宰部分＝人格 14,3. 15,6.

Heilsgeschichte 救世史
救世史是世界的本质 21,5.；救世史是
心理学的源泉 §22. 24,2.

Hellenismus 希腊文明 S. 132ff.

Hemmung 抑制
抑制和抑制总量（赫尔巴特）41,8.

Henaden 单一 20,8. 46,5.

Heroenverehrung 英雄崇拜
卡莱尔的英雄崇拜 45,5. 46,4.

Heteronomische Moral 不自主的道德
39,2.

Hierarchie 等级制度
根据孔德的科学等级制度 45,4.

Himmel 天体
在阿那克萨哥拉那里天体是有秩序的
和完善的领域 5,5.；在毕达哥拉斯学
派那里 5,8. 6,1.；在亚里士多德那里
13,6.

Historischie 历史的
黑格尔的历史世界观 42,10. 又见 Ge-
schichte,Geschichts-philosophie

Hominismus(Pragmatismus) 人性主义
（实用主义）45,8 注释

Humanimus 人文主义/人本主义 S.
301ff. §28 28,6. 德国审美的人本主
义 42,5.；认识论的人本主义＝人性主
义（实用主义）45,8 注释

Humanität 人性
在赫尔德那里 37,5.

Hylozoismus 物活论
米利都学派的物活论 4,1. 5,1.；斯特
拉脱的动力论的物活论 15,1.；在法国
的唯物主义的物活论 33,7. 34,9. 35,
5.

Hypothese 假说
假说逻辑 17,6.

I

Ich 自我
在休谟那里自我是一束观念 34,4.；在
贝克内那里自我是一束冲动 44,3.；在
康德那里自我是先验的统觉 38,6.；在
费希特那里自我是哲学的原则 41,5.；
自我的自我确定和自我限制 42,2.；自
我"在心灵上显现自己"41,7.；宗教哲
学 43,1.；参阅 Person,Seele.

Ideale 理想
审美的理想 40,5. 42,10.；在康德那里

上帝是理想 38,10.

Idealismus 理念主义/唯心主义

柏拉图的理念主义=非物质主义 9,5.
10,5. 11,1.；在普罗提诺那里 20,7.；
在奥卡姆那里感觉论的唯心主义 25,
6.；康帕内拉 29,8.；贝克莱 34,2.；德
国唯心主义 S. 456,487.；先验理念论
38,6,10. 42,4,7. 44,6.；主观唯心主
义和客观唯心主义 42,3.；伦理的唯心
主义 42,2.；自然的唯心主义 42,3.；神
秘的唯心主义 29,7. 42,3. 注释；审美
的唯心主义 42,4. 42,9.；绝对的唯心
主义 42,8.；宗教的唯心主义 41,6,9.；
逻辑的唯心主义 42,10.；目的论的唯
心主义 44,7.；在费希特那里唯心主义
和独断主义 41,5.；历史的唯心主义
45,9.

Idealstaat 理想国

柏拉图的理想国 11,8.；斯多葛学派的
理想国 14,7.；卡尔丹认为不可能 32,
4.；见 Utopien

Idee 理念

在黑格尔那里理念=精神和上帝 42,
10.；在哈特曼那里理念=逻辑的观念
44,9. 46,3.

Ideen 理念（复）

在德谟克利特那里理念是原子形式 9,
3. 10,2.；在麦加拉学派那里被臆测为
非物质的本质 11,9. 注释；在柏拉图那
里 9,3,5. 11,1.；理念是类概念 10,5.
11,4. 17,4.；理念与现象的关系 11,
3.；理念秩序 11,5.；从逻辑、目的论、
数—象征性来理解理念 11,5.；理念是
目的因 11,9.；为亚里士多德所反对
12,2. 17,4,5.；新柏拉图主义吸取为
概念世界 20,7.；为叔本华所吸取 43,
4.；在柏拉图那里善的理念是上帝 11,
5. 7,9.

Ideen 理念（复）

在新毕达哥拉斯学派那里理念成了上
帝的原始观念 19,4.；在奥古斯丁那里

22,2.；在同一体系中 42,9.；又是力量
20,7.；在斐洛那里的理念和天使 20,
5.；有关共相之争 23,3.；理念的秩
序=事物的秩序 30,6.

Ideen 观念 §33.

在洛克那里简单的观念和复合的观念
§33.；天赋观念 30,5.；观念特征 33,
1.；被洛克所否定 33,2.；在内容上来
源于感官 33,7.；在沃尔夫那里天赋观
念和外来观念 33,9.；在赫尔巴特那里
41,7.；观念是有关思想的可能形式
33,10.；抽象的观念是杜撰 33,3. 33,
4. 34,2f.；观念是印象的摹本 33,4.
45,8.；来源于经验 33,2.

Ideen

在康德那里理念是理性的问题 38,1.
38,9.；理念是调节性的原则 38,9.；理
念与假设的关系 39,4.；在谢林那里
42,9.；在赫尔巴特那里审美-伦理的理
念 42,5.；叔本华 43,4.

Identität 同一

在智者学派那里,同一原则过分夸大了
8,1.；在巴门尼德那里思维与存在的同
一性 4,5.；在休谟那里 34,5. §38 注
释;在施莱尔马歇那里的同一性 41,6.；
不可区别的同一性原则 31,11 注释

Identitätssystem 同一体系 42,8.

Ideologie 观念学 33,6. 34,9. 44,1. 伦
理的观念学 36,11.

Idole 影像/肖像

在德谟克利特那里影像是流出物 10,3.
15,7. 17,4.；在柏拉图那里 11,3. 感
觉论盛行到洛克 34,1.

Idolenlehre 幻象学说

培根的幻象学说 30,1.

Jenseits 彼岸

超然于善与恶之外 46,6.

Jesus 耶稣

耶稣是世界史的核心 21,2.

Ignava ratio 怠惰的理性 16,3.

Illusion 幻觉 46,3.

Immanente Philosophie 内在论哲学 44,
6 注释

Immanenz 内在性
上帝的内在性和超越性 15,1. 20,1,5.
20,7. 27,1.

Immaterialismus 非物质主义
柏拉图的非物质主义 9,5. 11,1.；莱布
尼茨的非物质主义 31,11.

Immateriell 非物质的
在柏拉图那里 11,1.；自新毕达哥拉斯
学派后非物质的＝精神的 19,1.；亚里
士多德 13,5. 19.

Imperativ 律令
假言律令与直言律令 39,2. 42,2.

Impreium und Sacenolotium 世俗王权与
教权
在托马斯、但丁、奥卡姆那里 25,8

Impressionen 印象
在休谟那里 33,4.；在斯宾塞那里 45,
8.

Indeterminismus 非宿命论/非决定论/意
志自由论 16,4. 26,1. 见 Willensfreihe-
it, determinismus.

Indifferentismus 信仰无差别论
在共相之争中的观点 23,3. 注释 23,5.
注释；教派无差别论 32,2.

Indifferenz 无差别
自然与精神无差别、客体与主体无差别
42,8.；自然科学研究的宗教无差别
§31.；自然的无差别 35,5.

Individualethik 个人伦理学 §14.

Individualismus 个人主义/个性 7,2.
15,3. 22,5. 23,4. 25,8. S. 428ff. 个
性与共性 S. 538. 46,4ff.；个人主义是
伦理原则 36,6.；个人主义是革命的基
础 45,1.

Individualität 个性/个体 33,7. 41,9.

Individuationis principium 个体化原则
§27. 27,3. 41,9. 空间是个体化的原
则 20,7.

Individueller Faktor 个人因素

哲学史中个人因素 2,5.

Individuum 个体/个人
强者(坚强的个人)7,2f.；个人灵魂得
到拯救的历史 24,2.；个性是偶然事件
27,3.；个体是宇宙的一面镜子 27,6.；
个体是单子 31,11.；在费希特那里 42,
6.

Induktive Methode 归纳法
在苏格拉底那里 8,7.；亚里士多德 12,
4.；伊壁鸠鲁学派 17,1.；培根 30,1.

Influxus Physicus 肉体影响 31,7.

Innerlichkeit 内在性/内在经验
意识的内在经验 §19. S. 231. §22.
§24. 42,5.

Inspiration 灵感 18,5.

Instrumentalismus 工具主义 45,8 注释

Integration 集成 45,8.

Intellectus agens 主动理智 13,10. 27,
2.

Intellektualismus 唯理智论
前苏格拉底的唯理智论 6,2.；在苏格
拉底那里的道德的唯理智论 7,6.；德
谟克利特 10,5.；亚里士多德 13,14.；
启蒙运动时期 36,2.；唯理智论与唯意
志论 19,4. 23,7. 26. 27,2. 29,8. 44,
2. 44,8f. 45,4. 又见 Voluntarimus

Intellektualistät 理智性
感官性质的理智性 31,2. 34,1.；理智
性＝主观性 8,3.

Intellektuelle Anschauung 知性的直观
38,8. 40,7. 41,5. 42,1.

Intelligenz 理智
在费希特那里理智自我注视 41,5.
§42.；无限的理智 31,5.

Intelligibler Raum/Intelligibler Welt 概念
空间/概念世界 20,7. 41,8.

Intensität 强度
观念强度 26,1.；在莱布尼茨那里 31,
11. 41,8.

Interressenlose Betrachtung 不计利害的
静观

在笛卡儿那里的清晰性和明确性 30,5.
30,7. 33,7.；在莱布尼茨那里 31,11.
33,10.

Koexistenz 共存
直观地可认识 34,3.

Κοιναὶ ἔννοαι 共同意念
斯多葛学派的共同意念 17,5. 33,1.

Kolonien 殖民地
希腊殖民地是科学的摇篮 S.23.

Kommen 结合/产生
同素体的结合与分离 4,8.；理念的发
生 11,2.；实粒在"概念空间里的来来
去去" 41,8.

Kommunismus 共产主义 32,3. S.381f.
37,2. 在柏拉图那里臆想的共产主义
11,8.

Konstruktives Denken 结构性思维 42,
1,10.

Kontemplation 静观
在神秘主义中的静观 24,2. 26,3f. 见
θεωρία

Kontiguität 邻接
通过邻接知觉的组合 34,3.

Kontingenz 偶然性
有限事物的偶然性 27,6；意志自由的
偶然性 26,1.；个性的偶然性 27,3.；
特殊的自然规律的偶然性 31,10. 40,
7.；世界的偶然性 31,11. 35,4.

Kontrast 对比 34,3.

Konventionalismus 因袭主义 45,8. 注
释

Konzeptualismus 概念论 S.232. 23,6.

Kopernikanismus 哥白尼主义 29,2. 33,
1.

Kopula 系词 4,5 注释

Körper 形体
在毕达哥拉斯学派那里形体是空间物
4,11.；柏拉图 11,10.；笛卡儿 31,4.；
在贝克莱那里形体是观念复合体 34,2.
见 Leib.

Körperwelt 物质世界 9,5.

在柏拉图那里物质世界是无限和有限
的混合 11,9.；在马勒伯朗士那里物质
世界在上帝身上可以理解 31,8.；科利
尔 34,2.

Korpuskulartheorie 微粒学说 §24 注释
29,4. 31,4. 31,6.

Korrelativismus 相互关系论 45,3.

Kosmogonie 宇宙起源学说
诗的宇宙起源学说 S.24.；流出论的宇
宙起源学说 20,6.；第一个物理学的宇
宙起源学说 5,1.

Kosmopolitismus 世界主义 7,8. 14,7.
42,6.

Κόσμος （美的合目的的）秩序
在阿那克萨哥拉那里 4,8.

Kraft 力/力量
形而上学的力概念被批判 31,1. 31,
10. 41,3,9. 45,8.；消灭力 45,3.；力
量守恒 31,10. 45,6.

Kraft und Stoff 力和物质 4,8. 15,5. 见
Materie

Kreuzzüge 十字军
十字军对哲学的意义 S.264.

Kriterien 标准
真理标准 §17.；真正天启的标准 18,
5.；道德标准 S.429.

Kritik 批判
在康德那里 S.456ff.；在弗里斯那里
的人类学的批判 41,1.；历史理性批判
45,9.

Kritische Aufgabe 批判任务
哲学史的批判任务 2,6.

Kultur 文化/文明 §37.
在康德那里 39,8.；文化对个人的价值
37,3.；文化是意志的自我解脱 46,3.；
重新树立 37,4. 46,6.

Kulturgeschichtlicher Faktor 文明史因素
哲学史的文明史因素 2,4.

Kultus＝Kult 宗教崇拜仪式
宗教崇拜仪式是通向天人感通的有效
途径 18,6.

空气是基本物质（始基）4,1.

Lumen naturale　自然之光 25,2. 30,5. 33,1. 33,3 注释 34,10. 35,1.

Lust　快乐

快乐是伦理价值 7,9.；在亚里士多德那里 13,9；快乐是至善 14,1,4.；在启蒙运动时期 36,8.

Lust und Unlust　快与不快/快乐与痛苦 7,9.

快与不快是道德标准 14,4.；功利主义的快乐与痛苦的对照表 36,9. 46,1；快乐和悲观主义 7,9. 43,4. 46,3.；在康德美学中快乐与痛苦是认可或判断力的功能 40,1ff.

Lusterwartung　对快乐的期待

在功利主义中对快乐的期待是积极的动机 46,1.

M

Macht　权力

权力意志 46,6.

Magic　魅术 29,6.

Magischer Idealismus　神秘的唯心主义

在普罗提诺那里 20,7.；在诺瓦利斯那里 42,3. 注释

Magnetische Polarität　磁的极性 42,8 注释

Maieulik　问答法

问答法是苏格拉底的方法 8,6,7.

Makrokosmus und Mikrokosmus　宏观世界与微观世界

宏观世界与微观世界的类比 15,6. 29. 31,11.

Manichäismus　摩尼教 20,4.

在奥古斯丁那里 22,6.

Mantik　占卜术

在斯多葛学派那里 15,8.

Maß　量度/尺度

在希腊人那里量度是完美的东西 4,11.；德谟克利特 10,5.

Massenbewegung　群众运动

群众运动是历史的本质　45,5. 46,4.

Materialismus　唯物主义/唯物论

在德谟克利特那里 S. 85. 9,4.；斯多葛学派 15,5. 17,2.；启蒙时期的人类学的唯物主义 31,6. 33,5. 34,9.；怀疑的唯物主义或肯定的唯物主义 33,7.；与自然神论一致 33,5.；在十九世纪 S. 539.；人类学的唯物论 44,1,6.；唯名主义-人类学的唯物主义 44,6.；辩证的自然科学唯物主义 S. 583.；辩证的唯物主义的历史哲学 45,5.；唯物主义争论 S. 544. 44,6.

Materie　物质

在阿那克西曼德那里　4,2.；巴门尼德 4,5.；在柏拉图那里 物质＝空间 11,9.；在亚里士多德那里的质料（ύλη）13,1. 13,4,6.；在亚历山大里亚哲学里物质是邪恶 19,1ff. 20.；物质＝非存在和空虚的空间（在普罗提诺那里的柏拉图观点）20,7.；在阿维罗依那里 27,1.；在托马斯和邓斯那里 27,3.；在莱布尼茨那里 31,11.；有生命的物质 33,5.；在康德那里的物质动力论 38,7.；物质和谢林 42,3.；在赫尔巴特那里 41,7,8.

Mathematik　数学

独立起源和发展 1,1. S. 25.；在毕达哥拉斯学派那里 4,11.；对柏拉图的意义 11,2,9.；对于文艺复兴的自然科学研究 29,5. 30,3.；自笛卡儿以来数学是所有科学的理想 30,6. 34,4.；数学对于哲学在方法上的关系 34,12.；在康德那里数学是先天的科学 33,12. 38,1f.；在赫尔巴特那里数学应用于心理学 41,8.

Mechanik　力学/机械学

在德谟克利特那里 10,2f.；力学是运动的数学理论 30,3.；力学是统治一切的科学 31,1.

Mechanismus　机械论/机械作用 4,5. 5,5. 10.1ff. 13,4. 15.

作为附属因 11,10.；心理活动的机械
作用 31,6.；通向唯物主义的动因 34,
9.；为目的论服务 31,10. 44,7.

Medizin　医学
　　独立起源和发展 1,1. S.24.；病源学的
　　医学 S.28. S.56.；在帕拉切尔斯那里
　　的神秘医学 29,6.

Meinung　意见 见 δόξα

Mensch　人
　　人是万物的尺度 8,3. 见 46,2.；人的
　　起源只能从动物世界产生 5,5. 注释
　　33,5.；人的政治本质 13,13.；人是哲
　　学的主要对象 S.384.；人为宇宙中心
　　21,7. 人为两个世界之间的纽带 25,
　　4.；在康德那里 39,3,4.；人是社会本
　　质 14,7.；人是真正知识的唯一对象
　　37,5.；在谢林那里人是自然的完成（尽
　　善尽美）42,3.

Menschenrechte　人权 37,2.

Menschenverstand　人类理智
　　健全的人类理智（"常识"）S.376. 34,
　　2,10.

Menschheit　人性/人类
　　人类统一 21,6. 人性的发展 37,5.；人
　　类是一个抽象名词 46,4.

Menschheitsreligion　人道宗教
　　孔德 45,3.

Messung　测定
　　心理量的测定 44,8.

Metaphysik　形而上学
　　形而上学＝第一哲学 1,1. 注释；阿那
　　克西曼德建立起来的形而上学 4,2.；
　　德谟克利特和柏拉图新型的形而上学
　　§9.；形而上学是解释现象的理论和伦
　　理原则 9,4.；自亚里士多德起的体系
　　化的形而上学 13,1.；在希腊文化中的
　　宗教形而上学 S.135f.；在启蒙时期形
　　而上学被否定 34,7.；在十九世纪实证
　　主义中 S.583.；形而上学在方法上的
　　改进 33,9.；在康德那里形而上学是独
　　断主义 38.；知识形而上学 34,5. 41,

3.；现象形而上学 38,7,8.；精神形而
上学 42,10. 意志形而上学 43,4.

Μέθεξις　分享 11,3. 31,4. 注释

Methode　方法
　　哲学方法 1,2.；方法是亚里士多德逻
　　辑的目的 12,1.；方法是近代哲学的问
　　题 S.323. §30.；苏格拉底的问答法
　　8,6f.；经院哲学的方法 S.268.；三段
　　论演绎法和归纳法 28,4. §32.；分析
　　法和综合法 30,3.；分析的和综合的
　　30,4.；几何方法 30,6. 32,4. 34,10.
　　34,12.；探究性的方法 34,12.；在康德
　　那里的批判-先验法 S.457ff.；辩证法
　　42,1,10.；关系法 41,7.；在席勒那里
　　的历史-结构法 42,6. 10.；心理-物理
　　法 44,8.；孔德的"历史"法 45,5.

Μίμησις　模仿 4,11. 11,3.

Mikrokosmus　微观世界 见 Makrokos-
　　mus

Milieu　环境 46,4.

Mischung　混合
　　混合和分解是发生和发展变化 4,7. 5,
　　5. 6,1.

Miserabilismus　悲惨论 46,5.

Mitfreude　同乐
　　与人同乐是道德原则 44,6.

Mitleid　同情
　　悲剧中的同情 13,14.；同情是道德原
　　则 41,10. 13,4. 46,2.

Mittelalterliche Philosophie　中世纪哲学
　　1,1. S. 225ff.
　　作为学派 S.226.；受古代传统的限制
　　S.228.；受习俗矛盾的控制 S.227f.；
　　在浪漫主义中重新被发现 S.525.

Mittelbegriff　中词 12,4.

Mittler　中间纽带
　　上帝与世界之间的中间纽带 20,5.

Modus　样式 31,4.
　　无限的样式 31,5.

Möglichkeit　可能性
　　在亚里士多德那里 13,1.；在魏塞那里

可能性是永恒的真理 44,5.；在莱布尼茨那里的可能的世界 31,11. 35,4.

Monade　单子
在布鲁诺那里 29,4.；在莱布尼茨那里 31,11. 参阅 33,7f. 36,4. 34,11.；康德 38.

Mond　月球
月球之下的世界 5,8.

Monismus　一元论
原始的假定 §4.；爱利亚学派的形而上学一元论 4,5.；斯多葛学派 16,1.；新柏拉图学派的精神一元论 19,5.；文艺复兴时期的一元论 29,1.；谢林的神秘的一元论 43,2.；近代一元论 44,6.

Monotheismus　一神论
在色诺芬尼那里的一神论 4,3.；在犬儒学派那里 7,8.；在亚里士多德那里的精神一元论 13,5.；在休谟那里一神论作为宗教发展的目标 35,9.

Moral 道德
遁世道德 11,7. 7,2f.；苦行主义道德 19,1.；在浪漫主义学派里道德天才与启蒙运动的民主功利相对立 42,5.；道德作为价值的争论 46,2.；道德作为精神状态,统治者道德和奴隶道德 46,6. 见 Ethik.

Moral sense　道德感 36,7,12.

Moralität　道德/道德观念
在谢林那里 42,8.；道德性和合法性 14,5.；在黑格尔那里 42,10.

Morphologie　形态学
在歌德和谢林那里的比较形态学 42,3.；在奥肯那里和在近代生物学中 45,7.

Motiv der Moral　道德动机 7,2. S.429.

Motivation　动机因素
作为意志因果关系 41,10.

Musiktheorie　乐理
毕达哥拉斯学派的乐理 4,11.

Muskelempfindungen　肌肉感觉 44,1.

Mysterien　玄义/宗教秘密仪式

前苏格拉底 6,2.；在柏拉图那里 11,6；神学 25,2.

Mystik　神秘主义/神秘派 18,6. S. 228. 231. §24,S.268,271,26,5.27,4. 28,7.30,6.31,5.33,7. 注释43,1. 43,2.
宗教改革的内在根源 28,7. 参阅《人名索引》deutsche Mystiker

Mythen　神话
在色诺芬尼那里 4,3.；在智者学派那里 7,3.；柏拉图 S. 86. 11,6.；斯多葛学派 15,8.；诺斯替教派 20,6.；谢林 43,3.

N

Nachahmung　模仿/摹拟
在毕达哥拉斯学派那里世界是存在的摹拟 4,11. 5,8.；柏拉图 11,3.；模仿是艺术的本质 13,14. 33,6 注释 34,11.

Naiv　朴素的
朴素的和感伤的 42,6.

Nationalökonomie　政治经济学 36,12. 37,2.

Nationalstaat　民族国家 近代民族国家 32,1.

Nativismus　先天论
先天论不是康德的本意 38,2. 注释

Natur(φύσις)　自然
在柏拉图那里 11,10.；在亚里士多德那里自然是不同等级的成形质料 13,6.；自然是有生命力的存在整体 15,1,2.；普罗提诺用心灵生活解释自然 20,7.；诺斯替教派 20,9 注释；在斯宾诺莎那里自然＝上帝 31,5.；在康德那里自然是概念体系不是先天认识的对象 38,4,7.；自然被认为是符合目的的 40,2. 40,6,7.；在谢林那里自然是统一的生命(歌德)和变化过程中的自我 42,3.；在费希特那里自然是义务的质料 42,2.；在黑格尔那里自然是精神的

Neospinozismus　新斯宾诺莎主义 42,3.
42,8.

Neuerungstrieb　改革冲动
文艺复兴时期的改革冲动 S.299f §30,
2. 32,3.

Neuhegelianismus　新黑格尔主义 S.
569.

Neukantianismus　新康德主义 44,6. S.
539ff. 545. 554f.

Neuplatonimus　新柏拉图主义 见 Namenverzeichnis.

Nicht-Ich　非我 42,2. 44,2.

Nichts　无
在叔本华那里 43,4.

Nichtsein　非存在
在巴门尼德那里 非存在＝虚空 4,5.；
原子论者 4,9.；柏拉图 11,9.；在普罗
提诺那里 20,7.；

Nihilismus　虚无主义 8,2. 9,1.

Nirwana　涅槃 43,4.

Nominalismus　唯名论 S.232f. 23.4. S.
269, 271. §27,4. 28,4. 33,3,4. 34,
2. 34,3. 44,6.

νόομος　人为的习俗，法律，制度等
＝Satzung 法令/法律 7,1. 10,2,5.；＝
Gesetz 规范/规律 15,2. 17,9.

Normalarbeitstag　正规工作日
在乌托邦里的正规工作日 32,3.

Normen　规范/准则 6,2. S.56，§15,2.
22,2. 46,7.

Notwendigkeit　必然性
在留基伯那里的机械的必然性 4,5.；
德谟克利特 10,1.；柏拉图 11,9.；亚
里士多德 13,4.；斯多葛 15,2.；亚里
士多德的逻辑的必然性 12,2.；在莱布
尼茨那里的无条件的必然性和有条件
的必然性 30,7. 31,11.；康德 38,2ff.；
按照费希特在经验中的必然性的感觉
41,5.；在费希特那里目的论的理性体
系 42.

Noumena　本体 38,8.

νοῦς　理性/奴斯
在阿那克萨哥拉那里 νοῦς 是思想要素
和运动要素 4,8. 5,5. 6,2.；在柏拉图
那里 νοῦς 是灵魂的组成部分 11,6.；
νοῦς和亚里士多德 13,10.；斯特拉脱
15,1.；见 Vernunft.

O

Objective　客观的
客观存在＝意识内容 25,6.

Objekt　客体/对象 42,8.

Objektivität　客观性
在叔本华那里的客观性和客观化 41,
10.

Occasionalismus　偶因论 31,7f.

Offenbarung　天启/启示
天启是传统或天人感通 18,5f.；历史上
有计划的天启 18,3. 21,5.；自然中的
天启 29,1f.；在神秘主义中上帝的自我
显示 26,5.；天启是社会基础 45,1.；
天启对理性的关系 18,3.；天启是同一
的 35,1.；作为被反对的 35,6.；作为
可以协调一致的 25,2. 35,1.；在康德
那里 39,6.；在谢林那里 43,2,3.

Offenbarungsphilosophie　天启哲学
谢林的天启哲学 43,3.

Offenbarungstheologie　天启神学
与不可知论联系起来 44,4.

Ökonomische Verhältnisse　经济关系
经济关系是历史的基础 45,5.

Ontologie　本体论
斯多葛学派的本体论 17,2.

Ontologismus　唯本体(论)主义 S.543,
§46 注释

ὄντως ὄν　实际存在的东西
在柏拉图那里 9,2. 11,1.

Optimismus　乐观主义
宗教的乐观主义 20,9.；宇宙神教的乐
观主义 29,1. 34,9f. 35,2.；历史的乐
观主义 37,5.；莱布尼茨 35,4.；实证
主义的乐观主义 46,2.

Optimismus und Pessimismus　乐观主义和悲观主义
乐观主义和悲观主义作为情调 46,3.；在哈特曼那里两者结合起来 46,3.；见 Pessimismus

Optische Wahrnehmung　视觉
视觉是认识的典型 11,2.

Ordnung　秩序/纪律
在赫拉克利特那里 4,4.；在阿那克萨哥拉那里 4,8. 5,3.；秩序是规范 6,2.；在阿那克萨哥拉那里秩序是宇宙合目的性 4,8.；在毕达哥拉斯学派那里的数学秩序 4,11.；事物规范秩序与事物实际秩序合而为一 17,9.；在康德那里世界的道德秩序 39,5. 40,7.；在费希特那里秩序就是上帝 42,2.

Ordo ordinans　起整饬作用的秩序 42,2.

Ordo rerum　事物秩序
在斯宾诺莎那里在方法上事物秩序＝概念秩序 30,6.；在形而上学上 31,9.

Organisation　组织
根据康德的原初组织 40,6.

Organische Teleologie　有机体的目的论 5,6. 40,6.

Organismus　有机体/有机组织
在亚里士多德那里 13,2.；作为有机体的世界 29,2.；作为机械世界观的问题的有机体 34,9.；被康德定义为整体和部分的相互因果关系 40,6.；界限概念 40,6.；在谢林那里有机体是自然的目的 42,3.；宇宙是有机体 42,8.

Organische Moleküle　有机物分子
在布丰那里 34,9.

Organon　工具
亚里士多德的工具论 S.88 §12,1.；培根的新工具论 30,1.

Orient　东方
东方对希腊人的影响 S.24. §18,1.；东方对中世纪的影响 S.264f.

οὐσία　本质/存在
在柏拉图那里 11,3.；亚里士多德

§13.；普罗提诺 20,7.；欧利根 20,9.

P

Pädagogik　教育学
人文主义的教育学 28,4.；培根主义的教育学 30,2. 注释；卢梭 37,4.；卢梭和博爱主义学派 37,4.；在赫尔巴特和贝内克那里的联合观念心理学的教育学 41,8. 注释

Panpsychismus　泛心论 27,2f. 44,8.

Panentheismus　万有在神论
克劳塞的万有在神论 42,9.

Pantheismus　泛神论
在色诺芬尼那里　4,3.；斯特拉脱和斯多葛 15,2.；与多神论熔化 15,7f.；与一神论熔化 20,1.；在厄里根纳那里的逻辑泛神论 23,1.；泛神论与实在论 27,2.；自文艺复兴以后 29,2. 31,3.；在斯宾诺莎那里 31,5,9.；在启蒙运动时期 35,2,5.；在浪漫主义中 42,9.；在十九世纪的心理学中 44,6.

Parallelismus　平行论
在斯宾诺莎那里属性的平行论 31,9.；从唯物主义观点平行论起着变化 33,5.；心理-物理学的平行论 44,8.

Paralogismen　谬误推理
在康德那里心理学的谬误推理 38,10.

παρουσία　出现 11,3.

Perceptions　知觉
按照莱布尼茨的细微知觉 31,11. 33,10. 41,4.

περιφορά　位变　见 ἀλλοίωσις

Perseitas　合理性
善的合理性 26,3. 31,8. 注释

Persönlicher Faktor　个人因素
哲学史中的个人因素 2,5.

Persönlickeit　人格/个人存在
智者学派的个人 7,2f.；在斯多葛学派那里 14,3.；在亚历山大里亚哲学中的含义 §18. 19,3.；在普罗提诺那里

派那里 13,9 注释。；斯多葛学派 15, 5.；伊壁鸠鲁学派 15,5. 见 15,6.；在 亚历山大里亚哲学中 18,6. 19,1f.

Pneumatiker 圣灵论者 18,2.

Poetik 诗学 13,14.

Point de Système 体系化 34,7.

Polarität 极化性
自然的极化性 42,3.

Politik 政治
政治是利害之间的斗争 32,5.；在黑格 尔那里 42,10.

Polytheismus 多神论
斯多葛在概念上创建多神论 15,8.； 新柏拉图学派 S.182. 20,8.；在休谟那 里多神论是原始宗教 35,9.

Popularphilosophie 通俗哲学 34,7. 35, 3,7.

Poren 细孔 见 Ausflüsse.

Positivismus 实证论
在中世纪 17,7.；在贝克莱那里 34,2. 34,6. 注释；休谟 S.377f. 385，§34, 6.；在孔狄亚克那里实证主义是感觉主 义与理性主义的综合 34,8.；在十九世 纪的心理学中 §44.；在孔德那里 45, 3,4.；在十九世纪 S.583f.；谢林的实 证哲学 43,3.

Position 位置
在赫尔巴特那里的绝对位置 41,8.

Post hoc und Propter hoc "在此之后"与 "因此之故" 34,5.

Postulate 公设
经验思维的公设 38,7.；道德意识的公 设＝所谓道德证明 39,4.；公设是哲学 的开端 42,1.

Potentia 可能性 13,1.

Potenzen 因次
在谢林那里 42,9.

Prädestination 宿命 22,5.

Präexistenz 出生以前
灵魂在出生以前 11,6. 19,2. 20,7.

Pragmatischer Faktor 内在联系的因素

哲学史的内在联系因素 2,3.

Pragmatismus 实用主义 S.543. 44,4. 45,8. 注释 46,6. 注释

Prämissen 前提
三段论中的前提 12,3.

Primat 优先
意志优先或理智优先 §26. 43,4, 44, 9.；实践理性优先 39,4. 41,1. 42,2. 见 Intellektualismus

Prinzipien 原则
调节性原则和组建性原则 38,9.；启 发性原则 38,10.

Probabilismus 盖然论
在卡尔尼亚德那里的盖然论 17,8. 人 文主义学派 28,5.；在休谟那里的实践 盖然论 34,6. 35,6.

Probleme 问题
问题的划分 3,1,2.；自然的问题和人 为的问题 2,5.

Protestantische Philosophie 新教哲学 28,6.

Psychologie 心理学
唯物主义心理学 6,2.；心理学方法 S. 539 §44,3,6.；无灵魂的心理学 44, 6.；生理学的心理学 6,2. 7,9. 8,3.； 在德谟克利特那里 10,1f.；在柏拉图那 里 11,6.；在亚里士多德那里 13,9.； 斯多葛，伊壁鸠鲁 15,1,6.；在托马斯 那里 25,4.；在经院哲学后期心理学的 发展 27,5.；在培根那里的经验心理学 30,2. 在启蒙运动时期 33,5.；在康德 那里 38,7.；在十九世纪 44,1.；唯意 志论的心理学 44,2,3.；心理学作为心 灵生活规律的科学 44,1.；生物学的心 理学 45,4.；后奥古斯丁的内在经验心 理学 S. 233，§22. 24,2. 27,5. S. 384ff. §44,1ff.；进化论心理学 24,2. 45,8.；心理学作为灵魂自我保存的学 说 41,8.；在赫尔巴特那里的数学心理 学 41,8. S.504·注释

Psychologismus 心理学至上论 8,3. S.

384f. 395f. §32,7 至 33,8. S. 428 §44,1.

Psychophysik　心物学 44,8.
作为问题的心物因果关系 31,7.

Pythagoreismus　毕达哥拉斯主义
文艺复兴时期的经验的毕达哥拉斯主义 30,3.

Q

Qualitäten　质
在赫尔巴特那里的绝对质 41,7.；第一性质和第二性质 6,1. 10,2f. 13,8. 31,2. 34,1. 44,6.；第三性质 31,2 注释

Qualitates occultae　潜在内质 29,5. 31,1.

Qualitalives　质的东西
质还原为量 6,1. 8,3. 10,1ff. 30,3,5. 31,2. 38,3.；亚里士多德反对质还原为量 13,8.；歌德关于质的观点 42,3. 43,3. 44,8.

Quantifikation　量确定
宾词的量被确定 44,4.

Quellen　源泉
哲学史的源泉(原始资料) 2,6a.

R

Raison universelle　普遍理性
在马勒伯朗士那里 31,4.；在传统主义中 45,1.

Rationalismus　理性主义 6,1. 9,1.
在毕达哥拉斯学派那里数学理性主义 6,1.；在德谟克利特那里理论的理性主义 9,4.；在柏拉图那里伦理的理性主义 9,4.；斯多葛学派的理性主义 17,4.；在中世纪阿伯拉尔的理性主义 23,7.；在笛卡儿那里的普遍的理性主义 S. 323f. §30,4.；在英国哲学中的理性主义和感觉主义 33,1.；在苏塞纳斯学派那里神学的理性主义 35,1.；在培尔那里实践的理性主义 36,3.；在沃尔夫那里武断的理性主义 34,10.

Rationalität　合理性
善的合理性 26,3. 31,8 注释

Raum　空间
巴门尼德的空间 4,5.；原子论者的空间 4,9.；柏拉图 11,9.；虚空 9,4.；普罗提诺 20,7.；在莱布尼茨那里空间是力-产物和现象 31,10.；在康德那里空间是先天的直观 33,12. 38,2.；在赫尔巴特那里空间是观念机械作用的产物 41,7.；空间是实体 44,6.；概念空间 41,8.；虚空被否定 4,5.；空间是非存在 4,9. 5,5. 5,7. 31,4.；空间是个体化原则 20,7. 41,10.；空间是广延 31,3.；空间是幻象 31,2.

Realdialektik　现实辩证法 46,5.

Reale　实粒
在赫尔巴特那里实粒＝物自体 41,7. 41,8. S. 488,2.

Realismus　唯实论/实在论
朴素的唯实论 S. 384.；在康德那里经验的唯实论 38,3.；经院哲学意义上的唯实论与唯名论 §232. 20,8. §23. 1,3. 31,3.

Realität　现实性/实在性
现实性分层次 9,2.；根据普遍性的程度 20,8. 23,1.；现实性作为现象和存在 11,1,3.；现实性作为意志 41,10.

Realitätsproblem　现实性问题
在洛克,贝克莱,休谟那里 34,1ff.；康德 38.；在谢林那里现实性和观念性 42,8,9.

Recht　法律/权利
神圣的法律与人为的法律 7,1.；在西塞罗那里 14,8.；在罗马人那里 15,8.；在格老秀斯那里 32,2.；在休谟那里 36,11.；法律作为外在关系的秩序 37,1.；工作权 42,2.；享受权 7,2,9. 46,2,6. 见 Naturrecht, Menschenrechte

Rechtsgleichheit　人人权利相等 7,1. 32,2. 37,4.

Rechtsphilosophie　法(律)哲学

宗教改革的法哲学 32,1,5.；在康德那里 39,7.；费希特 42,2.；在黑格尔那里 42,10 见 Naturrecht

Reden　讲演
费希特对德意志人的讲演 42,6.

Reflection　反省
在洛克那里反省＝内部知觉 33,2. 34,1.

Reflexion　反省
在费希特那里反省是唯心主义的方法 41,5. 见 42,1.

Reflexionsaffekte　反射情绪 36,7,10. 37,12.

Reformation　宗教改革 S.299,302. 28,6.
宗教改革与神秘主义的关系 28,7.

Regressus　回归
万物回归上帝 23,1.

Relativismus　相对性/相对论
伦理相对论 S.58ff. 7,3.；在认识论上的相对论 17,3. 45,3. 45,8. 注释 46,7.

Religion　宗教
在希腊启蒙时期被分裂 7,3.；被道德所替代 S.134.；在斯多葛学派中 15,2. 7,8.；伊壁鸠鲁学派的反宗教立场 15,3. 15,7.；在神秘主义和经院哲学中的宗教和哲学 25,1,2,3.；在休谟那里的自然宗教（见 Naturreligion），宗教自然史 35,9.；宗教作为道德意念 32,2.；宗教作为私人事务 32,5.；宗教作为道德假设 35,7.；凭借哲学建立宗教 35,1.；宗教作为对人类的教育 35,9.；作为私人事务的宗教和作为公共机构的宗教 37,3.；在康德那里宗教作为道德神学 39,6.；在施莱尔马赫那里宗教作为情感 41,6. 42,9.；在赫尔巴特那里宗教作为合目的论的观点 41,8 注释；在谢林那里宗教作为哲学的原则 43,1,3.；在黑格尔那里宗教作为有限事物对绝对精神的关系 42,10.；在费尔巴哈那里宗教用人类学观点来解释 44,6.；

正统宗教 35,8.；在孔德那里的人道宗教 45,3,4.；宗教论争 S.179.；宗教作为世界史 21,2f.

Religiöse Bewegung　宗教运动
在希腊本土 S.22.；在亚历山大里亚时期 S.179.

Religiöse Metaphysik　宗教形而上学 S.135.
德国浪漫主义的转变 42,9.

Renaissance　文艺复兴 S.298ff. 前奏 §24.；革新冲动 §299ff. 30,2. 32,3.

Representation　表象 31,11. 注释

Revolution　革命
革命理论 32,5. 37,2.；革命作为惩罚 45,1.

Rezeptivität　接受性 34,12.

Romantik　浪漫派
德国浪漫派 S.455. §42,5,9.；在宗教上的转变 42,9.；在社会主义中的法国浪漫派 45,3.

Romantisch　浪漫主义的
浪漫主义和古典主义 42,6. 42,10.

S

Sachgemäßheit　适当性
"适当"作为道德原则 36,2.

Sachliches Wissen　客观的知识
中世纪渴望客观知识 S.233. §7,4.；在文艺复兴时期 27,5. 28,4. §322. §30,1.

Sanktion　制裁
道德制裁 S.429,36,9f.

Satan　撒旦 20,4. 22,6.

Satz　原则/定律
意识原则 41,2.；根本原则 15,2. 16,4. 30,7. 41,10. 42,4.；根本原则受到批判 17,3.

Satz des Widerspruchs　矛盾律 6,1. 8,1. 12,5. 30,7.
只有形式逻辑 38,5. 41,7 注释；矛盾律对于思辨思维和理智的直观无效

德那里 13,1f.；存在作为物质 17,2.；在艾克哈特那里存在与认识同一 26,5.；存在是意识的产物 41,4.；思维与存在的同一 41,6. 42,5,6.；存在与思维的分离 17,2.；真正的存在与现象的存在 9,1f. 11,3. 41,7.；存在起源于"应该"42,42,2. 参阅 Realität.

Selbstbeschränkung 自我限制
在费希特那里自我的自我限制 42,2.

Selbstbestimmung 自我规定
伦理上的自我规定 39,3. 42,2.

Selbstbewußtsein 自我意识
在亚里士多德那里绝对的自我意识＝上帝 13,5.；在新柏拉图学派那里的心理学观点 19,4.；在奥古斯丁那里自我意识作为第一确实性 22,1.；笛卡儿 30,4.；洛克 34,1.；在费希特那里的哲学原则 41,5. 42,1.

Selbsterfahrung 自我经验
自我经验作为最可靠的知识 27,5. 29,3. 34,1. 34,3.

Selbsterhaltung 自我保存 31,6.
自我保存作为社会的基本事实 32,6.；自我保存作为实践原则 32,6. 45,8.；在赫尔巴特那里实粒的自我保存 41,8.

Selbsterkenntnis 自我认识 7,4.
自我认识是知识的源泉 29,3.；在洛克和贝克莱那里 34,1,2.；费希特 42,2.

Selbstgebärung 自我创造
上帝的自我创造 26,5. 29,7. 43,2.

Selbstgenuß 自我享受 14,4. S. 428. § 42,5.

Selbstmord 自杀 14,3. 注释
在斯多葛伦理学中的自杀 14,3.

Selbstsucht 自我追求
自我追求是个人的权利 46,4. 参阅 Egoismus

Selektionstheorie 物种选择学说 4,5. 45,7. 46,2.

Selfish systen 利己体系 32,7. 36,10. 37,3.

Seliges Leben 极乐生活/幸福生活 13, 15. 20,7. 22,7. 26,5. 42,9.

Semeiotik 符号学 见 Zeichenlehre

Sensation 感觉
在洛克那里，感觉＝外部知觉 33,2. 34,1.

Sensualismus 感觉主义
心理学的感觉主义 6,3.；在普罗塔哥拉那里 8,3.；后亚里士多德哲学 17,4.；为超自然主义服务 18,4.；感觉主义和唯名论 23,4.；在文艺复兴时期 29,3,8.；在唯心主义中的突变 29,8.；在启蒙运动时期 31,6. 33,1. 33,2. 33,7. 44,1.；怀疑论的感觉主义 33,6.；唯物主义的感觉主义 34,9. 44,6.；伦理学的感觉主义 36,11.；在耶可比那里的超自然主义的感觉主义 41,1.；在费尔巴哈那里的自然主义的感觉主义 44,6. 46,2.

Sentimentalisch 感伤的 42,6.

Sermonisnus 训诫主义 S.232,23,6.

Setzen 放置
定位,被置于的物 41,5,8. 42,2.

Sinn 感官
在洛克那里外部感官和内部感官 34,1.；在康德那里 38,2,6.；感官性质的主观性 17,4. 38,3.；感官性质的理智性 31,2. 34,1.

Sinnenerkenntniss 感官认识
感官认识是欺骗的 6,1. 9,1. 10,2ff. 11,1ff.

Sinnlichkeit 感性
感性是反理性的 16,1.；感性与理智 6,1. 6,3.；感性与理智只是程度的区别（莱布尼茨）33,10.；在赫尔德那里 33,11.；在康德那里的纯粹感性 34,11. 33,12. 34,12. 38,1. 38,8.；感性和数学 38,2. 40,2ff. 41,2. 42,2.

Sinnenwelt 感性世界
在柏拉图那里感性世界作存在与非存在的混合 11,9.；在普罗提诺那里

20,7.；感性世界被认为是邪恶的 19, 1.

Sittengesetz 道德律
道德律和自然律同一 14,5.；在康德那 里 39,1. 11,3.

Sittliches Bewußtsein 道德意识
在苏格拉底那里道德意识作为认识论 基本原理 8,4.；在柏拉图那里 9,4.； 在康德那里 39,4.

Sittlichkeit 德行
在希腊启蒙运动时期德行成了问题 S. 62ff.；德行依存于认识 7,5. 参阅 36, 2.；德行作为个人生活的发扬 36,6.； 德行作为意向 39,1.；德行作为传统 7, 2. 7,8.；在黑格尔那里德行实现于国 家中 42,10.

Skeptizismus 怀疑主义
智者学派的怀疑主义 S.58. 8,2,4.；皮 浪的怀疑主义 S.136. §14,2.；学园 17,3.；在奥古斯丁那里 22,1.；文艺复 兴的怀疑主义（蒙台涅）28,4. 29,8.； 启蒙运动的怀疑主义 34,6.；受到梅蒙 批判的怀疑主义 41,4.

Solipsimus 唯我主义 34,2. 41,9. 44,6. 46,4.

Sollen 应该
"应该"作为存在的基础 §42, 42,1.

Sonnenstaat 太阳城 30,2. 32,3.

Sophistik 诡辩术
诡辩术作为科学的课程 S.56f.；诡辩术 作为讲演的技术 S.57.

Souveränität 主权 32,5.
人民主权 37,1.

Soziales Leben 社会生活
社会生活作为适应 45,8.

Sozialismus 社会主义 32,3. 37,2, 4. 42,2. 45,3.
社会主义的唯物主义历史哲学 45,5.

Sozialpsychologie 社会心理学 45,2.

Soziologie 社会学 §539, §45,4.

Species intelligibiles 可理解的种 25,6.

Spezialwissenschaften 特殊科学
在希腊化时期特殊科学从哲学中分化 出来 S.133.

Spezifikation 特殊化
在康德那里自然的特殊化 40,7. 44,5.

Sphärenharmonie 天体和谐 2,11. 4,11 注释

Spieltrieb 游戏冲动 42,4.

Spinozismus 斯宾诺莎主义 S.488.
消极的斯宾诺莎主义＝先验哲学 41, 9.；诗化的斯宾诺莎主义 42,3. 42,9.

Spiritualismus 唯灵主义
贝克莱的唯灵主义 34,2.；十九世纪法 国的唯灵主义 44,2.

Spiritus 精灵
有生命力的精灵 15,6. 31,6. 31,7.

Spontaneität 自发性
根据康德的知性的自发性 34,12.；理 性的自发性 38,5.；为赫尔巴特所驳斥 41,7.

Sprache 语言 8,5. 33,3,11. 34,8. 37, 5. 41,2. 45,1.

Sprachwissenschaft 语言学 42,5.

Staat 国家
在智者学派那里 7,1f. 7,8f.；柏拉图 11,8.；亚里士多德 13,13.；斯多葛 14,7.；伊壁鸠鲁 14,8.；奥古斯丁 22, 6.；托马斯,但丁,奥卡姆 25,7.；天主 教和新教 32,1f.；卡尔丹 32,4.；霍布 斯 32,4.；国家和伦理 36,11.；沃尔夫 37,1.；洪堡的威廉 37,1.；康德 39, 7.；费希特的封闭的商业国家 42,2. 42,6.；黑格尔 42,10.

Staat 状态
在席勒那里的审美状态 42,4.

Staatskirche 国教 32,1.

Staatsverfassungen 国家宪法 13,13.
最好的国家宪法的观念 32,4. 37,1. 39,7.

Staatsvertrag 国家契约 14,6. 25,7. 32, 5. 37,1. 39,7. 42,2.

4.

Synechologie　环境生态学
　在赫尔巴特那里环境生态学＝自然哲学 41,8. 注释

Synergismus　神人合作论 26,4.

Synkretismus　信仰调和论 S. 137. § 15, 3.
　被费希特所摈弃 41,5.

Synteresis　良心 26,3.

Synthesis　综合
　综合作为心灵的本质 19,4.；单子的综合 31,11. 注释；根据康德的理性的综合 S. 457 注释 38,1.；先天性的实践的综合 39,1.；辩证的综合 42,1.

Synthetische Urteile　综合判断
　先天综合判断 S. 457f. § 38,1. 39,1. 40,1.

Synthetismus　综合论
　克鲁格的先验的综合论 41,6.

Systematische Form　体系形式
　哲学的体系形式 S. 84, § 30,4. 41,2.

System　体系
　自然体系 33,7.；理性体系 § 42.；被黑格尔用辩证法来划分 42,10.

Syzygien　结合（般配）
　诺斯替教神统学的结合（般配）20,6.

T

Tastsinn　触觉
　根据德谟克利特触觉是原初的感觉 10, 3.

Tathandlung　实际行为
　在费希特那里 42,1.

Tätigkeit　活动
　在费希特那里 42,2.；根据施莱尔马歇的组织活动和象征活动 42,5.

Teilbarkeit　可分性
　物质的可分性 4,5. 5,5.

Teile　组成部分
　哲学的组成部分 § 3.

Teleologie　目的论

在阿那克萨哥拉那里 4,8. 5,5, 8,.；苏格拉底 8,8.；柏拉图 11,5,9.；亚里士多德 13,2.；逍遥学派的目的论 15,1.；斯多葛学派 15,2.；被伊壁鸠鲁所驳斥 15,3. 参阅 16,5,6.；功利的-人类学的目的论 15,2. 35,3.；基督教哲学的历史目的论 21,6. 25,7.；根据机械论世界观的问题 31,1. 34,9.；目的论兴趣的产生 S.385.；被康德批判地阐述 40, 1ff.；目的论作为机械解释自然的界限概念 40,6.；在费希特那里目的论作为理性体系原则 § 42.；在谢林那里的自然目的论 42,3.；在赫尔巴特那里宗教信仰的目的论 41,8 注释；在莱布尼茨那里目的论与机械论的结合 31,11.；洛采 44,7.

Terminismus　名称论 S. 269. 25,6. 27, 4. 29,8. S. 385. 33,3. § 34. 34,8. 34,10. 38. 44,4.

Terminologie　术语
　中世纪的拉丁文术语 S. 227.

Theismus　一神论 13,5. 44,5.

Theodicee　辩神论
　斯多葛辩神论 16,6.；新柏拉图主义的辩神论 20,7.；基督教中的辩神论 20, 9. 28,3.；在布鲁诺那里 29,1.；莎夫茨伯利 35,2.；莱布尼茨 35,4.

Theogonie　神统学
　诺斯替教派的神统学 20,6.；波墨的神统学 29,7.；谢林的神统学 43,2.

Theokrasie　神权政治 35,9.

Theologie　神学
　酒神狄俄尼索斯的神学 11,6.；多神论的神学 15,8. 20,7.；神学和哲学 18, 2f. 物理-神学观 16,5.；消极神学 20, 2. 22,2. 23,1. 26,5. 29,2. 31,5. 42, 8.；在托马斯那里作为思辨的 26,3.；在神秘主义和邓司那里 25,3. 26,3.；在康德那里的道德神学 39,6.

Θεωρία　静观 13,5. 15,18,6. 20,7. 26, 4.31,7. 参阅不计利害的静观 42,4.

Theoretische Geistesrichtung　理论的精神倾向
理论的精神倾向作为文艺复兴与希腊思想的血缘关系 S. 300

Theosophie　通神论
文艺复兴的通神论 §29.；谢林的通神论 43,1.

Theurgie　妖术 20,7.

Thomismus　托马斯主义 S. 269ff. 570 注释 参阅《人名索引》

Tierpsychologie　动物心理学 33,5.

Toleranz　信仰自由 32,2. 35.

Topik　论辩篇
亚里士多德的《论辩篇》12,4,5.

Totalität　整体
条件整体 38,9.

Tradition　传统
在中世纪的古老传统 S. 226ff. 231. 264ff.；东方传统 S. 264ff.；拜占庭传统 S. 292f. 注释；在文艺复兴时期 §28；传统作为权威 18,5.

Traditionalismus　传统主义 45,1.

Tragödie　悲剧
亚里士多德的定义 13,14.；在索尔格尔那里 42,9.；在尼采那里 46,6.

Transzendental　先验的
先验哲学 S. 457ff.；先验幻相 38,9.

Transzendenz　超越性
上帝的超越性 13,5. 20,1. 参阅 Immanenz

Trieb　冲动
在赫尔巴特那里 41,8.；在费希特那里本能冲动与道德冲动 42,2.；在贝内克那里的冲动系统 44,3.

Triebfedern　冲动力
感性冲动力和道德冲动力 39,6. 42,4.

Trinitätslehre　三位一体论
在中世纪辩证法中的三位一体论 23,3.

Triplizität　三段式/三一式
辩证法过程中的三段式 20,2. 42,1.

Tropen　"论式"（辩驳法）

怀疑派的论式 17,3.

Tüchtigkeit　才识
才识和德行＝$\dot{a}\rho\epsilon\tau\dot{\eta}$ 6,1,7. 7,5.

Tugend　德行
在苏格拉底那里德行作为知识和幸福 7,4.；德行作为知识的目标 9,4.；在亚里斯提卜那里德行就是享受的能力 7,9.；在柏拉图那里德行作为灵魂组成部分的完美境界 11,7.；在犬儒学派那里德行就是没有需求 7,8.；在斯多葛学派和伊壁鸠鲁学派那里 14,1.；怀疑派的德行 14,2.；在亚里士多德那里德行作为理性活动（伦理的和理智的）13, 11f. 26,4.；在斯宾诺莎那里德行作为知识和力量 32,6.；德行的自我满足 7, 8. 14,1.；德行的可教性 7,6.；德行是唯一的善 14. 14,3.；德行和认识 36, 2.；美德作为德行和才识 36,11.

Tugend und Glückseligkeit　德行与幸福 7,1ff. S. 429ff. 36,1ff. 36,9. 39,5. 46,2.

Tun　行为
在费希特那里行为是最高范畴 42,2.；无限的行为 43,4.；无基质的行为 44, 3,8.

Typus　典型
更高的人类的典型 46,6.

U

Übel　罪恶/邪恶
世界上的罪恶 16,5.；邪恶不存在 20, 7. 22,3.；形而上的罪恶、道德罪恶、形而下的罪恶 35,4.；参阅 Theodicee

Übergeistigkeit Gottes　上帝高于心灵 20,2.

Überleben　过时
在恩培多克勒那里合目的性过时 4,7.；伊壁鸠鲁 15,4.；达尔文 45,7.

Übermensch　超人 46,6.

Übersinnliches　超感事物 11,1. 39,4.
超感事物只是感性事物的看不见的活

动形式 34,9.；超感事物是不可经验的
38,9.

Übervernünftigkeit　高于理性
　教义高于理性 18,4. 25,2. 35,1. 35,
　6.

Überwindung　战胜
　战胜外界在个人身上激起的感情 14,1.

Umkehrung　逆转
　判断的逆转 44,4.

Umwertung　重新估价
　一切价值的重新估计 §46. 46,6.

Unabhängigkeit　独立性
　独立于世界过程之外被视作伦理的理
　教 14,1.

Unbedingtes　无条件者
　在康德那里无条件者是理念 8,9.；根
　据哈密尔顿无条件者不可认识 44,4.；
　无条件者和斯宾塞 45,8.

Unbestimmtheit　不确定性 4,2. 6,2.

Unbewußte　无意识/不自觉
　观念中无意识的东西 31,11.；在理性
　中 42,2.；在哈特曼那里无意识作为
　世界本质 44,9. 46,3.

Undurchdringlichkeit　不可入性 31,2.
　34,1.

Unendliches　无限的事物
　根据库萨的尼古拉在无限事物与有限
　事物之间无共同尺度 27,6.；根据布鲁
　诺 29,2.；斯宾诺莎 31,9.；谢林,施勒
　格耳 43,1.

Unendlichkeit　无限
　在阿那克西曼德那里视物质为无限 S.
　25. 4,2.；在芝诺和米利所士那里存在
　无限 4,10.；在原子论者那里空间无限
　4,9.；无限和柏拉图 11,9.；在新柏拉
　图主义中上帝无限 20,2.；对概念的重
　新估价 20,2. 27,6.；在欧根那里神
　的意志的无限性 20,9.；在哥白尼学说
　体系和在布鲁诺那里世界的无限性
　29,2.；在笛卡儿那里神的实体的无限
　性 31,3.；在斯宾诺莎那里属性的无限

性 31,5.；根据施莱尔马歇在宗教中所
感觉到的无限性 41,6.；在康德那里无
限性作为二律背反的对象 38,9, 10.；
在费希特那里自我的无限性和自我活
动的无限性 42,2.；根据哈米尔顿无限
性不可认识 44,4.；无限性和斯宾塞
45,8.；被杜林所驳斥 46,2.

Unhistorische　非历史的
　启蒙运动非历史的思维方式 37,5.
　35,9.；黑格尔反对非历史的思维方式
　42,10.

Unionsbestrebungen　团结奋斗 §.35.

Univeralienproblem　共相问题 S. 232.
　§23. 27,3. 28,4. 参阅 Ideen

Universalismus　宇宙神教/共性 见 Indi-
　vidualismus

Universalität　普遍性
　德国哲学的历史普遍性 S.455.

Univeralsprache　普遍的语言 30,7.

Universalvernunft　普遍的理性 27,2.
　31,4. 45,1.

Universum　宇宙
　宇宙是有机体和艺术作品 28,1. 29,1.
　42,8.；整个宇宙（的性质）是统一的
　31,1.

Unlust　痛苦
　按照叔本华痛苦是正面的感觉 43,4.
　见 Lust

Unmittelbar Wakrheiten 直接的真实性
　在亚里士多德那里 12,4.

Unpersönlichkeit　非个人
　在新柏拉图主义中的非个人的总体生
　活 20,3.

Unsterblichkeit　不朽
　灵魂不朽（神话传统）6,2. 注释；在苏
　格拉底那里成为问题 7,5.；在柏拉图
　那里 11,6.；在柏拉图主义中 19,2.；
　在亚里士多德那里 13,10;斯多葛学派
　15,6.；在泛心论中被放弃 28,3.；根据
　托马斯可以证明，根据邓司和奥卡姆不
　可证明 25,5.；在自然神论中保持优势

35,3.；在康德那里灵魂不朽作为公设
39,5.；在黑格尔学派中有争议 44,5.

Untergang 消亡
在阿那克西曼德那里万物的消亡作为
伦理的必然性 5,2.

Unterordnung 从属关系
从属关系作为逻辑的基本原则 12,3.

Unterscheidung 辨别
辨别是心理的基本功能 44,5.

Unterschiede 差别
恰可觉察的差别的方法 44,8.

Unum verum bonum 真善美 22,2.

Unveränderlichkeit 不变性
不变性是存在的标志 4,2.

Unverlierbarkeit 永恒性
德行的永恒性 14,3.

Unvernunft 无理性
世界本原的无理性 §43；无理性显示
为理性 46,3.

Unvollkommenheit 缺陷
世界上缺陷是必需的 16,6. 35,4.

Unwissenheit 无知
无知就是一切知识的开始 8,6.

Unzulänglichkeit 缺陷
现象中的缺陷 11,9.

Urpositionen 原位 44,5.

Urrechte 基本权利 42,2.

Urschleim 原生素 45,7.

Urstoff 原初物质 4,1. 4,2ff.

Urteil 判断
在亚里士多德那里在推论中的判断 12,
3. 17,1.；克制自己不作判断是必需的
17,3.；在判断中的真与伪 17,9.；在斯
多葛学派那里判断作为意志行为 17,
9.；在奥古斯丁那里 22,3.；笛卡儿
30,5.；判断作为方程式 34,8. 44,4.；
在康德那里先天的分析判断和综合判
断 S.457ff.；知觉判断和经验判断 38,
6. 参阅 S.458 注释；判断表 38,5.；道
德判断 36,1f.；在康德那里的审美判断
40,3,5.；定量判断学说 44,4.

Urteilskraft 判断力
在拉马斯那里 28,4.；在康德那里 40,
2.；审目的判断 40,6.

Urvermögen 原始能力
灵魂的原始能力 44,3.

Urzufall 原初偶然事件 43,2.

Utilismus(Utilitarismus) 功利主义
在智者学派和苏格拉底的伦理学中 7,
1ff.；在伊壁鸠鲁那里 14,6.；在启蒙
运动时期 S.429, 36,5. 36,9.；在边沁
那里量的功利主义 36,9.；在佩利那里
神学的功利主义 36,10.；法哲学的功
利主义 37,2. 又康德所否定 39,2,3.；
联想心理学的功利主义 46,1.；进化论
的功利主义 45,8. 46,1. 46,6.；功利
主义的口号 36,9.

Utilität 功利
作为大众化基础的自然科学的功利 S.
538.

Utopien 乌托邦 30,2. 32,2.

V

Variabilität 变异性
在布鲁诺那里世界本原的变异性 29,
1.；在达尔文主义中有机物质的变异性
45,7.

Vaterlandslosigkeit 不认祖国
在犬儒学派和昔勒尼学派那里 7,9.

Veränderung 变化
变化作为自明事实 5,1.；变化作为矛
盾 41,7.

Verantwortlichkeit 责任感 14,5. 16,2.
责任感假定意志的偶然性 26,1.；参阅
Willensfreiheit

Vererbung 遗传 45,7.

Vergeistigung 精神化
宇宙精神化 19,4,5. 20,7,9.

Vergeltungstheorie 报复论 39,7.

Vergottung 神化 18,6. 23,1. 24,2. 26,
5.

Vérités 真理

在莱布尼茨那里永恒真理与事实真理
30,7.；参阅 40,7. 44,5.

Vermögen　能力
心理活动的能力 33,3. 41,3. 44,1,3.

Verneinung　否定
意志的否定 43,4. 46,3.

Vernunft　理性　见 νοῦς
在亚里士多德那里理性作为人的本质
13,10f.；人类理性有别于动物灵魂只
是程度不同 15,1.；理性与天启的关系
27,2. 31,4. 45,1.；在耶可比那里理
性作超自然的知觉 41,1.；根据亚里士
多德的主动理性和被动理性 13,10.
27,2.；理性作为灵魂的主要力量 14.
3.；理性与自然同一 14,5.；在亚里士
多德那里的理论理性和实践理性 13,
11.；培尔 36,3.；康德 S.457ff.；理性
作为理念能力 38,9. 39,1,4.；在谢林
那里和在浪漫学派中的审美理性 42,4,
5.；谢林 42,7,9.；理性作为神的精神
40,7.；在费希特那里的理性体系 42.；
理性和意志 43,2.；历史理性 45,9.

Vernünftigkeit　合理性
根据苏格拉底世俗道德法规的合理性
7,6.

Vernunftinstinkt　理性的本能
在费希特那里理性的统治和理性的艺
术 42,6.

Vernunftkritik　理性批判
康德的理性批判 S.456ff.

Vernunftreich　理性王国
斯多葛学派的理性王国 14,7. 18,3.；
在费希特里 42,6.

Vernunftreligion　理性宗教 39,6. 见
Naturreligion.

Verstand　知性/理智
在康德那里知性为能动性能力 34,12.
38,4.；区分知性的逻辑应用和现实应
用 34,12.；神的直观的知性 40,7.；在
德国唯心主义中 42,1.

Verstandesbegriff　知性概念

在康德那里知性概念二范畴 38,4,5.

Verstragstheorie　契约学说，见 Staats-
verstrag

Vervollkommnungsfähigkeit　不断改善的
能力
人有不断完善自己的无限能力 37,4,
5. 46,2.

Verwandlung　转化
万物彼此转化 §.4.

Verworrenheit　模糊不清
感性观念的模糊不清 24,3.
见 Klarheit

Verwunderung　惊赞
惊赞作为哲学的基本动力 §.4.

Vexierfragen　怪题
逻辑的怪题 8,1.

Vielheit　杂多性/多样性
事物的多样性被爱利亚学派所否定 4,
5,10.；在原子论中共存世界的多样性
5,5.；在布鲁诺那里 29,2；在米利都学
派那里的无数的连续的世界 5,1.；斯多
葛学派 15,4.；欧利根 21,3.

Viel zu Vielen　"芸芸"群氓 46,6.

Virtualismus　德性主义 41,9. 44,2.

Virtuosität　艺术鉴赏力 36,6. 42,5.

Vitalismus　活力论/生机论 29,4. 31,
11. 42,3. 44,2.

Völkerpsychologie　民族心理学 S.543.
45,2.

Völkerrecht　国际法 14,8. 39,7.

Volksgeist　人民精神
在黑格尔那里的人民精神 42,10.

Vollkommenheit　完善
完善作为宇宙论原则 16,5.；完善作为
道德原则 36,4,5.

Voluntarismus　唯意志论
在奥古斯丁那里 22,4.；笛卡儿 30,5.；
在近代心理学里 44,3,9. 46. 见 In-
tellektualismus

Vorherwissen　先知
神的先知作为宿命论的论据 16,3.

哲学的世界概念 1,1.

Welt-bejahung　对世界的肯定 46,2. 46, 6.

Welt-Bürgertum　世界主义（世界公民职 责）14,7. 42,6.

Welt-Einheit　世界统一 4,2.

Welt-Entstehung u Zerstörung　世界的形 成和毁灭 4,5,1. 15,4.

Welt-flucht　遁世 11,7. 14,1. 19,1. 20, 7. 43,4.

Welt-Geschehen　宇宙变化发展过程
在柏拉图那里宇宙变化发展过程作为 合目的的整体 11,10.

Welt-Geschichte　世界史
宗教的世界史 §21,22,6. 37,5.；按照 黑格尔 42,10.

Welt-Literatur　世界文学 37,5.

Welt-Körper　天体
在柏拉图那里 11,10.

Welt-Ordnung　世界秩序 4,4. 4,8.
在星空中被认识 5,8.；事物规范秩序 与事物实际秩序 17,9.；伦理秩序 5, 2. 39,5. 42,2.

Welt-Schöpfung　创造世界 11,10. 20,9.

Welt-Seele　宇宙灵魂 6,2. 11,10. 42,3.
在柏拉图那里罪恶的宇宙灵魂 19,2. 20,4.

Welt-Stellung　世界地位
人在世界的地位 §21. 25,4. S. 303. 39,5,6.

Welt-Stoff　宇宙-物质 S. 24.
宇宙物质是水，空气，物质 4,1. 5,5.； 宇宙物质是火 4,4.

Welt-Vernunft　宇宙-理性 4,8. 6,2. 13,5. 11,9.

Welt-Weisheit　世俗哲学 1,1. S. 375.

Welt-Wille　宇宙意志 41,10. 43,4. 46, 3f.

Weltliche Kultur　世界文明 S. 298. 32, 1.

Werden　生成与变化

在赫拉克利特那里永恒的变化 4,4.； 流变与存在 11,3.；在亚里士多德那里 13,1f. 在艾克哈特那里生成与反生成 26,5.

Werte　价值
在理论阐述中的价值 5,5.；在不同阶 段的现实性中的价值 9,2.；在发展的 体系中事物按照形而上学的价值而安 排 13,4.；自然的价值与人为的价值 36,12.；在谢林那里 42,4 注释；在贝 内克那里的价值论 44,3.；关于普遍有 效性价值的理论 S. 539. §46. 46,7.； 关于价值问题的争论 46,1.；文化价值 37,3. 46.,1.；在洛采那里的价值领域 44,7. 46,7.；重新估定一切价值 46. 46,6.

Wesen　本质
在克劳塞那里本质＝上帝 42,9.；在亚 里士多德那里本质和现象 13,1; 13,3f.

Widerlegungskunst　反驳技艺
智者学派的反驳技艺 8,1.

Widerspruch　矛盾
辩证法中的矛盾 42,1.；现实的矛盾 46,5. 见 Satz vom.

Widerstand　反抗力
力量与反抗力的对立奠定了认识的基 础 41,9.；反抗力和对外界的认识 44, 2.

Widervernunftigkeit　反理性/与理性对立
教义与理性对立 18,4. 31. 35,6.

Wiederkehr　重现
万物的重现 15,4.

Wille　意志
意志是自我经验的基本事实 44,2.；意 志对思维的关系 16,2. 22,4. 26.；意 志在判断中 17,9. 30,5.；意志为信仰 中的动力 24,2.；善的意志 39,1.；感 性意志与伦理意志的区分 39,5.；生存 意志 41,10. 43,4.；权力意志 46,6.； 统治意志 46,6.；意志的不幸 46,5.； 意志作为物自体 41,9. 43,2.；意志的否定 46,3.；十九世纪心理学中的意志 44,2,3. 8. 9.；自然中的意志 41,10. 45,9.；世界作为意志 41,10.；在哈特曼那里的意志个性 44,9.；非逻辑的意志 46,3.；在班森那里 46,5.；意志和理念 44,9.；无限意志和有限意志 20,9.；又见 Voluntarismus

Willensfreiheit 意志自由
在苏格拉底和柏拉图那里 16,2.；亚里士多德 16,2.；斯多葛学派，学园学派，伊壁鸠鲁学派 16,3.；新柏拉图学派 19,3.；意志自由是罪恶的根源 17,6.；坏人的意志自由 19,2.；意志自由是基督教的中心概念 19,4. 20,9.；在奥古斯丁那里 22,5.；在经院哲学中 26,1.；在笛卡儿那里 30,5.；被霍布斯和斯宾诺莎所否定 31,6.；被马勒布朗士所坚持 31,4f.；意志自由和贝克莱 34,2.；在康德的先验理念论中被赋予新义 39,4.；在叔本华那里 41,10.；意志自由和谢林 43,1.

Willensindividualitäten 意志个性
意志个性是世界的本质 44,8. 46,5.

Willkür 任性
在伊壁鸠鲁那里原子的自由选择 15,4. 16,4.；在邓司和奥卡姆那里神的自由选择 26,1.

Wirbeltheorie 旋涡论
在恩培多克勒、阿那克萨哥拉和留基伯那里 4,5.；笛卡儿 31,6. 注释

Wirklichkeit 现实
高级的现实与低级的现实 9,2. 11,5.；绝对现实与相对现实 20,8.；现实是实践理性活动的质料 42,2.

Wirklichkeitsphilosophie 现实哲学 6,2.

Wissen 识知/知识
各别人的"识知"是世界"认知"的组成部分 6,2,3.；认知活动作为自身的目的 S. 21f. 299f.；直接的认知活动被认为与信仰对立 41,1.；根据培根知识＝德行＝力量 30,2. 32,6.；知识的统治

（地位）11,8. 45,3.；知识作为预见 45,3.

Wissenschaft 科学
"Wissenschaft"与"Science"的区别 1,1. 注释；科学＝哲学 8,4.；科学在希腊人那里诞生 S. 22. 6,1.；在政治上 S. 57.；在亚里士多德逻辑中所理解的科学 §12.；科学的伦理任务 14,2.；现实科学与理性科学 27,4.；经验科学与理性科学 33,9.；按照施莱尔马歇分为伦理学和物理学 41,6.；自然科学和历史科学 §45.；实证科学处于相互关系中 45,3.

Wissenschaftslehre 知识学 8,4,5. 34,8. 41,5. 42,1. 33,6. 42,2,3. 孔德 45,3,4.

Wohlfahrt 福利
共同福利 §36.

Wohlgefallen 喜悦
不计利害的喜悦 40,3. 42,4.

Wort Gottes 上帝之言（《圣经》）45,1.

Wunder 惊赞/惊奇 34,2.

Wunsch 愿望
费尔巴哈的愿望论 44,6.

Würde 尊严
道德律的尊严，人的尊严 39,3.

Z

Zahlenlehre 数论
毕达哥拉斯学派的数论 4,11. 6,1.；柏拉图的数论 11,5.；在文艺复兴时期 29,5. 30,3.

Zahlenmystik 数-神秘主义
数字符号论 23,3. 29,5.

Zeichenlehre 符号学 17,4. 25,6. 27,4. 31,2. 33,3. 34,8. 44,4,6.

Zeit 时间
在巴门尼德那里时间作为幻相 4,4.；在奥古斯丁那里时间系内部感官的形式 22,5.；在莱布尼茨那里时间的观念性 31,10.；在康德那里时间是先天的